Gerhard Tanzer

SPECTACLE MÜSSEN SEYN

KULTURSTUDIEN
BIBLIOTHEK DER KULTURGESCHICHTE
Herausgegeben von Hubert Ch. Ehalt und Helmut Konrad
Band 21

Gerhard Tanzer

SPECTACLE MÜSSEN SEYN

Die Freizeit der Wiener
im 18. Jahrhundert

BÖHLAU VERLAG WIEN · KÖLN · WEIMAR

Gedruckt mit Unterstützung durch den Fonds zur
Förderung der wissenschaftlichen Forschung

Die Deutsche Bibliothek - CIP-Einheitsaufnahme

Tanzer, Gerhard:
Spectacle müssen seyn : die Freizeit der Wiener im 18.
Jahrhundert / Gerhard Tanzer. - Wien ; Köln ; Weimar :
Böhlau, 1992
(Kulturstudien ; Bd. 21)
ISBN 3-205-05428-8
NE: GT

ISBN 3-205-05428-8

Druck: Manz, A-1050 Wien

Inhaltsverzeichnis

Die Erziehung zu Pünktlichkeit und kontinuierlicher
Lebensführung an den Schulen - Zeitdisziplin als
Wesenselement der Bürokratie - Leben nach der
Uhrzeit als Merkmal städtischer Zivilisation

Das neue Arbeitsethos und das Rechnen mit der Zeit -
Die Forcierung der Leistungsethik im Reformabsolutismus - Die Grenzen des neuen Arbeitsethos: Der Wert
der Freizeit - Die Arbeitszeit der Handwerker - Durch-
mischung von Arbeits- und Freizeit im zünftischen
Handwerk - Verlängerung der Arbeitszeit und Abstellung von „Mißbräuchen" - Befreiung von Zunftzwän-
gen - Trennung von Wohn- und Arbeitsstätte - Die
Arbeitszeit der Beamten - Die Relativität der Amtsstunden - Ethos rastloser Arbeit - Die Arbeitszeit der
Dienstboten - Ihre Unterwerfung unter den Lebensrhythmus des Arbeitgebers - Freie Zeiten für das Gesinde

Die Aufhebung der Sperrordnung - Die Einführung der
öffentlichen Beleuchtung - Die Erhöhung der Sicherheit
und die Verschiebung der Wachzeit - Ausdehnung der
Vergnügungen auf den Abend - Spätere Beginnzeiten im
Theater und längere Öffnungszeiten von Gaststätten -
Nächtliche Unterhaltungen - Verschiebung der Essenszeiten - Verschiebung der Arbeitszeit von Handwerkern

Inhaltsverzeichnis

4

Inhaltsverzeichnis

Vorwort

Die „Kulturstudien" haben sich zum Ziel gesetzt, mit einem umfassenden Verständnis von Kultur die unterschiedlichsten Bereiche, vom Alltäglichen bis zur Hochkultur, in einer historischen Dimension auszuleuchten. Die Behandlung des Themenfeldes „Freizeit" liegt im Zentrum des inhaltlichen Bezugsfeldes der Kulturstudien, war doch die Herausbildung eines Bereiches arbeitsfreier Zeit Voraussetzung sowohl für die Teilnahme von immer mehr Menschen an kulturellen Aktivitäten als auch für die Entstehung eines sich differenzierenden Spektrums kultureller Institutionen. In der vorindustriellen Stadtgesellschaft war es das Kennzeichen des „Banausen", keine freie Zeit zu haben, nur den Mühen des Alltags verpflichtet zu sein, was ihn von Kultur ausschloß.

In einer Reihe von Kulturstudien-Bänden wurden Zeitstrukturen und Zeitwahrnehmung im historischen Wandel untersucht. Eine Entwicklung, die für die Veränderung von Zeitstrukturen in vielen Lebensbereichen entscheidend war, betraf die Trennung von Arbeits- und Familiensphären im Zeitalter der Industrialisierung. Gingen Arbeits- und Mußephasen in der vorindustriellen Gesellschaft sowohl zeitlich als auch räumlich nahtlos ineinander über, kam es mit der räumlichen Dislozierung von Arbeits- und Wohnwelten auch zu deutlicheren Grenzen zwischen Arbeit und Freizeit.

Viele Phänomene, die man unter Kultur subsumiert, setzen Menschen voraus, die die Möglichkeit haben, sich Beschäftigungen zu widmen, die nicht unmittelbar der Überlebenssicherung dienen. Die Herausbildung normierter Freizeitzonen für immer größere Teile der Bevölkerung steht im Zusammenhang mit der Entwicklung neuer Produktionsbedingungen und einem neuen Zeitverständnis, das nunmehr durch den Takt der neu entwickelten Maschinen bestimmt wird. Erst diese neue Zeiteinteilung machte Formen der Freizeitgestaltung überhaupt erst möglich und notwendig.

Im vorliegenden Band werden diese Entwicklung und die Herausbildung wichtiger Freizeitbereiche - Theater, Geselligkeit und Sport - dargestellt. Die Herausgeber hoffen, mit diesem Band Anstöße für weitere interdisziplinäre und auch interkulturell vergleichende Studien eines Lebensbereiches zu geben, durch den in immer stärkerem Maß die Identität einzelner Menschen in der westlichen Welt geprägt wird.

Helmut Konrad und Hubert Christian Ehalt

Einleitung

Nachdenken über Freizeit hat bereits Tausende Bücher gefüllt. Selten beziehen sie sich ausdrücklich auf Geschichte, aber immer ist sie mit im Spiel, wenn dort und in der Öffentlichkeit über Freizeit nachgedacht wird: Sei es, daß ein Gewerkschafter vehement eine weitere Arbeitszeitverkürzung fordert, ein Politiker stolz auf das Unterhaltungsangebot seiner Gemeinde verweist oder ein Kommentator des Zeitgeschehens über den Werteverlust der Arbeit klagt. Es könnte den Historiker mit Befriedigung erfüllen, daß seinem Gegenstand eine gewisse Aufmerksamkeit gezollt wird, wenn nicht diese geschichtliche Betrachtungsweise durch zahlreiche Klischees getrübt wäre: Die Menschheit, so scheint es, hat sich von der „Stufe der Urarmut"[1], in der sich jeder sein tägliches Brot hart erarbeiten mußte, über eine Phase, wo nur einer kleinen Minderheit das Glück zuteil wurde, über freie Zeit zu verfügen,[2] hin zum industriellen Zeitalter bewegt, in dem erstmals „existenzsichernde Arbeit und arbeitsfreie Zeit in einer Person" verknüpft seien.[3] Häufig wird einfach unterstellt, daß die arbeitsfreie Zeit der Menschen früherer Jahrhunderte völlig durch Traditionen und kirchliche Anforderungen festgelegt gewesen sei. Diese Betrachtungsweise dient dann als Folie

---

1 NELL-BREUNING, Oswald von: Freizeit, in: Handwörterbuch der Sozialwissenschaften, Bd. 4 (1965), hgg. v. Erwin v. BECKERATH u.a., 138 ff., hier 139.

2 Das wird vor allem für die Antike behauptet: Die Gesellschaft sei geteilt gewesen in Freie, die nicht arbeiteten, und Unfreie, die keine Freizeit hatten. Kraß z.B. bei NAHRSTEDT, Wolfgang: Die Entstehung der Freizeit. Dargestellt am Beispiel Hamburgs. Ein Beitrag zur Strukturgeschichte und zur strukturgeschichtlichen Grundlegung der Freizeitpädagogik (1972), 107 f.: „Der Freie vermied die wirtschaftliche Arbeit. Der Arbeitende war nicht frei." Solche Aussagen stützen sich zumeist auf die Ideale antiker Philosophen, soweit sie von E.Ch. Welskopf oder S. de Grazia untersucht wurden. Die immerhin rund ein Drittel der antiken Bevölkerung ausmachenden „banausoi" (Handwerker und Gewerbetreibende) kommen so nicht einmal ins Blickfeld.

3 EICHLER, Gert: Spiel und Arbeit. Zur Theorie der Freizeit (1979), = problemata 73, 93. Eichler sieht darin das Kennzeichen moderner Freizeit - in vorindustriellen Epochen sei „Fron und Muße interpersonal, zwischen Sklaven und Herren, geteilt" gewesen (ebd.).

für die angeblich so hohe individuelle Disponibilität gegenwärtiger Freizeitverbringung, wobei oft der Anspruch mit der Wirklichkeit verwechselt bzw. von den Zwängen abgesehen wird, die auch heute die mögliche Freiheit des Wählens in vielfacher Weise beschränken.[4] Indem man Freizeit einfach erst ab einem bestimmten Zeitpunkt beginnen läßt (Reformation[5] oder industrielle Revolution[6]), wird der Blick für Kontinuitäten verstellt; die Freizeitgestaltung der Arbeiter etwa erscheint dann als etwas völlig Neues, in ein „Vakuum" hineingeboren! Am prägnantesten formulierte diese Meinung Hermann Giesecke: Das Agrarproletariat, das in die Städte strömte, habe frühere Bindungen und Traditionen verloren, wodurch arbeitsfreie Zeit „zur Negativ-Zeit (...), ohne einen inhaltlichen Sinn" für die Arbeiter geworden sei.[7] In dieses Vakuum sei dann die bürgerliche Bildungskonzeption eingedrungen, habe sich aber nicht gegen die „kommerziell-massenhaften Freizeit- und Konsumangebote" durchsetzen können.[8]

Das schiefe Bild rührt vor allem daher, daß Forschungen zur Geschichte der Freizeit unter anderen Leitbegriffen wie „Alltag" oder „Volkskultur" stattfinden und damit auch unter anderen

---

4 Vgl. etwa die Kritik von NAUCK, Bernhard: Konkurrierende Freizeitdefinitionen und ihre Auswirkungen auf die Forschungspraxis der Freizeitsoziologie, in: KZfSS 1983, 35. Jg., 274-303, hier 279, daß „der implizite Gedanke der ‚freien Disponibilität von Zeit (...) zwangsläufig zu einer ausufernden allgemeinen Diskussion über die Freiheiten und die Möglichkeiten des Individuums jenseits empirisch begründbarer soziologischer Theorien führen" müsse.

5 Sie stellt für den bekannten Freizeitpädagogen Opaschowski den Ursprung der Dichotomie von Arbeits- und Freizeit dar: „‚Freizeit' entstand als Folge einer religiös-kirchlichen Revolution, der Reformation des 16. Jahrhunderts. Vom Geist des Protestantismus geprägt, ist sie in einer Zeit entstanden, in der die Berufsarbeit als ‚göttliche Berufung' zum pflichtgemäßen Selbstzweck des Lebens wurde." (OPASCHOWSKI, Horst W.: Pädagogik der Freizeit. Grundlegung für Wissenschaft und Praxis (1976), 21). Zu Recht hat ein deutscher Pastor diverse freizeitsoziologische Arbeiten, die vom „Selbstwert der Arbeit" in den protestantischen Strömungen sprechen, angegriffen - die Aussagen Opaschowskis sind für ihn ein „Gipfelpunkt der Simplifizierung." (PUST, Hans-Georg: Geschichtsklitterung? Zur Bedeutung der Reformation in der Entwicklung der Freizeit, in: Neue Zeitschrift für systematische Theologie und Religionsphilosophie, 20/1978, 148-162, hier 150).

6 Vgl. die Angaben bei NAHRSTEDT, 19 f.

7 GIESECKE, Hermann: Leben nach der Arbeit. Ursprünge und Perspektiven der Freizeitpädagogik (1983), 17 f.

8 Ebd., 20 ff.

Fragestellungen und mit anderen Schwerpunktbildungen[9]. So kommt es, daß der Freizeithistoriker zwar auf zahlreichen detaillierten Untersuchungen aufbauen kann - schon die Heimatkunde des späten 19. Jahrhunderts hat hier wichtige Vorarbeiten geleistet -, aber mit neuen Fragen immer noch viele weiße Flecken auf der historischen Landkarte auftauchen, die es auszufüllen gilt. Vor überzogenen Erwartungen sei jedoch gewarnt; es kann nicht darum gehen, was denn nun die Menschen in ihrer Nichtarbeitszeit alles unternommen hätten - schon die Fragestellung bedeutet ja eine unangemessene Reduktion der Vielfalt menschlichen Gestaltungsvermögens, der nicht einmal die moderne Freizeitforschung mit einem hochspezialisierten Erhebungsinstrumentarium ganz gewachsen ist. Viele Tätigkeiten, die die Menschen in ihrer Freizeit ausführen, kommen ihnen nämlich gar nicht ins Bewußtsein, Primär- werden von Sekundär- und zum Teil auch Tertiäraktivitäten begleitet, die Untersuchungsergebnisse sind zudem sehr empfindlich gegenüber Variationen in der Erhebungstechnik[10]. Erwachsen nun selbst der empirischen Soziologie große Schwierigkeiten, um wieviel mehr muß das für historische Untersuchungen gelten - stehen doch Methoden, die „Fehler" von Befragern und Befragten durch genauere Beobachtung oder eine Optimierung der Befragungstechnik zu korrigieren, nicht zur Verfügung. Der Versuch vorliegender Arbeit besteht darin, aus der Überfülle empirischen Materials einerseits strukturelle Zusammenhänge der Freizeit mit anderen Lebensbereichen zu erkennen, andrerseits Grundlinien ihrer Entwicklung darzustellen, um schließlich ein Puzzle zusammenzusetzen, das weder einer amorphen Anhäufung von Material gleicht noch ein fugenlos schönes Bild ergibt, dessen Teile nur deshalb so gut zusammenpassen, weil einzelne zurechtgeschnitten, andere - unpassende - weggeworfen wurden. Die Erkenntnisse, die daraus gewonnen werden können, sollten nicht auf das 18. Jahrhundert beschränkt bleiben; denn viele der heutigen Freizeitmuster, aber auch Konflikte um die Freizeit haben im 18. Jahrhundert ihre

---

9 Dies gilt für die deutschsprachige Forschung. Für England konnte schon 1980 Cunningham die Feststellung treffen: „In the last decade the output of writing on the history of leisure has been enormous" (CUNNINGHAM, Huck: Leisure in the Industrial Revolution c. 1780 - c. 1880 (1980), 57). Einen neueren Überblick mit Literaturangaben gibt ROYLE, Edward: Modern Britain. A Social History 1750-1985 (1987).
10 Vgl. SCHEUCH, Erwin K.: Soziologie der Freizeit, in: Handbuch der empirischen Sozialforschung, hgg. v. René KÖNIG, Bd. 11: Freizeit und Konsum, 1-192, hier 63 ff. bzw. 84 ff.; als Beispiel für Diskrepanzen zwischen genannten und ausgeführten Tätigkeiten im Urlaub vgl. ebd., 140.

Wurzeln und können so auf ihre Entstehung hin untersucht werden. Man denke etwa an den Kampf um die Ladenschlußzeiten, an die immer noch fortschreitende Intensivierung (Überwachung) der Arbeitszeit in Verbindung mit ihrer Flexibilisierung (auch hinsichtlich des Wochenrhythmus), an die Freizeitpolitik des Wohlfahrtsstaates! Außerdem gilt es, Freizeitmuster wiederzuentdekken und zu beschreiben, die heute verlorengegangen oder doch nur mehr in Randbereichen der Gesellschaft vorhanden sind, um so auch für die Kosten des Fortschritts zu sensibilisieren, die wie seine Früchte sozial ungleich verteilt waren.[11]

Die gegenwärtige Forschungssituation zwingt zu regionalen Studien - mit allen ihren Vor- und Nachteilen: Der Gefahr, sich in Details zu verstricken und übergreifende Zusammenhänge aus dem Auge zu verlieren, steht der Vorteil gegenüber, generalisierende Aussagen differenzieren und die Komplexität des Gegenstandes tiefer ausloten zu können[12]. Ein Vergleich mit anderen Regionen, Städten oder gar Ländern wäre erst nach mehreren derartigen Studien möglich; erst dann ließen sich auch die Besonderheiten Wiens schärfer erkennen. Doch die Forschung steckt diesbezüglich, wie bereits bemerkt, noch in den Kinderschuhen. Freizeitgeschichte tritt uns in den letzten dreißig Jahren nur in mehr oder weniger essayistischer Weise[13] oder in Form kleiner Einzelstudien zu einem ihrer vielen Teilaspekte[14] entgegen. Eine Ausnahme macht nur W. Nahrstedt, der erstmals am Beispiel Hamburg[15] Freizeit in einem sozialgeschichtlichen Zusammenhang interpretierte. Er begründet seine These, daß man erst im 18. Jahrhundert von Freizeit sprechen könne, mit der zu-

---

11 Vgl. auch KOCKA, Jürgen: Klassen oder Kultur? Durchbrüche und Sackgassen in der Arbeitergeschichte, in: Merkur 36 (1982), 955-965, hier 963.

12 Vgl. dazu WALTON, John K. and James WALVIN: Introduction, in: DIES. (Ed.), Leisure in Britain 1780-1939 (1983), 1-10, hier 2.

13 Vgl. TIMM, Albrecht: Verlust der Muße. Zur Geschichte der Freizeitgesellschaft (1968); WESSELY, Christine (Red.): Mensch und Freizeit (1977).

14 Vgl. u.a. Beiträge zur Historischen Sozialkunde 2/82 (Thema: Freizeit) oder die Aufsätze in HUCK, Gerhard (Hg.), Sozialgeschichte der Freizeit. Untersuchungen zum Wandel der Alltagskultur in Deutschland (1980). Sein Überblick über den gegenwärtigen Stand der Freizeitforschung ist wohl etwas zu kurz ausgefallen - so ist Nahrstedts Arbeit nicht einmal erwähnt! Ein kritischer Überblick über ältere Beiträge bei Nahrstedt, Entstehung der Freizeit, 17 ff.

15 Bei der breiten Rezeption dieses Werks wurde nicht immer genügend beachtet, daß es sich um eine Regionalstudie handelt, deren Ergebnisse man nicht unbesehen generalisieren darf!

vor fehlenden Freiheitskomponente und der früher mangelnden Abgrenzung von Arbeits- und Nichtarbeitszeit. Leitfaden für seine Untersuchung ist ihm die Freiheitsidee der Aufklärung. Er zeigt zunächst die Zunahme an Freiräumen in der Tagesstruktur Hamburger Bürger und Handwerker und damit einhergehend den Zuwachs an individueller Freiheit auf: Die Verschiebung der Wachzeit in spätere Tagesstunden (möglich geworden durch die Einführung künstlicher Beleuchtung), die Säkularisierung (z.B. Aufhebung werktäglicher Predigten), die Aufhebung der Hemmnisse durch den „Hausvater" (Zerfall des „ganzen Hauses") bzw. durch den städtischen Rat (Aufhebung der Torschlußzeiten). Damit war die „natürliche" Ordnung der Zeit durch die Sonne und (auf ihrer Grundlage) die herrschaftliche Ordnung der Zeit vom „ganzen Haus" her weitgehend aufgelöst worden. Durch diese Entwicklungen habe „die gesamte Nicht-Arbeitszeit (...) den Charakter einer ‚Zeit für die individuelle Freiheit'" erhalten.[16] Für die Ausgrenzung einer eigenen Freizeitsphäre macht Nahrstedt die Bedeutungszunahme der Zeit seit dem 16. Jahrhundert und ihre „Rationalisierung" (Zeit wurde immer mehr als Uhrzeit verstanden) verantwortlich.

Nahrstedt will aber nicht nur die Tagesstrukturen in ihrem Wandel beschreiben, ihm geht es auch um „die in dieser Gliederung erscheinenden Lebensformen".[17] Das aufgeklärte Bürgertum habe mit der Forderung nach einer Zeit „uneingeschränkter Freiheit" die moderne Freizeit begründet. Merkmale dieses Freiheitsbegriffs der Freizeit seien:

Die Freiheit verwirklicht sich in einer eigenen, von der Arbeitszeit abgehobenen Zeit. Ein Recht auf eine solche Zeit der Freiheit haben alle Menschen in gleichem Maße. Diese Zeit der Freiheit soll der ‚Aufklärung' des Menschen dienen. Diese Aufklärung verwirklicht sich vor allem in Bildung und Genuß. Als notwendige Voraussetzung zu Bildung und Genuß kommt für den arbeitenden Menschen noch Erholung von der Arbeit als Inhalt der Freizeit hinzu. Mit der Erholung kann aber bereits der ‚veredelnde Genuß', die ‚Zeit für die wahre Freiheit' beginnen.

Lebensformen, die diese Merkmale aufweisen und seit dem 18. Jh. entstanden bzw. eine Bedeutung erlangten, könnten als Lebensformen der Freizeit bezeichnet werden.[18]

Durch diesen letzten Satz definiert Nahrstedt die Freizeit im Sinne der aufklärerischen Ideale des 18. Jahrhunderts, und indem

---

16 NAHRSTEDT, Entstehung der Freizeit, 288.
17 Ebd., 44.
18 Ebd., 175.

er sich ausschließlich auf diese Lebensform konzentriert, weist er alle anderen möglichen Definitionen zurück. Genau darin scheint die Problematik seiner Arbeit zu liegen: Was er die „Entstehung der Freizeit" nennt, ist zu einem Gutteil nur die Ausprägung eines spezifischen Freiheitsbegriffs, für den er sich begeistert, weil er seinen emanzipatorischen Ideen und Vorstellungen von Freizeitpädagogik nahekommt. Dabei wird aber der Blick für Kontinuitäten zu vorbürgerlichen Verhaltensweisen, die sich nicht durch „Bildung und Genuß" auszeichnen und auch heute noch eine Rolle spielen (die Klagen darüber brauchen wohl nicht erst zitiert zu werden), verstellt. Dabei sei die Frage erlaubt, ob nicht das, was die meisten Menschen heute unter Freizeit verstehen, der Auffassung damaliger Unterschichten nähersteht als den hochfliegenden Plänen des aufgeklärten Bürgertums.

Vom Ideal ausgehend, sucht es Nahrstedt in der historischen Wirklichkeit zu finden (natürlich bietet sich da Hamburg mit seiner starken Kaufmannsschicht an), und er findet es auch: Die „neuen Lebensformen" wie der Besuch von Kaffeehäusern, Abendgesellschaften, „freien" Klubs und Vereinen sind ihm ein Beleg dafür - aber eben nicht mehr; wir erfahren nichts über andere Freizeitmuster - zum Beispiel ist der Bereich der „popular recreations", der die englische Forschung so stark interessiert, fast vollständig ausgeblendet, wir erfahren auch nichts Konkretes über die tatsächlichen individuellen Spielräume der Menschen in ihrer Freizeit. Reale Zwänge kommen Nahrstedt kaum ins Blickfeld, was auch immer wieder an seiner Freizeitpädagogik kritisiert wird.[19] Um seine zentralen Thesen verallgemeinern zu können, müssen daher noch materialreiche Untersuchungen zu verschiedensten Freizeitkonzepten und zu deren konkreten Ausprägungen in der Alltagskultur, in Fest und Feier, in den Vergnügungen und Spielen gemacht werden, die es erlauben, Zeitpunkte zu bestimmen, wo ein qualitativer Sprung hin zu größeren Freiheitsspielräumen eingetreten ist.

Zweifellos bietet Wien einen günstigen Boden für eine derartige Untersuchung.[20] Mit der Gegenreformation kamen zahlreiche Orden in die Residenzstadt und vermittelten einen sinnenfrohen Barockkatholizismus, der nachhaltig den Alltag der Bevölkerung prägte. Das Vordringen des absolutistischen Systems verkörperte sich im Wachstum des Hofes an Umfang und Bedeutung. Er zog

---

19 Ausführlich etwa von MÜLLER-WICHMANN, Christiane: Zeitnot. Untersuchungen zum ‚Freizeitproblem' und seiner pädagogischen Zugänglichkeit (1984).
20 Vgl. zum folgenden BRUCKMÜLLER, Ernst: Sozialgeschichte Österreichs (1985), 234 ff.

viele, ihrer ursprünglichen Funktionen beraubte Adelige an, dazu eine Menge an Gesandten, aber auch eine große Zahl von Handwerkern, die zumeist außerhalb der Ringmauern in den Vorstädten wohnten. Zwischen 1637 und 1754 stieg die Bevölkerungszahl Wiens von etwa 60.000 auf über 175.000 Einwohner. Ein Viertel der innerstädtischen Bevölkerung dürfte direkt vom Hof gelebt haben. Zur Zeit Karls VI. gehörten ihm über 2.000 Menschen an. Damit war auch eine gewaltige Nachfrage an Unterhaltungen aller Art gegeben, die die Fahrenden mit ihrer Vielfalt an Künsten zu befriedigen wußten. Der Titel unseres Buches weist darauf hin: „Spectacle müssen seyn, ohnedem kan man nicht hier in einer solchen großen residenz bleiben," erklärte Maria Theresia 1759 ihrem obersten Hoftheaterdirektor, Graf Giacomo Durazzo.[21] Diesem Grundsatz blieben die Wiener im Prinzip treu, jedoch wandelten sich die Formen: Die zweite Hälfte des 18. Jahrhunderts brachte einen Umschwung im Zeichen der Aufklärung. Durchdrungen von der Notwendigkeit, Österreich zu modernisieren, versuchten die Neuerer, alle Bereiche des Lebens umzugestalten: „Ein nach den Maximen der Aufklärung aufgebauter Staat kennt keinen Bezirk, den er durch seine Reformen nicht verändern will."[22] Indem sich die Herrscher bürgerliche Rationalitätsprinzipien zu eigen machten, versuchten sie auch neue Freizeitkonzepte durchzusetzen.

Die Quellenauswertung enthält zwei Hauptschwierigkeiten: Die eine besteht darin, daß ein Einzelereignis noch nichts darüber aussagt, wie repräsentativ oder typisch es ist. Reiseberichte, Stadtbeschreibungen, usw. erfassen in erster Linie Auffälligkeiten, die dann oft generalisiert und als Tätigkeiten in ihrer Häufigkeit und Dauer überbewertet werden. Das ist eine der „Warntafeln", die Jürgen Kocka vor eine Beschäftigung mit Alltagsgeschichte stellt.[23] Die andere Schwierigkeit liegt im mehrfachen

---

21 Zit. nach KNOFLER, Monika J.: Das theresianische Wien. Der Alltag in den Bildern Canalettos (1979), 69.

22 Vgl. ARETIN, Karl Otmar Freiherr von (Hg.): Der Aufgeklärte Absolutismus (1974), = NWB 67, 42 (These 2).

23 Ebd., 957 f.; ein schönes Beispiel dafür zeigt J. Hüttner auf, indem er der allseits bekannten Theaterbegeisterung der Wiener anhand von Aufzeichnungen in Tagebüchern nachgeht und feststellen muß, daß deren Verfasser sich nur sehr selten dieser Freizeitbeschäftigung widmeten, und selbst der Rechnungsbeamte Mathias Perth, der eine große Leidenschaft fürs Theater entwickelte, im Durchschnitt der Jahre 1804 bis 1838 nur alle 14 Tage in eines kam, davon nur einmal pro Jahr ins Burgtheater! (Vgl. HÜTTNER, Johann: Das Burgtheaterpublikum in der ersten Hälfte des 19. Jahrhunderts, in: Das Burgtheater und sein Publikum, Bd. 1 (1976), 123-184, hier 149 ff.

Filter, durch den jeder Zeitgenosse die Wirklichkeit interpretiert; die selektive Wahrnehmung hat beispielsweise dazu geführt, daß literarische Zeugnisse sehr wenig über die Freizeit der Unterschichten aussagen, daß ganz allgemein in den Quellen Freizeit außerhalb eines kommerziellen oder institutionellen Kontextes geringere Spuren hinterläßt (zum Beispiel zu Hause verbrachte Freizeit); vor allem deshalb treten männliche Aktivitäten stark in den Vordergrund.[24]

Ich versuchte das Problem zu mildern, indem ich Quellen unterschiedlichster Provenienz heranzog. Für die erste Hälfte des 18. Jahrhunderts erwiesen sich die (bislang viel zu selten benutzten) Akten der Alten Registratur aus dem Wiener Stadt- und Landesarchiv als sehr wertvoll;[25] sie umfassen in erster Linie die Korrespondenz zwischen Bürgern, Stadtrat und der nö. Regierung. Dazu kamen die Gesetze und Verordnungen, wie sie im Codex Austriacus (CA) gesammelt sind. Wichtiges Material liefern einige Stadt- und Reisebeschreibungen. Sicher gäbe auch die bislang noch kaum ausgewertete Predigtliteratur viele Hinweise; hier wurden nur die Werke Abraham a S. Claras benutzt, soweit sie durch Franz Loidl erschlossen sind.[26] In der zweiten Jahrhunderthälfte fließen die Quellen wesentlich stärker; das gilt sowohl für die Gesetzesflut des Reformabsolutismus als auch für die Vielzahl an Reiseberichten, die vor allem über das Bürgertum durch ihre empirische Fundierung wertvolle Aufschlüsse geben[27] und - seit Nicolai seinen ersten Band veröffentlichte - fast alle der Gattung der sog. „aufklärerisch-interessierten" Reisebeschreibung[28] zuzurechnen sind, wobei die Anhänger der Refor-

24 Vgl. dazu auch WALTON/WALVIN, 4: „The balance between what Cunningham calls ‚public leisure and private leisure' has been heavily tilted in favour of the former."
25 Gut erschließbar über das neunbändige Repertorium (WStLA, Archivbehelfe 27/11 ff. B); es reicht von 1700 bis 1759. Für die Zeit danach existiert leider keine entsprechende Zusammenstellung. Um der besseren Lesbarkeit willen wurde die Groß- und Kleinschreibung heutigen Regeln angepaßt.
26 LOIDL, Franz: Menschen im Barock. Abraham a Sancta Clara über das religiös-sittliche Leben in Österreich in der Zeit von 1670 bis 1710 (1938); einige zusätzliche, kulturgeschichtlich interessante Stellen bei SPIELMANN, Elisabeth: Die Frau und ihr Lebenskreis bei Abraham a Sancta Clara, masch. Diss., Wien 1944.
27 Vgl. GRIEP, Wolfgang: Reiseliteratur im späten 18. Jahrhundert, in: Hansers Sozialgeschichte der deutschen Literatur vom 16. Jahrhundert bis zur Gegenwart, Bd. 3: Deutsche Aufklärung bis zur Französischen Revolution 1680 -1789 (1980), hgg. v. Rolf GRIMMINGER, 739 -764.
28 Vgl. BRUCKMÜLLER, Ernst: Zur Auswertung der Reiseliteratur im

men Josephs II. absolut dominierten. Die Gesetze und Verordnungen kann man sich am leichtesten über das Repertorium von Hempel-Kürsinger[29] erschließen, das immerhin 13 Bände ausmacht und sich auf die Sammlungen von Joseph Kropatschek bezieht.[30] Reiseberichte und Stadtführer, die nun auch in großer Zahl erschienen, die „Broschürenflut" während der Regierungszeit Josephs II.,[31] Zeitungen und Zeitschriften[32] vermitteln viele interessante Informationen. Eine Sonderstellung nehmen die ab

---

Hinblick auf die soziale Situation der Bauern in der Habsburger-Monar chie, in: Der Bauer Mittel- und Osteuropas im sozio-ökonomischen Wandel des 18. und 19. Jahrhunderts. Beiträge zu seiner Lage und deren Widerspiegelung in der zeitgenössischen Publizistik und Literatur, red. v. Heinz Ischreyt (1973), 120 -137, hier 121 f.

29 HEMPEL-KÜRSINGER, Joh. Nep. Fr. v.: Alphabetisch-chronologische Übersicht der k.k. Gesetze und Verordnungen vom Jahre 1740 bis zum Jahre 1821, als Haupt-Repertorium über die theils mit höchster Genehmigung, theils unter Aufsicht der Hofstellen in 79 Bänden erschienenen politischen Gesetzessammlungen, 10 Bde. (1825 -1827) sowie drei Fortsetzungsbände, bearb. v. Anton KAUTRINGER (1829 -1847).

30 Benutzt wurden (KROPATSCHEK, Joseph): Kaiserl. Königl. Theresianisches Gesetzbuch, enthaltend die Gesetze von den Jahren 1740 bis 1780, welche unter der Regierung des Kaisers Josephs des II. theils noch ganz bestehen, theils zum Theile abgeändert sind. In einer chronologischen Ordnung, 8 Bde., Wien[3] 1789; (KROPATSCHEK, Joseph): Handbuch aller unter der Regierung des Kaisers Joseph des II. für die k.k. Erbländer ergangenen Verordnungen und Gesetze in einer Systematischen Verbindung, 12 Bde., Wien 1785 ff.; KROPATSCHEK, Joseph: Sammlung der Gesetze, welche unter der glorreichsten Regierung des König Leopold des II. in den sämmentlichen k. Erblanden erschienen sind, in einer chronologischen Ordnung, 5 Bde. (o. J.); KROPATSCHEK, Joseph: Sammlung der Gesetze, welche unter der glorreichen Regierung des Kaisers Franz II. in den sämtlichen k.k. Erblanden erschienen sind in einer Chronologischen Ordnung, Wien: Mösle (o. J.).

31 Eine Übersicht verschafft neben der Wien-Bibliographie von Gustav GUGITZ vor allem WERNIGG, Ferdinand: Bibliographie österreichischer Drucke während der „erweiterten Preßfreiheit" (1781-1795), = Wiener Schriften 35; DERS.: Bibliographie österreichischer Drucke während der „erweiterten Preßfreiheit" (1781-1795), 2.Tl.: Wissenschaft, Kunst, Recht und Verwaltung, Varia (1979), = Wiener Schriften 41.

32 Chronologische Auflistung der österr. Zeitschriften bis 1815 bei LANG, Helmut W.: Die Zeitschriften in Österreich zwischen 1740 und 1815, in: Die österreichische Literatur. Ihr Profil an der Wende vom 18. zum 19. Jahrhundert (1750-1830), hgg. v. Herbert ZEMAN, Tl. I (1979), 203-227, hier 211 ff.; hilfreich durch kurze Beschreibungen des Inhalts zahlreicher Zeitungen und Zeitschriften auch STRASSER, Kurt: Die Wiener Presse in der josephinischen Zeit (1962).

1762 erschienenen „Moralischen Wochenschriften"[33] ein, die sich an das gehobene Bürgertum „oberhalb der Handwerker" richteten[34]; sie überliefern weniger das Alltagsgeschehen als theoretische Fundamente für die vielfältigen josephinischen Reformen. Mit der Definition des Begriffs „Freizeit" wollen wir uns nicht sehr lange aufhalten. Vorliegende Arbeit findet mit zwei Bestimmungen das Auslangen: „Freizeit" bezeichnet a) einen größeren „Zeitblock", der rational rechenhaft von der Arbeitszeit abgegrenzt wird; b) eine „Zeit größtmöglicher individueller Freiheit", einen „Handlungsraum [...], über den nach persönlichen Wünschen in individueller Disposition verfügt werden kann."[35] Damit fallen Zeiten, die für die Verrichtung notwendiger Bedürfnisse (Essen, Schlafen usw.) und für obligatorische Tätigkeiten (Kinderpflege, Haushalt usw.) aufgewendet werden, nicht unter den Begriff „Freizeit".

Diese „Definition" entspricht dem Alltagsverständnis, wie viele Untersuchungen zeigen[36]; eine Tätigkeit rechnet man umso eher der Freizeit zu, je weniger sie Züge der Verpflichtung trägt.[37]

Da, wie noch zu zeigen sein wird, eine solche Zeit sicher auch vor der Entstehung des Begriffes „Freizeit"[38] im Bewußtsein der Menschen verankert war,[39] erscheint es durchaus legitim, ein solches Wort auch für frühere Jahrhunderte zu verwenden; davon Abstand nehmen zu wollen, wie manche Autoren vorschlagen, besagt im Grunde nur, den ohnehin evidenten Wandel dieses Phänomens in den Vordergrund zu rücken.

Im 18. Jahrhundert gab es für „Freizeit" eine ganze Reihe von Wörtern, die alle auf ihre Funktion hinweisen bzw. Tätigkeitsbegriffe sind: „Vergnügen", „Erholungen", „Zerstreuungen"; weni-

---

33 Vgl. MARTENS, Wolfgang: Die Botschaft der Tugend. Die Aufklärung im Spiegel der deutschen Moralischen Wochenschriften (1971), 544 ff., 548 ff.

34 Ebd., 147.

35 Ich folge hierin NAHRSTEDT, Entstehung der Freizeit, 60; eine ähnliche Definition bei BAILEY, 6; zur Relativität des Begriffs „individuelle Disposition" (Gefahr, die vielfachen Beschränkungen der Freiheit des Wählens aus den Augen zu verlieren) vgl. die zitierten Arbeiten von EICHLER und NAUCK.

36 Aufgeführt bei OPASCHOWSKI, Pädagogik, 66 ff.

37 Vgl. die anspruchsvolle Studie von LINSTER, Hans Wolfgang: Freizeitverhalten. Theoretische Ansätze und empirische Beiträge zur Psychologie des Freizeitverhaltens (1978).

38 Laut OPASCHOWSKI, der sich neben NAHRSTEDT sehr um eine begriffsgeschichtliche Analyse bemüht hat, zum ersten Mal 1823, in einer Schrift Friedrich Fröbels (vgl. OPASCHOWSKI, 23).

39 Vgl. auch CUNNINGHAM, Huck: Leisure in the Industrial Revolution c. 1780 - c. 1880 (1980), 57.

Einleitung

ger oft erscheint „Ergötzung" bzw. „Ergötzlichkeit", „Zeitvertreib", „Zeitverkürzung" und (immer seltener) „Recreation". Auch das Wort „Muße" taucht öfter auf - und zwar durchaus mit positiven Konnotationen, sodaß man nicht generell die These einer Abwertung von Muße zu Müßiggang im 18. Jahrhundert aufrechterhalten kann. Selbst ein Mann wie Kübeck, der von der Freizeit einmal als „Nebenstunden" spricht, die Arbeit also sehr hoch bewertete, verwendet in seinem Tagebuch öfter den Mußebegriff.[40]

Zunehmend erscheinen auch schon außerhalb des pädagogischen Bereichs Zusammensetzungen mit dem Zeitbegriff, wie „Freistunden", auf[41]. Diesen Wörtern liegt kein positiver Freiheitsbegriff zugrunde, wie ihn Nahrstedt herausgearbeitet hat[42], sondern sie meinen einfach die Zeit, die frei von Arbeit bzw. sonstigen Pflichten ist, also - nach einer Umschreibung von Sonnenfels - „Stunden (...), die keiner Beschäfftigung zugetheilt seind."[43] In diesem Sinne konnten im 18. Jahrhundert auch schon Menschen „Freistunden" genießen, die keine fix abgegrenzte Arbeitszeit hatten: Frauen sollten in ihren „freyen Stunden" lesen, statt „in dieser Zeit" Torheiten zu begehen, rät der Autor der „Babete" 1774.[44]

Der gesellschaftliche Wandel, der sich in dieser Begriffsgeschichte widerspiegelt, scheint nicht die „Entstehung der Freizeit" zu sein, wohl aber ihre stärkere Polarisierung: Freizeit wurde zunehmend als einheitlicher, von der Arbeitszeit abgehobener Block empfunden.[45] Das ist das Thema des ersten Teils der Ar-

---

40 KÜBECK, Max Frh. v. (Hg.): Tagebücher des Carl Friedrich Freiherrn Kübeck von Kübau (1909), Bd. 1/1, 168, 630.
41 Francke verwendet dieses Wort häufig, was auf seine Entstehung im Umfeld einer streng reglementierenden Schulpädagogik hinweist; es bildete den Gegenbegriff zur Arbeits- und Unterrichtsstunde (vgl. NAHRSTEDT, Entstehung der Freizeit, 32 f.).
42 Vgl. NAHRSTEDT, Wolfgang: Die Entstehung des Freiheitsbegriffs der Freizeit, in: DERS., Freizeitpädagogik in der nachindustriellen Gesellschaft, 10-44.
43 (SONNENFELS, Joseph von): Theresia und Eleonore, Wien 1767, 1. Quartal, 3.
44 (RAUTENSTRAUCH, Johann): Die Meinungen der Babete. Eine Wochenschrift, Wien 1774, 11. Stk., 173 f. Diesen Begriff verwendet für Hausfrauen auch PICHLER, Caroline, geborene von Greiner: Denkwürdigkeiten aus meinem Leben. Mit einer Einleitung und zahlr. Anm. (...) neu hgg. v. Emil Karl BLÜMML (1914), Bd. 1, 145.
45 Zu einem ähnlichen Ergebnis kommt auch Enninger in seiner sprachwissenschaftlichen Untersuchung des Begriffs „leisure": Ab 1600 tritt in England dieses Wort in der Bedeutung „arbeitsfreie Zeit" stärker hervor, was er auf die Lehre Calvins (Scheidung der Berufsarbeit von der

19

beit. Im zweiten soll anhand ausgewählter Freizeitbereiche der Wandel der Rahmenbedingungen für Freizeitgestaltung untersucht werden. Jedes Kapitel hat eine Veränderung zum Mittelpunkt (sie ist in den Überschriften genannt), ist jedoch nicht ausschließlich daran orientiert. Das Vordringen konsumorientierten Verhaltens, von Individualisierung und Disziplinierung der Freizeitgestaltung findet sich in allen Bereichen. Die Schwerpunktbildung bedeutet ferner nicht, daß nicht auch andere, für eine Sozialgeschichte der Freizeit wesentliche Fragen ausführlich behandelt werden. Ein Hauptinteresse gilt in allen Kapiteln der Frage, welche Schichten an den beschriebenen Vergnügungen teilnahmen und in welchem Ausmaß sie das taten.

Die vorliegende Publikation ist eine stark überarbeitete und gekürzte Fassung der im Herbst 1988 abgeschlossenen Dissertation. Ich danke allen, die dazu beigetragen haben, daß dieses Buch entstehen konnte, vor allem Herrn Professor Bruckmüller vom Institut für Wirtschafts- und Sozialgeschichte der Universität Wien, der dieser Arbeit vielfältige Hilfe angedeihen ließ, den Teilnehmern seines Dissertantenseminars für anregende Diskussionen, den Damen und Herren im Wiener Stadt- und Landesarchiv, sowie meiner Frau, die diese Arbeit mit kritischen Kommentaren unterstützte.

Nichtarbeitszeit) zurückführt; vereinzelte Belege für diesen Freizeitbegriff gibt es schon im Mittelalter (ENNINGER, Heinz Josef Werner: Bedeutungsgeschichte von licere - leisir/loisir - leisure (1968). Die Verbindung von arbeitsfreier Zeit mit einem bestimmten Freiheitsbegriff findet man darüber hinaus in vielen mittelalterlichen Quellen, z.B. in den Ordensregeln des hl. Benedikt oder den Predigten Berthold von Regensburgs.

Die zeitliche Ausgliederung
der Freizeit

Wohl die meisten Menschen unserer gegenwärtigen Gesellschaft gliedern gedanklich Alltagszeit in Arbeits- und Freizeit. Diese wird als wichtiger Maßstab für Lebensqualität angesehen (wie nicht zuletzt der harte Kampf um die Arbeitszeit beweist), und demnach für alle Bevölkerungsgruppen zu berechnen versucht: für den Tag, die Woche, das Jahr, mitunter auch das ganze Leben. Wie ich noch zeigen werde, kann man in der Trennung von Arbeits- und Freizeit kein völlig neues Phänomen sehen, das etwa erst in der Reformation oder gar erst mit der Industrialisierung aufgekommen sei, wohl aber kann man einen Trend zu einer immer schärferen Grenzziehung feststellen, der dazu geführt hat, daß heute diese Bipolarität im Denken selbst in jene Bereiche vorgedrungen ist, wo man den jeweiligen Anteil von Arbeits- und Freizeit nur schwer oder gar nicht berechnen kann (zum Beispiel bei Hausfrauen[1] oder im landwirtschaftlichen Bereich).

Die Trennlinien werden schärfer I:
Die Ausbreitung der Zeitdisziplin

Bereits der hl. Benedikt wies den verschiedenen alltäglichen Tätigkeiten seiner Mönche genau bestimmte Zeitabschnitte zwischen abstrakt (nach einer Uhr) gemessenen Zeitstrukturen zu und nahm die Bipolarität des Tages vorweg, indem er ihn in Arbeit und hl. Lesung teilte.

Mit der zunehmenden Bedeutung einer regelmäßig-disziplinierten Lebensführung über das Kloster hinaus prägte die mönchische Zeitordnung weitere Kreise der Bevölkerung. Michel Foucault hat darauf aufmerksam gemacht, daß die detaillierte Zeitplanung eine wichtige Disziplinierungstechnik darstellt, die in den verschiedensten Zusammenhängen vorkommt, und er

---

1 Auch für die meisten berufstätigen Frauen gilt diese Polarisierung viel weniger als für die meisten Männer, da für jene auch die außerberufliche Zeit in hohem Ausmaß verpflichtenden Charakter trägt; in diesem Sinne ist der Freizeitbegriff ein „männlicher" (vgl. MITTERAUER, Michael: ‚Single' oder Familienmensch? Zu Entwicklungstendenzen der Freizeitgestaltung, in: Beiträge 2/82, 50 - 59, hier 51).

hat darauf verwiesen, daß die Klöster diese Technik an Erziehungshäuser und Fürsorgeeinrichtungen weitergaben.[2]

In Wien erlangten die Erziehungsprinzipien der Jesuiten den größten Einfluß, vor allem deshalb, weil der Adel, begeistert von Zucht und Ordnung, den Hauptanteil ihrer Schüler stellte.[3] Schon im 17. Jahrhundert bewohnten über 1.000 Schüler das Internat, im 18. Jahrhundert stieg diese Zahl auf das Doppelte an. Schulen dieser Zeit konnten damit bereits die Form von Großbetrieben annehmen, und es ist leicht einzusehen, daß dadurch klösterliche Disziplinierungstechniken nur umso wichtiger wurden.[4] Die Tageseinteilung war so straff wie in den Klöstern, nur daß statt mönchischer Arbeit und geistlicher Lektüre jetzt Unterricht und „recreatio" miteinander abwechselten, wobei diese Erholungsstunden noch weit von der Möglichkeit zu individueller Freizeitgestaltung entfernt waren; es herrschte Rekreationszwang, d.h., „alle begaben sich ohne Ausnahme zu gleicher Zeit an den Ort ihrer Erholung."[5] In Wien war das täglich nach dem Mittag- und Abendessen sowie an schulfreien Tagen. Die Zöglinge unterlagen dabei einer strengen Kontrolle; Ausgelassenheit, zum Beispiel lautes Sprechen oder Lachen, war verboten.[6] Kleingruppen ließen eine ziemlich gute Überwachung zu, Schüler paßten geheim auf, um zum Schluß alle Verstöße dem Oberen zu melden.[7]

Auch die 1746 gegründete Theresianische Akademie, eine Anstalt zur Ausbildung von Offizieren, besucht von den Söhnen der vornehmsten Adeligen, war in der Hand der Jesuiten, die Zeiteinteilung folgte daher ihren Erziehungsprinzipien: Aufstehen

---

2 FOUCAULT, Michel: Überwachen und Strafen. Die Geburt des Gefängnisses (1981), 192 ff.

3 Vgl. auch HEISS, Gernot: Die Jesuiten und die Anfänge der Katholisierung in den Ländern Ferdinands I. Glaube, Mentalität, Politik, masch. Habil., Wien 1986, 76: „Es waren die Ausbildung in der gewandten Rede und Argumentation und die Erziehung zu einer disziplinierten, zurückhaltenden, die Affekte beherrschenden Lebensführung, welche die Schule der Jesuiten attraktiv machten." Vgl. jetzt auch DERS.: Konfessionsbildung, Kirchenzucht und frühmoderner Staat, in: EHALT, Hubert Christian (Hg.), Volksfrömmigkeit. Von der Antike bis zum 18. Jahrhundert (1989).

4 Vgl. in diesem Zusammenhang auch MITTERAUER, Michael: Sozialgeschichte der Jugend (1986), 149 ff.

5 RUMPOLD, Michael: Die „Recreatio" in Erziehungsdenken und Erziehungspraxis der Jesuiten im deutschen Sprachraum von der Ordensgründung bis 1773, masch. Diss., Wien 1975, 127.

6 Ebd., 134 ff.

7 Ebd., 141, 144.

um 5 Uhr, Schlafengehen um 9 Uhr, Rekreationszeiten je 1 Stunde nach dem Mittag- und Abendessen, ganztägige Überwachung durch das bewährte Prinzip der Zehnergruppen, die je einen eigenen Saal und eigenen Präfekten hatten und auch „im Garten, bei Tisch, bei den Spaziergängen und den Spielplätzen" von den übrigen abgesondert waren.[8]

Außerhalb schulischer Internate fand dieses Modell einer totalen Regelung des Tagesablaufs nicht zuerst in den Arbeits- und Zuchthäusern des Absolutismus Anwendung, sondern in seinem Zentrum - am Hofe selbst. Die dort ausgebildeten „Edelknaben", die Elite sozusagen, gingen zwar nur zum Unterricht zu den Jesuiten, mußten sich aber sonst an eine beinahe ebenso straffe Zeitordnung halten.[9]

Die Kinder der kaiserlichen Familie waren von der Beobachtung strenger Tagespläne nicht ausgenommen. Während Enea Silvio Piccolomini in einem Brief an Herzog Sigismund von Österreich 1443[10] noch den Ratschlag gab, er möge einen Gebildeten zum Lehrer nehmen, „der die Unterrichtsstunden nicht nach seinem, sondern nach Deinem Wunsch ansetzt"[11], so sah Maria Theresia selbst darauf, daß ihre Söhne eine strenge Tageseinteilung einhielten. Nach einer Instruktion Batthyanys 1751 mußte Joseph täglich um 3/4 7 Uhr aufstehen, hatte den größten Teil des Tages Unterricht in theoretischen Fächern (zusammen ca. 4 Stunden, dazu 1 Stunde Schreiben bzw. Reiten), unterbrochen nur von kurzen „Recreationen" und einer längeren nach dem Mittagessen. Von 7 - 9 Uhr stand Musik bzw. Tanz auf dem Programm, nach dem Abendmahl um 9 Uhr durfte er kurz Billard spielen, um 3/4 9 Uhr mußte er schlafengehen.[12]

Mit dem Vordringen der Aufklärung änderten sich die Erziehungsmethoden. So wurde der Individualität mehr Spielraum gegeben, an der Erziehung der Jesuiten zum „Kadavergehorsam"

---

8 Vgl. DUHR, Bernhard: Geschichte der Jesuiten in den Ländern deutscher Zunge (1907 ff.), Bd. 4: 18. Jahrhundert Tl.1 (1928), 361.
9 Erhalten ist eine Instruktion Kaiser Leopolds vom 12.3.1661, abgedr. bei HÜBL, Albert: Die k.u.k. Edelknaben am Wiener Hof (1912), 38 ff.; Das Institut der Edelknaben wurde 1766 der Savoyschen Ritterakademie eingegliedert, die 1778 mit der Theresianischen Akademie vereinigt wurde.
10 Abgedr. bei ENGELBRECHT, Helmut: Geschichte des österreichischen Bildungswesens. Erziehung und Unterricht auf dem Boden Österreichs (1982 ff.), 1, 422 ff.
11 Ebd., 427.
12 Vgl. WACHTER, Friederike: Die Erziehung der Kinder Maria Theresias, masch. Diss. Wien 1968, 113; für die Erzherzoginnen gab es ähnliche Stundenpläne - zwei existieren noch (vgl. ebd., 218 f., 224).

heftig Kritik geübt. Das führte aber nicht dazu, daß man nun einem Erziehungsstil huldigte, wie ihn Rousseau für seinen Emile erdacht hatte, ohne jede zeitliche Reglementierung[13], vielmehr sollten die Heranwachsenden dazu gebracht werden, den Tagesablauf freiwillig, nicht unter Drill, durchzuplanen, Ordnung also zu verinnerlichen.

Sehr deutlich kommt diese Haltung bei Joseph von Sonnenfels zum Ausdruck, der sich grundsätzlich für eine häusliche Erziehung aussprach und gegen die öffentlichen Erziehungshäuser Stellung nahm: Die mit Glockenzeichen erzwungene Ordnung „artet gar zu leicht in ein Maschingängeln aus, welches so wohl die körperlichen, als geistigen Verrichtungen des darangewöhnten Jünglings auf eine ganze Lebenszeit tyrannisiert." Ordentlichkeit als Tugend dagegen „besteht in der Neigung, seine Geschäffte und Handlungen also ein zu richten, wie jedes ohne Verwirrung verrichtet werden kann." Diese Neigung erwachse aus der „Ueberzeigung der Vollkommenheit, die aus einer solchen Anordnung unseres Thuns entspringet, da jedem Geschäffte seine eigene Zeit zugemessen ist, keines das andre durchkreuzet, und hindert."[14]

Konkret bedeutete diese neue Einstellung, daß zwar die schulischen Internate mit ihrer streng reglementierten Tagesordnung aufgelöst wurden, das Prinzip eines geregelten Tagesablaufs aber gewahrt bleiben und mit der Einführung der allgemeinen Schulpflicht in die Köpfe und Herzen aller Schüler Eingang finden sollte.

Auf pünktliches Erscheinen im Unterricht wurde großer Wert gelegt. Die Formulare zum Fleiß der Schüler, die die Oberaufseher nach dem Schulgesetz von 1774 an die Schulkommission zu senden hatten, enthielten unter anderem die Fragen, wie oft der Schüler zu spät gekommen und wie oft er ausgeblieben sei.[15] Daß das Gesetz nicht den gewünschten Erfolg brachte, ist bekannt.[16] Joseph II. ordnete 1781 verschiedene Maßnahmen zur Hebung der Schülerzahlen an, und darunter waren auch Sanktionen gegen unentschuldigtes Fernbleiben, abgestuft nach Häufigkeit.[17] Im Gymnasialplan von 1804 wird vom Schüler für jede

---

13 Vgl. NAHRSTEDT, Wolfgang: Erziehung, Rationalität und Freiheit. Zur Entstehung der modernen Schul- und Freizeitpädagogik, in: Ders., Freizeitpädagogik in der nachindustriellen Gesellschaft Bd. 1 (1974), 45-69, 54 f.

14 (SONNENFELS, Joseph von): Der Mann ohne Vorurtheil. Eine Wochenschrift, Bd. 3 (1767), 191 f. (1. Quartal, 24. Stk.).

15 P.v.6.12.1774 (KROPATSCHEK, Maria Theresia, Bd. 7, 116 ff.).

16 Vgl. die Karte bei ENGELBRECHT 3, 408 f., über den Schulbesuch in Österreich u. d. Enns 1779.

17 Ebd., 119.

Stunde, die er fehlt, eine Entschuldigung gefordert; wenn der Lehrer zweifelt, möge er bei den Eltern nachfragen, hieß es.[18] Ein weiteres wichtiges Element, das von den Ordensschulen übernommen wurde, war der Versuch, die Schüler zu kontinuierlicher Arbeit anzuhalten; das bedeutete, daß die Gymnasiasten auch in der Zeit außerhalb des Unterrichts zu lernen hatten; der 1776 für die unteren lateinischen Schulen eingeführte Studienplan von G. Marx empfahl tägliche Hausübungen - über Sonn- und Erholungstage besonders umfangreiche, damit die Knaben keine Langeweile hätten.[19]

Auch diese Sorge, daß der Sonntag, der „Ruhetag", nicht mit Müßiggang verbracht werde, läßt sich bis zu den Jesuiten, ja bis zu den Regeln des hl. Benedikt zurückverfolgen und schwingt auch in den Verordnungen Maria Theresias zum Besuch der „Christenlehre" mit, eines einstündigen Religionsunterrichts für Schüler und andere Jugendliche, der ungefähr zur gleichen Zeit wie der Nachmittagsunterricht an Wochentagen stattfand.[20]

Früher als in der übrigen Gesellschaft begegnen wir also in den Schulen einem Grundzug, der uns auch in den weiteren Kapiteln beschäftigen wird, weil er eine entscheidende Rolle für die Aufspaltung des Alltags in Arbeitszeit und Freizeit spielt; Lernen bekam einen bestimmten Zeitabschnitt am Tage zugewiesen, Erholung ebenfalls, und diese Zeitabschnitte wurden willkürlich, nach der Stundenuhr, festgesetzt und in strenger Regelmäßigkeit, von der auch - cum grano salis - der Sonntag nicht ausgenommen war, jeden Tag reproduziert.

Der kaiserliche Hof bildet das Zwischenglied zu den Versuchen, dieses Modell disziplinierter Lebensführung auf den Gesamtstaat zu übertragen, noch bevor die industrielle Revolution dies erzwang. Das Zeremoniell am Wiener Hof, der mit seinen über 2.000 Angehörigen zur Zeit Karls VI. ja im Prinzip nichts anderes als einen Großbetrieb darstellte (dessen Mitglieder allerdings nicht dem Takt von Maschinen, sondern dem Lebensrhyth-

---

18 HKD an sämmtl. Länderstellen, (...) mitget. d. d. HD am 23.7.1804 (KROPATSCHEK, Franz, 19, 163).
19 Vgl. ENGELBRECHT 3, 158; auch diese Einbeziehung des Sonntags in die Ausbildung liegt in der Tradition jesuitischer Erziehung und ist ebenso in den höfischen Erziehungsplänen zu finden.
20 Vgl. HOLLERWEGER, Hans: Die Reform des Gottesdienstes zur Zeit des Josephinismus in Österreich (1976), = Studien zur Pastoralliturgie 1, 78; ENGELBRECHT 3, 31. Insofern, als damit ein weiteres Stück öffentlicher Kontrolle über den Tagesablauf der Jugendlichen gewonnen wurde, ist die „Christenlehre" als ein Vorläufer staatlicher Jugendpflege zu betrachten (vgl. MITTERAUER, Jugend, 218).

mus des Herrschers unterworfen waren), sollte das Leben hier vollständig planbar - und damit auch kontrollierbar[21] - machen:

> Es ist der Kayserliche Hof in allen Stücken über die massen ordentlich eingerichtet, und fast jede Stunde des Tages zu gewissen Verrichtungen bestimmet, und ausgesetzet; Dahero sich um so viel weniger zu verwundern, wenn man ein gantzes Jahr vorher sagen kann, was diesen oder jenen Tag bey Hofe vor eine Solennität, Lustbarkeit oder Andacht passiren werde.[22]

Den entscheidenden Hinweis für die Hintergründe der zunehmenden Attraktion des mönchischen Modells straffer Zeitdisziplin liefert uns die Bürokratisierungsthese Max Webers. Disziplin, von den Mönchen um der Herrschaft über die eigenen, Gott widerstreitenden Triebe willen geübt,[23] ist die wesentliche Grundlage für den auf reibungsloses Funktionieren aller seiner Teilchen ausgerichteten bürokratischen Apparat, der mit dem Absolutismus zur Herrschaft gelangte und unter Joseph II. seinen bis dahin größten Einfluß erreichte.[24] Die zunehmende Komplexität der Gesellschaft bewirkte, daß die Disziplinierungsbemühungen staatlicher Instanzen auch Anstrengungen enthielten, eine möglichst große Zeitdisziplin der Untertanen herzustellen, sie zu genauer Tageseinteilung und Pünktlichkeit zu bewegen. So lebt das ideale Ehepaar in der Vorstellung österreichi-

---

21 Vgl. ELIAS, Norbert: Die höfische Gesellschaft. Untersuchungen zur Soziologie des Königtums und der höfischen Aristokratie (1983), 200: „Die höfische Apparatur der Etikette und des Zeremoniells (...) wirkte bis zu einem gewissen Grade wie eine Signalapparatur, bei der jeder Eigenwille, jeder Ausbruch, jeder Fehler eines Einzelnen, weil er mehr oder weniger die anderen störte und ihre Prestigeansprüche verletzte, öffentlich sichtbar wurde und so auch durch die ganze Reihe der Zwischenglieder hindurch zum König gelangte."

22 Johann Basilii KÜCHELBECKERS I.V.D. Allerneueste Nachricht vom Römisch-Kayserl. Hofe. Nebst ausführlichen Historischen Beschreibung der kayserlichen Residentz-Stadt Wien und der umliegenden 2 Oerter (...), Hannover 1730, 219; vgl. auch ein Zitat von J.C. Lünig bei EHALT, Hubert Christian: Ausdrucksformen absolutistischer Herrschaft. Der Wiener Hof im 17. und 18. Jahrhundert, Wien 1980, 130.

23 Vgl. WEBER, Max: Wirtschaft und Gesellschaft. Grundriß der verstehenden Soziologie. 5., rev. Aufl., hgg. v. Johannes WINCKELMANN, 2. Halbbd. (1976), 699.

24 Vgl. zu dem Prozeß der „Fundamentaldisziplinierung" der Gesellschaft OESTREICH, Gerhard: Strukturprobleme des europäischen Absolutismus. Otto Brunner zum 70. Geburtstag, in: VSWG 55 (1968), 329-345. Die Regierung Josephs II. bezeichnet er als „Schluß- und Höhepunkt und gleichzeitig eine massive Überspitzung der Tendenzen zur Fundamentaldisziplinierung im europäischen Absolutismus" (345).

scher Aufklärer gut, wenn es regelmäßig nach einem bestimmten
Zeitplan die Handlungen des Alltags ausführt:

> Friedlich und fröhlich lebten sie fort: zu gewissen Stunden standen sie
> auf, zu gewissen Stunden legten sie sich nieder, fuhren zu gewissen
> Stunden spazieren, ins Theater, in Gesellschaften, zu gewissen Stunden
> ging der Mann in sein Amt, zu gewissen Stunden kam er immer nach
> Haus.[25]

Die minutiöse Einteilung des Tages wurde zu einer nicht weiter
hinterfragten Tugend, die für die Bürokraten in den staatlichen
Zentralstellen ebenso gelten sollte wie für die Hausfrauen. Denn
um auf eine komplexe Gesellschaft planvoll einwirken zu können, ist ein genügend abstraktes Zeitraster vonnöten, mit dem
man jenseits aller sozialen, ökonomischen und kulturellen Unterschiede die Zeiteinteilung der Gesellschaftsmitglieder überprüfen, vergleichen, kritisieren kann - dieses Zeitraster zur Berechnung des Tagesablaufs aller Menschen steht mit der Zerlegung
des Tages in willkürlich festgelegte, gleiche Zeiteinheiten (12
bzw. 24 Stunden) zur Verfügung. Die zeitliche Nivellierung ist
damit sowohl der ökonomischen und sozialen Nivellierung als
Basis bürokratischer Herrschaft adäquat als auch der „abstrakten
Regelhaftigkeit der Herrschaftsausübung"[26] - beides Prinzipien,
die Max Weber als wesentliche Merkmale eines bürokratischen
Systems erkannt hat.[27]

Die damit einhergehende zunehmende Akzeptanz des „mechanischen Weltbildes", das alle komplexen Phänomene „auf
das Meßbare, das Wiederholbare, das Vorhersagbare, das letzt-
lich Kontrollierbare reduziert (...), zuerst im Geist, schließlich
aber auch in der Organisierung des Alltagslebens"[28], wirkte sich
gravierend auf die Freizeitpolitik des Aufgeklärten Absolutismus
aus, wie wir noch sehen werden.

Dieser neue Geist macht auch leicht die hervorragende Bedeutung erklärbar, die der Uhr als Metapher für die Gesellschaft

---

25 Merkur für Damen, 1. Vierteljahr, 1. Tl., 16 - zit. nach LINNERT, Eva-
Maria: Idealbild und Realität der bürgerlichen Frau in den Wiener Frau-
enzeitschriften des 18. Jahrhunderts, masch. Diss. Wien 1981, 128.
26 Dieser Tatsache verdankt die empirische Freizeitsoziologie ihre Legiti-
mität; sie muß ja davon ausgehen, daß die Befragten einem ziemlich regelmäßigen Wechsel ihrer Tätigkeiten nachgehen, wobei die verschiedenen Tagesabläufe genügend Homogenität aufweisen müssen, um
Durchschnittswerten einen Sinn abgewinnen zu können.
27 WEBER, Wirtschaft und Gesellschaft, 567.
28 MUMFORD, Lewis: Mythos der Maschine. Kultur, Technik und Macht
(1984), 369.

und den Staat zukam.[29] Besonders im Zeitalter des Reformabsolutismus wird sie immer wieder als Vorbild für einen funktionierenden Staat hingestellt.[30]

Es wäre höchst erstaunlich, wenn den Lobpreisungen der Uhren nicht auch eine zunehmende Verbreitung dieser Wunderwerke entsprochen hätte, die das Ihre zur modernen „Strukturierung des Lebens nach objektiven Zeitquanten" beitrugen.[31] Tatsächlich waren sie im 18. Jahrhundert auf dem Weg von einem Luxusartikel zu einem Gebrauchsgegenstand für alle.[32]

Am Beispiel der Jesuiten können wir diesen Weg anschaulich verfolgen: Schon im 17. Jahrhundert diskutierten sie über die Notwendigkeit von Taschenuhren. Erlaubnis, welche zu tragen, bekamen sie aber nur für Reisen, nicht dagegen zu Hause, „wo eine gemeinsame und öffentliche Uhr zur Verfügung steht", denn, so erfuhr damals ein Grazer Pater, die Taschenuhren hätten „nicht so an Wert abgenommen, daß sie sich auch für Arme, wie wir sind, geziemen."[33] In der zweiten Hälfte des 18. Jahrhunderts mehrten sich die Bitten um Erlaubnis, die nun den - älteren - Patres auch leichter als früher gewährt wurden.[34]

Nicht nur im Kloster waren die Meinungen über den Wert der Taschenuhr geteilt; unverkennbar haftet ihr noch der Geruch des Luxus an! Überdeutlich spürt das Joseph Richter, der als freier Schriftsteller wohl noch nicht so stark zu einem rechenhaften Umgang mit der Gesamtzeit verpflichtet war:

(Altes Wien:) Große Stockuhren - gemacht für die halbe Ewigkeit, und nur zum nothwendigen Gebrauch bestimmt - Nur der vermöglichere Bürger eine silberne Taschenuhr im Sacke -
(Neues Wien:) Große Wanduhren - zur Parade - Kutscher, Lakays, Marquers, Kellner und Friseurs mit einer goldenen und oft mit zwei

---

29 Otto MAYR hat dazu zahlreiche Beispiele zusammengestellt: Die Uhr als Symbol für Ordnung, Autorität und Determinismus, in: Die Welt als Uhr. Deutsche Uhren und Automaten 1550 -1650, hgg. v. Klaus MAURICE und Otto MAYR (1980), 1 - 9.

30 Das Bild vom Staat als einer Maschine mit ineinandergreifendem Räderwerk verwenden z.b. Justi, Sonnenfels, Martini (vgl. ARETIN, Aufgeklärter Absolutismus, 17).

31 SCHEUCH, Erwin K.: Soziologie der Freizeit, in: SCHMITZ-SCHERZER, Reinhard(Hg.), Freizeit (1974), 42-69, hier 49.

32 Vgl. dazu auch THOMPSON, E. P.: Zeit, Arbeitsdisziplin und Industriekapitalismus, in: Gesellschaft in der industriellen Revolution, hgg. v. Rudolf Braun u.a., =NWB 56 (1973), 87 f.

33 Zit. bei DUHR 3, 327.

34 Vgl. DUHR 4/2, 487.

Sackuhren in der Tasche, um es auf zwey Uhren zu sehen, wie viel Stunden sie täglich dem lieben Herr Gott abstehlen.[35]

Daß es aber gegen Ende des 18. Jahrhunderts Mode wurde, zwei Uhren zu tragen[36], zeigt auch das Gegenteil: Eine einzige Uhr war offenbar schon so „normal", daß sie nicht mehr als etwas Überflüssiges, als Luxus, betrachtet werden konnte.

Tatsächlich war die Taschenuhr bereits unverzichtbarer Bestandteil städtischen Lebens geworden: In einer Erzählung von Sonnenfels, 1765 in seiner Moralischen Wochenschrift „Der Vertraute" erschienen, bestellt Hilarine ihren jungen Liebhaber zu sich, der aber nie pünktlich ist, weil ihm die Seinen keine Uhr gegeben haben. So bleibt nur der Ausweg, daß sie ihm eine schenkt.[37] Aber auch in ernsthafter Weise macht Sonnenfels die Bedeutung der Uhrzeit deutlich. Sein „Capa-kaum", der naive Wienbesucher im „Mann ohne Vorurtheil", bewundert anläßlich des Besuchs bei einem Kleinuhrmacher

die Erfindung dieser Zeitmesser, die in die Ordnung, welche in unsern Gesellschaften herrschet, so großen Einfluß haben.[38]

Freilich war diese Ordnung eine prekäre, im Unterschied zur Ordnung in Klöstern und Schulen mußten ja nun die verschiedenen Bewegungen von verschiedenen sozialen Gruppen, die Handlungen mit verschiedenen Rhythmen setzten, koordiniert werden.[39] Erschwert wurde das noch durch die Dynamik der Gesellschaft, deren Lebenskreise sich immer weiter differenzierten. Das kommt am deutlichsten in den Erinnerungen Caroline Pichlers zum Ausdruck, die nicht nur allgemein auf ein „Auseinanderfallen der Lebenskreise" im Vormärz hinweist, sondern ganz präzise auf „durch unbedeutende Veränderung im täglichen

35 RICHTER, Josef: Das alte und neue Wien, oder Es ist nicht mehr, wie eh. Ein satyrisches Gemählde entworfen von einem alten Laternputzer (1800),= Sämmtliche Schriften, Bd. 5 (1809), 28 f. Eine Zeitlang waren sogar drei Sackuhren in Mode: DERS., Die Eipeldauer Briefe 1785-1797. In Auswahl hgg., eingeleitet und mit Anmerkungen versehen von Dr. Eugen von Pannel, 2 Bde., (1917/18), Bd. 1, 166 f. (1794: 10. H., 5. Br.).
36 Vgl. WENDORFF, Rudolph: Zeit und Kultur. Geschichte des Zeitbewußtseins in Europa (1980), 269.
37 Der Vertraute. Ein Fragment, in: SONNENFELS, Josef: Gesammelte Schriften, 1. Bd., Wien 1783, 1-96, hier 60.
38 (SONNENFELS, Josef): Mann ohne Vorurtheil, Bd. 1 (1765), 307.
39 Vgl. GRIMM, Hans-Ulrich: „Zeit" als „Beziehungssymbol": Die soziale Genese des bürgerlichen Zeitbewußtseins im Mittelalter, in: GWU 37 (1986), H. 4, 199-221, hier 218.

Verkehr" entstandene Schwierigkeiten der Synchronisation von Zeit:

(...) selbst in Mitte der stillen Häuslichkeit erzeugten die veränderten Amtsstunden in Kanzleien und Comptoiren, die neuen Einrichtungen bei der Aufgabe der Briefe, endlich selbst die Abfahrts- und Ankunftsstunden der Eilwagen und Dampfboote, eine ganz veränderte Einteilung des Tages. Hierzu kam noch, daß viele ältere Einrichtungen, z.b. die Stunden für Schulen und Kollegien, sowie fürs Theater, beinahe dieselben blieben, und so kam eine Vielgestaltigkeit und Unbestimmtheit in den Tageslauf, die zwar keine wesentlichen Nachteile, aber doch viele unangenehme Störungen erzeugten.[40]

Briefkasten, Eilwagen, Dampfboote: neue Einrichtungen, die dem Alltagshandeln in den vierziger Jahren des 19. Jahrhunderts - hier noch des gehobenen Bürgertums - eine Neuorganisation seiner Zeit abforderten. Als Basis dieser Synchronisationsleistung des einzelnen, natürlich auch der Stadt bzw. des Staates, waren Uhren nicht mehr wegzudenken. Die Glockenzeichen dagegen begannen nun fortgeschrittenen Zeitgenossen gehörig auf die Nerven zu gehen. Am 17.1.1784 schlug das Primglöcklein, u.a. Signal zum Anzünden der Laternen, zum letzten Mal, ein Jahr davor wurde die Praxis des nächtlichen Stundenausrufens nach dem Aufstellen einer „Polizeiwache" aufgehoben. In den Vorstädten war es allerdings bis ins 19. Jahrhundert üblich und gab noch Anlaß zu weiteren Klagen: Ein Vorstadtbewohner beschwerte sich 1783 im „Wienerblättchen", daß keine Nacht vergehe,

in der mich die schmetternde Stimme des Wächters nicht aus dem Schlaf erweckte, um mir, der ich es nicht zu wissen verlange, nach Mitternacht es in die Ohren zu schreyn, daß es Mitternacht ist.[41]

Ein Leser des „Patriotischen Blattes" schlug 1788 vor, den Nachtwächterruf wenigstens zu vereinfachen, weil das Publikum ohnehin nicht höre, was er da jede Stunde schreie.[42] Ein anderer wiederum wollte ein gesetzliches Verbot des Klostergeläutes (zu den Horen) erreichen, weil dadurch die nächtliche Ruhe der am Tage Arbeitenden gestört werde.[43]
Der Bürger will also seine Ruhe! Damit er sich dabei sicher fühlt, dazu braucht er nicht mehr das Geschrei des Nachtwäch-

---

40 PICHLER, Denkwürdigkeiten, 2, 315.
41 Wienerblättchen v. 3.10.1783.
42 Patriotisches Blatt (1789), 2. Heft, 229 ff. Der Autor gibt hier die einzelnen Rufe wieder.
43 OBERMAYR (= Joseph RICHTER): Bildergalerie katholischer Misbräuche, o. O., o. J., 125 f.

ters - die Fortschritte der öffentlichen Beleuchtung und die Verbesserung des Polizeiwesens, Entwicklungen, die ich im übernächsten Kapitel beschreiben werde, lassen ihn ruhig schlafen.

Die Trennlinien werden schärfer II:
Die Intensivierung der Arbeitszeit

Jacques Le Goff hat dem Übergang zur modernen Stundenrechnung zwei schon klassische Aufsätze gewidmet, die neben Herrschaftsinteressen und dem wachsenden „Bedürfnis von Menschen, zu koordinieren und zu synchronisieren,"[44] auf eine dritte Wurzel des Übergangs zur modernen Dichotomie von Arbeit und Freizeit verweisen: Da sich die großen Turmuhren der Städte zuerst in den großen Städtelandschaften mit fortgeschrittenem Gewerbe verbreiteten, sieht er den Handel als Hauptmotor der Entwicklung zur Regelhaftigkeit der Zeitmessung.[45]

Zeit wurde zu einem Kostenfaktor, zu einem knappen Gut, und überall da, wo das Handelskapital die Produktionsverhältnisse dominierte, entwickelte sich ein rechenhafter Umgang mit der Arbeitszeit. Dies stellte nun einen neuen Gesichtspunkt dar, der für ältere Arbeitsverhältnisse, vor allem für die subsistenzorientierte bäuerliche Familienwirtschaft, aber auch im traditionalen Handwerk, keine oder nur eine geringe Rolle spielte.[46] Wo sich das Handwerk den Konkurrenzbedingungen des Marktes entziehen konnte - und das gilt für manche Berufszweige in Wien noch im Vormärz - dort findet man auch noch die alte Zeiteinteilung vor. In einzelnen fortgeschrittenen Gewerben dagegen versuchten die Arbeitgeber schon im 14. Jahrhundert mit Hilfe von „Werkglocken" die Arbeitszeit genau zu regeln.[47]

In der Neuzeit gewann das Handelsbürgertum im Staat einen wichtigen Verbündeten im Kampf um eine bessere Nutzung der menschlichen Arbeitskraft: Die merkantilistische Wirtschaftspolitik des absolutistischen Staates versuchte der Hochschät-

---

44 ELIAS, Norbert: Über die Zeit. Arbeiten zur Wissenssoziologie II (1988), 100.
45 LE GOFF, Jacques: Zeit der Kirche und Zeit des Händlers im Mittelalter, in: Schrift und Materie in der Geschichte. Vorschläge zur systematischen Aneignung historischer Prozesse, hgg. v. Claudia HONEGGER (1977), 393-414.
46 Vgl. HOHN, Hans-Willy: Die Zerstörung der Zeit. Wie aus einem göttlichen Gut eine Handelsware wurde (1984), 36.
47 LE GOFF, Jacques: Die Arbeitszeit in der ‚Krise'des 14. Jahrhunderts: Von der mittelalterlichen zur modernen Zeit, in: DERS., Für ein anderes Mittelalter. Zeit, Arbeit und Kultur im Europa des 5. - 15. Jahrhunderts, ausgew. v. Dieter Groh, eingel. v. Juliane Kümmell, (1984), 29-42, hier 31 ff.

31

zung der Arbeit durch die Bürger und der Ausgliederung einer „reinen" Arbeitssphäre (durch die Relationierung von Zeit und Geld) zum Durchbruch zu verhelfen, indem sie auf eine möglichst ökonomische Zeitnutzung drängte. Hohn sieht dies zu Recht als „den entscheidenden Wendepunkt der historischen Entwicklung zum kapitalistischen Zeitregime"; in der Abwandlung eines bekannten Max Weber-Satzes definiert er den Merkantilismus als „Übertragung des bürgerlichen Zeitkonzeptes auf politische Herrschaft."[48]

Das Verhalten des Adels, „seine Ausgaben nach den Erfordernissen seines aktuellen Ranges oder der Position zu richten, die er innerhalb der Hofgesellschaft einzunehmen wünschte",[49] wurde ebenso verurteilt wie seine Lebensform: der demonstrative Konsum und die „unproduktive" Zeitverschwendung.[50] In Österreich traten diese Gedanken in der zweiten Hälfte des 18. Jahrhunderts in den Vordergrund, als der ökonomische Rückstand der Monarchie besonders nach dem Siebenjährigen Krieg spürbar wurde; mit einer gezielten Expansion der besteuerungsfähigen Wirtschaft versuchte man ihn wettzumachen.[51] Man hatte nachdrücklich den Konkurrenzmechanismus zwischen den Nationen erfahren, der schon vom damals viel gelesenen Hörnigk erkannt worden war:[52] Den Einwand, man solle alles beim alten lassen, weil es früher den Menschen doch auch nicht schlecht gegangen sei, beantwortete er mit der These, daß der Reichtum einer Nation hauptsächlich davon abhänge,

„ob ihre Nachbarn deren mehr oder weniger besitzen. Dann mächtig und reich zu sein ist zu einem Relativo worden gegen diejenigen, so schwächer und ärmer sind."[53]

---

48 HOHN, 121.
49 EHALT, 68.
50 Zu diesen beiden Begriffen vgl. VEBLEN, Thorstein: Theorie der feinen Leute. Eine ökonomische Untersuchung der Institutionen, o. J. 51 ff. bzw. 79 ff., der auf eine ähnliche Weise seine Zeitgenossen kritisiert.
51 Vgl. auch die These 6 von ARETIN, Aufgeklärter Absolutismus, 43: „Ökonomisch gesehen stellte der Aufgeklärte Absolutismus den Versuch der unterentwickelten Länder dar, wirtschaftlich den Anschluß an die ‚kapitalistischen' Länder zu gewinnen."
52 Bis in die josephinische Zeit erlebte das Werk aus dem Jahre 1684 16 Neuauflagen (Gustav OTRUBA in: HÖRNIGK, Philipp Wilhelm von: Österreich über alles, wenn es nur will. Nach der Erstausgabe von 1684 in Normalorthographie übertragen und mit der Auflage von 1753 kollationiert sowie mit einem Lebensbild des Autors versehen von Gustav OTRUBA (1964), = Österreich-Reihe Bd. 249/51, 33.
53 HÖRNIGK, 62.

Deshalb war eine seiner Forderungen, daß die Obrigkeit dafür sorgen sollte, „die Instrumenten, Materi und Gelegenheiten des Luderns und Faullenzens aus dem Weg zu räumen."[54] Wirksame Maßnahmen konnte erst der Staat des Reformabsolutismus treffen, der zudem viele Menschen gewann, die ökonomisches Wachstum und rastlose Arbeit als wichtige Mittel zur Erreichung der vom Herrscher diktierten Glückseligkeit propagierten. „Arbeit sollte immer weniger Last sein und immer mehr zur Lust werden", war die Grundtendenz, bis schließlich bei den Nationalökonomen Arbeit zum Zentralbegriff und zur Grundlage des Wegs zum Glück wurde.[55] In den Moralischen Wochenschriften und zahlreichen Broschüren wurde das neue Arbeitsethos verbreitet.

Manche gingen nun daran, alle Zeit, die man durch unnützes Tun verliert, in Geld auszurechnen. So enthält eine josephinische Broschüre unter dem Kapitel: „Versäumnis der Zeit beim katholischen Gottesdienst" eine Rechnung, wonach sich der durch Feiertage verursachte Schaden auf 300.000 fl im Jahr beläuft.[56]

Der Müßiggang, vom Christentum immer schon als aller Laster Anfang gesehen, wurde nun begrifflich auf immer weitere Bereiche ausgedehnt.[57]

Die Bemühungen des Reformabsolutismus, der Arbeit einen höheren Stellenwert als früher einzuräumen, darf nicht dazu verführen, auf diese Epoche die Vorstellung eines „kapitalistischen Zeitregimes" zu übertragen. Die Aufklärer, die den josephinischen Reformen die theoretische Basis lieferten, betonten den Wert der Freizeit als Wert an sich, soferne sie in der Arbeitszeit ihren Gegenpol fand.[58] So wie schon Abraham a S. Clara davon

---

54 Ebd., 92.
55 Vgl. CONZE, 172 u. 174 ff.
56 Warum ist oder war bisher der Wohlstand der protestantischen Staaten so gar viel größer als der katholischen? von einem Christ, Freund und Menschenfreund, Wien 1782; eine Inhaltsübersicht gibt davon HOLZ-KNECHT, Georgine: Ursprung und Herkunft der Reformideen Kaiser Josefs II. auf kirchlichem Gebiete (1914), 89, A.1; eine ähnliche Berechnung führte SONNENFELS in seinen „Grundsätzen" durch (2.Tl., 214); er war damit nur einer von vielen Aufklärern - vgl. auch HEIDRICH, Beate: Fest und Aufklärung. Der Diskurs über die Volksvergnügungen in bayerischen Zeitschriften (1765-1815) (1984), = Münchner Beiträge zur Volkskunde 2, 118; aus England sind schon um 1700 derartige Rechnungen bekannt (vgl. MALCOLMSON, 95).
57 BEIDTEL, Ignaz: Geschichte der österreichischen Staatsverwaltung. 1740-1848, hgg. v. Alfons HUBER. 1. Bd.:1740-1792 (1896), 92.
58 Vgl. auch HEIDRICH, Fest, 44: Nur wer arbeitet, wird des Festes für würdig befunden; allerdings ergibt sich daraus nicht zwingend ihr Schluß, daß damit „Freizeit als Funktion von Arbeit" gesehen wird!

überzeugt war, daß Ernst und Vergnügen, Fest und Spiel zusammengehören, so sprach sich auch J.H.G. Justi in seiner höchst einflußreichen „Policeywissenschaft" für eine angemessene Freizeit aus,[59] weil sie zum Staatsziel, den Untertanen zur Glückseligkeit zu verhelfen, dazugehöre:

(...) wenn es die Pflicht der Regierung ist, die Glückseeligkeit nach Maasgebung der Natur zu befördern; so kann man nicht sagen, daß die Regierung ihre Unterthanen glücklich macht, wenn sie will, daß die Menschen unaufhörlich in dem Joche der Arbeit und Mühseligkeit ohne alle Abwechselung ein trauriges und elendes Leben führen sollen.[60]

Nicht alle leiten den Wert der Freizeit aus der „Beschaffenheit der menschlichen Natur" ab; doch fanden sich viele andere Gründe, ihr einen gewissen Stellenwert einzuräumen. Da ist zunächst einmal die Erkenntnis, daß man sie zur Erholung braucht, da geht es aber auch um staatspolitische Ziele entsprechend der (den Aufklärern sehr gut bekannten) Devise des „panem et circenses". Für Karl Anton von Martini, einen Lehrer Josephs II., hatten Vergnügungen einerseits die Aufgabe, „Lust zur Arbeit zu erwecken", andrerseits sollten sie der Aufrechterhaltung der öffentlichen Ordnung dienen: „Die Sicherheit läuft bei Kopfhängern die größte Gefahr, weil diese immer nach Veränderungen trachten."[61] Und Johann Pezzl zitiert Wielands „Diogenes von Sinope" zustimmend:

Wenn ich einem Fürsten zu raten hätte, so würde ich ihm nichts eifriger empfehlen, als - sein Volk in gute Laune zu setzen (...) Ein fröhliches Volk tut alles, was es zu tun hat, munterer und mit besserem Willen, als ein dummes oder schwermütiges.[62]

---

59 Was er für angemessen hielt, bestätigt freilich die Ausdehnung der Arbeitszeit im 18. Jahrhundert (siehe dazu die nächsten Kapitel).

60 JUSTI, Johann Heinrich Gottlieb von: Die Grundfeste zu der Macht und Glückseeligkeit der Staaten oder ausführliche Vorstellung der gesamten Policey-Wissenschaft, 2 Bde., Königsberg und Leipzig 1760/61, 374.

61 MARTINI, Karl Anton von: Erklärung der Lehrsätze über das allgemeine Staats- und Völkerrecht, 2 Tle. in 1 Bd. (1969; = Neudr. der Aufl. Wien 1791), 128.

62 PEZZL, Johann: Skizze von Wien. Ein Kultur- und Sittenbild aus der josefinischen Zeit. Mit Einleitung, Anmerkungen und Register, hgg. v. Gustav GUGITZ und Anton SCHLOSSAR, Wien 1923 (EA 1786-1788), 45; HEIDRICH, 34 ff., spricht zu Recht von der „Ventilfunktion", die das Fest für die Aufklärer hatte; zu weiteren Belegen aus der Kameralistik vgl. MARTENS, Wolfgang: Obrigkeitliche Sicht: Das Bühnenwesen in den Lehrbüchern der Policey und Cameralistik des 18. Jahrhunderts, in: Internat. Archiv für Sozialgeschichte der dt. Literatur 6 (1981), 19-51.

Wie sich diese Auffassungen konkret in der staatlichen Freizeitpolitik niederschlugen und wie die Freizeit auszusehen hatte, daß sie den Forderungen der Aufklärer entsprach, das soll im dritten Teil der Arbeit behandelt werden. Jetzt galt es, nicht nur das neue Arbeitsethos, sondern auch seine Grenzen aufzuzeigen.

Es blieb nicht bei der Propagierung des neuen Leistungsdenkens, sondern die staatlichen Organe versuchten es auch mit konkreten Maßnahmen durchzusetzen. Am frühesten waren davon jene betroffen, die sich nicht in den normalen Arbeitsablauf eingliederten: Bettler, Müßiggänger usw. Der Staat versuchte mit einer rigorosen Armengesetzgebung deren subkulturelle Existenz zu erschweren[63]; dazu gehörte die Gewöhnung an Arbeit, ein Ziel, das die Regierung unter anderem mit der Errichtung von Zucht- und Arbeitshäusern zu erreichen glaubte: 1671 wurde eines in der Leopoldstadt gegründet, von dem man 1743 ein Waisen- und 1783 ein Arbeitshaus ausgliederte.[64]

Ein weiterer wichtiger Ansatzpunkt der Regierung zur Durchsetzung einer neuen Arbeitsmoral war der Bereich des Handwerks. Denn hier waren Arbeits- und Freizeit oft durchmischt: „Rekreation, Erholung von der Arbeit fand man während des Tages selbst."[65] Seit dem Mittelalter diktierten die Meister den Gesellen zumeist Arbeitszeiten von 4 oder 5 Uhr früh bis 7 oder 8 (selten 9) Uhr abends, wenn überhaupt Beginn und Ende angegeben wurden.[66] Demnach mußten sie zwischen 14 und 17 Stunden täglich arbeiten. In einigen Berufen war die Arbeitszeit praktisch mit dem Sonnentag identisch. Zahlreiche Beispiele dafür finden sich im 17. Jahrhundert.

Wirtshausbesuche, Spiele und ähnliches unterbrachen häufig die Arbeit.[67] Weitverbreitet war der Brauch des „Schenkens":

---

63 Vgl. STEKL, Hannes: Österreichs Zucht- und Arbeitshäuser 1671-1920. Institutionen zwischen Fürsorge und Strafvollzug (1978), 23 ff.
64 Ebd., 68 ff.
65 BRUCKMÜLLER, Ernst: Arbeitswelt und Freizeit, in: Beiträge zur Historischen Sozialkunde 2/82, 44-49, hier 44.
66 Diese Angaben gelten für die Zeit vor 1770; vgl. WESTERMAYER, Thea: Beitraege zur Geschichte des Gesellenwesens in Wien, masch. Diss., Wien 1932, 139; sie gibt hier eine Übersicht über die Arbeitszeiten Wiener Handwerker auf der Grundlage der Zunftordnungen, die im Wiener Stadtarchiv liegen. Einige Angaben auch bei: ZATSCHEK, H.: Handwerk und Gewerbe in Wien. Von den Anfängen bis zur Erteilung der Gewerbefreiheit im Jahre 1859 (1949), 185, sowie THIEL, Viktor: Gewerbe und Industrie, in: Geschichte der Stadt Wien IV/1: Vom Ausgang des Mittelalters bis zum Regierungsantritt der Kaiserin Maria Theresia (1740) (1897), 411-523, hier 452.
67 Vielfältige Ursachen für Arbeitsunterbrechungen der Gesellen sind zusammengestellt bei NAHRSTEDT, Freizeit, 126 ff.

„Da waren alle Gesellen eines Handwerks beim Eintreffen eines fremden Gesellen von der Arbeit aufgestanden, hatten ihn zu einem Wirtshaus begleitet und ihm hier geschenkt."[68] Weiters ist zu bedenken, daß im Mittelalter wesentlich mehr Feiertage als heute gefeiert wurden; Zatschek rechnet mit „nicht mehr als 250" Arbeitstagen pro Jahr.[69] Auf den „blauen Montag" wird noch hinzuweisen sein. Außerdem unterbrachen wohl auch Jahrmärkte, die oft mehrere Wochen dauerten, den Arbeitsfluß. Das ergibt sich z.B. daraus, daß die komödiantischen Truppen, die sich vornehmlich zu dieser Zeit produzierten, nur bis höchstens 7 Uhr spielen durften, dabei aber nicht von Freitag bis Samstag (s. S. 63). Bei der Berechnung der jährlichen Arbeitszeit wären schließlich auch die Wallfahrten einzubeziehen, die eine ganze Woche dauern konnten. Aufgrund der fehlenden Kompaktheit der Arbeitszeit läßt sich also wohl kaum ihr tatsächliches Ausmaß ermitteln. Sie ist von zu vielen unbekannten Größen abhängig, wie der Konjunkturlage, der Auslastung des Betriebs, dem Arbeitsangebot.[70] Das erklärt auch, warum es seit Bestehen der Zünfte schon zu Konflikten um den Müßiggang der Gesellen kam[71] - bei sehr großem Arbeitsanfall wäre der Ausfall eines Gesellen mit erheblichen Einkommensverlusten verbunden gewesen. Allerdings hatten die Gesellen offenbar die Vorstellung eines „Mittelmaßes" an Arbeit; nicht anders ist es zu erklären, daß sie bei hoher Arbeitsbelastung Kompensation forderten[72] (auch dies ein Beleg gegen die mitunter geäußerte Ansicht, es habe keine Trennung von Arbeits- und Freizeit gegeben); der „blaue Montag", seit dem 16. Jahrhundert allgemein (zumindest gefordert), bezeugt, daß man sich einen arbeitsfreien Tag pro Woche wohl als Norm vorstellte.[73]

Die Regierung nahm nun diesen lockeren Arbeitsrhythmus nicht mehr hin und schaltete sich auf mehreren Ebenen ein:

---

68 ZATSCHEK, H.: Handwerk , 179.
69 Ebd., 186.
70 Vgl. FREUDENBERGER, Hermann: Das Arbeitsjahr, in: Wirtschaftliche und soziale Strukturen im säkularen Wandel, FS für W. Abel zum 70. Geburtstag, Bd. 2 (1974), 307-320.
71 Belege bei REININGHAUS, Wilfried: Die Entstehung der Gesellengilden im Spätmittelalter (1981), =VSWG, Beiheft 71, 164 f.
72 Ebd., 163 f.
73 Das kommt in manchen Bestimmungen auch konkret zum Ausdruck - etwa in der Ordnung der Drechslergesellen 1715, die einen Blauen Montag machen dürfen, wenn innerhalb von 14 Tagen kein besonderer Feiertag im Kalender steht (vgl. WESTERMAYER, 137).

Zunächst bemühte sie sich um eine Stärkung des staatlichen Einflusses auf die Gestaltung des Zunftlebens, indem sie Kompetenzen hinsichtlich der Handwerksordnungen an sich zog und deren Einhaltung verstärkt überwachen ließ (Einführung von Handwerkskommissären 1754!). In den Ordnungen, die Maria Theresia bestätigte (sie entstammen den Jahren 1770-1780), ist ein Bemühen um eine Intensivierung und teilweise auch Verlängerung der Arbeitszeit erkennbar. Je mehr die Zeit unter den Produktionsbedingungen des Marktes zu einem Kostenfaktor wurde, desto intensiver mußte gearbeitet werden, desto stärker war das Bemühen um die Schaffung einer „reinen" Arbeitssphäre. Mit anderen Worten: Man versuchte die Grenzen zwischen Arbeit und Freizeit schärfer zu ziehen, wobei der Arbeitszeit der eindeutige Vorrang gegeben wurde - ganz konträr zur alten Handwerkskultur, in der Arbeit und Freizeit gleichermaßen geschätzt wurden; sehr schön kommt das in Arbeitsliedern zum Ausdruck, die einerseits vom Arbeitsstolz getragen sind und andererseits die Zeiten der Nichtarbeit loben.[74]

In den siebziger Jahren finden sich in manchen Verordnungen für die Gesellen Formeln, die es gestatteten, die Arbeit bis in die Nacht hinein auszudehnen; das Arbeitsende ist unbestimmt.[75] Außerdem wurde vielfach den Gesellen Pünktlichkeit eingeschärft: Sie sollten zum festgesetzten Termin mit der Arbeit beginnen, „ohne von dem Meister dazu geweckt werden zu müssen."[76]

Gleichermaßen betroffen waren alle Handwerksgesellen durch die Aufhebung mehrerer Feiertage (siehe später) und durch den Kampf gegen den „blauen Montag", der selbst schon möglicherweise eine Reaktion der Gesellen auf die Reduzierung kirchlicher Feiertage im 16. Jahrhundert darstellt.[77] Auf Reichsebene befahl zuerst Karl VI. mit dem Handwerksgenerale von 1731 (§9) eine Abstellung des „Mißbrauchs", „daß die Handwercks-Gesellen gemeiniglich Montags / und sonsten ausser den ordentlichen Feyertagen sich der Arbeit eigenmächtig entziehen."[78]

---

74 Zwei davon zitiert bei GRIESSINGER, Andreas: Das symbolische Kapital der Ehre: Streikbewegungen und kollektives Bewußtsein deutscher Handwerksgesellen im 18. Jahrhundert (1981), 132; vgl. auch CUNNINGHAM, 67, der englische Songs als Beispiele für die enge Verbindung von Freizeit und Arbeit anführt.
75 Beispiele bei OTRUBA, 29 f.
76 Vgl. Artikel für die Hutmacher-, Schön- und Schwarzfärber-, Schwertfeger-, Seidenzeug- und Sammetmacher-, Gelbgiesser- sowie Nadlergesellen.
77 So ZATSCHEK, 186.
78 Zitiert nach dem Abdruck bei STÜRMER, Michael: Herbst des Alten Handwerks. Zur Sozialgeschichte des 18. Jahrhunderts, 64.

Die häufigen Wiederholungen dieses Verbots erwiesen wohl seinen geringen Erfolg. Maria Theresia versuchte es mit der Einführung des Taglohns durchzusetzen (soferne nicht Stücklohn bezahlt wurde), sodaß Gesellen an Tagen, an denen sie nicht arbeiteten, weder Lohn noch Kost bekommen sollten.[79] Trotzdem reichen die Klagen, manchmal zusätzlich die Dienstage betreffend, bis in den Vormärz hinein.[80] Selbst die Fabriksarbeiter ließen sich anfangs von der neuen Arbeitsmoral nicht überzeugen: „Am Montage kommen sie später zur Arbeit und gehen früher weg," schrieb ein Wiener Berichterstatter 1848.[81]

In den Versuchen zur Intensivierung der zünftisch-handwerklichen Produktion standen Verbote des „Schenkens" im Vordergrund. Nach vielen vergeblichen Versuchen, den Brauch einzuschränken bzw. zu verbieten,[82] bestimmte die Generalhandwerksordnung Karls VI. schließlich wegen der durch die Schenkung „von den Gesellen verübten Exzesse, (...) daß kein Gesell mehr als 15 höchstens 20 kr baar oder an Speis und Trank überkommen oder fordern darf."[83]

Daß diese Verordnung wirksam war, ist sehr zweifelhaft. Maria Theresia befahl jedenfalls 1773 die „allsogleiche Abstellung" der Gesellengeschenke, weil dadurch „der ganze Tag in Schwelgerei zugebracht und der erworbene Verdienst schändlich verschwendet worden ist."[84] An die Stelle der Geschenke trat nun ein Schlafgeld von 3 kr.;[85] noch 1781 wurden „dem ehrwürdigen Handwercksstande zur beliebigen Barmherzigung" die Nachteile

---

79 KROPATSCHEK: Maria Theresia, Bd. 6, 193 f. (P.V.21.4.1770).
80 Vgl. EHMER, Josef: Rote Fahnen - Blauer Montag. Soziale Bedingungen von Aktions- und Organisationsformen der frühen Wiener Arbeiterbewegung, in: Puls, Detlev (Hg.), Wahrnehmungsformen und Protestverhalten. Studien zur Lage der Unterschichten im 18. und 19. Jahrhundert (1979), = es 948, 143-174.
81 WITLACIL: Die Verhältnise der handarbeitenden Bevölkerung in Wien, in ZVdST II (1848), 183. Das deckt sich mit den Verhältnissen in England, wo noch um 1840 der Montag „von einem großen Teil der Arbeiter allgemein als Feiertag begangen" wurde (vgl. REID, Douglas A.: Der Kampf gegen den „Blauen Montag" 1766 bis 1876, in: PULS, 265-295, hier 269).
82 Vgl. ZATSCHEK, 179 f.; CA I, 456, 459.
83 Handwerks-Generale und Fundamentalpatent Wien v. 16.11.1731, 7, in: KROPATSCHEK: Maria Theresia, Bd. 1, 203. Die Passage mit den „Exzessen" findet sich nicht in der Variante der Verordnung, die STÜRMER, Herbst, 63, mitteilt!
84 Zit. nach ZATSCHEK, Handwerk, 181.
85 Ebd.

vor Augen geführt, die mit ihnen verbunden seien: Die Wandergesellen würden dadurch zu Müßiggang erzogen und verführten andere dazu, das unter der Woche verdiente Geld am Sonntag mit Spiel, Tanz und Saufen durchzubringen.[86] Zu dieser Zeit nahm allerdings der Brauch bereits ab, Wiederholungen dieser Verbote wandten sich in erster Linie an einzelne Gewerbe.[87]

Ein weiteres Verbot betraf „das wechselseitige Heimsuchen" der Gesellen, in andere Werkstätten zu gehen und dabei andere Gesellen zu stören oder „wohl gar solche, mit ihm zu trinken, und herum zu gehen, anzulocken."[88]

In Einzelfällen wurden auch andere Bräuche, wenn sie dem Leistungsdenken zuwiderliefen, als „Mißbräuche" deklariert und abzustellen versucht: Zum Beispiel verpflichteten die meisten Handwerksordnungen die Zechgenossen zur Teilnahme am Begräbnis eines der ihren; die Seidenweber dagegen verboten ihren Zunftangehörigen, daran teilzunehmen, weil diese Feiern in „wüsten und ausschweifenden Leichenmählern endeten" und damit „kostbare Arbeitszeit" vergeudet würde.[89] Schon Karl VI. versuchte sie aus ökonomischen Gründen zu reduzieren: Bei den großen Zünften, wo „wöchentlich oder sonsten allzuoft" Begräbnisse stattfanden, sollte nur ein Teil mitmarschieren.[90] In den Zunftordnungen Maria Theresias wird dann die Anzahl der Gesellen, die bei einem Begräbnis teilnehmen durften, genau festgesetzt (zumeist 6, mitunter auch 12 bzw. 4).[91]

---

86 Uiber verschiedene Mißbräuche bei den Handwerken und Zünften (1781), 38 ff.
87 Vgl. HD v. 23.5.1781 und HD v. 23.12.1780, in: KROPATSCHEK, Joseph: Handbuch aller unter der Regierung des KAISERS Joseph des II. für die k.k. Erbländer ergangenen Verordnungen und Gesetze (...) Wien 1785 ff., Bd. 3, 526.
88 Ebd., 351; auch diese Mahnungen zu intensiverer Arbeit sind schon in älteren Verordnungen enthalten, nämlich dort, wo man auf dem Arbeitsplatz eines Dritten arbeitete; besonders ausführlich äußert sich zu diesem Punkt die „Mühlner-Ornung der Winnerischen Haubt-Mühlner-Zunfft" 1682, wo den „Ober-Knecht / Schaider/ und Junger" zum Beispiel verboten wird, aus der Mühle zu gehen oder gar in Wirtshäusern zu sitzen und zu spielen. (in: CA II, 17 ff.).
89 Vgl. BUCEK, Margarete: Geschichte der Seidenfabrikanten Wiens im 18. Jahrhundert (1710-1792). Eine wirtschafts-kulturhistorische als auch soziologische Untersuchung (1974), = Diss. der Universität Wien 105, 48.
90 Handwerks-Generale Wien v. 16.11.1731, XX, in: KROPATSCHEK, Maria Theresia, 1, 233.
91 Vgl. ZATSCHEK, 148.

Überblickt man den langen und wahrscheinlich oft vergeblichen Kampf des absolutistischen Staates gegen die Zünfte bzw. gegen das Prinzip der Nahrungsökonomie, so gewinnt man den Eindruck, daß sich bis ins 19. Jahrhundert eigentlich nicht viel geändert hat. Das ist aber nur bedingt richtig! Wohl vermochten erst die Fabriken des 19. Jahrhunderts eine strikte Arbeitsdisziplin zu erzwingen (nicht ohne größere Mühe, wie neuere Forschungen zeigen), und zwar durch den Übergang der Unternehmen zum Maschinenbetrieb und damit die Unterwerfung des Arbeiters unter einen gleichförmigen, monotonen Arbeitsrhythmus, doch wurde dem schon im 18. Jahrhundert durch die Aushöhlung des Zunftsystems vorgearbeitet. Zu diesem Zweck befreite man immer mehr Meister von den Zunftschranken: Ein „Summarium der in und vor der Stadt befindlichen Professionisten" von 1736 registriert unter 10.829 Gewerbetreibenden nur 31 % Meister, dagegen 29 % Dekretisten, 27 % Störer, 10 % Militärhandwerker und 3 % Hofhandwerker.[92] Weiters wurden Fabriksprivilegien erteilt, die vom Zunftzwang befreiten. Sie gewannen unter Joseph II., der eine Erweiterung der industriellen Konkurrenz anstrebte, rasch an Bedeutung. Für sie galten nicht mehr die auf den Innungsartikeln beruhenden Disziplinarvorschriften und Regelungen, das Arbeitsverhältnis wurde ab 1810 als völlig freies Vertragsverhältnis deklariert. Und damit wurde endgültig der jahrhundertealte Zusammenhang von Arbeiten und Feiern aufgelöst und der Weg zu einer Ausbeutung der Arbeiter durch die Unternehmer geebnet, die nun nicht einmal zu Fürsorgemaßnahmen für ihre Leute verpflichtet waren.

Die Forderungen nach einer Verkürzung der täglichen Arbeitszeit haben die Trennung von Arbeits- und Freizeit zur Voraussetzung. Ich habe die Entwicklung hin zu einem Hinausdrängen von Freizeitelementen aus der Arbeitszeit und die ökonomischen Motive, die den Maßnahmen des Staates zugrundeliegen, nachzuzeichnen versucht. Dabei blieben zwei Aspekte unberücksichtigt, die ebenfalls viel zu dieser Polarisierung beitrugen: Der vom Staat tatkräftig unterstützte Zerfall des Zunftsystems war von einem Niedergang der Gesellenkultur begleitet. Diese war ein wichtiger Rückhalt, wenn es darum ging, Forderungen gegenüber den Meistern durchzusetzen oder sich gegen Angriffe auf traditionelle Rechte zu wehren. Daß diese Tendenz uns den Freiheitselementen der Freizeit näherbringt, darf nicht übersehen werden, denn die Gesellenkultur erforderte eine „andauernde externe Konformitätskontrolle", eine „umfassende Kontrolle des

---

92 Absolute Zahlen bei THIEL, 429 A.3.

Alltagsverhaltens der Gruppenmitglieder" durch die Gruppe[93], was nicht zuletzt an den streng ritualisierten Brauchtumsformen abzulesen ist. Es ist hier nicht so wichtig zu differenzieren, ob diese Verknüpfung von Arbeits- und Freizeit, die damit gegeben war, durch den einzelnen gelöst wurde, der es vorzog, außerhalb der Zunft zu arbeiten, oder durch den Staat, der dem Zunftbrauchtum schwere Schläge versetzte[94]; entscheidend ist der Zuwachs an Freiheitselementen für die Freizeit des einzelnen - durch den Verlust von Zwängen, die aus der Arbeitswelt stammen, insbesondere auch von Gruppenzwängen. Dies wird auch heute noch leicht bei Vorschlägen zu einer erneuten Verflechtung von Arbeitszeit und Freizeit übersehen![95]

Daß dieser Verlust an Zwängen leider auch den Verlust an Schutzfunktionen bedeutet hat, das muß freilich auch gesagt werden. Der Staat reagierte darauf erst ein Jahrhundert später, was zur Folge hatte, daß diese problematische Freiheit in den Zwang, auch überlange Arbeitszeiten zu akzeptieren, umschlug.

Ein weiteres für die Polarisierung von Arbeits- und Freizeit wesentliches Element kann in der Trennung von Wohnung und Arbeitsstätte gesehen werden. Das zeigt sich schon daran, daß dort, wo diese Trennung am frühesten stattfand, also im Lohngewerbe, auch am frühesten die Arbeitszeit exakt festgelegt wurde (sieht man von den klösterlichen Internatsschulen ab).

An erster Stelle sind hier die Bergwerke zu nennen, wo bereits im 14. Jahrhundert Schichtbetrieb herrschte.[96] Auch bei den Taglöhnern war die Arbeitszeit schon im Mittelalter genau bestimmt - so sind Bauarbeiter die einzigen Handwerker, für die sich in dieser Epoche exakte Arbeitszeitberechnungen durchführen lassen.[97]

93 GRIESSINGER, 103 f.
94 Daß der Staat dabei auch Unterstützung bei einzelnen Zunftmitgliedern fand, zeigt der Fall eines Wiener Gesellen, der von den deutschen Schmiede- und Schlossergesellen 1792 beschimpft wurde, weil er „die Teilnahme an den Gruppenritualen" verweigert und „sogar geheime Brauchtumsformen in einem schriftlichen Bericht an die Meisterschaft" verraten hatte (vgl. GRIESSINGER, 243).
95 Vgl. auch GIESECKE, 90.
96 Vgl. HEILFURTH, Gerhard: Das Montanwesen als Wegbereiter im sozialen und kulturellen Aufbau der Industriegesellschaft Mitteleuropas (1972), = Leobener Grüne Hefte 140; auf diese frühen Arbeitszeitregelungen für Bergleute hat auch TIMM, Muße, 54 f. hingewiesen.
97 Vgl. DIRLMEIER, Ulf: Untersuchungen zu Einkommensverhältnissen und Lebenshaltungskosten in oberdeutschen Städten des Spätmittelalters (Mitte 14. bis Anfang 16. Jahrhundert) (1978); nach seinen Berechnungen arbeiteten Bauarbeiter im Spätmittelalter 265 Tage jährlich (129 ff.). Aufgrund einiger anderer Belege nimmt er an, daß auch in an-

Die zeitliche Ausgliederung der Freizeit

Österreichische Quellen aus dem 17. Jahrhundert ergeben das gleiche Bild: Überall, wo Lohnarbeit vorherrschte, wurden Arbeitszeit und Freizeit deutlich voneinander abgegrenzt, die Pausen exakt bestimmt.[98]

Auch viele andere Handwerke vollzogen die Trennung von Wohn- und Arbeitsstätte relativ früh: Ökonomische Ursachen zwangen viele selbständige Handwerker zu einer räumlichen Trennung ihrer Werkstätte von der Wohnung: Schon im 17. und 18. Jahrhundert war die Mehrzahl der Gewerbe in die Vorstädte abgewandert, hatte aber teilweise noch Gewölbe in der Innenstadt.[99] Auch für Kaufleute läßt sich diese Feststellung treffen, wie eine Bemerkung Sanders aus dem Jahre 1782 belegen kann: „Die wenigsten Kaufleute wohnen da, wo sie ihre Gewölbe haben." [100]

Eine gesteigerte Bedeutung hatte die Trennung von Wohn- und Arbeitsstätte für die Gesellen, wenn sie nicht mehr beim Meister wohnten. Ein wichtiger Schritt in diese Richtung war die generelle Heiratserlaubnis für alle zünftigen Gesellen durch ein Patent 1770[101], womit ihnen die Möglichkeit zu eigener Haus-

---

deren Handwerkszweigen mit einer Fünftagewoche bzw. 265 Arbeitstagen pro Jahr gerechnet werden kann (133 f.); Nehme man - nach Abzug der Pausen - eine Arbeitszeit von 7 - 13 Stunden an, so komme man auf ca. 2650 Stunden im Jahr (134).

98 Vgl. etwa die Tag-Lohns-Satzung für die Maurer / Zimmerleuth / und Tagwercker (V. v. 17.6.1661), CA II, 324 f.: 1-3 Stunden Pause je nach Jahreszeit; 1 bis 2 Stunden Pause gewähren niederösterr. Ordnungen aus dieser Zeit (vgl. OTRUBA, Gustav: Untersuchungen über Berufsprobleme der österreichischen Arbeiterschaft in Gegenwart und Vergangenheit, Teil II: Berufslaufbahn vor der industriellen Revolution, = Der niederösterreichische Arbeiter, H. 4, Nr. 27 (101) u. Nr. 70 (266).

99 Das dokumentiert LICHTENBERGER, Elisabeth: Die Wiener Altstadt. Von der mittelalterlichen Bürgerstadt zur City (1977), anhand der Veränderungen in den Hausbesitzerstrukturen der Innenstadt - vgl. Tab. 27 (101), 29 (106) und 41 (153).

100 SANDER, Heinrich: Beschreibung seiner Reisen durch Frankreich, die Niederlande, Holland, Deutschland und Italien (...), Tl. 2, Leipzig 1784, 602.

101 Vgl. PRIBRAM, Karl: Geschichte der österreichischen Gewerbepolitik von 1740 bis 1860. Auf Grund der Akten, 1. Bd.: 1740 bis 1798 (1907), 253; Franz I. erschwerte jedoch wieder das Heiraten. Noch 1816 durften nur Adelige, Beamte, Advokaten, Bürger, Haus- und Gutsbesitzer, Meister und Fabrikanten ohne Ehekonsensus heiraten (vgl. MAYR, Josef Karl: Wien im Zeitalter Napoleons. Staatsfinanzen, Lebensverhältnisse, Beamte und Militär (1940), = Abhandlungen zur Geschichte und Quellenkunde der Stadt Wien, VI, 87).

haltsgründung eröffnet wurde. Allerdings blieben sie in ihrem Verhalten bis weit ins 19. Jahrhundert traditionellen Mustern verhaftet.[102] Wenn man auch die Bindung der Gesellen an das Meisterhaus nicht allzu hoch veranschlagen darf (keine familienbetriebliche Tradition, hohe Fluktuation der Gesellen), so wird man doch die Feststellung treffen können, daß ihnen die Ablösung vom Meisterhaushalt einen Zugewinn an Freiheit brachte. Sie waren dann nicht mehr der patriarchalischen Gewalt unterworfen, die etwa darin bestand, daß sie sich um 9 oder 10 Uhr abends im Meisterhaus einfinden und bei Zuspätkommen Strafe zahlen mußten.[103]

Die mit der Ablösung der Gesellen vom Meisterhaushalt sich eröffnenden Möglichkeiten zur individuelleren Freizeitgestaltung wurden nicht nur durch steigende Arbeitszeiten wieder eingeschränkt, sondern mitunter auch dadurch, daß in den Fabriken patriarchalische Muster fort- bzw. neu auflebten. Solange die Dienstbotenordnung für die Fabrikarbeiter galt, waren auch sie dem Arbeitgeber für die Zeit Rechenschaft schuldig, die sie außerhalb der Arbeit verbrachten. So schrieb zum Beispiel die Direktion der Neuhauser Spiegelfabrik in ihrer Eigenschaft als Grundherr und Polizeibehörde den Wirtshäusern vor, an Arbeiter keinen Alkohol auszuschenken. Selbst an Sonntagen durften sie sich nur mit ausdrücklicher Genehmigung der Fabriksverwaltung vom Ort entfernen, wobei sie Grund und Ziel der Fahrt angeben mußten. Denunzianten wurden belohnt.[104]

Die Deklaration des Arbeitsverhältnisses in den Fabriken als völlig freies Vertragsverhältnis beseitigte nicht immer die patriarchalischen Zustände; denn die Fabriksherren übernahmen in ihrer Sorge um die Erhaltung der Arbeitskraft oft selbst die Unterbringung der Arbeiter, indem sie freie Wohnung gegen geringere Entlohnung boten, „so daß der Unternehmer somit Lohnherr, Hausherr und oft auch noch Besitzer der Gaststätten war, in denen die Belegschaft der Fabrik verköstigt wurde."[105] Kleinere Unternehmer mieteten im Ort oft nur einzelne Wohnhäuser, in denen Schlafstellen eingerichtet wurden, „streng nach Geschlechtern getrennt und durch einen eigenen Fabriksbeamten beaufsichtigt"; besonders starke patriarchalische Zwänge bestanden in den eigens angelegten Arbeitersiedlungen, in denen eine

---

102 Vgl. SIEDER Reinhard: Sozialgeschichte der Familie (1987), 123; detailliert für Wien: EHMER, Josef: Familienstruktur und Arbeitsorganisation im frühindustriellen Wien (1980).
103 Vgl. die Handwerkspatente 1770-80.
104 Vgl. MATIS, 461, A. 108.
105 Ebd., 471.

„Dreiheit von Fabrik, Unternehmerwohnhaus und Arbeiterwohnhaus" gegeben war.[106] Sie griffen wieder auf Disziplinierungstechniken zurück, die zuerst in den Klöstern entwickelt worden waren![107]

Neben Handwerkern und Manufaktur- bzw. Fabriksarbeitern waren die Beamten am stärksten vom Prozeß der Arbeitsintensivierung betroffen - eine Tatsache, die leicht aus dem Blickfeld gerät, wenn man die Zweiteilung des Lebens in Arbeits- und Freizeit als Ergebnis des Kapitalismus sieht.

Ihre Amtsstunden betrugen zwar im Zeitalter des Aufgeklärten Absolutismus und darüber hinaus wie „seit Jahrhunderten" nur sechs Stunden, die ungefähr gleichmäßig auf Vor- und Nachmittage aufgeteilt waren - meist von 9-12 und 3-6 Uhr.[108] Laut Hofdekret v. 14.10.1782 sollten die Amtsstunden, um Licht zu sparen, von 9-15 gehalten werden[109], das dürfte aber nur in wenigen Ämtern befolgt worden sein; im Staatsarchiv arbeitete man zum Beispiel von 8-14 Uhr, in der Staatskanzlei von 10-15 Uhr, wie den Lebenserinnerungen Arneths zu entnehmen ist.[110] Diese ex-

---

106 Ebd.; in der Nähe Wiens gab es die Mitte des 18. Jhdts. errichtete „Nadelburg" und eine Arbeitersiedlung bei der Kettenhofer Zitz- und Kottonfabrik (vgl. SANDGRUBER, Roman: Ländliche Wohnverhältnisse seit der frühen Neuzeit, in: Beiträge zur historischen Sozialkunde 9/3 (1979), 45-51, hier 50).

107 Vgl. dazu die Ausführungen von TREIBER, Hubert und STEINERT, Heinz: Die Fabrikation des zuverlässigen Menschen. Über die ‚Wahlverwandtschaft' von Kloster- und Fabrikdisziplin (1980).

108 Vgl. MAYR, Josef Karl: Wien im Zeitalter Napoleons. Staatsfinanzen, Lebensverhältnisse, Beamte und Militär (1940), = Abhandlungen zur Geschichte und Quellenkunde der Stadt Wien, VI, 185 f. Vgl. auch z.B. Tag und Nacht in Wien. Ein angenehmes Gemählde für Einwohner und Fremde, o. O., 1810; Wienerische Musterkarte, ein Beytrag zur Schilderung Wiens, Wien 2. A. 1799, Nr. 7 („Muster eines Kanzlisten oder Abschreibers"), 20; Noch um 1900 war eine sechsstündige Dienstzeit üblich - vgl. MEGNER, Karl: Wirtschafts- und sozialgeschichtliche Aspekte des k.k. Beamtentums (1985), 99. Diese Bürozeiten galten auch für Frauen (ebd., 300), längere dagegen z.B. für Steuerbeamte oder Konzeptsbeamte der Finanzverwaltungen (ebd., 99).

109 Vgl. MITROFANOV, Paul von: Joseph II. Seine politische und kulturelle Tätigkeit (1910), Bd. 1, 288; ein ähnlicher Vorschlag taucht 1814 auf, als „sachkundige Männer" eine durchgehende Arbeitszeit von 8-16 Uhr (man beachte diese Verlängerung!) forderten (vgl. CLAUREN, H(einrich): Kurze Bemerkungen auf langen Berufswegen. Fortsetzung von H. Claurens Briefen als 2. Bdch., Wien 1816, 123).

110 Vgl. SCHIMETSCHEK, Bruno: Der österreichische Beamte. Geschichte und Tradition (1984), 138; Nur im Groben gilt also die Fest-

akten Angaben der täglichen Bürostunden waren infolge der Trennung von Wohn- und Arbeitsstätte erforderlich - eine Parallele zur Situation im Lohngewerbe! Allerdings war die Einhaltung der Amtsstunden nur eine Mindestanforderung, die nach Bedarf erhöht werden konnte.[111] Das hängt mit der Herkunft der Beamtenstellung aus dem Gesindedienstverhältnis zusammen. Zwar waren die Beamten des 18. Jahrhunderts schon weitgehend aus dem Haushalt des Fürstenhofes bzw. sonstiger Dienststellen ausgegliedert; sie wohnten entweder in großen innerstädtischen Mietshäusern oder (zunehmend) in den nahen Vorstädten, weil für sie die hohen Mietzinse in der Innenstadt nicht mehr erschwinglich waren,[112] während die Regierung, besonders unter Maria Theresia, repräsentative Amtsgebäude in der Altstadt errichten ließ. Dennoch ist in dieser Zeit die ehemalige hausrechtliche Abhängigkeit noch zu spüren: So wie alle Beamten als Diener des Staates angesehen wurden, so nahmen in den einzelnen Dienststellen die Vorgesetzten gegenüber ihren Untergebenen die Rolle des Staates ein. Es ist für diesen Zustand bezeichnend, daß eine einheitliche Dienstpragmatik, eine Übersicht aller ihrer Rechte und Verpflichtungen fehlte; diese wurden je nach Bedarf in einzelnen Vorschriften, Dekreten und Handschreiben festgelegt.[113] Das bedeutet, daß die Arbeitszeit der Subalternen in ihrem Umfang und in ihrem Rhythmus wesentlich von deren Vorgesetzten bestimmt wurde[114]; in Beamtenmemoiren finden sich genügend Beispiele dafür. So mußte etwa Grillparzer dem Grafen Stadion, der ein Extremfall von einem „Nachtmenschen" war, „nach Mitternacht, wenn er aus Gesellschaften nach Hause kam, über Akten und Geschäfte Rechenschaft (...) geben."[115] Selbst die Eingliederung in den Haushalt des vorgesetzten Be-

---

stellung MAYRs, Wien, 185 f., daß Versuche zur Neufestsetzung einer ungeteilten Amtszeit zu Beginn des 19. Jahrhunderts am Widerstand der Hofstellen gescheitert seien!

111 Ebd; in Buchhaltungen wurde z.B. Anfang des 19. Jahrhunderts 8 - 9 Stunden täglich gearbeitet (MAYR, 186).

112 Vgl. LICHTENBERGER, Altstadt, 177. 1850 lagen die Zinshöhen in der Altstadt ca. 70 % über dem Mietpreisniveau der Vorstädte (ebd., 164, Tab. 45, u. 202). Nach der Konskription von 1834 wohnte nur noch ein Drittel aller Beamten in der Stadt (ebd., 180 f.).

113 Vgl. MAYR, Wien, 178 ff.

114 Recht gut ging es z.B. Grillparzer als Hofkonzipisten im Finanzministerium, der laut einer Tagebucheintragung v. 19.2.1829 täglich erst um 12 Uhr auftauchte - vgl. SCHIMETSCHEK, 138.

115 Kaunitz stand erst zwischen 11 und 12 Uhr auf und soupierte um Mitternacht - vgl. z.B. RIESBECK, Kaspar: Briefe eines reisenden Franzosen (2., verb. A. 1784), 235.

amten war zur Jahrhundertwende noch da und dort vorhanden, wie den Tagebüchern Kübecks zu entnehmen ist. Er selbst beklagte sich 1808 in einem Brief aus Prag, als er Guberniums- und Präsidialsekretär war, daß er oft nachts, wenn er schon im Bett lag, gerufen wurde, „um dem Oberstburggrafen die Langeweile einer schlaflosen Stunde zu vertreiben."[116] Auch Caroline Pichlers Vater, ein höherer Beamter, arbeitete zuweilen „zu Hause mit seinem Personal"[117]. Kurios, aber doch bezeichnend ist die Anekdote, die Bretschneider berichtet: Sein Vorgesetzter, ein ungarischer Magnat und kaiserlicher Kommissar, schloß sich mit ihm 1778 für zwei Wochen in seinem Vorstadtgarten ein - angeblich, um die Aktenberge ungestört erledigen zu können, in Wirklichkeit aber mußte ihm Bretschneider seine Kochkünste beweisen. [118]

Durch die fehlende Dienstpragmatik war der Beamte auch den Bemühungen des Staates zur Intensivierung der Arbeitszeit in besonderem Maße ausgesetzt. Dazu trug bei, daß die Bürokratie als Grundlage eines funktionierenden Staates im Reformabsolutismus besondere Beachtung fand. Die Herrscher selbst verstanden sich als „erste Beamte" des Staates, was unter anderem in ihrer Tagesordnung zum Ausdruck kam: Maria Theresia folgte regelmäßigen Arbeitszeiten, die durch einige Erholungsstunden nach dem Mittagessen unterbrochen waren[119], den Abend hielt sie sich für ihr Privatleben frei, versuchte also schon genau zwischen Öffentlichem und Privatem, damit zwischen Arbeitszeit und Freizeit, zu trennen![120] Joseph II. arbeitete noch mehr, oft auch in den Nächten: Er stand im Sommer spätestens um 5 Uhr

---

116 KÜBECK, 1/1, 227. SCHIMETSCHEK, 100, führt aus (ohne allerdings einen Beleg zu liefern), es sei seit 1783 nicht selten vorgekommen, „daß Beamte, bei denen die Parteien lange nach den Amtsstunden noch etwas wollten, vom Tische oder aus dem Bette in die Kanzlei eilten, um immer neue Beschwerde der Rechtsuchenden zu entgehen." Für den Vormärz heißt es (ebenfalls ohne Belegstellen) bei KREBS, Walter: Die sozialen Probleme Österreichs in der politischen Publizistik des Vormärz, masch. Diss., Wien 1949, 137: Subalterne seien „nicht selten" gezwungen gewesen, „auch noch daheim bis spät in die Nacht Arbeiten für das Büro (...) durchzuführen."
117 PICHLER, Denkwürdigkeiten 1, 209 (aus dem Jahre 1798).
118 LINGER, Karl Friedrich (Hg.): Denkwürdigkeiten aus dem Leben des k.k. Hofrathes Heinrich Gottfried von Bretschneider. 1739 - 1810, Wien und Leipzig 1892, 217 ff.
119 Über Maria Theresias definitive Arbeitszeiten existieren in der Sekundärliteratur unterschiedliche Angaben, je nach herangezogener Quelle.
120 Vgl. etwa KHEVENHÜLLER-METSCH, Eintragung vom 26.4.1759: M.T. spricht von einer „für sich vorbehaltenen Abendzeit".

auf (im Winter nach 6 Uhr), arbeitete bis zum Frühstück um 9 Uhr, ging um 12 Uhr ein paar Stunden spazieren, aß um 3, 4 oder 5 Uhr - „je nachdem er sich von seinen Geschäften los machen konnte oder wollte"; nach dem halbstündigen Mittagessen betätigte er sich eine Stunde musikalisch, die Zeit bis 7 Uhr war wieder der Arbeit gewidmet, danach begab er sich ins Theater oder besuchte Gesellschaften - und zwar durchaus als „Privatmensch"! Normalerweise ging er um 11 Uhr schlafen, aber wenn er bei der Post Wichtiges fand, „arbeitete er noch stundenlang in die Nacht hinein." [121]

Dieses Ethos rastloser Arbeit, für die sich der einzelne voll und ganz einzusetzen hatte, forderte Joseph II. nicht nur von sich, sondern auch von seinen Beamten, die sich nunmehr vor allem als Diener des Staates, nicht mehr des Hofes fühlen und „den nutzen und das beste der grössern zal" mitbewirken sollten.[122] Seine Vorstellungen über die Amtsführung der Beamten legte er in einem Handschreiben an die Präsidenten der Zentralbehörden nieder:

Jeder Chef muß sich also denen geschäften gänzlichen und vollkommen widmen, aus selben das geschäft seines ganzen lebens machen, nichts denken, nichts hören, nichts sehen, als was zu diesem führt.[123]

Die Chefs wiederum sollten ihre Untergebenen in dem von Joseph eingeflößten

esprit leiten und zur arbeit anhalten, das unnütze vermeiden und das nutzbare ohne ruhe und rast zu allen tagen der woche, zu allen stunden des tags bis zu seiner erhaltung betreiben ... Sie können rath halten nach belieben, diesen dieses, jenen das andere nach ihrer einsicht und kenntnis der individuen anvertrauen, ohne sich zu binden an tage, stunden, vormittags und nachmittags oder an sogenannte Kanzleystunden, da, wenn alle arbeiten fertig sind, jedermann frei seyn muss und, bis

---

121 Dieser Tagesablauf ist einem zeitgenössischen Bericht entnommen, der durchaus glaubhaft klingt (daß Joseph ein harter Arbeiter war, war allgemein bekannt): Kaiser Joseph als Mensch; sein Privatcharakter; seine Lebensweise und Gewohnheiten; seine Neigungen und Eigenheiten; und seine Persönlichkeit überhaupt, abgedruckt in: GRÄFFER, Franz (Hg.): Josefinische Curiosa, Bd. 5, Wien 1850, 64-83, hier 68 ff.
122 „Hirtenbrief" Josephs II. von 1783, abgedruckt bei: WALTER, Friedrich: Die österreichische Zentralverwaltung. II. Abt.: Von der Vereinigung der österreichischen und böhmischen Hofkanzlei bis zur Errichtung der Ministerialverfassung (1749 -1848). Bd. 4: Die Zeit Josephs II. und Leopolds II. (1780 -1792). Aktenstücke, = Veröffentl. der Kommission für neuere Geschichte Österreichs, 36 (1950), 123.
123 Ebd., 2.

diese nicht beendigt sind, niemand ausruhen oder an zerstreuung zu denken hat[124].

Mit ähnlichen Worten wandte sich Joseph II. in seinem berühmten „Hirtenbrief" an die Beamten selbst: Für „jeden Diener des Staates" habe der Grundsatz zu gelten, „dass er nicht nach stunden, nicht nach tägen, nicht nach seiten seine arbeit berechnen, sondern alle seine Kräfte anspannen muß," um die Geschäfte ordnungsgemäß und schnell zu erledigen, und erst wenn er keine mehr habe, „auch derjenigen erholung, die man so billig doppelt empfindet, wenn man seine pflicht erfüllt zu haben sich bewusst ist, geniesse."[125] Eine schärfere Formulierung des Primats der Arbeit findet sich zu dieser Zeit nirgends sonst! Die Zeit außerhalb der Arbeitszeit wird hier ganz deutlich als Restzeit verstanden, die übrigbleibt, wenn man seine Arbeit, die allein den Zweck des Lebens ausmacht, erfüllt hat - allerdings ist Nichtarbeitszeit nunmehr eindeutig als Zeit, in der „jedermann frei seyn muss", also als Freizeit, konzipiert.

Die große Bedeutung, die dabei dem Faktor Zeit zugemessen wurde, ergab sich aus der Aufgabe der wachsenden Bürokratie, Stütze eines Staates mit immer dichteren Beziehungsgeflechten zu sein - eine Aufgabe, die ein an alte Zeitmuster gewöhnter Beamtenapparat wie der vorjosephinische infolge einer viel langsameren Geschäftsabwicklung nicht ausreichend erfüllen konnte.

Ein recht eindrucksvolles Beispiel jener älteren Beamtenmentalität, die an Zustände im Bereich der Zünfte erinnert, liefern die Wiener Behörden 1705: In diesem Jahr mahnte der Stadtrat alle Ämter zur Pünktlichkeit. Es komme vor,

das theills Beambte sehr ungleich frequentiren, und gleichsamb nach Beliben hinein und widerumb darvon gehen, auch an denen Täg, an welchen kheine Raths Sehsiones gehalten werden, gar nicht in ds Ambt khomben, nicht weniger zum öffteren ehe: und bevor sich der Rath endet, darvon gehen, und das Ambt zuespören, daraus dann erfolget, das wann ermelter Statt Rath ainige Nothdurfften aufsuechen lassen, oder in einer Sach Information haben, oder auch ihren Beambten ein: oder anders, was veranlast worden, mündtlich bedeuten will, niemandt vorhanden, mithin ein: und andere wichtige Sach, zum nicht geringen Nachtheill des gemainen Weesens verschoben bleiben thuet.

Die Amtsvorsteher (in diesem Fall der Oberraithändler) wurden aufgefordert, ihre Untergebenen dazu anzuhalten,

---

124 Ebd., 3 f.
125 Ebd., 125.

das sye hinführo das Ambt alle Werckhtäg, auch in denen Ferien, deren Instruction gemäs, zu denen gewöhnlichen Stunden vor: und nachmittag fleißig frequentiren und vor geendigter Ratssitzung nicht das Amt verlassen.[126]

Mit solchen Zuständen, die unter der Regierung Maria Theresias nur unwesentlich verbessert worden sein dürften, wollte also Joseph II. aufräumen.

Um die Pünktlichkeit im Dienst zu erhöhen, mußten in den Kanzleien Aufschreibbögen liegen,

auf welche ieder Beamte mit eigener Hand seinen Namen mit der Stunde, wann er kömmt und abgehet, hinschreiben muß. Wenn die Glocke die bestimmte Amtsstunde geschlagen hat, wird unter die aufgeschriebenen Namen ein Strich gemacht, unter welchen die später Kommenden sich und die Ursache ihres späten Besuches vorzumerken haben.[127]

Der Autor dieses Berichtes äußert sich darüber begeistert - früher seien Kaffeehäuser und Billards viel häufiger während der Amtsstunden besetzt gewesen; die neuen Einrichtungen erst würden die Maschine namens Amt funktionieren lassen; die Aufschreibbögen „bringen die Räder an ihre Plätze (dieß ist ihr eigentlicher Endzweck), die Bewegung derselben müssen die Konduittabellen hervorbringen."[128]

Bei aller Unbestimmbarkeit der tatsächlich geleisteten Arbeitszeit (die noch dadurch erhöht wird, daß niedriges oder fehlendes(!) Gehalt viele Beamte zu Nebentätigkeiten wie Privatlehrer, Musikant oder Hofmeister zwang[129]), zeichnet sich also auch bei den Beamten die Tendenz einer Intensivierung und Verlängerung der Arbeitszeit um die Jahrhundertwende ab. So unterschied sich das „alte" auch in dieser Beziehung vom „neuen" Wien: Im alten „zu viel Rekreationstäge für die Beamten"[130], im neuen „nicht einmal die nöthigen Erholungstäge"; in einer Anmerkung begründet Joseph Richter diese sicherlich überspitzte These damit, daß in manchen Dienststellen die Beamten sogar am Sonntag arbeiten müßten.[131]

---

126 WStLA, A.R. 102/1705; fast gleichlautende Dekrete sind vorhanden für die Zapfenmaß-Einnehmer, Steuereinnehmer, Buchhalter und Raithandler.
127 Patriotisches Blatt, Wien 1789, 2. H., 165.
128 Ebd., 167.
129 Vgl. MAYR, 189; zu den Problemen der Praktikanten, die oft jahrelang unbesoldet auf eine Anstellung warten mußten, vgl. GRAUSAM, Hellmuth: Der österreichische Staatsbeamte im Spiegel der Memoirenliteratur, phil. Diss. (masch.), Wien 1964, 43 .ff.
130 Siehe dazu später.
131 Das alte und das neue Wien, 2, 22 f.; auf der anderen Seite stellt Richter mit dem „Eipeldauer" einen Beamten dar, der sich immer wieder freie Tage macht!

In der zweiten Hälfte des 18. Jahrhunderts nahm die Zahl der Dienstboten in Wien beträchtlich zu; das Bürgertum versuchte, so gut dies eben möglich war, auch auf diesem Gebiet den Lebensstil des Adels nachzuahmen, was zu vielen Klagen von seiten der Aufklärer führte, die damit die Durchsetzung ihres Mutterideals gefährdet sahen. Ende des 18. Jahrhunderts lag der Anteil des Gesindes an der städtischen Bevölkerung (einschließlich der Vorstädte) bei etwa 15%, also ungefähr 40.000 Personen.[132]

Über ihre Arbeitszeit lassen sich am wenigsten exakte Angaben machen, denn diese Berufsgruppe war am stärksten in den Haushalt des Arbeitgebers integriert und dadurch am längsten hausrechtlich abhängig und dem Lebensrhythmus des Arbeitgebers unterworfen. Das ist auch der Grund, warum es in diesen Berufen am spätesten zu einer scharfen Trennung von Arbeits- und Freizeit kam.[133] Dort, wo das der Fall war, scheint der lockere Arbeitsrhythmus in enorm lange Arbeitszeiten umgewandelt worden zu sein. Wir sehen das bei den Kellnern, die im Vormärz von 9 bzw. 10 Uhr morgens bis Mitternacht arbeiten mußten und nur alle 2 - 3 Wochen einen freien Nachmittag hatten.[134] Dahinter dürfte die Gewohnheit stehen, Dienstboten jeden zweiten Sonntagnachmittag freizugeben.[135] Wie zäh sich die überlangen Arbeitszeiten hielten, zeigt noch in den sechziger Jahren des 20. Jahrhunderts(!) das „ABC des Guten Tons", ein Benimmbuch von Hubert Miketta (EA 1959), in dem er für Dienstboten einen zehnstündigen Arbeitstag bei einem freien Sonntag alle 4 Wochen vorschlug.[136]

Private Zeugnisse sind selten. Es ist für uns ein Glücksfall, daß Mozart aus Neugier einen Brief seiner Dienstmagd an ihre Mutter las, worin sie sich u.a. beschwerte, daß er ihr nur 7 Stunden Schlaf (von 11-6 Uhr) zugestehe.[137]

---

132 Vgl. STEKL, Hannes: Hausrechtliche Abhängigkeit in der industriellen Gesellschaft. Das häusliche Personal vom 18. bis ins 20. Jahrhundert, in: WGbll 30 (1975), 303-313, hier 302.

133 Die erste definitive Regelung erfolgte durch das Hausgehilfengesetz 1920 (vgl. STEKL, Abhängigkeit, 307).

134 Vgl. S. WAGNER: Die Kellner, in: Wien und die Wiener, in Bildern aus dem Leben. Mit Beiträgen von Adalbert Stifter u.a. (1844), 174-184.

135 Diese „Norm" gilt zumindest für deutsche Städte wie Berlin - vgl. MÜLLER, Heidi: Dienstbare Geister. Leben und Arbeitswelt städtischer Dienstboten (1981), = Schriften des Museums für Deutsche Volkskunde Berlin, Bd. 6, 213.

136 Vgl. MÜLLER-WICHMANN, Zeitnot, 253, A. 38.

137 Mozart, Briefe, 347, Brief v. 26.5.1784.

Die Unterwerfung der Dienstboten unter den Lebensrhythmus ihres Arbeitgebers ist durch die Gesindeordnungen abgedeckt.

Die Stadtgesindeordnung für Wien 1784 bestimmt im §41:

Der Dienstbot darf sich ohne Vorwissen des Herrn nicht vom Hause entfernen, und muß sich stets nach verflossener Erlaubnißzeit zur bestimmten Stunde wieder einfinden.[138]

§35 zeigt, daß Joseph II. selbst für diese Berufsgruppe - analog zu den Handwerksgesellen und Beamten - eine Verlängerung und Intensivierung der Arbeitszeit durchzusetzen versuchte: Es sei ungültig, einem Dienstvertrag beizusetzen,

daß den Dienstboten eine bestimmte Zeit im Schenkhause zuzubringen erlaubt, dieselben an aufgehobenen Feiertagen oder zu andern Zeiten von der Arbeit und Dienstpflicht befreit bleiben, daß an gewissen Tagen Gastereien gegeben werden sollen.[139]

Ob diese Forderungen durchzusetzen waren, mag dahingestellt bleiben, jedenfalls konnte ein Hinweis auf diesen Paragraphen wohl als Druckmittel gegenüber den Dienstboten beim Zustandekommen des Dienstvertrages verwendet werden.

Daß sich der Staat überhaupt für diesen Berufszweig speziell interessierte, lag nicht nur am Bettlerproblem (vazierende Dienstboten waren offenbar zahlreich!), sondern vielmehr daran, daß er sich prinzipiell für das Alltagsleben aller seiner Bürger interessierte und es in seinem Sinne zu gestalten versuchte. Die Begründung dafür liefert Schröder in seiner „fürstlichen Schatz- und Rentkammer", wenn er auf die Notwendigkeit von landesfürstlichen Dienstbotenordnungen zu sprechen kommt:

(...) wenn man ein uhrwerck will gangbar und accurat behalten, so müssen nicht allein die grossen, sondern auch die kleinen räder sauber und richtig unterhalten werden: sintemal eines von dem andern moviret, und beweget wird.[140]

Es wäre falsch, aus dem Fehlen einer exakt angebbaren Arbeitszeit abzuleiten, daß den Dienstboten das Bewußtsein für eine Trennung von Arbeitszeit und Freizeit überhaupt gefehlt hätte. Das Gegenteil geht aus einer Predigt Abraham a Sancta

---

138 Stadtgesindeordnung in Böhmen, Mähren und Schlesien (P. v. 1.12.1782) und in Wien (HD v. 27.3.1784), in: KROPATSCHEK, Joseph, Bd 1, 210 ff.
139 Ebd.
140 Wilhelm Freyh. von SCHRÖDERN: Fürstliche Schatz- und Rent-Kammer, Nebst seinem Tractat vom Goldmachen, wie auch vom Ministrissimo oder Ober-Staats-Bedienten (1744), 98.

Claras hervor, in der er die Dienstboten zu mehr Arbeitseifer mahnte: Den „faulen Dienstboten"

darff man zu dem Feyerabend nicht läuten, dann sie kommen ihm schon vor mit Faulheit und Müssiggang, schwitzen bey dem Essen, aber bey der Arbeit, husch! husch![141]

Daß die Arbeit als entfremdend erlebt und die Zeit danach als befreiend empfunden wurde, gilt offenbar schon längst vor der Industriellen Revolution. Prinzipiell war natürlich auch diese „Freizeit" herrschaftlicher Regelung unterworfen. Dienstboten galten als Mitglieder der Familie, wobei der „Hausvater" die volle Aufsicht - und auch Verantwortung - über ihr religiöses und sittliches Benehmen hatte; selbst auf ihre Kleidung wurde Einfluß genommen.[142]

Dazu kam noch, daß die Dienstboten nur in den seltensten Fällen eigene Zimmer hatten. Darunter litten wohl die weiblichen Arbeitskräfte am meisten, weil ja den Frauen bzw. Mädchen die herrschende Ideologie der Geschlechterrollen das Haus als ihre eigentliche Lebenssphäre zuwies[143] und sie, so ist zu vermuten, viel seltener die Erlaubnis erhielten, ihren Arbeitsplatz zu verlassen. Aufgrund von Verlassenschaftsabhandlungen läßt sich feststellen, daß eigene Zimmer für Dienstboten nicht der Normalfall gewesen sein dürften: In den Wohnungen von Akademikern hatten sie zumeist nur Betten in verschiedenen Räumlichkeiten stehen, zum Beispiel in der Küche, im Kinderzimmer oder im Schlafzimmer.[144] Wie schwer mußte es also für sie sein, sich eine Privatsphäre zu schaffen!

Die Aufklärer bzw. „Neuerer" (Beidtel) kritisierten dieses Familienverhältnis und „sahen zwischen den Dienstboten und dem Dienstgeber nichts als ein Vertragsverhältnis (...) Wenn der Dienstbote das that, wozu er aufgenommen war, sollte er in allem, was er sonst that, unbedingte Freiheit haben."[145] Dieses Prinzip ging auch in die josephinischen Dienstbotenordnungen ein; Joseph selbst bekam ja schon während seiner juristischen Ausbildung von Beck zu hören, daß die Dienstboten

---

141 Abraham a S. Clara: Abrahamisches Gehab dich wohl, Nürnberg 1729, 8.
142 Vgl. BEIDTEL, 1, 98.
143 Vgl. STEKL, Abhängigkeit, 307.
144 Vgl. STEINER, Hartwig: Die Mitglieder der „Hohen Schule". Zur Sozialgeschichte der Wiener Akademiker im 18. Jahrhundert, masch. Diss., Wien 1972, 101.
145 Vgl. BEIDTEL, 1, 98.

„ihrer Herrschaft nur insoweit untertan (sind), als der Mietkontrakt mit sich bringt."[146] Prinzipiell ermöglichte damit diese neue Auffassung ein verschärftes Hervortreten von Freizeit als eigenem Zeitabschnitt, der sich durch die Möglichkeit größerer Wahlfreiheit von der Arbeitszeit abhob. Ob und wie diese Wahlfreiheit verwirklicht wurde, läßt sich kaum sagen. Die bis 1911 in Kraft gebliebene Dienstbotenordnung von 1810 brachte jedenfalls gegenüber der josephinischen einen Rückschritt in dieser Hinsicht.[147]

Freilich waren wohl auch schon früher viele Dienstboten nicht in dem Ausmaß den herrschaftlichen Zwängen ausgesetzt gewesen, wie es ihre Arbeitgeber gerne gehabt hätten. Zwischen dem, was sein sollte, und dem, was war, klaffte eine beträchtliche Lücke. Davon zeugen Gesetze und Verordnungen, Berichte über das Wiener Alltagsleben und Zeitungsnotizen. Den Anstrengungen des Gesetzgebers nach zu schließen, war es sehr schwer, dem Gesinde einen ihm fremden Lebensrhythmus aufzuzwingen: Immer wieder verbot die Regierung das Vazieren und häufige Wechseln des Arbeitgebers, viele Vorschläge wurden gemacht, um dieses Verbot auch durchsetzen zu können. Es zeugt doch von einer relativ großen außerhäuslichen Kommunikation, wenn 1765 ein Gesetz erlassen werden mußte, das „das gefährliche Zusammenschwören der Dienstleute, ihre Dienste sammt und sammentlich auf einmal zu verlassen", verbot.[148] Die Angst vor Streiks blieb präsent; daher enthielt auch die für alle habsburgischen Länder als Vorbild gedachte Stadtgesindeordnung für Böhmen den Auftrag an Magistrate und Polizeibeamte, die Kommunikation der Dienstboten untereinander zu unterbinden, damit ihnen „die Gelegenheit, ein geheimes Einverständniß zu schliessen und durch eine allgemeine Dienstverlassung von den Herrschaften die Lohnsteigerung zu erzwingen entzogen werde."[149]

---

146 CONRAD, Hermann (Hg.): Recht und Verfassung des Reiches in der Zeit Maria Theresias. Die Vorträge zum Unterricht des Erzherzogs Joseph im Natur- und Völkerrecht sowie im Deutschen Staats- und Lehnrecht (1964), = Wissenschaftliche Abhandlungen der Arbeitsgemeinschaft für Forschung des Landes Nordrhein-Westfalen 28, 204.
147 Vgl. STEKL, Abhängigkeit, 305.
148 V. v. 12.8.1765 (WStLA, Patente und Verordnungen ab 1740, Nr. 43).
149 P. v. 1.12.1782, Anm. zu 16 -21, abgedr. in: Gesetzessammlung über verschiedene Gegenstände des Polizeyfachs von den Tagen der Thronbesteigung seiner Majestät bis zum Schlusse des 1783sten Jahres, Wien 1784, 40.

Besonders die Teilnahme an kirchlichen Veranstaltungen, an der das Gesinde nur schwer gehindert werden konnte, bot ihm eine willkommene Gelegenheit, Zeit für sich selbst zu haben. Dagegen wetterte schon Becher in seiner politischen Hauptschrift:

Will eine solche leichtfertige Metze spatzieren lauffen, so hat sie die Kirche zum Deck-Mantel, sagt man was, so hat man die Pfaffen am Halse, da ist diese, da jene Bruderschafft und Procession, und heist es wol: Ach Gott der theure Namen dein, muß solcher Huren Deckel seyn.[150]

Für die Abschaffung von Frühmessen an Wochentagen tritt der „wienerische Zuschauer" ein, denn dann würden die weiblichen Dienstboten „nicht halb so liederlich seyn". Für die meisten seien sie „ein blosser Vorwand, unter dem sie sich, ohne daß ihre Frauen etwas dagegen sagen dürfen, aus dem Hause stehlen können; denn wehe der Frau, die ihrer Magd die Frühmesse verwehren wollte!" Die Nachbarn wären gegen sie. Statt der Messe

machen die meisten Frühvisiten, oder finden sich bey den Winkeltanzmeistern ein, oder fahren (nachdem nämlich die Akzien stehen) mit ihren Galanen nach dem Prater oder Augarten, und sind dabey, wenn sie sich beym Kafe oder im Gebüsche verspäten, gewissenlos genug, die Schuld auf den armen Priester zu schieben.[151]

Weiters bot der morgendliche Einkauf zumindest für Kommunikation Gelegenheit - S. Wagner bezeichnet den Gang der Köchinnen um Milch und Brot als „Morgenreunionen".[152]

Es wird daher, alles in allem, keine Übertreibung sein, wenn Sternberg während seines Wienbesuchs 1792 auch an Wochentagen „selbst Dienstmägde" herumspazieren sah![153]

---

150 BECHER, Johann Joachim: Politische Discurs von den eigentlichen Ursachen des Auf- und Abnehmens der Städte / Länder und Republikken (...), Franckfurt und Leipzig 1721, 53.
151 Der wienerische Zuschauer, 5. H., 25 ff.; vgl. auch PEZZL, Skizze, 222: Von 6 -7 Uhr „trippeln die geringen Dienstmädchen" mit ihren Liebhabern in die Kirche und anschließend ins Kaffeehaus.
152 S. WAGNER: Die Köchinnen, in: Wien und die Wiener, 276 -284, hier 278.
153 (STERNBERG, Kaspar Graf:) Bemerkungen über Menschen und Sitten auf einer Reise durch Franken, Schwaben, Bayern und Oesterreich. im Jahre 1792 (1794), 130.

Die Trennlinien werden schärfer III:
Die Gewinnung der Nacht

Das Vordringen des rechenhaften Umgangs mit Zeit ist ein Indiz für die zunehmende Unabhängigkeit der Menschen gegenüber den naturgebundenen Rhythmen der Tag- und Nachtlänge. Nahrstedt hat erkannt, daß dieser Prozeß weitreichende Konsequenzen für die Freizeitgestaltung hatte: Mit der Einführung der öffentlichen Beleuchtung konnte die Nacht als nahezu gleichwertiger Bewegungsraum für die Menschen gewonnen werden.[154]

Ein Indikator für die zunehmende Unabhängigkeit der Zeit vom Sonnenstand ist die Öffnung und Sperre der Stadttore. Wie in Hamburg[155] wurden auch in Wien die Öffnungszeiten verlängert. Darin spiegelt sich die Bedeutungszunahme der Nachtzeit für die Freizeit von Adeligen und Bürgern.

In der vormodernen Gesellschaft waren Tag und Nacht „Zeiten unterschiedlicher Freiheit" (Nahrstedt), wenn man darunter die Größe der Handlungsspielräume versteht. Herrschaftliche Kontrolle und das Sicherheitsbedürfnis der Bürger selbst beschränkten diese nächtens auf die eigene Stadt: Mit untergehender Sonne wurden die Tore geschlossen.[156] Das blieb so bis ins späte 18. Jahrhundert, mit der wesentlichen Einschränkung, daß seit 1626 auch Späterkommende eingelassen wurden, sofern sie ein „Sperrgeld" bezahlten.[157] Trotzdem empfanden viele Adelige und Bürger, die in Vorstädte und Vororte zu den Sommerwohnungen drängten und ihre Freizeitvergnügungen bis in die Nacht hinein ausdehnten, die Versperrung der Stadttore als Ärgernis. So beantragte 1714 die nö. Landesregierung, drei Stadttore die ganze Nacht und die übrigen bis 12 Uhr offenzulassen sowie den Sperrkreuzer

---

154 NAHRSTEDT, Freizeit, 188 ff.
155 Ebd., 84 ff. und 188 ff.
156 Eine kurze Darstellung der Geschichte der Torsperre, beruhend auf den Akten des WStLA, findet sich bei SCHIMMER, Gustav Adolf: Das alte Wien. Darstellung der alten Plätze und merkwürdigsten jetzt größtentheils verschwundenen Gebäude Wiens... III. Heft (1854), sowie HARRER-LUCIENFELD, Paul: Wien, seine Häuser, Menschen und Kultur, 2. Bd., T. 1, masch., Wien 1941.
157 HARRER-LUCIENFELD, 9; in einer Ordnung von 1703 finden sich erstmals genaue Zeiten (vgl. SCHIMMER, 9); die zuletzt gültige Ordnung ist im „Wiener Kommerzialschema" von 1780 abgedruckt. Der Beginn der Sperre bewegte sich zwischen 16 und 20 Uhr, abgestuft in 26 Phasen/Jahr.

aufzuheben.[158] Dies wurde ihnen allerdings verwehrt, weil „die Kaufmanns Diener, Handwerchs Bursch und andere Bediente, welche bis anhero zur Vermeidung des Spörrgeldts zeitlich nach hauß getrachtet," sonst gar zu viel Unfug trieben, „oder gahr in einer grossen Anzahl mit Gewaldt zugleich hereintringen, und hernach besorgende Tumult erwöken oder andere auffständt austüfften,"[159] während sich die Bürger ohnehin nicht aussperren lassen würden. Tatsächlich dürfte das Sperrgeld bis zu seiner Aufhebung für ärmere Schichten eine nicht unwesentliche Belastung bedeutet haben, obwohl es 1716 von 6 auf 1 kr. pro Person herabgesetzt wurde. Nur so ist es zu verstehen, daß das „Adreßbuch" von 1792 die Aufhebung der Torsperre durch Joseph II. damit begründet, „daß es eine Last war, die den ärmsten Theil des wienerischen Publikums betreffend, drückte."[160]

Wie wenig zeitgemäß diese Taxe noch war, zeigen auch die vielen Ausnahmen, die Karl VI. im selben Patent zuließ: Nicht nur die Bedienten des Hofes und einige Honoratioren, sondern auch „Studenten, die in den Vor-Städten logiren" und im Winter erst nach der Sperre hinausgehen konnten, und verschiedene Beamte, die in den Vorstädten wohnten, brauchten nun kein Sperrgeld mehr zu bezahlen[161] - ein Privileg, das erstmals 1717 dem Bürgermeister und einigen anderen Stadtbeamten gegen Bezahlung von 150 fl. gewährt worden war.[162] Diese „Sperrfreiheit" machte Schule und nahm so zu, daß sie schließlich mit kgl. Patent vom 26.1.1742 ausnahmlos aufgehoben wurde.[163]

Auch die Einnahmen aus dem Sperrgefälle - von 1749 bis 1771 dem Bürgermeister und Stadtrat um jährliche 44.300 Reichsthaler verpachtet[164] - zeigen das wachsende Bedürfnis nach einer ungehinderten Aus- und Einfahrt. Sie betrugen

---

158 Ebd. Ein ähnlicher Antrag war schon 1701 vom Hofkriegsrat Philipp Anton Christoph Graf Breuner gekommen.
159 Zit. nach SCHIMMER, 8 f.
160 Nützliches Adreß- und Reisebuch oder Archiv der nöthigsten Kenntnisse von Wien für reisende Fremde und Inländer, Wien 1792, 29; vgl. auch die vorübergehende Erhöhung der Gebühren im Jahre 1760 auf 1 Groschen (= 3 kr), die wegen des dadurch verursachten Rückgangs der Sperreinnahmen wieder auf die frühere Höhe herabgesetzt werden mußte (vgl. ZOUBEK, Eduard: Der Finanzhaushalt der Stadt Wien in den Jahren 1740 -1780, masch. Diss. Wien 1932, 41).
161 Sperr- und Einlaß-Ordnung bey denen Stadt -Thoren zu Wien, v. 4.6.1729, in: CA IV, 589 ff.
162 Vgl. SCHIMMER, 9.
163 Vgl. HARRER-LUCIENFELD, 11.
164 Vgl. ZOUBEK, 41.

1772-73 79.176,30 fl., die zehn Jahre vorher durchschnittlich 61.993 fl. 82 kr.[165], 1755 54.964 fl. 8 kr.[166] und 1726 gar nur 31.861 fl. 59 kr.[167] Eine „Thor Spers-Abänderung" im Jahre 1772 brachte erstmals eine gewisse Nivellierung der Sperrzeiten: Es wurde darin bestimmt,

daß fürohin zur Probe auf ein Jahr an denen Werktägen in denen Monaten Novemb. und Febr. alle aus der Stadt in die Vorstädte gehende Fußgänger bis 6 Uhr abendt - in denen Monaten Decemb. und Jänner aber bis um 5 Uhr abends frey ohne Sperr-Geld-Entrichtung hinauspassiret werden sollen ...[168]

Noch im gleichen Jahr wurde die im Februar gehandhabte Ausnahme auf den März ausgedehnt.[169] Nochmals findet sich 1774 die Bitte, die Ausnahme beizubehalten.[170] Daneben gab es aber bereits wieder zahlreiche Sperrfreiheiten.

Hier wie in anderen Bereichen der Freizeitgestaltung gelang der entscheidende Durchbruch erst unter Joseph II., seit dessen Regierungszeit die Stadttore die Nacht über offen blieben; ihre Bewachung wurde nunmehr von regulärem Militär versehen.[171] An Beschränkungen blieb nur mehr die Sperre der Haustore um 10 Uhr übrig (wer später kam, mußte dem Hausmeister den „Kaysergroschen" zahlen)[172] sowie die Schließung der Linien, ebenfalls um 10 Uhr nachts. Letztere Maßnahme wurde mit der „Aufrechterhaltung der Polizei" und mit der Verhütung „der Einfuhr der Kontrebande" begründet; jedoch bemerkte man dort 1792 allerorten ausgebrochene Ziegel, „um bequem in den Löchern derselben aufsteigen zu können."[173]

Das zunehmende Interesse der Bevölkerung Wiens an nächtlichen Aktivitäten ist von einer für das Alltagsleben wichtigen technischen Errungenschaft mitbedingt: der öffentlichen Beleuchtung.

Da der Hof als erster seine Vergnügungen in die Nacht hinein ausdehnte, ging von ihm die Initiative zur Einführung der öffent-

---

165 HKA Camerale 2171, 5/191.
166 WStLA, OKA 74 (1755), fol. 79.
167 Nach HARRER-LUCIENFELD, 10.
168 HKA Camerale 2170, 5/152 ex 29. Sept. 1772; der Buchhalter rechnete aus, daß dadurch der Kasse 10.397 fl. entgangen wären (HKA Cam. 2171, 5/191).
169 HKA Cam., 2170, 5/177.
170 Ebd., 5/132.
171 Vgl. SCHIMMER, 9.
172 Vgl. (SCHULZ, Joachim Christoph Friedrich): Reise eines Liefländers von Riga nach Warschau durch Südpreußen, über Breslau ... nach Botzen in Tyrol, 6. H., Berlin 1796, 149 f.
173 Nützliches Adreß- und Reisebuch, 45.

lichen Beleuchtung (1687) aus. In einer Streitfrage um deren Finanzierung beschwerte sich die Stadt Wien 1689, daß allein die Hausbesitzer die Kosten dafür tragen sollten, während „die hochen ministri und cavagliers, die und deren leith den kayserlichen Hof zur illuminationszeit frequentirn, aller Leistung frei seien," wo doch „der Burgers- und Handwerksmann mehrers theils zu haus bleibt und nach 7 Uhr abends wenig ausgeht und die ilmination nicht so viel genießt."[174] Das Desinteresse der Bürger erhellt auch aus ihrer mangelnden Sorge um die Lampen. Viele brannten nicht lange genug oder wurden nicht geputzt, viele von Vandalen zerstört.[175]

Ähnlich schlecht wie um die Wartung war es um die Leuchtkraft der Lampen bestellt: Sie waren ursprünglich mit Talg angefüllt, sodaß Spötter meinten, „die Wiener Stadtbeleuchtung sei dazu da, um die Finsterniß besser sehen zu können."[176] Seit der Zeit Maria Theresias wurden nun immer häufiger Vorschläge zur Verbesserung der Beleuchtung gemacht. Die entscheidenden Schritte unternahm schließlich die Galionsfigur der österreichischen Aufklärung, Joseph von Sonnenfels. Als Direktor der Illuminationsanstalt ließ er den Geltungsbereich der Beleuchtung über die innere Stadt hinaus erweitern: Glacis und Mariahilfer Straße wurden nunmehr einbezogen (schon seit 1720 war die Straße zur Favorita beleuchtet - auch darin spiegelt sich, daß zunächst der Hof daran interessiert war). Die Brennzeit der Lampen wurde auf 1 Uhr, ab 1790 sogar auf 2 Uhr, verlängert[177], ihre Leuchtkraft mittels Öl erhöht; zugleich ging die Sorge für die Lampen auf Regierungsorgane („Lampenknechte") über.[178] In

---

174 Zit. nach BÖCK, Ludwig: Zur Geschichte der öffentlichen Beleuchtung Wiens, o. J. (ersch. zw. 1896 u. 1899), 11 f.
175 Ebd., 4 ff., 17; das deckt sich mit den Erfahrungen in Paris und Berlin - sowohl hinsichtlich der Nachlässigkeit der Bürger als auch hinsichtlich der Zerstörungswut (vgl. SCHIVELBUSCH, Wolfgang: Lichtblicke. Zur Geschichte der künstlichen Helligkeit im 19. Jahrhundert (1986), 88 f., 98 ff.); hier auch interessante Ausführungen über die ganz andere Situation in London (ebd., 99).
176 Zit. bei RICHTER, Conrad: Die erste öffentliche Beleuchtung der Stadt Wien, in: Alt-Wien. Monatsschrift für Wiener Art und Sprache, 6 (1897), 9 -11, hier 10.
177 Vgl. dazu die Angaben im „Wienerblättchen" 1783 ff.; in der Faschingszeit, also ab Dreikönig, wurden die Lampen erst um 3 Uhr gelöscht (ebd.); BÖCK, 24.
178 Vgl. BÖCK, 22 f.; vgl. die Instruktion für die Militär - Polizeiwache 1775: Bei wem die Laterne erlosch, der mußte 1 Stunde zur Strafe „Doppelt-Hacken halten" (OBERHUMMER, Hermann: Die Wiener Polizei. Neue Beiträge zur Geschichte des Sicherheitswesens in den

der Klemm'schen Wochenschrift von 1765 ist von 18.000 städtischen Laternen die Rede, die sie auf ein gegebenes Glockenzeichen hin anzuzünden hatten.[179] Als Nicolai Wien besuchte, standen auf den Wegen zu den Vorstädten bzw. in den Vorstädten selbst „auch einige hundert Laternen auf Pfählen."[180] Allerdings nicht genug! Die Regierung prüfte eine ganze Reihe von Vorschlägen, die Beleuchtung der Vorstädte zu verbessern bzw. überhaupt erst in Angriff zu nehmen.[181] Eine Broschüre aus dem Jahre 1783 enthält die Empfehlung, auch die entlegenen Gassen zu beleuchten, „wo alle Bestialitäten ausgeübet, die Menschen ausgeraubt werden".[182] Eine Verordnung in diese Richtung erging 1787; die Gemeinden Neubau und Neustift wählten als Termin ihrer ersten öffentlichen Beleuchtung den 19. März - das Namensfest des Kaisers![183] Ein später Beleg für den engen Zusammenhang von Beleuchtung und Fest!

Ab nun gibt es in den Broschüren viel Lob dafür:[184] Nicolai rühmte, daß die gute Beleuchtung der Straßen Wiens „allen andern deutschen Städten zum Muster dargestellt werden" könne.[185]

Nun zur Kehrseite dieser für die oberen und mittleren Schichten vorteilhaften technischen Entwicklung: Ihnen brachte sie zweifellos mehr Freiräume, ihnen ermöglichte sie, ihre Freizeit-

Ländern der ehemaligen österreichisch-ungarischen Monarchie, 2 Bde. (1938), 2, 242).
179 (KLEMM, Christian G.): Der Oesterreichische Patriot. Eine Wochenschrift, Bd. 2, Wien 1765, 64. Stück, 489. Die gleiche Zahl ist angegeben in: Almanach von Wien zum Dienste der Fremden usw., Wien 1774, 11. Das Glockenzeichen ist im Adreßbuch von 1792, 4, erwähnt.
180 NICOLAI, Friedrich: Beschreibung einer Reise durch Deutschland und die Schweiz, im Jahre 1781. Nebst Bemerkungen über Gelehrsamkeit, Industrie, Religion und Sitten, Berlin und Stettin 1783-1786, Bd. 3, 213.
181 Vgl. WStLA, Repertorien Beleuchtung 1760-1825 (UKA, B 2/6); die entsprechenden Akten waren leider nicht aufzufinden.
182 Patriotisches Gespräch zwischen dem Monarchen und einem wahren Patrioten, Wien 1783, 49 f.
183 Vgl. REALIS: Curiositäten- und Memorabilien-Lexicon von Wien, hgg. v. Anton KÖHLER, Wien 1846, 1, 177.
184 Z.B. Reise des Grafen Hofmannsegg in einige Gegenden von Ungarn bis an die türkische Gränze, Görlitz 1800, 229; SCHULZ, Reise eines Liefländers, 158; REICHARDT, Johann Friedrich: Vertraute Briefe, geschrieben auf einer Reise nach Wien und den österreichischen Staaten zu Ende des Jahres 1808 und zu Anfang 1809, eingel. und erläut. v. Gustav GUGITZ, 2 Bde. (1915), Bd. 1, 211.
185 NICOLAI, Bd. 3 (1784), 203.

beschäftigungen bis in die Nacht hinein auszudehnen, wie noch zu zeigen sein wird; für zahlreiche Handwerksgesellen und dann natürlich Fabriksarbeiter bedeutete dies aber eine Verlängerung ihrer Arbeitszeit: Mehr bzw. billigere Nachtarbeit wurde möglich! Interessanterweise verwendet die Hofkammer dies als Argument, mit dem sie sich (allerdings vergeblich, weil vom Kaiser bewilligt) gegen eine Finanzierung von Prechtls Versuch mit Gas aus dem Beleuchtungsfond aussprach (man bedenke, daß zu dieser Zeit in England schon die öffentliche Versorgung mit Gaslicht begann![186]): Sie sei dagegen,

weil der Zweck dieser Versuche nicht dahin gehe, die Anwendbarkeit dieses Brennstoffes für die Stadtbeleuchtung zu erproben, sondern blos den Gewerbsleuten, Fabriksbesitzern und überhaupt dem Publicum, einen augenscheinlichen Beweis für die vorteilhafte Anwendung desselben in Fabriksunternehmungen zu geben.[187]

Tatsächlich entstand die Gasbeleuchtung, sieht man von ihrer „spielerischen Phase" seit den vierziger Jahren des 18. Jahrhunderts ab, in engem Zusammenhang mit der Industrie, also als Fabriksbeleuchtung.[188]

Die verbesserte Beleuchtung hatte für die „Gewinnung der Nacht" für die Freizeitgestaltung deswegen so große Bedeutung, weil damit die Sicherheit beträchtlich erhöht wurde. Vor der Einführung der öffentlichen Beleuchtung durfte niemand nach dem Zeichen der „Bierglocke" ohne Licht auf den Gassen sein und Waffen bei sich tragen.[189] Eine Nichtbeachtung der Nachtruhe schlägt sich in den Quellen in der Erwähnung von „Rumorhändeln" nieder, die sich im 17. Jahrhundert während und nach dem Dreißigjährigen Krieg gehäuft haben dürften. In geradezu biblischer Sprache wandte sich ein Patent vom 24.10.1687 „wider die Werck der Finsternussen"![190] Nicht viel Erfolg war wohl den ersten Sicherheitsmaßnahmen des absolutistischen Staates be-

---

186 Vgl. SCHIVELBUSCH, 36 f.
187 Zit. bei BAUER, 28.
188 Vgl. SCHIVELBUSCH, 22 ff.
189 Der erste Nachweis der „Bierglocke" stammt aus dem Jahre 1454; 1461 wird der Hornruf des Nachtwächters als Signal angegeben (vgl. MÜLLER, Richard: Wiens höfisches und bürgerliches Leben im ausgehenden Mittelalter, in: Geschichte der Stadt Wien III/2: Von der Zeit der Landesfürsten aus habsburgischem Hause bis zum Ausgange des Mittelalters, (1907), 626 -757, 719 f.). Nur mit Windlicht auf der Straße: V. v. 23.1.1685 (CA II, 263 f.); nur mit Licht und ohne Waffen: V. v. 7.3.1634 u. 1.9.1635 (CA II, 48).
190 CA II, 264.

schieden: 1646 wurde die Rumorwache geschaffen[191], die alle auf-
zugreifen hatte, „die zur Nachtzeit mit entblößten Degen herumge-
hen, oder sonst mit Schreien, Jauchzen, Juchzen oder unzüchtigen Liedersingen auf der Gasse Ungelegenheiten machen, Mut-
willen treiben," sowie alle, die „nach dem Läuten der Bierglocke
noch in den Trinkstuben oder Kellern verbleiben."[192]

Grundlegende Voraussetzung zur Hebung der Sicherheit war
die Vervollständigung des staatlichen Gewaltmonopols! Zu diesem Zweck hatte man schon im 17. Jahrhundert Handwerkern
und Dienstboten das Degentragen verboten, was aber nur unter
größten Schwierigkeiten durchgesetzt werden konnte.[193] Erst im
Zeitalter des Aufgeklärten Absolutismus ergaben sich einschnei-
dende Verbesserungen, als die Polizei reorganisiert und das
Waffenverbot rigoroser gehandhabt wurde. Das läßt sich stati-
stisch recht eindrucksvoll anhand der Totenbeschauprotokolle
feststellen: Während in der Zeit von 1700 - 1749 299 Personen
in Wien durch Raufhändel oder im Duell getötet wurden, waren
es von 1750 - 1800 nur 14.[194]

---

191 Die Instruktion v. 1706 (abgedr. bei OBERHUMMER, 208) enthält
recht drastische Strafen fürs Zuspätkommen; ähnlich die Instruktion
der Tag- und Nachtwache (ebd., 217). Zur weiteren Entwicklung der
Polizeiorganisation vgl. zusammenfassend SELIGER, Maren und
UCAKAR, Karl: Wien - Politische Geschichte, Bd.1: 1740 -1895, 65 ff.
192 Zit. ebd., 124. Das nächtliche Singen war nur den Studenten, die immer eine gewisse Ausnahmestellung beanspruchten, im Sommer bis 8
Uhr, im Winter bis 7 Uhr abends gestattet (ebd., 129). In späteren Verboten nächtlichen Musizierens und Singens (u.a. in Zusammenhang
mit dem Aufführungsverbot von Spielen in Gassen zu Festzeiten) werden Studenten nicht mehr ausgenommen (vgl. A. R. 7/1721, D. v.17.1.1721).
193 An die Verbote von 1688 und 1711 (CA III, 630) wurde im Patent v.
10.12.1722, das offensichtlich mit dem Aufstand der Schuhknechte in
Zusammenhang stand, erinnert (CA IV, 119). Mit P. f. Österr. v.
19.12.1749 (KROPATSCHEK, Maria Theresia, 1, 134) wurde das
Verbot des Degentragens neuerlich ausgesprochen, wobei auch Bediente einbezogen wurden. Als Strafe drohte das erste Mal die Abnah-
me des Degens, das zweite Mal Leibesstrafe bzw. (1749) Arrest. Die
Schwierigkeiten, das Verbot durchzusetzen, entstanden wohl in erster
Linie dadurch, daß Degentragen den Handwerkern bis ins 19. Jahrhundert als besonders ehrenvoll galt (vgl. dazu WISSELL, Rudolf: Des alten Handwerks Recht und Gewohnheit, hgg. v. d. Arbeitsgemeinschaft
für Deutsche Handwerkskultur, Bd. 1 (1929), 426 ff.).
194 Vgl. die Angaben bei GUGITZ, Gustav: Mord und Totschlag in Alt-
Wien. Ein Beitrag zur Geschichte der öffentlichen Sittlichkeit und Kri-
minalität in Wien im 17. Jahrhundert, in: JbGStW 14 (1958), 141-155,
der die einzelnen Fälle den Wiener Totenbeschauprotokollen entnahm
(die Exaktheit gibt er mit „fast 100 %" an; 142 A. 8). Von den Toten

Schriftliche Äußerungen von Zeitgenossen bestätigen mit ihren positiven Bemerkungen zur Sicherheit Wiens die Wendung zum Guten. Gut erschien jedenfalls dem Reisenden Johann Nikolaus Becker die Allgegenwärtigkeit von Polizei:

Bey dem geringsten Anlasse springen 2.3. Polizeysoldaten herbey, die schon durch ihr Erscheinen Ruhe zu verschaffen im Stande sind (...) Der allmächtige Stock thut hier wahre Wunderwerke.[195]

Als im „österreichischen Patrioten" (einer Moralischen Wochenschrift) aus dem Jahr 1765 die Wienbeschreibung von Aeneas Silvio Piccolomini abgedruckt wurde, da kommentierte der Herausgeber die Stelle, wo er von häufigen Mordtaten und Totschlägen spricht, mit dem Hinweis:

Nur seitdem die Stadt nächtlicher Weile von 18 000 Laternen beleuchtet ist, weis man von dergleichen Uebel wenig, und man ist zu Nacht so sicher, als mitten im Tage.[196]

Tag und Nacht werden also dank der Beleuchtung und den verbesserten Sicherheitsmaßnahmen nicht mehr als gegensätzliche Zeiten erlebt: Die Vergnügungen der Bevölkerung können sich auf den Abend ausdehnen - ja mehr noch: Der Abend und die Nacht werden zur Hauptzeit für Freizeitbeschäftigungen. Sehr deutlich hat dies Sonnenfels im „Mann ohne Vorurtheil" gesagt: Dem stadtunkundigen Capa-kaum, der sich über den nächtlichen Lärm beklagt, wird geantwortet: Die Vornehmen

bringen ihren Tag mit rühmlicher Sorgfalt für die Wohlfahrt des Landes und die allgemeine Glückseligkeit hin: es bleiben ihnen also nur die nächtlichen Stunden zu den nothwendigen Erholungen übrig. Sie speisen, sie ergötzen sich, wenn gemeinere Bürger schlafen, weil sie, wenn gemeinere Bürger speisen, sich besuchen, und sich ergötzen, für sie arbeiten.[197]

Gewiß schwingt in den Bemerkungen über die Arbeit der Vornehmen Ironie, wenn nicht gar bittere Satire mit; tatsächlich ist von seiten der Aufklärer viel häufiger der Vorwurf zu hören, daß die Vornehmen tagsüber schlafen und nachts spielen![198]

---

waren 120 Angehörige der Sicherheitswache und Soldaten, 23 Adelige, 48 Studenten, 139 Bediente(!), 51 Gewerbetreibende, 89 Gesellen, 15 Beamte, 12 Schreiber, 3 Lehrer, 4 mit ärztlichen Berufen, 24 Künstler, 7 Bauern, 5 Sonstige, 21 unbekannten Standes.

195 (BECKER, Johann Nikolaus:) Fragmente aus dem Tagebuche eines reisenden Neu-Franken, hgg. von seinem Freunde B., Frankf. u. Leipzig 1798, 71.

196 KLEMM, Patriot, Bd. 2 (1765), 64. Stück, 489.

197 Mann ohne Vorurtheil, Bd. 1, 4. Quartal 1765, 26.

198 So zum Beispiel in der „Welt", Bd. 1 (1762), 30.

Das Zitat enthält aber auch eine wesentliche Begründung für die Verschiebung der Freizeit in den Abend bzw. in die Nacht hinein: Die Elite setzte ein Signal, nicht so früh wie Taglöhner oder Handwerker aufstehen zu müssen, und dokumentierte damit einen „Zeitluxus", den Luxus, über die Gesamtzeit frei verfügen und sie unproduktiv verwenden zu können.[199] Die Bürger übernahmen also ein Kriterium ständischer Differenzierung, das zunächst von der Hocharistokratie für sich beansprucht worden war: Das höfische Fest hatte sich seit der Renaissance nach und nach in Richtung Nacht verschoben[200], was damals noch viel stärker mit dem zusätzlichen Luxus einer prunkvollen Beleuchtung verbunden war.[201]

Die Ausdehnung des Vergnügens in die Nacht hinein läßt sich deutlich an den Zeitmarkierungen öffentlicher Veranstaltungen bzw. Unterhaltungsstätten ablesen.

Am auffälligsten tritt diese Entwicklung im Bereich des Theaters in Erscheinung: Die größeren Aufführungen der barocken Schultheater begannen gewöhnlich um 1 Uhr mittags und endeten mit Einbruch der Finsternis;[202] die Wandertruppen, die zur Zeit der großen Märkte spielten, wurden wiederholt ermahnt, ihre Aufführungen um 6 Uhr oder höchstens 7 Uhr zu been-

---

199 Allgemein zur „nicht produktiven Verwendung der Zeit" als Kennzeichen demonstrativen Müßiggangs vgl. VEBLEN, Theorie, 51 ff. „Dies geschieht aus zwei Gründen: 1. auf Grund der Auffassung, daß produktive Arbeit unwürdig sei, und 2. um zu beweisen, daß man reich genug ist, um ein untätiges Leben zu führen"(ebd., 58).

200 R. Alewyn setzt diesen Vorgang in das 15.-18. Jhdt. und bringt ihn mit dem Rückzug des Festes aus der Öffentlichkeit in das Schloß in Zusammenhang (vgl. ALEWYN, Richard und SÄLZLE, Karl: Das große Welttheater. Die Epoche der höfischen Feste in Dokument und Deutung (1959), 30 ff.); ganz ähnlich wie später Sonnenfels (nur etwas unfreundlicher) formuliert 1739 Ludwig Ernst v. Faramond: „Die Hofleute verändern die Ordnung der Natur, indem sie aus dem Tage Nacht und aus der Nacht Tag machen, wenn sie nämlich zur Ausübung ihrer Lustbarkeiten wachen, da andere Menschen schlafen, und hernach zur Wiedererlangung ihrer durch die Wollüste verlorenen Kräfte schlafen, da andere Menschen wachen und die Geschäfte ihres Berufs verrichten." (ebd., 31); vgl. auch einen Vers aus einem Ballett von Campra: „Le jour est le temps de la gloire, la nuit est celui des plaisirs" (ebd., 32).

201 Auch dieser bleibt bis zu einem gewissen Grad erhalten; z.B. waren die Spiele in den Kaffeehäusern in der Nacht doppelt so teuer.

202 Vgl. VON WEILEN, Alexander: Das Theater, in: GStW IV/3: Vom Ausgang des Mittelalters bis zum Regierungsantritt Maria Theresias 1740, Wien 1918, 333-456, hier 340.

den.[203] Dieser Termin verschob sich im Verlaufe des 18. Jahrhunderts[204] und bedeutete gegen Ende desselben gewöhnlich erst den Beginn der Vorstellungen. In den fünf großen Theatern, die sich jetzt herausbildeten (siehe dazu später), begannen die Vorstellungen um 1/27 Uhr im Winter bzw. 7 Uhr im Sommer, und sie endeten um 9 oder 10 Uhr.[205] Aus dem Jahre 1814 berichtet Clauren, daß die Familien danach noch gerne essen gingen.[206] Auch etliche andere, kleinere Theater begannen etwa um diese Zeit[207], sodaß Sonnenfels mit Recht schreiben konnte, „die Stunden von 6 bis 10 Uhr" seien „dazu bestimmt, bey dem Schauspiele hingebracht zu werden."[208] Allerdings war um die Jahrhundertwende doch noch einiges von der Jahrmarkttradition zu spüren: Die Schauspielhütte auf dem Neuen Markt setzte ihre vier Vorstellungen zwischen 4 und 8 Uhr an.[209] Und noch 1786 mußte Perinet als eines seiner „Ärgernisse" feststellen, daß untertags genug Gaukler, Seiltänzer, Bereiter etc. ihr Unwesen trieben;

was mir besonders auffiel, war, daß bei einem Spektakel dieser Art, das meistens an Werktagen, um die Geschäftszeit gegeben wird, selbst einer der größten Schaupläze strozet.[210]

Welche Personenkreise diese Spektakel besuchten, ist ungewiß. Sicher waren „Müßiggänger" dabei, wie Perinet meint, wohl

---

203 Ebd., 414; so schon J. E. SCHLAGER: Wiener Skizzen aus dem Mittelalter, N. F. 1839, 247; Beleg: Ebd., 258 (Kath. Veltin, 1697).

204 Lt. zwei Theaterzetteln begannen die Vorstellungen im Kärntnertortheater 1720 bzw. 1728 um 6 Uhr abends - abgedr. bei SCHENK, Eleonore: Die Anfänge des Wiener Kärntnertortheaters (1710-1748) (1969), 110 ff.; 1747 durfte Ignatz Beer seine Marionettenspiele zu „St. Ulrich obern gutts" längstens bis 8 Uhr aufführen (WStLA, A.R. 6/1748, D. v. 16.10.1747); bei mancher Erlaubnis beschränkt sich das Verbot auf „die spatte nacht" (u.a. für B. Brumbach 1702, S. Scio 1705, - vgl. SCHENK, 19, 24).

205 Vgl. z.B. Wiener Kommerzialschema 1780, 61; Tag und Nacht, 20, 22; Adreßbuch von 1792, 258 (bei den ersten beiden ist 9 Uhr als Ende angegeben, beim letzten 10 Uhr). Noch 1769 begann das Theater in der Leopoldstadt seine Vorstellungen um 6 Uhr (vgl. BLÜMML, Emil und GUGITZ, Gustav: Alt-Wiener Thespiskarren. Die Frühzeit der Wiener Vorstadtbühnen (1925), 21.

206 H. CLAUREN, Bemerkungen, 99 (9. Brief, Nov. 1814).

207 Vgl. die verstreuten Angaben bei BLÜMML, GUGITZ: Fasantheater 1790/91: 7 Uhr, Theater in der Landstraße 1790: 7 Uhr, Theater am Neuen Markt 1792: 8 Uhr (125, 236, 320).

208 Mann ohne Vorurtheil, Bd. 2, 4. Quartal 1766, 680.

209 Vgl. BLÜMML / GUGITZ, 319.

210 (PERINET, Joachim): 31 Aergernisse. 2. Heft, Wien 1786, 33.

aber auch vorbeikommende Handwerksburschen und Dienstboten, die gerade eine Besorgung zu machen hatten.

Die „Verschiebung der Wachzeit", wie Nahrstedt diesen Vorgang genannt hat, zeigt sich weiters in der Entwicklung der
Sperrstunden: Während die öffentlichen Gaststätten (Wirtshäuser, Kaffeehäuser, Weinkeller etc.) im 17. Jahrhundert um 8 Uhr
(im Winter) bzw. 9 Uhr zu schließen hatten[211], verschob sich die
Sperrstunde um die Jahrhundertwende auf 9 bzw. 10 Uhr[212] und
1788 auf 12 Uhr.[213] Die Kaffeehäuser durften seit 1755 um eine
Stunde länger, nämlich bis 11 Uhr, offenhalten[214], später ebenfalls bis Mitternacht;[215] sie waren also zunächst die Gaststätten
mit den längsten Öffnungszeiten - wohl auch ein Hinweis auf
den bürgerlichen Charakter nächtlichen Freizeitlebens.

Es geht hier um den generellen Trend einer Ausweitung der
Freizeitmöglichkeiten in die Nacht hinein. Es ist dagegen
kaum möglich, etwas Konkretes über die Einhaltung dieser
Sperrstunden zu sagen - nur soviel, daß es immer wieder
Übertretungen gab. Die Neufestsetzung oder Wiederholung
der Öffnungszeiten in den Verordnungen war zumeist mit der
Klage verbunden, daß die Gaststätten bis in die späte Nacht
hinein offen hätten, was zu „Händel, Mord- und Todtschlag"
führen würde. Das einzige konkrete Detail, das ich anführen
kann, steht im „Neuen Wienerblättchen" vom 27.3.1788: Da
erlaubte der Inhaber eines Kaffeehauses einer Gesellschaft
von 30 Personen, bis zum Tag zu spielen (obwohl das nur bis

---

211 V. v. 3.7.1663, wh. 9.11.1677, ebenso V. v. 21.6.1683 (CA II,
   359 ff.);vgl. auch PEMMER, Hans: Alt-Wiener Gast- und Vergnügungsstätten, masch. Manuskr., Wien 1956, 83, 439. In unruhigen
   oder Pestzeiten konnte die Sperrstunde beträchtlich auf früher verlegt
   werden, z.B. 1687: Wi. um 6 Uhr, So. um 8 Uhr (V.v. 24.10.1687 (CA II,
   264 ff)- um eine halbe Stunde davon abweichend die Angabe bei PEM-
   MER, 83).
212 Lt. THIEL, Gewerbe, erfolgte die Verschiebung 1695; vgl. dann
   D. d. nö. Reg. v. 24.12.1703: „indistincte Sommer, und Winterszeit"
   bis 10 Uhr; Signal durch die „sonst gewohnliche Bierglockhen"
   (WStLA, A. R. 59/1703); 9 Uhr im Winter: V. v. 19.4.1717 (CA III,
   869 f.), ebenso P. v. 9.7.1726 u. 16.9.1726 (CA IV, 392 f., 401 f.);
   gleiche Zeiten galten auch für die Wein- und Kellerschanksordnung
   Wien v. 12.5.1781 (in: KROPATSCHEK, Joseph, 1, 149 ff.).
213 HD v. 3., kundgem. Böhmen 29.7.1788, in: KROPATSCHEK, Joseph,
   15, 688.
214 Vgl. GUGITZ, Gustav: Das Wiener Kaffeehaus. Ein Stück Kultur-
   und Lokalgeschichte, Wien 1940, 31.
215 Vgl. Instruction für die k.k. Polizei-Beamten 1801, 2. Abschn., 16, abgedr. bei OBERHUMMER, 2, 183.

12 Uhr nachts gestattet war), und ließ viele Unbehauste auf und unter den Billards schlafen. Die Gesellschaft wurde arretiert - die Tauglichen rekrutiert!

Seit der Zeit Josephs II. wurden abendliche Spaziergänge in der Innenstadt sehr beliebt, wobei das Publikum einige wenige Straßenzüge bevorzugte. Um 11 Uhr waren „die meisten Straßen der ganzen Stadt so äußerst still und menschenleer"[216] - doch am Graben war im Sommer eine Seite „von 7 Uhr abends bis Mitternacht mit Stühlen besetzt,"[217] ebenso am Kohlmarkt.[218] Eine „ähnliche Nachtpartie"[219] war die Bastei: Sie wurde zur „gewöhnlichsten Abendbelustigung der Mittelklasse", zum Ort, „wo die schöne Welt, Abends, nachdem die Sonne hinter den Berg gesunken ist, zusammenkommt."[220] Auch dort hielten sich manche bis Mitternacht auf[221], doch dürften die meisten schon ein bis zwei Stunden früher ihren Spaziergang beendet haben.[222]

Am stärksten sprengten Tanzveranstaltungen die herkömmliche Tag-Nacht-Ordnung. Gewiß taten sie das schon immer, wie eben das Fest den Alltagsrahmen durchbrach. Hier aber geht es um (zumindest in der Faschingszeit) regelmäßiges Freizeitvergnügen. Eigene Bestimmungen der Tanzzeiten gab es zunächst nur für die dem Adel vorbehaltenen Redouten; selbst bei ihnen läßt sich ein Hinausschieben des Endes der Veranstaltung feststellen: Eine Faschingsordnung der nö. Regierung von 1746 setzt die Ballstunden von 6 Uhr abends bis 3/4 1 Uhr nach Mitternacht an - wer länger als bis 1 Uhr blieb, mußte 100 Dukaten erlegen, wollte er nicht von der Wache abgeführt werden.[223] 1755 verschob sich diese Zeit auf 8 - 2 Uhr, 1781 auf 9 - 2 Uhr.

Für die anderen Tanzmusiken setzte ein Patent v. 17.1.1787 das Ballende auf 11 und 12 Uhr fest, ermächtigte jedoch die „k.k. Polizei-Ober-Direktion",

---

216 Tag und Nacht, 23.
217 PEZZL, Skizze, 446; nach den Angaben des Adreßbuches von 1792 ab 8 Uhr (27).
218 Vgl. NICOLAI, 5, 241.
219 SCHULZ, Reise eines Liefländers, 227.
220 FISCHER, Jul. Wilh.: Reisen durch Oesterreich, Ungarn, Steyermark, Venedig, Böhmen und Mähren, in den Jahren 1801 und 1802 (1803), 1. T., 51 f.
221 Vgl. SCHULZ, 227.
222 Nach den Angaben BECKERS, Fragmente, 85, war die Schloßbastei („Ochsenmühle") bis 10 bzw. 11 Uhr stark besucht; Fischer, 52, gibt als Hauptzeit für diese Spaziergänge 7 - 10 Uhr an.
223 Vgl. GLOSSY, Karl: Fasching in Alt-Wien, in: DERS., Wiener Studien und Dokumente. Zum 85. Geburtstag des Verfassers hgg. von seinen Freunden, Wien 1933, 70-73, hier 70 f.

denjenigen Wirthen und Kaffeesiedern, welche bis 3 Uhr nach Mitternacht Tanzmusiken halten lassen wollen, eigene Befugnisscheine, jedesmal auf ein Jahr gegen Erlag einer angemessenen Taxe zu ertheilen.[224]

Nach 1800 dürfte mit der Vermehrung der Tanzveranstaltungen eine Lockerung der Ordnung eingetreten sein[225] - sie dauerten die ganze Nacht; nach 1826 kam es wieder zu strengeren Bestimmungen, die sich mit denen des 18. Jahrhunderts decken.[226] Eine neue, seit der Regierungszeit Josephs II. mehrfach erwähnte Einrichtung waren öffentliche Spielhäuser, „wo den ganzen Tag durch kein Mensch hingeht, aber Nachts um 10 Uhr fängt das Spiel an."[227] So etwas in dieser Art muß man sich wohl im Kaunitz'schen Stadtpalais vorstellen: Man konnte „zu allen Stunden" Tag und Nacht hingehen und dort „alle Arten von Spiel haben" - viele hundert Edelleute hatten Zutritt, womit eine Quasi-Öffentlichkeit hergestellt wurde.[228] Auch Casinos, deren erstes in Wien 1784 die Pforten öffnete[229], gehören von den Öffnungszeiten her zu diesem Typus: Man konnte sie von 7 oder 8 Uhr morgens bis in die Nacht besuchen - „solange Gesellschaft dort ist".[230]

Schließlich wären noch die vielen Gesellschaften als sehr häufige Form der Abendgestaltung zu erwähnen. Sie kamen im 18. Jahrhundert auf, begannen gewöhnlich zwischen 6 und 8 Uhr abends und stellten die Alternative zum Theater dar; manchmal fingen sie aber auch erst nach ihm an.[231] Über die Dauer dieser Zusammenkünfte

---

224 WITZMANN, Reingard: Der Ländler in Wien. Ein Beitrag zur Entwicklungsgeschichte des Wiener Walzers bis in die Zeit des Wiener Kongresses, Wien 1976, = Veröffentlichungen der Kommission für den deutschen Volkskundeatlas in Österreich 6 f. und Patent-Anhang Nr. 14.
225 Vgl. die Formulierung im „Entwurf der Vorschriften für die Polizey in sämmtlichen Ländern" von 1809: Die Polizei sollte den kleinen Wirten "„nicht gern über 12 Uhr Mitternacht" Bälle gestatten, jedoch den „großen Saal-Inhabern" „gegen Entrichtung gewißer Taxen länger" (abgedr. bei OBERHUMMER, 2, 191).
226 WITZMANN, 7.
227 SANDER, Beschreibung, 515.
228 Ebd.
229 Das Casino im Trattnerschen Hause wurde am 20.7.1784 eröffnet; es war von 7 Uhr morgens „bis Nachts" geöffnet (vgl. z.B. die Anzeige im Wienerblättchen vom 19.7.1784).
230 Adreßbuch von 1792, 310; DE LUCA, Zustand, 40.
231 Vgl. die Angaben bei KÜCHELBECKER, 378 (8 Uhr), PEZZL, Skizzen, 113 (7-8 Uhr), Tag und Nacht, 19 (6 -7 Uhr), SEALSFIELD, Charles: Österreich, wie es ist oder Skizzen von Fürstenhöfen des Kontinents. Aus dem Engl. übers. u. hgg. v. Viktor KLARWILL (1919), 174 (6 Uhr); Lt. C. PICHLER, 1, 320, war für die Zeit um 1810 7 Uhr „die gewöhnliche Versammlungsstunde".

läßt sich wenig Allgemeingültiges sagen, vor allem deshalb nicht, weil sie keiner herrschaftlichen Regelung unterworfen wurden! Den späten Aufstehzeiten entsprechend verschob sich der Zeitpunkt des Mittagessens. Folgt man den zeitgenössischen Beobachtern, so ergibt sich hierin eine klare ständische Schichtung. Je später man ißt, desto mehr ist man, desto mehr Prestige hat man.[232] Ab 12 Uhr ist „jede Stunde eine Eßstunde, und dem letzten Mittagsmahle im Pallaste reicht das erste Abendessen in einer Kammer die Hand."[233] Diese Bemerkung Adalbert Stifters gilt schon für das letzte Viertel des 18. Jahrhunderts. Am genauesten gliedert Pezzl die unterschiedlichen Essenszeiten auf: Um 12 und 1 Uhr besuchten „Kanzlisten, Sprachmeister, Geistliche, Kaufmannsdiener, Lakaien, Kutscher", auch Handwerksburschen die Trakteurs, wo sie für 8 -10 kr. ein Menü bekamen.[234] Auch in Klöstern wurde um 12 Uhr gegessen.[235] Um 1 Uhr speisten „der mittlere Bürger" und der Beamte, „welcher um 3 Uhr wieder in der Kanzley seyn muß"; „Leute vom Stand" nahmen um 2 Uhr das Mittagsmahl ein, „und mehrere vom höchsten Adel noch später."[236]

Die Essenszeiten bei bürgerlichen Trakteurs bestätigen diese Angaben: Je später das Essen, desto teurer war es. Um 12 Uhr mußte man 17 kr. dafür bezahlen, um 1/2 1 und 1 Uhr 24 kr., um 1/2 2 Uhr 27 kr.![237] Dasselbe verraten die Menüpreise im Casino: Um 1 Uhr war das Essen um 30 kr. zu bekommen, um 2 Uhr zu 1 fl.[238]

---

232 Diese Feststellung läßt sich im 18. Jahrhundert für alle Großstädte treffen, vgl. SCHIVELBUSCH, 134 ff.

233 STIFTER, Adalbert: Betrachtungen von der Spitze des St. Stephansthurmes, in: Wien und die Wiener, S. XX.

234 PEZZL, Skizze, 360; auch sie hatten früher zeitiger gegessen: Um 11 Uhr - vgl. die entspr. Angaben in Handwerkerordnungen; einige bei OTRUBA, Gustav: Untersuchungen über Berufsprobleme der österreichischen Arbeiterschaft in Gegenwart und Vergangenheit, Teil II: Berufslaufbahn vor der industriellen Revolution, = Der niederösterreichische Arbeiter, H. 4, Nr. 27, 101, Nr. 70, 266.

235 Vgl. NICOLAI, Bd. 5, 230.

236 Tag und Nacht, 16.

237 Wienerisches Kommerzialschema, (...), 1. Abt., Wien 1780, 20.

238 (DE LUCA, Ignaz): Wiens gegenwärtiger Zustand unter Josephs Regierung, Wien 1787, 40; weitere Zeugnisse dieser Schichtspezifität: SANDER, 467 (2, 3 Uhr; er fügt noch hinzu, daß die Dienstboten in vornehmen Häusern meistens schon Kostgeld bekämen und vorher zum Essen gingen - ein Indiz für die zunehmende Lösung aus dem Familienverband!); NICOLAI 1785, Bd. 5, 230 (Adel: 2-3 Uhr, „in den meisten nicht ganz schlechten Speisehäusern": 1 Uhr); RAUTENSTRAUCH 1784, Bd. 1, 14 f. (in manchen Häusern ißt man „gewöhnlich erst um 2 Uhr"); nach MEINERS, C(hristoph): Kleinere Länder- und Reisebeschreibun-

Werfen wir zuletzt wieder einen Blick auf die unteren Schichten. Für die Dienstboten bedeutete die Verschiebung der Wachzeit wohl eine Verlängerung ihrer Arbeitszeit in die Nacht hinein. Nachtarbeit wurde nun auch für Arbeiter leichter möglich und sicher auch besser genutzt, wie wir an Beispielen aus dem Handwerk sehen konnten. Die meisten Lehrlinge und Gesellen hatten weiterhin ihre alten Arbeitszeiten, während deren es aber immer schwieriger wurde, sich Freizeittätigkeiten hinzugeben. Dennoch sind einige kleine Veränderungen zu bemerken: Die neuen Möglichkeiten des Theaters am Abend dürften der Grund sein, daß sich bei einigen Zünften die Arbeitszeit im Laufe des 18. Jahrhunderts um 1 Stunde in Richtung Nacht verschob.[239] So arbeiteten die Kupferschmiedgesellen und die Büchsenmachergesellen seit 1773 von 5-19 Uhr (früher 4-18).[240] Eine Arbeitszeitenübersicht der Wiener Gewerbe legt ebenfalls diese Verschiebung nahe: Arbeitsbeginn nach fünf Uhr ist nicht vor 1770 nachzuweisen, wenn man von den Zimmerleuten, Maurern und Ziegeldeckern absieht, die 1550 - sicher lichtbedingt - im Winter erst um 6 Uhr begannen.[241]

Diese Verschiebung konnte aber an der grundsätzlichen Benachteiligung der unteren Schichten nichts ändern. Das erfuhren auch jene Kinder bessergestellter Bürger, die ein bestimmtes Nachsprechspiel spielten. Darin fragt der „Meister":

(...) könnt ihr auch wacker arbeiten, früh aufstehen, spät zu Bette gehen, nicht viel essen und wenig trinken, und zu allen geduldig schweigen?

Es handelte sich um das „Handwerkerspiel".[242]

Die Trennlinien werden schärfer IV:
Die Trennung von Andachtszeit und Freizeit

Es hat einen wahren Kern, die Freizeitkultur älterer Zeiten als „Zeit christlicher Andacht"[243] zu sehen. Dieser Begriff wäre je-

gen, Bd. 1, Berlin 1791, 63, endet die Mittagstafel beim Adel um 4 bzw. 5 Uhr. Der „reisende Bayer" (BEMERKUNGEN oder Briefe über Wien eines jungen Bayern auf einer Reise durch Deutschland an eine Dame von Stande, Leipzig o. J. (um 1800), 109), speist täglich von 2 bis 5 Uhr.
239 Vgl. ZATSCHEK, 186.
240 Vgl. OTRUBA, Untersuchungen, 221 bzw. 355; bei den Büchsenmachergesellen galt diese Verschiebung nur für den Winter.
241 Vgl. WESTERMAYER, 139.
242 Lustiger Zeitvertreib für junge Leute in Gesellschaften, Wien 1787, 12.
243 NAHRSTEDT, Wolfgang: Freizeit und Aufklärung. Zum Funktionswandel der Feiertage seit dem 18. Jahrhundert in Hamburg (1743-

doch vollkommen falsch gewählt, wenn man sich unter Andacht dasselbe wie heute vorstellen würde: Vieles von dem, was für uns wie selbstverständlich in den Freizeitbereich gehört, gab es schon sehr früh - allerdings häufig in religiöse Formen eingebunden. Schon aus diesem Grund (und nicht nur infolge fehlender Quellen) kann man an unser Thema nicht mit Methoden der empirischen Sozialforschung herangehen, die Freizeitgestaltung zeitlich möglichst exakt zu erfassen sucht und dabei einzelne Tätigkeiten isoliert bestimmt.

Nahrstedt schreibt in seinem Aufsatz über den Wandel der Feiertage, daß erst mit der vollen Glaubens- und Gewissensfreiheit die „christlich bestimmte Feierzeit" individuell verbracht werden könne; Freizeit „entsteht damit erst in dem Augenblick, in dem der Staat seinen christlichen Charakter aufgibt und einen aufgeklärten Charakter annimmt."[244] Ich will demgegenüber zeigen, daß christlich bestimmte Freizeit in vielen Bereichen von Handlungsmustern geprägt war, die wir heute Freizeittätigkeiten zuordnen, daß man also keinen so strengen Unterschied zwischen Feier- und Freizeit machen sollte (wenngleich natürlich graduelle Unterschiede hinsichtlich der Zwänge zu bestimmten Verhaltensmustern nicht geleugnet werden können).

Fast alle Protestanten aus dem Norden, die in der zweiten Hälfte des 18. Jahrhunderts Wien kennenlernen wollten, erwähnen das intensive religiöse Leben, das in dieser Stadt herrschte. Der religiöse Alltag war sehr stark von jenen Formen geprägt, die sich insbesondere zur Zeit der Gegenreformation ausgebildet hatten. Gottesdienste, Andachten, Prozessionen und Wallfahrten wurden überaus oft abgehalten. Das „Wiennerische Andachts-Büchl" von 1707 weist für Jänner nur fünf Tage auf, an denen nicht irgendeine besondere (!) Feierlichkeit stattfand: „An allen anderen Tagen war irgendein Anlaß gegeben, in die Kirche zu gehen."[245] Dabei sind noch nicht die täglichen Messen und Andachten mitgezählt.

1860), in: VSW 57 (1970), 46 -92, hier 51 ff.; Nahrstedt beschreibt so die „Sinnstruktur" der Feiertage vor dem Sieg der Aufklärung, ohne allerdings näher zu erläutern, auf welche Realität er da Bezug nimmt; die Sinnstruktur aus einer Begriffsanalyse von Ratsmandaten und ähnlichen Quellen abzuleiten, durch dort wiederkehrende Wörter und ihr Verhältnis zueinander zu bestimmen, ist dafür wohl zu wenig!

244 NAHRSTEDT, Feiertage, 83; noch pointierter (und falscher) 85: „Bis ins 18. Jahrhundert war Gott, seit dem 19. Jahrhundert wird das Individuum Sinnquelle der Nichtarbeitszeit."

245 GOTTSCHALL, Klaus: Der Wandel im religiösen Leben Wiens während des Josephinismus, masch. Diss, Wien 1974, Bd. 1, 96; wichtig ist vor allem der zweite Band dieser Dissertation, der eine umfangreiche Material-

Unter Maria Theresia wurden die Segen, Ämter, Vespern usw. einigermaßen reduziert, wie aus einem Kalender von 1777 hervorgeht, dafür gab es gegenüber 1707 viel mehr Ablässe und Prozessionen (sie dienten dem Volk offensichtlich als Ausgleich für die Verminderung anderer Feierlichkeiten).[246] Das galt auch noch für den Beginn der achtziger Jahre.

wenige Tage im Jahr, wo nicht aus den zahlreichen Kirchen, Klöstern und Kapellen der Stadt irgend eine mehr oder minder ansehnliche Prozession auszog und entweder bloß eine benachbarte Kirche oder ein nahes Dorf oder auch einen entfernteren Wallfahrtsort besuchte.[247]

Von den Kirchen weiß Nicolai zu berichten, daß in ihnen, wann immer man hineinkomme, „vor einem oder dem andern Altar Leute auf den Knien liegen, welche beten"[248], und weiters, daß in Wien „eine unsägliche Menge von Messen aller Art" gelesen würden, die gut besucht seien. Als der dänische Gelehrte Münter, der sich im Herbst 1784 in Wien aufhielt, einmal an einem Sonntagmorgen in verschiedenen Kirchen der Vorstadt umherging, um die Messe zu hören, war es „überall so voll, dass ich fast nirgends zukommen konnte".[249]

Das reichhaltige Angebot von seiten der Kirche dokumentiert am besten eine Bestandsaufnahme der religiösen Zeremonien in 99 Kirchen und Kapellen der inneren Stadt, die Joseph II. vor Einführung einer neuen Gottesdienstordnung beauftragte. Hollerweger zitiert daraus drei Beispiele:

Die Franziskaner hielten täglich 33 Messen ab 1/2 6 Uhr früh in gleichen Abständen, in der Michaelerkirche fand jede Viertelstunde eine Messe statt, im Stephansdom gab es unter anderem zirka 80 Privatmessen und drei Rosenkränze (um 9, 3/4 12 und 1/2 6 Uhr abends) täglich. Noch genauere Zahlen liegen für eine frühere Epoche vor: 1732 zählte der Mesner des Stephansdomes 407 Pontifikalämter, 54.558 Messen, 1.095 Rosenkränze und 129.900 Beichtende und Kommunikanten.[250]

---

sammlung bietet, und in dem auch dieses „Andachtsbüchl" auszugsweise zitiert wird (556 ff.); nur ein Teil von Gottschalls Arbeit ist mittlerweile gedruckt - ich zitiere daher nach der masch. Diss.
246 „Alt- und neuer Crackauer ... auf Wien berechneter Schreib-Kalender ...", auszugsweise zit. bei GOTTSCHALL, 2, 577 ff.; eine statistische Übersicht der Ablässe, Prozessionen usw. in beiden Kalendern ebd., Bd.1, 98.
247 PEZZL, Skizze, 244.
248 NICOLAI, 5, 57.
249 Aus den Tagebüchern Friedrich MÜNTERS. Wander- und Lehrjahre eines dänischen Gelehrten, hgg. v. Ojvind ANDREASEN, 1. T.:1772-1785 (1937), 91; zu den vielen Messen im Dom: ebd., 70.
250 Vgl. TOMEK, Ernst: Das kirchliche Leben und die christliche Charitas in

Nicht nur zu den Messen, sondern auch zu Segensandachten wurden die Kirchen gerne besucht; das geht unter anderem aus einem Vorschlag der nö. Regierung zur Neugestaltung der Gottesdienstordnung 1782 hervor: Wenn schon eine Segensmesse mit Aussetzung des Allerheiligsten täglich stattfinden müsse, dann möge sie wenigstens in allen Kirchen zur gleichen Zeit abgehalten werden, „damit nicht das unwissende Volk von einer Kirche zur anderen nach dem Segen laufet."[251] Das relativiert doch etwas die verächtliche Bemerkung Nicolais, in die Vesper um 3 Uhr nachmittags würde an Werktagen ohnehin „selten jemand anders, als alte Weiber und gestiftete Betbrüder" gehen.[252]

D. Moore mag mit seiner Ansicht recht haben, es zeige sich in Wien „eine eifrige und allgemeinere Ergebenheit für die Religion, als in irgend einer andern großen Stadt in Deutschland."[253]

Nicolai urteilte darüber nicht nur kritisch, von seinem aufklärerischen Standpunkt aus, sondern auch erbost aufgrund persönlicher Belästigung durch diese Volksfrömmigkeit:

An den Thüren der Kirchen zu Wien stehen Kerle in hellblauen Rockeloren, welche eine Almosenbüchse an einem Riemen um den Leib geschnallt haben, und selbige den Heraus- und Hereingehenden mit Geräusch darbieten. Wenn nun der Priester den Segen geben will, so springen sie auf die Gasse, und schreyen wie Besessene: Gehts zum Segen! Gehts zum Segen! so daß ich wirklich ein paarmal darüber erschrocken bin. Da stürzt denn die ganze Menge von Menschen von den Straßen in die Kirche hinein. Wenn einige Leute vorbeygehen, so flucht und schilt der Büchsenmann wohl hinter ihnen her, wie es uns selbst begegnet ist.[254]

Noch eine weitere „Belästigung" blieb Nicolai nicht erspart; Prozessionen waren nicht nur Angelegenheit der Teilnehmenden:

...wenn der Priester mit dem Hochwürdigen Gute kommt, muß man, wo nicht aussteigen, doch im Wagen niederfallen. In den Vorstädten, wo zuweilen beym gemeinen Mann die Andacht etwas heftiger wird, ist es rathsamer, auch auszusteigen, wenn man nicht vorher ausweichen kann.[255]

Wien, in: GStW V/2: Vom Ausgang des Mittelalters bis zum Regierungsantritt der Kaiserin Maria Theresia 1740, (1914), 160 -330, hier 315.

251 Zit. bei HOLLERWEGER, 126.

252 NICOLAI, 5, 57 f.

253 D. MOORES: Abriß des gesellschaftlichen Lebens und der Sitten in Frankreich, der Schweiz und Deutschland. Nach der 2. engl. Ausg. in 2 Bd. (1779), 467.

254 NICOLAI, 5, 58 f.; diese „Kerle" verschwanden im Zuge der Armengesetzgebung Josephs II.; vgl. auch KÜTTNER, 227, offenkundig auf Nicolai bezugnehmend.

255 Ebd., 3, 59.

Nicolai scheint hier (vielleicht auch andernorts) etwas übertrieben zu haben, denn laut Sander brauchten Protestanten zu dieser Zeit nur mehr den Hut abzunehmen, wenn der Priester mit dem Allerheiligsten vorüberging.[256]

Wie dem auch sei, es kommt hier nur darauf an, bewußtzumachen, wie sehr die Religion das Alltagshandeln bestimmte, denn das ist der Grund, daß auch die Freizeitgestaltung ziemlich stark in sie eingebettet war. Wie man ebenfalls aus obigem Beispiel ersehen kann, erfolgte diese Einbettung nicht immer freiwillig. Sehr vieles war für die Gläubigen verpflichtend, und wo nicht, da übte die Tradition oft Zwang aus.[257]

Bevor ich mich mit den Freizeitelementen in Andachtsformen beschäftige, sei noch ein Beispiel für die umgekehrte Tendenz, die Durchdringung des säkularen Alltags von religiösen Elementen, angeführt. In seiner Wochenschrift „Der Einsiedler" druckt Riedel den Brief „eines Fremden" zur Verteidigung der sogenannten Kreuzerkomödien (Marionettenspiele) ab, in dem der Verfasser berichtet, er sei bei einer Aufführung zugegen gewesen,

als mitten unter dem Spiele des Arlequins zum Beten geläutet wurde, als sogleich dieser selbst Stillschweigen gebot und das ganze Auditorium aufmerksam machte, die gewöhnliche Pflicht zu erbitten.[258]

Für die Aufklärer waren alle diese Formen bloße Äußerlichkeiten. Mit dem Eindringen frühaufklärerischer (Muratori!) und jansenistischer Strömungen in Österreich wurde eine Kritik daran immer lauter; auf die inneren Werte sollte es ankommen, nicht auf die Zeremonien. Einkehr, Sammlung, Stille wurden nun zu den richtigen Verhaltensweisen in der Begegnung mit dem Heiligen erklärt. Der Kern der Andacht, lehrte Muratori, müsse die innere sein, eine „ehrerbietige und liebreiche Bewegung unseres

---

256 So auch (RÖDER, Philipp Ludwig Hermann): Reisen durch das südliche Teutschland, Leipzig und Klagenfurth 1789, 1. Bd., 366; später kam dieser Usus auch bei Katholiken aus der Mode - vgl. (KÜTTNER, Karl Gottlob): Reise durch Deutschland, Dänemark, Schweden, Norwegen und einen Teil von Italien, in den Jahren 1797, 1798, 1799, 3. Teil, Leipzig, 2. verb. A. 1804, 227: Nur sehr wenige fallen vor dem Allerheiligsten auf der Gasse nieder. (Dagegen noch SANDER, 598: „Wenn man das Glöckchen, welches das Venerabile ankündigt, aus der tiefen Strasse herauf hört, so knien die Bedienten im 4ten Stock, ohne daß sie etwas sehen können, bei ihrer Arbeit eine Minute nieder, machen das Kreuz und schlagen an ihre Brust."
257 Das betrifft besonders die Heiligung der Sonn- und Feiertage - siehe dazu später!
258 (RIEDEL, Friedrich J.:) Der Einsiedler, Wien 1774, H. 20, 307 f.

Herzens" gegen Gott. Sie müsse aber von einer äußerlichen begleitet werden, sodaß

> die Eingezogenheit des Gesichts, und die Ehrbarkeit des Leibes mit dem andächtigen Herzen zu der Zeit übereinstimme, wenn wir uns vor Gott darstellen, um von ihm gehört zu werden.[258a]

Macht man sich bewußt, daß sich gerade der aufgeklärte Staat bemühte, auch bei Theater, Konzert usw. eine ähnliche Haltung durchzusetzen, wie noch zu zeigen ist, so wird man dahinter allgemeinere Grundsätze als bloße Hinwendung zu intensiverer Frömmigkeit vermuten können.

Das große Interesse, das der aufgeklärt-absolutistische Staat dem Jansenismus und ihm verwandten religiösen Strömungen entgegenbrachte, hängt unter anderem damit zusammen, daß einer der Grundlagen der alten Volkskultur der Boden entzogen werden sollte: Dem lärmenden, gestenreichen, keiner Logik rationaler Vernunft folgenden Verhalten, das so ganz den Zielen der Aufklärer widersprach, die einen Menschen haben wollten, der sich selbst gut unter Kontrolle hatte, und den man eben deshalb auch staatlicherseits gut unter Kontrolle haben konnte, damit das vorgeschriebene Ziel einer allgemeinen Wohlfahrt auch wirklich zu erreichen sei. Die Lösung der Verknüpfung von barockem Katholizismus und Freizeitgestaltung war dazu gewiß eine wesentliche Voraussetzung.

Da die von der Aufklärung propagierten Verhaltensmuster auch bürokratischen Strukturen wesensgemäß sind, wie bereits gezeigt wurde, kann es nicht verwundern, daß unter den Laien die Jansenisten „sozusagen ausschließlich in der Beamtenschaft zu finden" waren.[259] Klarerweise kommt ein solches Verhalten auch der kapitalistischen Wirtschaft zugute, speziell dem Großbetrieb, der „zunehmend, mit Hilfe geeigneter Messungsmethoden, den einzelnen Arbeiter ebenso, nach seinem Rentabilitätsoptimum, wie irgendein sachliches Produktionsmittel" kalkuliert.[260] Dieses von diszipliniertet Lebensführung geprägte Verhaltensmuster ist wohl das spezifisch „bürgerliche" Element, das Hersche im Jansenismus sieht, ohne es allerdings näher zu erläutern.[261]

258a MURATORI, Ludwig Anton: Die wahre Andacht des Christen, Wien ^{5}1777, 281 f.
259 HERSCHE, Peter: Der Spätjansenismus in Österreich (1977), 368; vgl. auch S. 229: Man könne „von einem gewissen allgemeinen Philojansenismus innerhalb der Beamtenschaft" sprechen.
260 WEBER, Wirtschaft, 686
261 HERSCHE, Peter: Der österreichische Spätjansenismus. Neue Thesen

1. Prozession von der Schottenkirche. Canaletto, der Maler dieser Szene, zeigt, wie tief dieses Geschehen in den Alltag eingreift. Alle dargestellten Figuren, so zufällig sie auch im Bild erscheinen mögen, sind auf die religiöse Handlung orientiert und erweisen ihre Reverenz. Verbeugung ihre Reverenz.

Das kurioseste - aber für die Vermischung von Andacht und Freizeitelementen doch aussagekräftige - Beispiel teilt uns der Autor des „wienerischen Zuschauer" mit: 1785 beobachtete er in einer Stationskapelle am Leonhartsberg, „eine halbe Viertelstund ausser Berchtoldstorf" eine Lotterie für die armen Seelen,

aus der gleich einem Glückshaven die Art von armen Seelen gezogen wird, für welche die auf jedes Numer gesetzte vier Vaterunser zu bethen sind. So gilt z.B. Nro. 70 für die armen Seelen, die auf der Welt eitle Lieder gesungen haben (...).

Der Autor erfuhr dann, daß die Leute anschließend die gezogenen Nummern gleich in der Zahlenlotterie spielten.[262]

Das Kircheninnere selbst war immer in Gefahr, seiner Bestimmung als Ort der Besinnung und des Gebetes entfremdet zu werden - das bedeutet aber zugleich: auch Ort des Vergnügens zu sein. Nicolai schrieb:

Ein Hochamt in einer großen Kirche ist wie ein Jahrmarkt: alles läuft durcheinander, und man hört ein beständiges Summen. Bey meiner Anwesenheit ward an zehn oder zwölf Altären zugleich Messe gelesen.[263]

Was könnte das Ineinandergreifen von Andachtszeit und Freizeit besser verdeutlichen als der Vergleich von Messe und Jahrmarkt? Andachtsformen in der Freizeit, Freizeitformen während der Andacht - die Grenzen waren noch recht verschwommen!

Der Kirche war natürlich die Störung der Gott gewidmeten Zeit durch Weltliches schon immer zuwider. Staatliche Hilfe kam seit dem 17. Jahrhundert.[264] Karl VI. sah sich auf Ersuchen der geistlichen Obrigkeit hin genötigt, kaiserliche Bedienstete in die Kirchen zu schicken, die die Übertreter nach vorheriger War-

---

und Fragestellungen, in: Katholische Aufklärung und Josephinismus, hgg. v. Elisabeth KOVACS (1979), 180 -193: „Eine enge Affinität des Jansenismus zu bürgerlichen Vorstellungen läßt sich nicht bestreiten." (185). Auch sein grundlegendes Buch über den Jansenismus ist hier wenig hilfreich; jansenistische Geistliche hätten „bürgerliche Gewohnheiten" entwickelt, wie den Besuch von Theatern, Konzerten und Wirtshäusern, die Beschäftigung mit Landbau, Arzneikunst usw.(368) - Ich kann in den meisten dieser aufgezählten Beschäftigungen nichts spezifisch Bürgerliches erkennen!

262 (RICHTER, Joseph:) Der wienerische Zuschauer (1785/86), 2. H., 44 f.; VEIT, Ludwig Andreas und LENHART, Ludwig: Kirche und Volksfrömmigkeit im Zeitalter des Barock (1956), 168 f., erwähnen eine „Armeseelenlotterie" als Mainzer Besonderheit (1781 verboten).

263 NICOLAI, 5, 50 f.

264 Vgl. u.a. CA IV, 116 f.

nung durch die Geistlichkeit der Wache vor dem Kirchentor zu übergeben hatten, da es offenbar Brauch war,

Circul zu machen, oder hin und wieder zu spatzieren, dabey allerhand lautes Geschwätze und Unterredungen zu führen, ihre Welt-Händel abzureden, ... ja diejenige, so sie darvon abmahnen, auszulachen, mit ehrenrührigen Worten schimpflich abzufertigen, und denselben noch bedrohlich zu seyn, bevorab auch mit denen Weibs-Bildern, unterschiedlich ärgerliches Geschwätz und Schertz zu treiben...[265]

So erscheint die Klage Abraham a Sancta Claras nicht übertrieben:

Politici- und Staats-Leuth stehen da in eingepuderten Paruquen, kehren dem Altar den Rucken, praesentiren einander Toback, lesen Briefe, erzehlen Zeitungen, etc. Mancher lainet an einer Kirchen-Säulen, betracht die neue Mode, oder schauet auf ein schönes Frauen-Zimmer ...[266]

Abraham schlägt damit ein Thema an, das dann besonders von den Aufklärern zur Unterstützung ihrer Kritik an den Kirchengebräuchen häufig verwendet wurde: Die Unsittlichkeit unter dem Deckmantel religiöser Zeremonien. Er beklagt sich über jene,

die in die Kirchen nur gehen / wie der Esau in den Wald / ein Wildprät zu suchen /Und außzuklauben / dann weil ihnen anderwerts die Gelegenheit und Zusammenkunfft abgeschnitten wird / also muß die Kirchen dienen zu einem Buel-Platz.[267]

Geradezu verrufen waren in dieser Hinsicht noch viel später die 1/2 12 Uhr-Messe bei den Kapuzinern und die 12 Uhr-Messe im Stephansdom. Man nannte jene eine „Hurenmesse"[268], diese

---

265 V. Karls VI. v. 4.5.1714, in: CA III/748 f. A. DESING (SCHWERD-FEGER, 20) lobt die „gute Zucht" in der Kirche infolge der Maßnahmen der kaiserl. Bedienten. Noch NICOLAI traf diese kaiserlichen „Schwatzkommissarien" an: Sie zwingen die Leute, schrieb er, sich bei Erhebung der Hostie niederzuknien und verbieten „den Plaudernden das Schwatzen" (NICOLAI, 5, 53). Unter Joseph II. wurden sie im Zuge der Reform des Gottesdienstes abgeschafft.

266 ABRAHAM A S. CLARA, Gehab dich wohl, 64; zum Rauchen in der Kirche vgl. auch eine Predigt, die im Judas, Bd. 3 enthalten ist, wo er gegen das „Taback-Pulver" wettert, „wenigst dazumal, wann man selbiges im Chor und Kirchen, welches leyder offt geschicht, unter dem heiligen Gesang, und Gottesdienst ... so unnöthig mißbrauchet." Er erinnert dabei auch daran, daß dies in drei Kirchen Roms durch zwei Bullen Urbans VIII. bei Strafe der Exkommunikation verboten worden war. (Judas, 3, 105 f.)

267 DERS., Judas, 2, 587.

268 So NICOLAI, der - fast in der Diktion von Abraham - dazu weiter ausführt: „Daselbst kommen sehr viele Frauenzimmer von zweydeutigem

einen „letzten Zufluchtsort aller Verliebten"[269] bzw. eine „Messe für Faullenzer, und Naturaliensammler, für Kupplerinnen und lokende Töchter."[270] Johann Richter empfiehlt den Prostituierten die Kavaliere in der Michaelerkirche als „schußmäßig".[271] Daß es sich hier nicht etwa um eine Übertreibung der gegen den Barockkatholizismus eingestellten Aufklärer handelt, belegt (zumindest für die erste Hälfte des 18. Jahrhunderts) eine Klage von Anton Maus, der seit 1714 Oberaufseher über die kaiserlichen Wächter bei St. Stephan war. Er berichtet, daß den einzelnen Altären Spitznamen gegeben worden seien wie „auf dem Siebner- oder Siebenzehner- oder Guldenplatz, bei der Gahrkuchel, im Jungfergäßl, beim Hurenaltar, bei den Pasteyhäuseln" - denn im Dom seien viele Prostituierte anwesend gewesen, die dagegen vorgehenden Kurpriester aber ausgelacht worden. Außerdem hätten

die Weiber und Menscher mit Butten, mit schreienden Hühnern, Gänß und Endten, auch Spansäuen, häufig durch die Kirche zu gehen gepflogen, die Sesselträger ihre Herrn erst bei den Altären außsteigen lassen, ob sie schon auch keine presthafte Leut gewesen, auch die Sessel in der Kirchen lährer stehen lassen.[272]

Die mangelnde Abgrenzung von Kult und Alltagsleben wurde so auch räumlich sichtbar!

Auch musikalisch konnte man sich in der Kirche gut unterhalten. Als man die Musik bei den festlichen nachmittägigen Andachten (wie sie im Stephansdom jeden Tag gehalten wurden) verbot, kam es zu vielen Klagen, weil gerade sie „das reizende Element (war), von dem das Volk sich angezogen fühlte und sich ergreifen ließ."[273] Ganz zufrieden mit der neuen Verordnung zeigten sich natürlich die Aufklärer: Der Verfasser des „Adreßbuches" freute sich, daß nun „statt dem profanen Gedudle, das oft einen Chor aus einer Opera buffa in ein Sanctus verwandelt", deutsche Lieder gesungen wurden.[274] Andacht wurde mit innerer Sammlung und Stille gleichgesetzt, bildete also jetzt den Gegensatz zu Zerstreuung, einem der vielen Wörter für Frei-

Rufe zusammen, und die jungen Herren gehen dahin, um zu sehen, was für neues Wildpret angekommen ist." (5, 53 f.).

269 (DREYSSIG, Karl Ehrenfried:) Reisen des grünen Mannes durch Deutschland und Ungarn, Bd. 1, Halle 1788, 159.

270 PERINET, Joachim: 29 Aergernisse, Wien 1786, 16 f.

271 RICHTER, Joseph: Die Freudenmädchen von Wien. Ein Bordellspiegel, hgg. Werner HEILMANN (1982), 86.

272 Zit. bei TOMEK, Ernst: Kirchengeschichte Österreichs, 3. Tl. (1959), 22 f. A. 18.

273 HOLLERWEGER, 423.

274 Adreßbuch, 150 f.

zeit: „Lärmende Musik zerstreut, und ein zerstreuter Geist kann sich nicht in Andacht zu seinem Schöpfer hinaufschwingen".[275] Allerdings mußte noch Franz I. eine Ordnung erlassen, die eine strikte Trennung von Kirchengesang und musikalischem Vergnügen - Musizieren und Musikhören als Freizeitgestaltung also - anstrebte: „Um zu verhindern, daß die Kirchenmusiken mehr zu Zerstreuung und Unterhaltung, als zur Beförderung der Andacht dienen," wurden die Geistlichen aufgefordert, keine Frauen außer Angehörige von Chor-Regenten, Schulmeistern etc. aufzunehmen, „und daß auch keine solchen Stücke produziert werden, die mehr für ein Theater, als für die Kirche komponiert sind."[276]

Neben den Messen sind die Andachten ein sehr charakteristisches Element der Volksfrömmigkeit. Da sie zumeist am Abend, oft nach Einbruch der Dunkelheit stattfanden, boten sie für Rendezvous eine noch günstigere Gelegenheit, noch dazu, wo es oft vorkam, daß diese Andachten an mehreren Tagen hintereinander (in verschiedenen Häusern) abgehalten wurden.[277] Ihr Gebrauch für unfromme Zwecke geht auch aus einer Verordnung Josephs II. hervor, der solche religiösen Übungen nicht nur wegen ihrer Feuergefährlichkeit untersagte, sondern auch, weil sie „mehr aus Unterhaltung und Zerstreuung als aus Verehrung der Heiligen besucht werden."[278] Schon 1763 weist eine Anordnung auf ihren Freizeitwert hin, wenn geboten wird, daß Hausandachten nur bis „9 Uhr längstens" dauern durften und bei den Nepomukandachten „keine anderen Lieder gesungen (werden sollten, G.T.) als welche unmittelbar zur Ehre Gottes und der Heiligen dienen".[279]

Man muß nicht gleich an Unsittlichkeit denken, wenn man vom „Mißbrauch" der Andachten hört; schon die sich an die Gebete anschließende gesellige Phase genügte, um sie einer Entweihung des Sakralen durch profane Dinge zu zeihen: Nicolai beschreibt den Ablauf so, daß zunächst ein Rosenkranz, dann eine Litanei gebetet und schließlich ein Glas Wein gereicht wurde.[280] Auf diese Art konnten die Zusammenkünfte manchmal so etwas wie Heiratsvermittlungsstellen werden: Als er sich am

---

275 RICHTER, Bildergalerie katholischer Mißbräuche, 68.
276 HKD an sämtl. Länderst. v. 19.12., kundgem. v. L. OdE am
      30.12.1806 (KROPATSCHEK, Franz, 22, 192).
277 Vgl. z.B. RICHTER, Bildergalerie, 93 (über Johannisandachten); NI-
      COLAI, 5, 41.
278 HD v. 14.5.1782 (KROPATSCHEK, Joseph, 1, 301).
279 GOTTSCHALL, 2, 358 f.
280 NICOLAI, 5, 41.

Aloysiusfest bei einer Hausandacht einfand, waren dort neben alten und jungen „Jungfern" auch „heuratsmässige Junggesellen"; nach Gebeten, Gesängen und einer Predigt wurden Semmelschnitten ausgeteilt.[281] Die Entrüstung der Aufklärer erregte aber weniger diese Form, wo ja die Kontrolle einigermaßen zu wahren war, als hauptsächlich die abendliche Andacht außer Haus, die ja viel mehr noch zu „sittlichen Ausschweifungen" Anlaß geben konnte. Riesbeck nennt an erster Stelle den Hernalser Kalvarienberg, wo die Frauen und Herren „die gegenseitigen Eroberungsoperationen weiter" trieben als anderswo, da „die Maske der Andacht sie dem Auge der Polizey versteckt."[282] Von Spöttern wurde sie „kleine Redoute" genannt.[283] Am Fuße des Kalvarienberges erwarteten die Angekommenen „unzählige Boutiken von Würsten, Zuckerwerk, Hernalserkipfeln (...)" usw. Am Ende ging man nach Neulerchenfeld oder in die Wirtshäuser des Dorfes.[284]

Einem anderen Autor galt das Krippenspiel in der Advents- und Weihnachtszeit als Gelegenheit für junge Paare, sich zu treffen; es gebe „zu tausend Ausschweifungen Gelegenheit" und gehöre daher abgeschafft.[285]

Ein weiterer beliebter Treffpunkt war damals die Pestsäule am Graben. Diese Dreifaltigkeitssäule, 1679 anläßlich der Pestepidemie errichtet, wurde besonders verehrt. Als Keyssler 1730 Wien besuchte, mußte man um die Säule herum knien - ohne daß damit Rendezvous zu vermeiden gewesen wären, während man sich früher, seinen Angaben nach, noch um sie gesetzt und „manche kurtzweil" getrieben hatte; das wurde verboten, nachdem eine Gesellschaft, darunter eine Gräfin, einen bei der Mariensäule wachenden Soldaten betrunken gemacht hatte, wodurch „allerhand Unordnung" entstanden war.[286]

Auch Prozessionen dienten nicht immer der Erbauung.[287] 1781 wurden die großen Schwungfahnen abgeschafft, die die Zünfte

---

281 PERINET, 31 Aergernisse. 2. Heft (1786), 41.
282 RIESBECK, Briefe, 287.
283 RICHTER, Bildergalerie, 59.
284 Ebd., 60.
285 PERINET, 25 Aergernisse, 74 ff.
286 KEYSSLER, Johann Georg: Neueste Reise durch Teutschland, Böhmen, Ungarn, die Schweitz, Italien und Lothringen ..., 2 Bde., Hannover 1740-41, 930. Noch MARSHALL, Josef: Reisen durch Holland usw., (...) in den Jahren 1768, 1769 und 1770, aus dem Engl.(...), Danzig 1775, erwähnt, vor der Dreifaltigkeitssäule „neigen sich alle Katholiken, die da vorbey gehen" (Bd. 3, 350).
287 Interessante Beispiele für den profanen Charakter von Prozessionen bei VEIT / LENHART, 85 ff.

bei Prozessionen mitgetragen hatten; neben wirtschaftlichen Gründen wurde angeführt, daß diese Fahnen zu allerlei Ausgelassenheit Anlaß gegeben hätten: Die Träger hätten „maskenförmige" kurze Kleider an und fänden sich nach den Aufzügen „zu Lustbarkeiten" ein.[288] Rautenstrauch begrüßte dieses Verbot, weil früher vor und nach der Fronleichnamsprozession die Zunftgenossen „durch Fressen, Saufen, Raufen und Schlagen viel Aergniß verursachten."[289]

Einer der Hauptanziehungspunkte kirchlicher Veranstaltungen waren Wallfahrten, vor allem, wenn sie sich über mehrere Tage erstreckten. Ein wichtiges Argument für ihre Abschaffung war die Feststellung, daß Übernachtungen „selten ohne Berauschung ab(liefen), der Bestellungen und Zusammenkünfte nicht zu gedenken."[290] Nicht zu Unrecht sieht Timm die Wallfahrten als Vorläufer der Wochenendausflüge des 19. und 20. Jahrhunderts;[291] die mehrtägigen wird man als Vorboten der Urlaubsreisen ansehen können.[292] Darauf weisen die Zeiten, zu denen sie stattfanden: Nach dem „Wiennerischen Andachts-Büchl" von 1707 fanden die meisten Prozessionen in die Umgebung Wiens zwischen Pfingstmontag und etwa Mitte September statt, die Zeit der mehrtägigen Wallfahrten begann erst im Juli.[293]

Die böhmisch-österreichische Hofkanzlei schlug angesichts der Mißstände vor, für Männer und Frauen getrennte Wallfahrten abzuhalten und öffentliche Unterhaltungen in den entsprechenden Orten zu verbieten, weil dort „öfters die Zeit mit Tanzen, Spielen und anderen sündhaften Werken zugebracht werde." Weiters empfahl sie, das Werk Muratoris über die Andacht im Volk zu verbreiten.[294] Nach der Abschaffung der mehrtägigen Wallfahrten erinnert sich ein Autor mit Schaudern, daß beim Nachtquartier „oft in einem Zimmer gegen 50 und mehr Menschen, Männchen und Weibchen, wie das liebe Vieh auf Stroh" beisammenlagen.[295] Eine lebendige Schrift über die Wallfahrten, die in der Reisebeschreibung Nicolais abge-

---

288 HOLLERWEGER, 94, nach einem Akt im AVA.
289 RAUTENSTRAUCH, Schwachheiten, 20.
290 GOTTSCHALL, 2, 238 (Nachlaß HEINKE).
291 TIMM, Freizeit, 24.
292 Die Wallfahrten nach Mariazell dauerten 9 Tage.
293 SCHÖNWETTER, Joh. Baptist: Wiennerisches Andachts-Büchl / oder Fest-Calender Vor das Jahr M.DCC.VII (...), Wienn 1707.
294 HOLLERWEGER, 79 f.; nach einem Vortrag der böhm.-österr. Hofkanzlei v. 31.3.1769.
295 RICHTER, Bildergalerie, 103.

druckt ist, bezeichnet sie zutreffend als „eine Art von Lustreise".[296]

Gerade die mehrtägigen Wallfahrten wurden nicht nur vom Standpunkt der Moral einer Kritik unterworfen, sondern auch aus ökonomischen Motiven. Man glaubte darin eine Verschleuderung des Volksvermögens zu sehen. Mitunter wurde auch in der Kritik anderer religiöser Formen der Standpunkt der Wirtschaft bezogen (wenngleich da der moralische Gesichtspunkt immer im Vordergrund blieb)[297]: Es ginge damit viel wertvolle Zeit, die man zum Arbeiten verwenden könnte, verloren. Gewiß, schon Abraham a Sancta Clara sprach sich dafür aus, nicht zu viel Zeit mit Beten zu verbringen („Beten ist nit allzeit gut", heißt eine seiner Predigten[298]), aber nun wurde die Kritik genereller. In einem Artikel im „Weltmann" wirft der Autor den „Andächtlern" vor, „sie verderben die Stunden, die sie ihrem Hause und ihrem Vaterlande schuldig sind."[299]

Auch die Hofstelle verwendete dieses Argument in der Diskussion um die Vermehrung der erlaubten Nachmittagsandachten nach dem Tod Leopolds II.: Sie würden zu „unanständigen Zusammenkünften in den Kirchen zu Abendstunden" führen und nur von der Arbeit abhalten![300]

Für Nicolai war die jesuitische „72 Jünger Christi Bruderschaft", die sich vor allem der Anbetung des hl. Altarssakramentes widmete, „vollends der unverantwortlichste Zeitverderb."

Das Opfer, welches hiezu bigotte Reiche dargeben, ist weniger Verlust, als die Zeit, welche dabey der gemeine Mann versplittert.[301]

Zweifellos waren die Bruderschaften das tragende Element der religiösen Alltagskultur. Umgekehrt zu ihrer Bedeutung steht ih-

---

296 Nachricht von Wallfahrten, in: NICOLAI, Beschreibung, Beilagen zu Bd. 2, 35 ff.

297 Das sagt natürlich nichts über die „nationalökonomischen Triebfedern in der Kirchenpolitik Josephs II." insgesamt aus - vgl. dazu HOLZKNECHT, Georgine: Ursprung und Herkunft der Reformideen Kaiser Josephs II. auf kirchlichem Gebiete (1914), 66 ff. -; sie führt nur zwei Stellen an, die eine Kritik von Andachtsformen aus ökonomischen Motiven heraus erkennen lassen.

298 P. ABRAHAM A S. CLARA: Heilsames Gemisch-Gemasch. Das ist: Allerley seltsame und verwunderliche Geschichten... Würzburg 1704, 105 ff.; „das Gebet muß mit der Arbeit abwechseln / wie Sonn und Mond im Himmel; das Gebet muß an der Arbeit seyn / wie die Hacken an dem Stiel."

299 Der Weltmann, 2. Bd. (1782), 12 (17. Stk.).

300 Vgl. HOLLERWEGER, 326.

301 NICOLAI, 5, 82.

re Erforschung, was zwar bis jetzt häufig beklagt, aber noch nicht geändert worden ist.[302] Schon ihre Anzahl macht ihre Bedeutung klar: Ein Verzeichnis aus dem Jahre 1771 nennt 79 in Wien und Vorstädten - das waren aber bei weitem nicht alle![303] Noch eindrucksvoller wird das Bild, wenn man sich die Mitgliederzahlen anschaut. Die 1675 gegründete Dreifaltigkeitsbruderschaft bei St. Peter nahm z.B. 1679 -1709 72.000 Mitglieder auf.[304] Dazu sollte man wissen, daß eine mehrfache Mitgliedschaft durchaus möglich war.[305]

Das Selbstverständnis dieser Organisationen zeigt etwa eine antijosephinische Schrift 1781:

Sie haben verschiedene, und mannigfaltige Zwecke, doch zielen sie hauptsächlich alle dahin, daß sie mit vereintem Gebethe, und gottseligen Uebungen die Ehre Gottes vermehren, und das Seelenheil unter dem Schutze, und Fürbitt einer gewissen Heiligen befördern.[306]

Etwas gröber, aber konkreter drückt sich J. Richter aus, wenn er auf die Vorteile der Bruderschaften zu sprechen kommt:

In Krankheiten Doktor und Apotheke frey haben, nach dem Tod noch 10 oder mehrere Gulden auf die Leiche, und nebenbey noch 50 heilige Messen gratis erhalten.[307]

Ein Blick auf Bruderschaftskalender vermittelt einen Eindruck vom intensiven religiösen Leben, das diese Organisationen gestalteten. Ich nehme als Beispiel die Feste, an denen ein Mitglied

302 Diese Feststellung gilt nicht für die Bruderschaften des Mittelalters (einiges dazu, auch über Wien, bei DREXLER, Elfriede: Beiträge zum Bruderschaftswesen, mit besonderer Berücksichtigung der Fronleichnamsbruderschaft zu Wiener Neustadt, masch. Diss. Wien 1955); zusammenfassend über die Entwicklung der Bruderschaften bis 1740: TOMEK, Kirchliches Leben, 299 ff.
303 Vgl. KOPALLIK, Joseph: Regesten zur Geschichte der Erzdiöcese Wien, Bd. 2 (1894), 458 ff.; K. führt zu dem Verzeichnis 43 ergänzend an, schreibt aber, daß es noch mehr gegeben habe (466).
304 TOMEK, Kirchliches Leben, 307.
305 Vgl. RICHTER, Bildergalerie, 188: Manche waren „in 10 und mehrere Bruderschaften eingeschrieben". Konkret wissen wir von den Wiener Ratsbürgern der Jahre 1706 -1740, daß sie insgesamt 30 Bruderschaften angehörten und jeder Mitglied von drei bis vier Korporationen war (vgl. KUNZE, Irene: Die Wiener Ratsbürger 1706-1740, masch. Diss. Wien 1974, 283 f.).
306 Plato in der Nußschale oder kurze Erinnerungen an den Verfasser der Schrift über die Begräbnisse in Wien, zit. nach GOTTSCHALL, 2, 175.
307 RICHTER, Bildergalerie, 187.

der „fünf Wunden Christi Bruderschaft" bei den Trinitariern in der Alservorstadt 1775 teilnehmen konnte.

Da waren zunächst alle „Monatssonntage" (die letzten des Monats) herausgehoben, die man mit Predigt, musikalischem Hochamt „mit Ablegung des Opfers" am Vormittag sowie einer Bruderschaftspredigt (um 4 Uhr) mit anschließendem Umgang und Lauretanischer Litanei am Nachmittag beging. Auch die vier Quatembersonntage (22.1., 2.4., 2.7., 15.10.) gestaltete man feierlich: Um 1/2 9 Uhr war eine „Segenmeß für die lebendigen Gutthäter der jährlichen Prozeßion nach Enzersdorf", um 10 Uhr ein Hochamt für verstorbene Mitglieder; an den jeweils darauffolgenden fünf Tagen wurde um 8 Uhr eine Segenmesse für die schon genannten „Gutthäter" gelesen. Festliche Höhepunkte des Jahres gab es für die Bruderschaft mehrere: Am ersten Maisonntag (7.5.) war das „Titular- und Hauptfest" der Bruderschaft, das schon am Vorabend um 4 Uhr mit einer musikalischen Litanei eingeleitet wurde; dazu kam das Fest der Kreuzerhöhung (So., 17.9.), das „anderte Titularfest"; an diesen beiden Tagen fand nachmittags unter anderem eine „Generalkommunion" statt, vollkommener Ablaß wurde gewährt. Weitere Feste, die direkt mit dem Namen der Bruderschaft zu tun hatten, waren der Karfreitag (14.4.), an dem die Bruderschaft um 2 Uhr nachmittags „etliche H. Gräber in der Stadt" besuchte, und der Freitag nach Allerseelen (3.11.), wo sie mit Predigt und 10 Seelenmessen „bei auferrichtetem Castro" der verstorbenen Mitglieder gedachte. Von den Heiligen wurden besonders die Apostel Andreas (So, 3.12.) und Thomas (Di., 26.12.) verehrt - diese Tage beging man mit einem Hochamt vormittags um 10 Uhr sowie einer Predigt, Prozession und musikalischen Litanei am Nachmittag - , und der Pestpatron Sebastian (Fr. 20.1., 10 Uhr musikal. Hochamt). Einer der Höhepunkte des Jahres war sicher auch die Prozession nach Enzersdorf zu „Maria Heil der Kranken", am Tage Maria Himmelfahrt, der eine neuntägige Andacht „bei ausgesetzter Bildniß Maria Heil der Kranken" vorausging, währenddessen alle Tage um 8 Uhr eine Segenmesse für die „Gutthäter der Prozeßion" gehalten wurde. Am Tag nach der Prozession hielt man um 8 Uhr noch eine Segen- und Dankmesse „wegen glücklich vollbrachter Wallfahrt" ab. Weitere Prozessionen nach auswärts gab es am 30.4. (Monatssonntag) nach Maria Brunn (gemeinsam mit einer anderen Bruderschaft), die wegen der Pest gelobt worden war; am 25.6. (Monatssonntag) begleitete man die Fronleichnamsprozession der Trinitarier, am 5.6. (Montag) den Einzug einer Bruderschaft vom Gnadenort Lainz.[308] Wie wichtig

---

308 Vgl. Ordnung der allerheiligsten fünf Wunden Christi Bruderschaft,

das Meßopfer tatsächlich war, dokumentiert die Anzahl der verrichteten Handlungen 1774: Es wurden 157 Messen, 20 Hochämter und 61 Rosenkränze für lebende Mitglieder sowie 18 Messen für lebende „Gutthäter" der Prozession gelesen (ähnliche Zahlen für die verstorbenen Mitglieder), das waren seit der Gründung der Bruderschaft (1721) insgesamt - auch diese Aufstellung wurde im „Wienerischen Diarium" bekanntgegeben - über 51.000 Messen, 1.300 Hochämter und fast 3.300 Rosenkränze für lebende und verstorbene Mitglieder.

Trotz solcher genauer Ordnungen kann man die tatsächliche Bedeutung dieser Bruderschaften für das Freizeitleben nur erahnen. Gerade die sozialhistorisch interessanten Fragen müssen hier offen bleiben; so ist etwa nichts Genaues über die Mitgliederstruktur bekannt - man weiß nur, daß die Bruderschaften (mit Ausnahme der jesuitischen[309]) überständisch organisiert waren. Ein recht buntes Bild ergibt der Katalog der 73 Mitglieder (davon 51 Frauen) oben genannter Bruderschaft, die 1774 verstorben waren: Vom k.k. Hung. Hof-Cancley-Inspector bis zum Herrschaftskutscher, vom Hausinhaber bis zum Bedienten, von der Lieutenantin bis zur kais. Reitknechtin, von der Naglbschmidmeisterin und Hausinhaberin bis zur Oebstlerin scheinen hier alle Arten von Berufen und Ständen vertreten gewesen zu sein.[310] Aber wie aktiv waren die einzelnen Schichten beteiligt? Gab es hierin Unterschiede? Das läßt sich sicher nicht einheitlich beantworten. Es gab ja z.B. den Typ der Hilfsbruderschaften, die offenbar so konstruiert waren, daß einige Miglieder sich bei Messen, Begräbnissen etc. engagierten und dafür Hilfe bei Krankheit bekamen, andere hingegen in erster Linie zahlten, um ihr Seelenheil abzusichern.[311] Wieviel Arbeitszeit wurde den An-

---

bei dem wunderthätigen hl. Kreutze in dem Gotteshause der WW. CC. PP. Trinitariern zu Wien in der Alservorstadt, gedr. in: Wienerisches Diarium 1775, Nr. 2 (7.1.); der Fest-Kalender der Bruderschaft „unserer lieben Frauen zum Schotten" ist ähnlich gestaltet (abgedr. bei GOTTSCHALL, 2, 463 ff.). Die Feste der Sakramentsbruderschaft von St. Stephan werden von TOMEK, Kirchengeschichte, 2, 640, aufgezählt.
309 Vgl. DUHR, Bd. 2/2, 81 ff.; Bd. 3, 190 f., 642 ff., Bd. 4, 355.
310 Wienerisches Diarium 1775, Nr. 2 (7.1.).
311 Einen recht guten Einblick gewähren die „Satzungen und Regulen Einer Löblichen Bruderschaft, unter dem Titul deren Sieben vornehmsten, und grösten Schmerzen der allerseligsten Jungfrauen und Mutter Gottes Mariae (...) bey denen Geistlichen Herren des H. Benedicti Ordens zum Schotten (...)", Wien 1755: 140 „arme Mit-Brüder" wurden aufgenommen, um die man sich bei Krankheit kümmerte, die Krankengeld

dachten geopfert? Das ließe sich erst dann abschätzen, wenn man z.B. die Teilnehmerzahlen bei den Begräbnissen von Mitgliedern kennt. Eine weitere wichtige Frage betrifft den Anteil der Frauen im Leben der Bruderschaften. Welche Rolle spielten sie, welche durften sie spielen?[312] Die Jesuiten machen auch hierin wieder eine Ausnahme, denn sie gestatteten Frauen keine Mitgliedschaft.[313] Auch über die Verquickung von Andachtsformen mit Freizeitelementen ist sehr wenig noch bekannt. R. v. Bauer spricht (offenbar aufgrund intensiven Quellenstudiums) für die zweite Hälfte des 18. Jahrhunderts von einem „Verfall":

Der fromme Zweck ihrer Gründung war bei den meisten gänzlich bei Seite geschoben, die eingegangenen Gelder wurden mit übertriebenem Luxus auf die Abhaltung von Festen und auf Trinkgelage verwendet und selbst von einzelnen Klöstern ein Teil des Vermögens für nicht kirchliche Zwecke in Anspruch genommen.[314]

Tatsächlich nennt ein Verzeichnis vom 3.2.1783 43 Bruderschaften in den Vorstädten, die sich großer Auslagen für die „Beköstung" schuldig gemacht haben.[315]

Mit dem „Zeitverderb" hatte Nicolai also von seinem Standpunkt aus wohl recht. Noch schärfer kritisiert J. Richter die Bru-

---

bekamen (pro Woche 33 Groschen) und auch im Alter versorgt wurden. Zu zahlen hatten sie wesentlich weniger als die guttätigen Mitbrüder, die dafür bei einem Begräbnis von allen armen Mitbrüdern in Habit und Kappe begleitet werden mußten und denen in den drei auf ihren Tod folgenden Tagen 70 Messen gelesen wurden. Außer den 140 Armen wurden noch „Super-Numerarii" aufgenommen (unbestimmte Anzahl), die gar nichts zahlten, aber auch weniger Leistungen erhielten; oft verfolgte diese Art von Bruderschaften karitative Zwecke für einen bestimmten Stand (vgl. TOMEK, Kirchliches Leben, 310).

312 In der Hilfsbruderschaft bei den Schotten etwa konnten die „Gutthäterinnen aller Gebete und guten Werke teilhaftig werden, auch alle Ablässe der Bruderschaft erlangen, wurden aber nicht von den Hilfsbrüdern zu Grabe geleitet, weil sie keinen Habit empfangen konnten. (Satzungen ..., 20).

313 Vgl. DUHR 2/2, 85 ff.; es kam aber immer wieder zu Ansuchen um Zulassung der Frauen bzw. zu Verboten (z.B. in Wien 1643, als man sich gegen die Begleitung und Besorgung der Leichenbegängnisse von Soldaten durch Frauen wandte, ebd., 86).

314 BAUER, R. v.: Das Bruderschaftswesen in Niederösterreich, in: BlVLkNÖ (1885), 200 -224, hier 220; Bauer verweist auf eine spätere ausführliche Besprechung des Urkundenmaterials in dieser Zeitschrift, die aber nie erschienen ist.

315 Vgl. KOPALLIK, 466 f.

derschaften in dieser Hinsicht, indem er ihnen (rückblickend) die verlorengegangenen Arbeitstage vorrechnet:

> Da gab es aber bald Wallfahrten, bald Leichenbegängnisse, bald Rektorwahlen, bald andere Konsultationstäge und Nothdurftsabhandlungen, die den arbeitsamen Bürger das Jahr hindurch um 30 Täge brachten.[316]

Die Tatsache, daß die alten religiösen Formen in bezug auf das neue Leistungsdenken dysfunktional geworden waren, vor allem aber auch das Bestreben, alte Formen der Freizeitgestaltung zu zerschlagen, ließen den Staat des Aufgeklärten Absolutismus zu Maßnahmen in Richtung eines vernunftgemäßen Tatchristentums greifen. Sie sind schon ausführlich behandelt worden[317], sodaß ich mich auf eine kurze Zusammenfassung der für diese Arbeit wesentlichen Bereiche beschränken kann.

Ein entscheidender Schritt wurde am 22.5.1783 mit der Aufhebung der religiösen Bruderschaften getan; an ihre Stelle trat eine einzige unter dem Titel: „Thätige Liebe der Nächsten in Beziehung auf die Hülflosen Armen." Sie sollte sich der Armenpflege und dem Jugendunterricht widmen.[318]

Am 25.2.1783 erließ Joseph II. eine neue Gottesdienstordnung für Wien und die Vorstädte, die die Zahl der Messen drastisch reduzierte und dadurch eine „Gleichförmigkeit im öffentlichen Gottesdienst" erreichte, was Hofrat Heinke den Beschwerden der Bischöfe 1790 entgegenhielt.[319]

---

316 RICHTER, Bildergalerie, 190.
317 Vgl. die Arbeiten von HOLLERWEGER und GOTTSCHALL. Ergänzend sei auf die Trennung des Religiösen vom Theater hingewiesen, die allerdings schon vor der Epoche des Reformabsolutismus einsetzte. 1770 wurden geistliche Spiele verboten, 1775 die Marionettenspieler von der Gemeinde Wien extra vorgeladen, um ihnen dieses Aufführungsverbot aller Stücke, in denen Religionssachen vorkämen, mitzuteilen. Bei den wenigen „Krippenspielen", die danach noch bestanden, durfte nichts gesprochen werden - das Hauptgewicht lag auf mechanischen Vorrichtungen (vgl. BÖCK, Ludwig: Das Krippelspiel, in: Alt-Wiener-Kalender für das Jahr 1919, 27-52). Selbst das verletzte noch das religiöse Empfinden mancher Aufklärer, z.B. jenes des Reiseschriftstellers Röder: In völliger Unkenntnis des Barockkatholizismus kritisiert er das Krippenspiel der Frau Goddel: „Wie eine so ernsthafte Sache, als die Religion ist, bis zu einem Marionettentheater in Lerchenfeld in dem ehmals so frommen Wien sinken konnte!" (Reisen durch das südl. Deutschland, 368).
318 Diese Reform kurz zusammengefaßt in einer Schrift aus dem Nachlaß Heinkes, abgedr. bei GOTTSCHALL, 2, 229 ff.; hier auch mit der Hinwendung zum Tatchristentum begründet.
319 HOLLERWEGER, 311.

Die liturgischen Reformen betrafen auch die Andachten: 1782 wurden alle aufgehoben, „welche den Aberglauben des Volkes begünstigen, und das Ansehen der heiligen Religion durch den zu vermuthenden Mißbrauch der in sich selbst sonst frommen Werke herabsetzen."[320]

Ein gleiches Schicksal ereilte die Wallfahrten und Prozessionen, die seit den siebziger Jahren systematisch über staatliche Verordnungen reduziert wurden bzw. werden sollten, wobei man in den Begründungen der Maßnahmen - wie schon bei der Abschaffung der Feiertage - wirtschaftliche und moralische Aspekte anführte. Eine Verordnung vom 11.4.1772 verbot alle außer Landes geführten Prozessionen und alle, die länger als einen Tag dauerten (Ausnahme: Mariazell). Den Schlußpunkt setzte Joseph II. mit der Verordnung vom 6.7.1785, die nur mehr die Fronleichnamsprozession und allgemeine Bittgänge (je einen am Markustag und zu den Bittagen) erlaubte.[321]

Auf die Frage nach der Wirksamkeit dieser Reformen läßt sich keine eindeutige Antwort geben. Zu einfach machte es sich jüngst zweifellos Dipper, wenn er meint, daß die „vielfältigen Anstrengungen der Religionspolizei (...) auf mentalem Gebiet mehr oder weniger mit einem Fehlschlag" geendet hätten. „Von Ausnahmen abgesehen, war und blieb die rationalistische Theologie eine Sache der Gebildeten, die als einzige ein zukunftsorientiertes Sozialethos vertraten."[322] Tatsache ist, daß in erster Linie nur die Gebildeten ihre Mentalität schriftlich zum Ausdruck brachten.[323] Es gibt gewiß viele Hinweise, die auf eine weitgehend ungebrochene Fortsetzung der religiösen Alltagskultur hindeuten. Das läßt sich sowohl an der ständigen Wiederho-

---

320 GOTTSCHALL, 2, 277; etwas gemildert wurde diese Verordnung 1791; z.B. konnten nun die Bischöfe „nach den Gesamtumständen einige Privatandachten ohne vorläufige Anfragen erlauben" (GOTTSCHALL, 2, 307 f.; HD v. 17.3.1791).

321 Lt. Gottesdienstordnung von 1783 waren eine Fronleichnamsprozession in der Innenstadt, sieben am darauffolgenden Sonntag in den Vorstädten erlaubt; damit war wieder ein Tag der Arbeit zurückgewonnen, weil früher auch zur Fronleichnamsoktav Umgänge gehalten wurden (vgl. HOLLERWEGER, 143).

322 DIPPER, Christoph: Volksreligiosität und Obrigkeit im 18. Jahrhundert, in: Volksreligiosität in der modernen Sozialgeschichte, hgg. v. Wolfgang SCHIEDER (1986), 73-96, hier 92.

323 Nur in Ausnahmefällen erfahren wir etwas über das Denken von Unterschichtangehörigen, wie z.B. durch den „Atheistenprozeß" 1794, den WANGERMANN, Ernst: Von Joseph II. zu den Jakobinerprozessen (1966), 28 ff. ausführlich dargestellt hat; vgl. dazu auch KOPALLIK, 486 ff.

lung von Verboten als auch an zeitgenössischen Berichten ablesen. So drängt etwa eine Verordnung v. 17.7.1795 auf die Abstellung der „seit einem Jahre (...) heimlich entstandenen und
schon so weit fortgepflanzten neuen Bruderschaften."[324] Andachten dürften ziemlich unvermindert fortgesetzt worden sein.
Am Porziunkula-Fest (2. August), so berichtet das „Patriotische
Blatt" 1788, waren die Kirchen und Plätze davor „mit Menschen
angefüllt, die ihre Werkstätten verließen", um einen Ablaß zu
gewinnen.[325] Noch 1846 weiß ein Autor zu berichten, daß in
Wien am Tag des heiligen Nepomuk

bei 300, demselben gewidmeten Statuen und Capellen, von Privaten
veranstaltete, sog. Nepomucenus-Andachten gehalten, meistens durch
acht Tage fortgesetzt, und an vielen Orten mit großem Pompe begonnen und geschlossen (wurden).[326]

Die oft wiederholten Verordnungen gegen Wallfahrten und Prozessionen dürften ebenfalls kaum zur Kenntnis genommen worden sein. Ein Hofdekret v. 29.11.1794 spricht von einem „tief
eingewurzelten Mißbrauch."[327] Dem fügt sich, daß die Wallfahrt
nach Atzgersdorf, „abgehalten von der Krankenlade der bürgerlichen Seidenzeug-, Dünntuch- und Sammetmacher, in Verbindung mit den übrigen Seidenzeug-Fabrikanten Wiens", 1832
schon zum 77. Male - ohne Unterbrechung! - stattfand.[328] Der
Autor der „Vertrauten Briefe" behauptet, daß Pilgerfahrten und
Prozessionen in Wien „heutigen Tags noch so häufig wie im
funfzehnten Jahrhundert sind."[329] Daß sie zumindest häufig waren, bestätigt die Eingabe eines 1796 angezeigten Vorbeters, der
sich mit dem Hinweis rechtfertigte, daß man „immer von verschiedenen Orten Prozessionen unter lautem Singen und Bethen
die Stadt und die Vorstädte ungeahndet durchziehen sehe."[330]
Viele Anzeigen belegen aber auch, daß es nicht immer leicht
war, die Gesetze und Verordnungen zu umgehen. Als zum Beispiel die nö. Regierung 1818 die Franziskaner einer Winkeland-
acht verdächtigte, mußte das erzbischöfliche Ordinariat sofort eine

---

324 Zit. bei GOTTSCHALL, 2, 411; ähnlich ein Patent v. 15.1.1796 (ebd.,
    413).
325 Patriotisches Blatt, 1788, 4. H., 185.
326 REALIS, Curiositäten- und Memorabilien-Lexikon von Wien, Bd. 1.,
    205.
327 GOTTSCHALL, 2, 305.
328 Ebd., 630 ff.
329 Vertraute Briefe über Österreich von einem Diplomaten, der ausruht
    (1837), 2 Bde., Bd. 2, 117.
330 HOLLERWEGER, 342.

Kommission abschicken, um die Angelegenheit zu untersuchen.[331]
Mitunter wurde dem Drängen der Kirche nachgegeben; z.B. gestattete Franz I. aufgrund vieler Bitten 1796 wieder Prozessionen nach Mariazell.[332] Schon Leopold II. hatte die Andachtsordnung gelockert[333] - im großen und ganzen blieb die josephinische Gottesdienstordnung aber bis 1850 bestehen.[334]
Häufiger als die Bewahrung alter Traditionen wird von den Zeitgenossen allerdings das Gegenteil konstatiert. Es wäre falsch, die Tendenz dahin einzig dem Einfluß des josephinischen Staatskirchentums zuzuschreiben, vielmehr war dieses ein starkes Ferment in einem allgemeinen, nicht nur in Wien oder im Habsburgerreich anzutreffenden Säkularisierungsprozeß, in dessen Verlauf rituell gebundene und magische Formen zurückgingen.[335]
Wie anderswo gilt auch für Wien, daß sich dieser Trend zuerst in den oberen Schichten durchsetzte. 1736 schon klagte der Wiener Erzbischof Kollonitz, daß vor allem wirtschaftlich versierte Fachleute, die nach Wien gezogen waren, begonnen hätten, den Respekt gegenüber den Andachtsformen zurückzudrängen.[336] Nur wenige Jahre davor hatte sich hingegen Keyssler über den Aberglauben des böhmischen und österreichischen Adels entsetzt und sich angesichts ihrer protestantischen Väter und Großväter gewundert,

daß sie jetzt mit so weniger Untersuchung und vernünftiger Beurtheilung bisweilen Sachen glauben, die ihnen selbst die andern Catholicken nicht zu gut halten.[337]

---

331 Vgl. RABER, Ludwig: Die österreichischen Franziskaner, 1. Tl., 52 f.; 377 ff. weitere Beispiele.
332 HOLLERWEGER, 342.
333 Ebd., 316.
334 Ebd., 362.
335 Das wird nur selten beachtet, sodaß es oft zu einer Überbetonung des josephinischen Einflusses kommt, z.B. bei Hollerweger. Eine Ausnahme bildet KAPNER, Gerhardt: Barocker Heiligenkult in Wien und seine Träger (1978), wonach der Josephinismus eigentlich die Intentionen der tridentinischen Reform erst so richtig unters Volk gebracht und „gerade jene Wucherungen wegoperiert" habe, „die ihre Metastasen ins Heidnische hineintrieben" (143). Einige Bemerkungen zum allgemeinen Säkularisierungsprozeß auch bei BARTON, Peter F.: Jesuiten, Jansenisten, Josephiner. Eine Fallstudie zur frühen Toleranzzeit: Der Fall Innocentius Feßler, 1. Tl. (1978), = Studien und Texte zur Kirchengeschichte und Geschichte, 2. R., IV, 74 ff.
336 Vgl. KAPNER, 42 f.
337 KEYSSLER, Neueste Reise, 1051.

Für einen Großteil der Unterschichten gilt der Vorwurf des Aberglaubens noch lange. Hier lebten oft noch magische Denkmuster fort (so hielten viele Gläubige den Segen für wirksamer, wenn er mit der Monstranz gegeben werde[338]), während in den Oberschichten schon eine stärkere Abkehr von religiösen Zeremonien zu bemerken war. Caroline Pichler berichtet, daß unter Joseph II. im Salon ihrer Mutter „gar manche" Besucher[339] „über die Religion sehr frei" dachten und es auch sagten; sie „machten sich von allen äußerlichen Beobachtungen der Religion, allen Vorschriften der Kirche los."[340] Sie selbst wunderte sich in ihren Memoiren, „wie ein schwacher Glaubensfunke sich inmitten einer ganz irreligiösen Zeit und Umgebung" in ihr erhalten habe.[341] Der Hofsekretär Johann Georg Obermayer, so schrieb seine Tochter, „vergötterte Kaiser Josef und nahm ganz die freien Ansichten jener Zeit an", während seine Frau „dagegen strenge bei ihren gut katholischen Gewohnheiten" blieb und zum Beispiel nach wie vor täglich um 10 Uhr die Kirche besuchte.[342] Die Abkehr von religiösem Brauchtum reicht aber über die josephinischen Bildungssalons hinaus. Sander beklagte 1782, daß jetzt jene, die

in Gesellschaften als Esprits forts glänzen wollen, weil sie gar nichts bessers kennen und wissen, in gänzliche Irreligion und Profanität verfallen. Eine Denkungsart, die jetzt durch die misverstandene wechselseitige Toleranz von beyden Partheien, leyder! sehr befördert wird, und in gänzliche Religionsgleichgültigkeit übergeht.[343]

Zur selben Zeit stellt der schon zitierte Autor über die Wallfahrten fest, daß diese (die großen) in erster Linie Angelegenheit des „schlechtesten Pöbels" seien.[344] Und wenn schon „Reiche und Vornehme" daran teilnahmen, so reisten sie „meist in einigen Kutschen zu 12 und 15 Personen zusammen", also vom Volk getrennt.[345] Das bestätigt J. Richter, und er fügt noch hinzu, daß sich ein Teil der Mittelklasse „gleich den Kälbern auf Zeiselwägen laden" ließ.[346]

---

338 Vgl. HOLLERWEGER, 324 ff.
339 Es verkehrten hier Künstler, Dichter, Wissenschaftler, Beamte.
340 PICHLER, 1, 72.
341 Ebd., 5.
342 Vgl. WECKBECKER, Wilhelm (Hg.): Von Maria Theresia zu Franz Joseph. Zwei Lebenserinnerungen aus dem alten Österreich (1929), Tl. 1, 39.
343 SANDER, 5, 18.
344 Nachricht von Wallfahrten, 42.
345 Ebd., 35.
346 RICHTER, 105.

Ab dieser Zeit wird die religiöse Indifferenz aller Schichten oberhalb des „Pöbels", soweit sie die kirchlichen Formen und Zeremonien betrifft, häufig erwähnt. Als sich Sternberg 1792 eine Dompredigt anhörte, sah er die Kirche „voller Leute; aber lauter geringes Volk."[347] Röder bemerkte, daß die Vornehmen nicht mehr den Rosenkranz beteten, und bei der Wandlung kniee nur der Pöbel.[348]

Was ergibt sich nun aus diesem Kapitel für die Geschichte der Freizeit? Ich glaube, man muß zwei Punkte hervorheben: Erstens wurde offenbar durch die Reinigung der Andachtszeit von Freizeitelementen Freizeit verschärft als eigener Block im Tagesablauf wahrgenommen[349], wobei die Richtung, in die sich die Gestaltung dieser Andachtszeit bewegte, genau mit jener übereinstimmt, in die auch - wie später noch gezeigt wird - die Gestaltung der Freizeit ging. Im „neuen Adreßbuch" wird mit Befriedigung festgestellt:

Seit einigen Jahren herrscht mehr Anständigkeit, Majestät, Ernst, Ruhe und Ordnung (in den Kirchen, G.T.). Denen verkleideten Heiligen hat man ihre Kronen, Kleider und Mäntel abgenommen ...

Die Begleitung der Militär- und Polizeiwache in der Kirche galt nun manchen schon als anstößig, nicht einmal ihr ursprünglicher Zweck war mehr klar: Sie habe früher dem Schutz vor Ketzern gedient, jetzt sei sie nicht mehr nötig, heißt es in einem Artikel im „wienerischen Zuschauer" von 1785.[350]

Zweitens ergaben sich aus dem Zurückdrängen kirchlichen Zeremonialhandelns und damit auch dem Wegfall vieler äußerer Zwänge (beten könne man überall, es komme auf die innere Einstellung an), vor allem aber durch die Zerschlagung religiöser Organisationen, die auch einen wesentlichen Teil der Freizeitgestaltung ihrer Mitglieder trugen, größere Spielräume hinsichtlich individueller Freizeitgestaltung. Es ist wohl kein Zufall, daß dieser Wandel zuerst die Angehörigen höherer Schichten, mit ihrer Tendenz zu individueller Lebensgestaltung, ergriff. Während das Bruderschaftswesen im Vormärz in Wirtshäusern heimlich weiterlebte oder wieder aufblühte, waren es jene höheren Klassen und ein Teil des Mittelstandes, die zum Träger einer neuen Freizeitkultur wurden, einer Freizeit, die nicht mehr in religiöse Formen eingebunden war, einer, in der ein Kirchenbesuch oder an-

---

347 STERNBERG, 126.
348 RÖDER, 365.
349 DIPPER, Volksreligiosität, 82, spricht zu Recht von einer „Tendenz der Entsakralisierung des Alltags".
350 Wienerischer Zuschauer (1785), H. 3, 3 ff.

dere Andachtsformen nur eine unter vielen Möglichkeiten ihrer Verwendung darstellte. Insoferne läßt sich zwischen dem Prozeß der Säkularisierung und dem Prozeß zunehmender Freizeitmöglichkeiten ein Zusammenhang herstellen.[351]

Die Nivellierung des Festkreislaufs

Es wäre sehr ungenau, den Unterschied in der Bedeutung des Sonntags zwischen früher und heute darin zu sehen, daß er jetzt als „Freizeit" verbracht werde und damit in die individuelle Beliebigkeit des einzelnen gestellt sei, während man ihn früher als religiöses Fest begangen habe. Auch hier ist darauf hinzuweisen, daß der religiöse Charakter das, was wir heute unter Freizeitbeschäftigungen verstehen, nicht ausschloß. Dennoch ist der oben geäußerten These teilweise recht zu geben, nämlich dann, wenn man den Ausdruck „Fest" in einem bestimmten Sinne begreift. Es trat damals zu den Sonn- und Feiertagen eine qualitative Komponente hinzu, die den Festtag vom Alltag heraushob und es fragwürdig erscheinen läßt, ihn ganz allgemein unter den Begriff Freizeit zu subsumieren; diese qualitative Komponente ist, so scheint es, umso mehr im Schwinden begriffen, je weniger Sonn- bzw. Feiertage an religiösen und/oder jahreszeitlichen Rhythmen orientiert sind. Die über einen Tag hinausgehenden Rhythmen von Arbeits- und Freizeit werden heute weitgehend von willkürlich gewählten Grenzen bestimmt, sieht man einmal von den Sonntagen ab (durch Schichtarbeit wird auch dieser Rhythmus außer Kraft gesetzt). Heute kann man sich die freien Tage entweder aussuchen (Urlaubsanspruch; natürlich ist die Wahlfreiheit durch Produktionszwänge beschränkt), oder sie werden vom Staat nach bestimmten Erfordernissen festgelegt (Schulferien). In beiden Fällen ist damit eine Loslösung von Brauchtum gegeben, das an bestimmte Tage und Wochen im Jahr gebunden ist.

Wie ich das schon bisher getan habe, möchte ich auch in diesem Kapitel die Wandlungen zunächst als ein Entwirren verschieden empfundener Lebensbereiche darlegen, als den Versuch des aufgeklärten Staates, schärfere Trennlinien zwischen Arbeitszeit und Freizeit, Freizeit und Andachtszeit zu ziehen. „Je heiliger eine Handlung ist, je mehr muß man sich hüten, sie zu profaniren", sagt ein Propagandist dieses Reformkurses.[352] In ei-

---

351 Einen solchen Zusammenhang hat auch schon NAHRSTEDT, Freizeit, gefunden.
352 Der Wienerische Zuschauer (1785), H. 3, 50.

nem zweiten Abschnitt werde ich dann die Entwicklung hin zu einer Austauschbarkeit der Ausfüllung arbeitsfreier Zeiten, zu einer Nivellierung der Festkultur, beschreiben.

Bestrebungen zur Sonntagsheiligung

Es fällt nicht schwer, aus Sittenpredigten und moralischen Traktaten seit den Anfängen der Kirche Belege für ihren Unmut über die „Entheiligung" der Sonn- und Feiertage beizubringen, also jener Tage, die allein Gott bzw. bestimmten Heiligen, in zweiter Linie auch der Arbeitsruhe gewidmet waren.[353] Mein Gewährsmann ist Abraham a Sancta Clara, der sich wiederholt zu diesem Thema äußerte. Er gehörte keineswegs zu den moralischen Rigoristen, denen jedes weltliche Vergnügen schon von vornherein verdächtig war: Man schenke Gott eine Stunde zum Gottesdienst, predigte er, den Rest des Tages „kannst du zubringen nach deinem Wohlgefallen, jedoch in Sachen, die ehrlich und erlaubt seynd."[354] Dennoch verdeutlichen gerade seine Ausführungen über den Sonntag am besten, warum unser Freizeitbegriff nicht in das christliche Weltbild seiner Zeit paßt:

Er wäre nie auf den Gedanken gekommen, diese Zeit für erlaubte Vergnügungen als „Freizeit" zu bezeichnen, denn er konnte dem Freiheitsbegriff keine positive Bedeutung abgewinnen - im Gegenteil:

Was ist der Feyertag? O leyder! ein freyer Tag. Die Calender setzen allzeit die Feyertag mit rothen Buchstaben, als thun sie sich selbsten schämen, daß man an dergleichen Festtägen so frey und frevendlich pflegt zu leben.[355]

An manchen Stellen erläutert Abraham näher, was er unter „freiem" Leben versteht. „Schwärmen, schlemmen und vollsauffen" etwa. Er beschwert sich darüber, daß alles Geld nur aufgespart

---

353 Ein „inniger Zusammenhang zwischen einem dem Gottesdienst und der vollkommen der Arbeitsruhe gewidmeten Tage" ist nach P. E. BRAUN erstmals im Judentum festzustellen (Die geschichtliche Entwicklung der Sonntagsruhe. Ein Beitrag zur Soziologie des Arbeiterschutzes. In: VSWG 16 (1922), 325-369, hier 330). Im Christentum wurde der sozialen Komponente anfangs nicht viel Beachtung geschenkt; auch später blieb die religiöse dominant (ebd., 334 ff.).
354 ABRAHAM, Judas 3, 177.
355 Ebd., 177 f.; ganz ähnliche Worte findet P. Abraham in „Gehab dich wohl", 65: Er klagt, daß „der Fest Tag ein Freß-Tag und der Feyer-Tag ein Freyertag zu allerhand Sünden und Lastern ist." Im „Gemisch-Gemasch" (120 f.) legt er dem Teufel die Worte in den Mund, daß der Feiertag „meistens ein freyer Tag ist / wo die gewissens-lose Christen mit aller Freyheit sündigen."

werde, um es am Feiertag zu vertrinken;[356] oder darüber, daß der „Festtag" zu einem „Freßtag" verkomme.[357] Mißbräuchlich verwendeten auch jene den Sonntag, die „den gantzen Tag, auch mehrmalen mit Verabsaumung des Gottesdienst / mit *Kegelspielen* umgehen / wie man es leyder an vielen Orten / *forderist in grossen Vorstädten* wahrnimmt."[358]

Im Sommer fliehen die „gemeinen Leuthe" in die „Gärten, Brenthen und Kegelstädt aus, da geht es wieder an ein Fressen und Sauffen".[359] Die vielen staatlichen Verordnungen, die seit dem 16. Jahrhundert zur Sonntagsheiligung ergingen, belegen, daß diese Kritik zu Recht erfolgte. Immer wieder wurde darauf hingewiesen, daß man nicht ins Wirtshaus bzw. zum Kegeln gehen sollte. Die Sorge um die Einhaltung der Sonntagspflicht oblag dem „Hausvater", wie das noch deutlich in einer Verordnung Maria Theresias zum Ausdruck kommt: Sie forderte, daß zum eifrigen Gottesdienstbesuch „die Aeltern ihre Kinder, die Hauswirthe ihr Gesinde, und überhaupt alle Vorsteher ihre Untergebene sorgfältigst anzumahnen und zu verhalten" hätten.[360] Im Handwerk schlägt sich diese Verantwortlichkeit in den Zunftordnungen nieder, die Lehrlinge und Gesellen zum Gottesdienstbesuch ermahnten und Strafe bei Zuwiderhandeln androhten.[361] Wie stark die hausrechtlichen Traditionen auch noch bei den Beamten wirkten, zeigt sich an den Bestimmungen, die Franz I. erließ, als ihm des öfteren Beschwerden über die Abwesenheit oder das schlechte Betragen der Staatsdiener während des Gottesdienstes zu Ohren kamen: Der Besuch der Messe wurde ihnen zur Pflicht gemacht, eigene Plätze für sie bestimmt.[362]

Etwa ab dem 18. Jahrhundert kam es im Bereich der Sonntagsheiligung zu einer Verschärfung der Gesetzgebung, die ihren Höhepunkt unter Maria Theresia erreichte. Diese Verschärfung läßt sich beispielhaft anhand der Bestimmungen über den Besuch der Gaststätten demonstrieren: Während bis 1730 die Wirtshäuser an Sonntagen nur während des Gottesdienstes und

---

356 Judas 3, 176.
357 Judas 3, 172.
358 Judas 4, 308.
359 Gehab dich wohl, 65.
360 P. v. 6.10.1771, abgedr. bei GOTTSCHALL, 2, 366.
361 Zu den religiösen Bestimmungen der Handwerksordnungen vgl. überblicksmäßig G. OTRUBA, J. A. SAGOSCHEN: Gewerbezünfte in Österreich. Organisation und Brauchtum eines weitverbreiteten Handwerks in sieben Jahrhunderten (1964), 35 f.; vgl. auch ZATSCHEK, 151.
362 Vgl. HOLLERWEGER, 366 f. (drei Verordnungen zwischen 1808 und 1810).

der Christenlehre geschlossen bleiben mußten[363], erweiterte die „erste größere Gesetzgebungsaktion"[364] das Verbot auf den ganzen Vormittag.

Nach einem Patent v. 9.8.1762, das einige Verordnungen zusammenfaßt und konkretisiert, durften nur Durchreisende während dieser Zeit bewirtet werden, die Verabreichung von Branntwein wurde unter eine besondere Strafe gestellt (5 Rthl.).

Die Verordnung vom 3.1.1772[365] bildet schließlich den Höhepunkt staatlich geforderter Sonntagsruhe: Bis 4 Uhr mußten alle Wirtshäuser geschlossen bleiben.[366] Eine Ausnahme wurde nur für Reisende und „gewöhnliche Kostgänger" gemacht. Bis zu diesem Zeitpunkt verbot Maria Theresia alle Spiele, das Billardspiel inbegriffen[367], bis dahin untersagte sie auch

alle Kommissionsabhaltungen in nicht dringenden Geschäften oder Gastmahle, öffentliche Spaziergänge (...) Spazierreisen und dergleichen den meisten Theil des Tags hinwegnehmende Lustbarkeiten oder Beschäftigungen.

Theateraufführungen durften erst um 7 Uhr beginnen, andere „öffentliche Spektakel" - mit Ausnahme der Tierhetze - überhaupt nicht stattfinden. Selbstverständlich war auch der Prater zu dieser Zeit geschlossen.[368] Bis 4 Uhr sollten also Sonn- und Feiertage gänzlich religiösen Übungen bzw. der Besinnlichkeit gewidmet sein. Als Ziel ist angegeben, daß das Publikum nicht durch öffentliche Unterhaltungen vom Besuch des Gottesdienstes abgehalten werde. Den Erfolg der Bemühungen hoffte die Kaiserin vor allem durch „Abschneidung der Gelegenheit" sicherzustellen, erst sekundär durch entsprechende Bestrafung mit Arrest oder Geld („zu Handen des Fonds für die Armen des Orts").[369] Denunzianten bekamen 1775 ein Drittel der Strafgelder zugesichert.[370]

---

363 Vgl. CA II, 359 ff., III, 869 f.
364 GÜRTLER, Alfred: Sonntagsruhe, in: Österreichisches Staatswörterbuch. Handbuch des gesamten österr. öffentl. Rechtes, hgg. v. Ernst MISCHLER und Josef ULBRICH, 21909, Bd. 4, 275-284, 277.
365 KROPATSCHEK, Maria Theresia, 6, 429 ff.
366 Allerdings durfte man bis 9 Uhr in den Kaffeehäusern frühstücken.
367 Schon 1730 forderte ein Dekret von der Regierung ein Gutachten über die ganztägige Sperre der offenen Billard- und Spielhäuser an diesen Tagen (CA IV, 621). Die Verordnung v. 10.3.1770 stellt das Spielen (z.B. Billard) in Kaffeehäusern der Stadt und Vorstädte unter die gleiche Strafe „wie 1730".
368 Vgl. Wiener Kommerzialschema (1780), 76.
369 HR v. 20.6.1772 (ebd., 487).
370 HD v. 13.1.1775, in: KROPATSCHEK, Maria Theresia, 7, 158.

Joseph II. lockerte allmählich diese strengen Grundsätze. Nach der „Wein- und Kellerschanksordnung" von 1781 durften Weinleutgeben um 11 Uhr aufsperren.[371] Das Hofdekret vom 3.10.1785 gestattete wieder die Offenhaltung der Wirts- und Kaffeehäuser tagsüber (außer während Amt und Predigt); die Spiele unterlagen zunächst weiterhin bis 16 Uhr einem Verbot, das sich aber mit Hofdekret vom 3.7.1788 auf die Zeit des Hauptgottesdienstes beschränkte.[372]

Zur Sonntagsheiligung gehört auch das Verbot, weltlichen Arbeiten nachzugehen. Auch dagegen wurde häufig verstoßen, wie nicht nur die Klagen Abraham a Sancta Claras („alles, alles arbeit am Sonn- und Feyertag")[373], sondern auch zahlreiche staatliche Verordnungen seit dem 16. Jahrhundert zeigen.[374] Ab dem 18. Jahrhundert wurden die Patente ausführlicher! Zum einen hinsichtlich der Motive: Ein Mandat vom 12.2.1729 beklagt, daß an Sonn- und Feiertagen mit Feilhaben, aber auch „allen anderen Operibus servilibus ungescheuet, (...) ärger als jemals fortgefahren werde", wodurch Gott Not, Hunger, Krieg und Pest schikke.[375] Zum andern hinsichtlich der Strafen: Nach einer Verordnung v. 23.11.1728 sollten „Aufseher und Kommissare" in den Werkstätten die Einhaltung dieses Verbots überwachen und die Übertreter strafen.[376] Das Patent von 1730, das die Strafen präzisierte[377], sollte „durch gewöhnlichen Ruf" publiziert und in allen Herbergen öffentlich angeschlagen, wie auch den Zünften in die Lade gelegt werden; man sorgte sich also schon auch um seine Einhaltung.[378] Diese Linie wurde unter Maria Theresia fortge-

---

371 KROPATSCHEK, Joseph, 1, 149 ff. (7).
372 KROPATSCHEK, Joseph, 15, 688.
373 Gehab dich wohl, 59 ff.
374 Vgl. V. v. 26.4.1559, 24.10.1676 (spricht speziell die Schuster und Schneider an, die „mit ihrem arbeiten den halben Tag an Sonn- und Feyer-Tägen zubringen"), 2.4.1659, 18.9.1710 (diese beiden V. gegen das „Feilhaben"); (CA I, 89 f., 447 f., III, 614 f.); eine ausdrückliche Arbeitserlaubnis wurde 1693 den Donaumüllnern erteilt: Sie durften alle Sonn- und Feiertage mit Anbruch des Tages arbeiten, mußten nur zu Gottesdienst und Predigt das Gesinde in die Kirche schicken (OTRUBA, Berufsstruktur, Nr. 42, 156); in beschränkter Weise auch verschiedenen Dienstleistungsberufen und Verkäufern bestimmter Waren (siehe später).
375 V. f. ÖUOE (CA IV, 518).
376 V. v. 23.11.1728 (CA IV, 503); sie lösten die Rumorwache ab, die lt. Instruktion v. 1646 die Handwerker, die an Sonn- und Feiertagen arbeiteten, einzuziehen hatte (OBERHUMMER, 2, 203).
377 Vgl. GÜRTLER, 277.
378 An die Regierung v. 23.1.1730 (CA IV, 621).

setzt: Die Verordnungen nahmen an Zahl zu, die „Polizey-Aufseher" blieben, die Strafbestimmungen verschärften sich.[379]

In Ruhe und Besinnlichkeit sollte man den Tag feiern, das geht aus den Bestimmungen der Gesetzgeber hervor! Die Gesetze zeigen aber auch, daß es immer schon das Bestreben eines Teils der Bevölkerung war, zunächst die religiösen „Alltagshandlungen", wie den Besuch der Messe, zu eliminieren und sich nur zu unterhalten bzw. die Unterhaltungen auf Kosten der Religion auszudehnen. Daß dieser Teil gar nicht so klein war, darf wohl aus der Schärfe der Gesetze geschlossen werden.

Die Alternative dazu (bzw. die gewöhnliche Sonntagsunterhaltung im Anschluß an die Messen und Andachten) war zunächst ganz eindeutig das Wirtshaus. In den älteren Mandaten zur Sonntagsheiligung ist sonst keine andere Freizeitform erwähnt (Wirtshaus und Spiel gehören zusammen). Das bestätigt eine Beschwerde Garampis 1783 über die verordneten Nachmittagsandachten, die viel zu kurz seien; es sei unbegreiflich, daß man das Volk, das früher zumindest 1 1/2 Stunden in der Kirche am Nachmittag zugebracht hätte, lieber dem Müßiggang überlasse, ginge es doch anschließend in den Prater oder in die Gasthäuser.[380]

Im 18. Jahrhundert läßt sich ein gewisser Wandel beobachten, der sich auch in den Verordnungen widerspiegelt: Das Billardspiel findet nunmehr gesondert Erwähnung, ebenso die „Spazierreise".[381] Aus anderen Quellen wissen wir, daß es zu dieser Zeit bei den oberen Schichten Mode wurde, Ganztagsausflüge in die Umgebung Wiens zu unternehmen (siehe dazu später). Überhaupt wurden Spaziergänge nun im Bürgertum und bei den Adeligen sehr beliebt. Den Trend zur Säkularisierung des Sonntags, der darin zum Ausdruck kommt, bestätigt eine Verordnung Josephs II. für Galizien: Es ist die erste, die erwähnt, daß die Sonn- und Feiertage „dem Dienste der Religion und der Erholung" gewidmet seien.[382] Zieht man dazu die laxe Haltung Josephs bezüglich der Sonntagsheiligung in Betracht, muß man von einer neuen Qualität dieses Tages sprechen, derselben, die Nahrstedt für Hamburg um 1800 konstatiert hat: „Der Staat zieht sich gegenüber der Sinnpluralität (...) auf die Ordnung des äußeren Rahmens, der mehrere Sinnverständnisse ermöglicht, zurück. Die Entscheidung über den inhaltlichen Sinn der Feiertage geht von

---

379 Vgl. GÜRTLER, 277 ff.
380 Zit. nach HOLLERWEGER, 146.
381 Siehe oben, 96.
382 Robotpatent f. Galizien v. 16.6.1786, Pkt. 25. Darauf hat schon GÜRTLER hingewiesen.

nun ab an den einzelnen Bewohner der Stadt über."[383] Der nivellierenden Tendenz zur Aufhebung von durch Brauch oder kirchliches Gesetz entstandenen Normierungen korrespondiert also ein Zuwachs an individueller Disponibilität.[384] Freilich war damit auch für viele eine negative Entwicklung vorgegeben: Als die Religion ihre hervorragende Rolle in der Freizeitkultur verlor, erwies sich diese als zu schwach, um dem Vordringen kapitalistischer Prinzipien Widerstand leisten zu können. Um das Arbeitsverbot an Sonntagen kümmerte man sich bald nicht mehr.

Wie Gürtler herausgearbeitet hat, ist ein besonderes Charakteristikum der gesamten Sonntagsruhegesetzgebung die getrennte Behandlung landwirtschaftlicher und gewerblicher Arbeit sowie des Handels- und Produktionsgewerbes; mitunter wurden auch gegen die Abhaltung von Amtstagen etc. Bestimmungen erlassen; die Fabriksarbeiter fielen hingegen nicht in dieses Schema: Bis 1848 bezogen sich nur zwei Regierungsdekrete (v. 16.1. u. 29.7.1846) auf das Verbot der Fabriksarbeit (Kinderarbeit) an Sonn- und Feiertagen. Daraus folgt, „daß die Sonntagsarbeit in den Fabriken ansonsten widerspruchslos gestattet wurde, was sich mit der bestehenden Gesetzgebung, die keine Normen für Fabriken enthält, gut vereinen ließ."[385] Und damit sei auf ein früheres Kapitel verwiesen, wo hinsichtlich der Zurückdrängung des Zunftbrauchtums eine ähnliche Feststellung getroffen wurde.

Noch etwas läßt sich über die Verbringung der Sonn- und Feiertage aus den Verordnungen ablesen: Sie wurden auch in einer Weise genutzt, die wir heute als „Halbfreizeit" bezeichnen würden. Die Ausnahmebestimmungen zum Arbeitsverbot an diesen Tagen enthalten nicht nur eine komplizierte Regelung für den Lebensmittelhandel, sondern auch für jene Berufe, die mit der Körperpflege zu tun haben: Die Bader, Barbiere und Perückenmacher. Deren Tätigkeiten wurden an den Sonn- und Feiertagen gestattet - „Apotheker-, Barbier- und Badstuben" dürfen „keine Beschränkung leiden", heißt es in einer Verordnung vom 8.2.1772, Wasch- und Badhäuser dürfen offenhalten, bestimmte ein weiteres Patent dieses Jahres.[386] Den

---

383 NAHRSTEDT, Feiertage, 82.
384 Vgl. auch HERSCHE, Spätjansenismus, 403: „Was die Josephiner befürchtet und mit ihrem Staatskirchentum zu vermeiden gesucht hatten, trat im 19. Jahrhundert ein: die Kirche wurde von einer staatlichen Institution zu einem Weltanschauungsverein, der nur noch einen Teil der Bevölkerung integrieren konnte."
385 GÜRTLER, 28.
386 Vgl. KROPATSCHEK, Maria Theresia, 6, 435 ff. Wiederholung dieser Bestimmung durch eine V. d. Landesreg. im Ehtm ÖUE v. 29.3.1803

Perückenmachern war ihre Arbeit seit 1772 bis 11 Uhr vormittags gestattet.[387]

Des weiteren könnte man der Halbfreizeit auch die Versammlungen der Zünfte zurechnen, die häufig an Sonntagen - vierzehntäglich, monatlich oder auch nur vierteljährlich - stattfanden; zunächst zwischen 11 und 13 Uhr[388], später um 14 oder 16 Uhr, weil ein Hofedikt v. 27.6.1772 diese Zusammenkünfte auf die Zeit nach dem Gottesdienst einschränkte.[389]

In eine vordergründig ganz andere Richtung als die Bestrebungen zur Sonntagsheiligung, die mehr mit dem Entwicklungsgang einer Ausdehnung der Arbeitszeit übereinstimmt, gingen die Bemühungen Maria Theresias um eine Verminderung der Feiertage: Schon der mittelalterliche Kalender wies viele Feiertage auf: Das Dekretale Gregors IX. zählt einschl. Sonntagen 85 arbeitsfreie Tage im Jahr auf.[390] Diese Zahl stieg bis auf 100[391], ehe sie im Spätmittelalter reduziert werden mußte. Im Zeichen der Gegenreformation wurden jedoch wieder eine Reihe neuer Feste eingeführt[392], sodaß das Arbeitsjahr beim Regierungsantritt Ma-

---

(KROPATSCHEK, Franz, 17, 701 ff.).Die einzigen Einschränkungen, die ich gefunden habe, sind ein Verbot, während des Gottesdienstes zu barbieren (V. v. 4.1.1652, wiederholt 27.3.1676, in: CA I, 152 bzw. 235) und eine V. v. 10.3.1770, die den Barbieren, Badern und Perükkenmachern erst ab 10 Uhr ihre Arbeit gestattete (KROPATSCHEK, Maria Theresia, 6, 170).

387 V. v. 10.4.1772, in: KROPATSCHEK, Maria Theresia, 6, 461; noch am 8.2.1772 durften die Perückenmacher nur bis 9 Uhr offenhalten (KROPATSCHEK, Maria Theresia, 6, 435 ff.).
388 Vgl. THIEL, Gewerbe, 441 f.; ZATSCHEK, 187, 204: das Handwerksgenerale vom 16.11.1731 erlaubt diese Versammlungen ausdrücklich, weil es „bei vielen Zünften gewöhnlich ist, zur Versorgung der armen kranken Gesellen alle Sonntage, oder monatlich in der Handwerksherberge, oder bei dem Handwerksvater im Beisein zweener sogenannter Besitzmeister zusammenkommen." (KROPAT-SCHEK, Maria Theresia, 1, 224 (XXI)).
389 Ebd., 6, 488; vgl. die von Maria Theresia bestätigten Ordnungen der siebziger Jahre.
390 Vgl. TIMM, Verlust, 22.
391 Außer den Sonntagen gab es z.B. in Augsburg 45, in Straßburg 46 Festtage; den Spitzenwert erreichte Bologna mit 58 (vgl. SCHMUG-GE, Ludwig: Feste feiern wie sie fallen - Das Fest als Lebensrhythmus im Mittelalter, in: Stadt und Fest. Zur Geschichte und Gegenwart europäischer Festkultur, hgg. v. Paul HUGGER (1987), 61-87, hier 63 f.
392 Neben verschiedenen auf einen Sonntag fallenden Feiertagen das Fest der Unbefleckten Empfängnis Mariä (8.12.; seit 1629), des Hl. Josef (19.3.; seit 1654), der 7 Schmerzen Mariä (2.4.; seit 1734) und des Hl. Nepomuk (16.4.; seit 1725) - vgl. TOMEK, Kirchliches Leben, 313 f.

ria Theresias von 80 offiziellen Sonn- bzw. Feiertagen unterbrochen wurde. 1750 brachte sie in einer Eingabe an den Papst als Argumente für eine Verringerung der Feiertage vor, daß durch die vielen arbeitsfreien Tage das Volk zum Müßiggang verführt werde, woraus Laster entstünden; eine Reduzierung würde nicht nur „das Volk, so Unserer Beherrschung anvertraut ist, zu einem christl. auferbaulichen Wandel" führen, sondern eben dadurch würde auch „der himmlische Segen herbeigezogen, und mittels desselben der Wohlstand Unserer Länder um so mehr befestigt" und „der Gewerbe- und Nahrungsstand Unser getreuesten Unterthanen gar merklich verbessert."[393] Diese Argumentation war dem Papst wohl vertraut, war er doch ein starker Förderer des Frühaufklärers Muratori, der seinerseits die Bulle Urbans VIII. in höchsten Tönen lobte.[394] Ihr Ansuchen hatte Erfolg: Aufgrund einer Bulle v. 1.9.1753 wurden mit Patent v. 21.1.1754[395] 24 Feiertage bekanntgegeben, an denen zwar der Meßbesuch Pflicht war, aber Handarbeit verrichtet werden durfte (siehe Tabelle 1).

Der Zusammenhang zwischen Feiertag (signalisiert durch die Verpflichtung zum Meßbesuch) und Vergnügen war jedoch noch zu stark verwurzelt, als daß diese Verordnung eine Chance auf Verwirklichung gehabt hätte. Das Gesetz selbst war eine Zwittergeburt: Die Gewölbe und Werkstätten mußten zwar ab 10 Uhr offenhalten, andererseits sollte aber niemand gezwungen sein, zu verkaufen oder sonst zu arbeiten. Dies wurde allen Zechmeistern in der Wiener Ratsstube bekanntgegeben und hinzugefügt, daß niemand durch Hinderung, Schimpfung, Stören usw. andere von der Arbeit abhalten dürfe.[396] Einige haben das wohl mißverstanden: Vom St. Georgstag wird berichtet, daß die Gesellen einer Wagner-Werkstatt „sich bey dem Eingang d. Werkstadt zu einem Tisch gesezet, und offentlich geschwärmet haben."[397] An eben diesem Tag wurden der nö. Regierung 14 städtische Gewölbe gemeldet, die nicht aufgesperrt hatten.[398] Ab nun muß-

393 Zit. bei GOTTSCHALL, 2, 347.
394 Mit dieser Bulle aus dem Jahre 1642, die auch in Wien durch gedruckte Plakate verbreitet wurde, strich Urban VIII. eine Reihe von Feiertagen aus dem Festkalender (vgl. TOMEK, Kirchliches Leben, 313).
395 Abgedruckt bei GOTTSCHALL, 2, 347 ff.
396 WStLA, A.R. 137/1754, Bericht v. 22.4.1754.
397 Ebd., Dekret d. nö. Repräs. u. Cammer v. 28.4.1754; damit hätten die Gesellen auch einem Breve des Papstes zuwidergehandelt, wonach „sündliches Schwermen" an Feiertagen verboten sei.
398 Das hatte zur Folge, daß die Zechmeister neuerlich in die Ratsstube bestellt wurden, wo sie sich ermahnen lassen mußten, an solchen Tagen „keine Schwärmerey oder anderen Unfug" in den Gewölben und Werkstätten zu treiben (ebd., Bericht v. 29.4.1754).

Die zeitliche Ausgliederung der Freizeit

Datum	Fest[399]	1753	ab1754	ab1771	heute
01.01.	Christi Beschneidung	XXXXX	XXXXX	XXXXX	XXXXX
06.01.	Dreikönigstag	XXXXX	XXXXX	XXXXX	XXXXX
25.01.	Pauli Bekehrung	XXXXX	///////		
02.02.	Mariä Lichtmeß	XXXXX	XXXXX	XXXXX	
25.02.	Mathias	XXXXX	///////		
19.03.	Joseph[400]	XXXXX	///////		
25.03.	Mariä Verkündigung	XXXXX	XXXXX	XXXXX	
	Ostermontag	XXXXX	///////	·XXXXX	XXXXX
	Osterdienstag	XXXXX	///////		
24.04.	Georg	XXXXX	///////		
01.05.	Philippus und Jacobus	XXXXX	///////		XXXXX
	Himmelfahrt Christi	XXXXX	XXXXX	XXXXX	XXXXX
	Pfingstmontag	XXXXX	///////	XXXXX	XXXXX
	Pfingstdienstag	XXXXX	///////		
	Fronleichnam	XXXXX	XXXXX	XXXXX	XXXXX
24.06.	Johannes der Täufer	XXXXX	///////		
29.06.	Peter und Paul	XXXXX	XXXXX	XXXXX	
02.07.	Mariä Heimsuchung	XXXXX	///////		
22.07.	Maria Magdalena	XXXXX	///////		
25.07.	Jacobus	XXXXX	///////		
10.08.	Laurentius	XXXXX	///////		
15.08.	Mariä Himmelfahrt	XXXXX	XXXXX	XXXXX	XXXXX
24.08.	Barholomäus	XXXXX	///////		
08.09.	Mariä Geburt	XXXXX	XXXXX	XXXXX	
21.09.	Mathäus Ev.	XXXXX	///////		
29.09.	Michael	XXXXX	///////		
28.10.	Simon und Judas Th.	XXXXX	///////		
01.11.	Allerheiligen	XXXXX	XXXXX	XXXXX	XXXXX
11.11.	Martin	XXXXX	///////		
15.11.	Katharina	XXXXX	///////		
30.11.	Andreas	XXXXX	///////		
06.12.	Nikolaus	XXXXX	///////		
08.12.	Mariä Empfängnis	XXXXX	XXXXX	XXXXX	XXXXX
25.12.	Christtag	XXXXX	XXXXX	XXXXX	XXXXX
26.12.	Stefan[401]	XXXXX	XXXXX	XXXXX	XXXXX
27.12.	Johannes Ev.[402]	XXXXX	///////		

Erklärung: XXX=Feiertag; ///=Meßbesuch Pflicht, Handarbeit erlaubt

Tabelle 1

399 Manche dieser Feiertage sind erst in der Barockzeit entstanden: Maria Empfängnis (1629 u. 1724), Hl. Josef (1654), Landespatron (1663); für den Landespatron (in Wien der Hl. Leopold) erfolgte eine Sonderregelung: Er durfte nur in der Kirche gefeiert werden (HOLLERWEGER, 74).
400 Statt diesem Tag ist in einer Wiener Quelle der „dritte Geist-Feiertag" genannt (WStLA, A.R. 137/1754, D. v. 25.6.1756/Beilage). Das Josephsfest wurde 1771 auf den 3. Sonntag nach Ostern verlegt (vgl. KROPATSCHEK, Maria Theresia, 6, 383, V. v. 13.9.1771).
401 Ab 1754 nur in Wien Feiertag.
402 In einer Wiener Quelle wird stattdessen der Tag des Hl. Thomas (21.12.) genannt (ebd., D. v. 25.6.1756/Beilage u. D. v. 24.12.1754).

te die städtische Regierung ständig berichten, wie viele und welche Gewölbe nicht der Verordnung nachgekommen waren. Obwohl Zuwiderhandelnden eine gänzliche Sperre ihrer Gewölbe drohte, war der Erfolg bescheiden[403] und bald gar nicht mehr vorhanden[404], sodaß die Regierung schließlich die halbherzige Regelung traf, daß an den 23 dispensierten Feiertagen reihum die Gewölbe von zumindest je vier bgl. Händlern und zwei priv. Niederlegern offenzuhalten hatten.[405] Das sieht nach Resignation aus! Schwierigkeiten gab es auch anderer Art: Kardinal Migazzi klagte, daß durch das Geschrei auf den der Kirche nahen Märkten der Gottesdienst schwer behindert werde; sogar das Geflügel würde sich „zu allgemeinem Zerstreuen" in die Kirche verlaufen.[406]

Da diese Verordnung offenbar auch in anderen Teilen der Monarchie wenig Erfolg zeitigte[407], berief die Herrscherin 1770 eine „gemischte Kommission" zur Regelung der Feiertagsfrage ein. Zur Grundlage der Beratung wurde eine 225 Seiten starke Arbeit Prof. Rieggers genommen, der sich vor allem auf Muratori berief und die zwei altbekannten Argumentationslinien (die wirtschaftliche und die moralische) fortführte. Unter den verschiedenen Vorschlägen ihrer Berater wählte Maria Theresia die Entbindung von der Meßpflicht für die von Benedikt XIV. dispensierten Feiertage; Klemens XIV. stimmte zu und verpflichtete damit das Volk zur Arbeit.[408]

---

403 Für den 1. Mai meldet die Stadt stolz, daß kein einziges Gewölbe zugesperrt gehabt habe (nur zwei hätten um 1/2 11 Uhr - erst nach der Predigt bzw. Andacht - geöffnet), allerdings hätten „nach Mittag fast alle Kaufleuth ihre Gewölber zugesperrt, und dißem Exempel (sind) die Handwerker nachgefolget"; eine mäßige Befolgung wird am St. Nicolai-Tag und an den zwei Osterfeiertagen konstatiert (Berichte v. 18.12.1754 u. 21.3.1755).

404 Vgl. die Klage der städt. Reg. v. 24.12.1754: Die wenigsten hätten am St. Thomas-Tag ihre Werkstätten geöffnet; eine Anfrage an die nö. Reg., wie weiter vorzugehen sei, beantwortete diese wenig einfallsreich: Man solle die Missetäter nachdrücklich auf die Verordnung aufmerksam machen, widrigenfalls würden die Gewölbe gesperrt; ein Dekret der nö. Repräs. u. Cammer v. 25.6.1756 stellt fest, daß in Wien „fast kein einziges Kaufmanns-Gewölb eröffnet werde."

405 Ebd., Dekret v. 25.6.1756; die Beilage enthält genaue Angaben, wer wann drankam.

406 Zit. bei TOMEK, Geschichte, 3, 225 f.

407 Vgl. HOLLERWEGER, 69.

408 Ebd., 363 ff.;auch in: KROPATSCHEK, Maria Theresia, 6, 407 ff.; Ostermontag und -dienstag blieben arbeitsfrei. Selbstverständlich dauerte es noch lange, bis das Volk diese Verordnungen akzeptierte - vgl. etwa HD v. 13.7.1786, kundgem. in Wien am 25.7. (KROPATSCHEK, Josef, 11, 260 f.), die Handwerker betreffend.

Nur ein Jahr, nachdem die Gottesdienstpflicht an den „abgeschafften" Feiertagen aufgehoben und so ihrer Beachtung zum Durchbruch verholfen worden war, sorgte die Herrscherin auch mit noch nie dagewesener Strenge dafür, daß die verbliebenen im Sinne der Kirche verbracht wurden. Man könnte versucht sein, das eine den ökonomischen Motiven - der Förderung einer neuen Wirtschaftsgesinnung, den Anstrengungen zum Wachstum des Staatsreichtums - zuzuschreiben, das andere der „pietas Austriaca", jener spezifisch habsburgischen Frömmigkeit, die als Herrschertugend des „Domus Austriae" galt und sich seit dem 17. Jahrhundert voll entfaltete.[409] Eine solche Erklärung greift sicherlich zu kurz, weil man einen Zusammenhang beider Bestrebungen schon im Protestantismus beobachten kann und dann bei allen von ihm ausgehenden religiösen Strömungen, die den Gläubigen eine strengere Lebensführung vorschrieben. Das gilt für Calvin[410], die Pietisten und natürlich ganz besonders für die Puritaner Englands. Schließlich darf man nicht vergessen, daß auch die Merkantilisten in ihren Werken genau die von Maria Theresia gesetzten Maßnahmen befürworteten. So empfahl etwa Sonnenfels die Einstellung der „öffentlichen Ergötzlichkeiten", ein Verbot des Offenhaltens von Gasthäusern usw. während des Gottesdienstes, mit der Begründung, daß die Religion ein wichtiges Mittel zur Bildung der Sitten, ein „Leitriemen" in den Händen des Regenten sei.[411] Auf der anderen Seite befürwortete er eine Reduzierung der Feiertage; er befaßte sich damit aber nicht nur im Wirtschaftsteil seines Hauptwerkes, worin er den Verlust für das Staatseinkommen auszurechnen versucht, sondern auch in dem Teil, wo es ihm um die Bildung der Sitten geht: Es sei gewiß, „daß jede Zeit, die man der Arbeit einräumet, dem Laster und der Ausschweifung entrissen wird."[412]

Auch Becher wollte dem „gemeinen Volk" verbieten, während des Sonn- und Feiertagsgottesdienstes in den Wirtshäusern zu sitzen, und ebenso forderte Justi die Einhaltung der Sabbatruhe[413], wobei er am schärfsten von allen Kameralisten zwischen Tagen, die dem Vergnügen, und solchen, die Gott gewidmet sind, trennte. Letztere erforderten es, „daß sie ganz und gar der

409 Vgl. CORETH, Anna: Pietas Austriaca. Ursprung und Entwicklung barocker Frömmigkeit in Österreich (1959).
410 Vgl. dazu das Zitat bei BRAUN, Sonntagsruhe, 347.
411 SONNENFELS, Grundsätze, 1. T., 83 bzw. 75.
412 Ebd., 160.
413 Vgl. die Zitate bei OTRUBA, Gustav: Probleme von Wirtschaft und Gesellschaft in ihren Beziehungen zu Kirche und Klerus in Österreich, in: Katholische Aufklärung und Josephinismus, hgg. v. Elisabeth KOVÁCS (1979), 107-139, hier 117 ff.

Andacht von einer reinen und dankbaren Freude des Herzens in Gott gewidmet werden."[414] Während Justi dafür plädierte, die „Feste der Religion" so wie Buß- und Bettage zu feiern, setzte er sich auch für die Schaffung weltlicher Feiertage ein (u.a. durch Einsparung der eigentlichen Bußtage), die nur dem Vergnügen gewidmet sein sollten.[415] Die kirchlichen Grundsätze erwiesen sich als ausgezeichnetes Vehikel zur „Moralisierung" des Bürgers, weil damit die Zurückdrängung lärmender Vergnügungen dem Volk mit wohlvertrauten Argumenten, wie es sie von seinen Predigern immer wieder gehört hatte, nahegebracht werden konnte.

Inwieweit ökonomische Interessen diese beiden Bestrebungen zusammenfügten, inwieweit bloß disziplinierte Lebensführung als Wunsch dahinterstand, wird von Fall zu Fall unterschiedlich zu beantworten sein. Sicher ist, daß ein Sonntag ohne jede Form lärmender Vergnügungen, daß eine Hinwendung zur Besinnlichkeit die beste aller Möglichkeiten seiner Gestaltung unter dem Aspekt einer Reproduktion der Arbeitskraft darstellt, sicher ist aber auch, daß die Disziplinierung des einzelnen nicht nur im Interesse einer Wirtschaft liegt, die gut funktionierende Arbeitskräfte benötigt, sondern auch eines Staates, der daneben auch gut funktionierende Untertanen braucht. Das ist der Hintergrund für die enge Verbindung, die die staatliche Gesetzgebung zwischen der Reduzierung der Feiertage und der „Heiligung" der verbliebenen schuf. Außerdem fügen sich diese Maßnahmen in das Streben der Aufklärung nach Klarheit und Berechenbarkeit aller Lebensäußerungen. Das Leben wurde durch die Beobachtung einer strengen zeitlichen Disziplin durchschaubarer, planbarer, kontrollierbarer, und zwar nicht nur für den einzelnen Calviner oder Pietisten oder Jansenisten, nicht nur für den Abt in Hinblick auf seine Mitbrüder, sondern auch für den Herrscher in Hinblick auf seine Untertanen. Der beinahe schon „ewige", von der Bibel her legitimierte Sieben-Tage-Rhythmus[416] und der Festkalender der Kirche waren die Grundlage, die eine Synchronisation der Ruhezeiten ermöglichte, ihre lustfeindliche Tradition erwies sich als hilfreich, als es darum ging, diese Ruhezeiten auch tatsächlich als solche durchzusetzen. Von diesem Blickwinkel aus betrachtet bedeutet die Reduzierung der Feiertage nichts anderes als den Versuch zur Disziplinierung der Staatsbürger, zu einer Disziplinierung, die über bloße Wirtschaftsinteressen hinausgeht. Der enge Konnex, der immer wieder in den staatlichen

---

414 JUSTI, Grundfeste, 2, 41.
415 Ebd., 44 f.; siehe auch 106 f.
416 Vgl. dazu ROSE, Wolfgang und SCHLEINZER, Friedrich: Der siebente Tag - Feiertag in Mythos und Religion, in: Mensch und Freizeit, 7-12.

Verordnungen zwischen Müßiggang und Unmoral hergestellt wurde, belegt dies.

Die Einebnung der Rhythmen

In den vorigen Kapiteln versuchte ich einige für die geschichtliche Entwicklung der Freizeit höchst bedeutsame Trends aufzuzeigen: Die Betonung der Pünktlichkeit, die klare Durchgliederung des Tages durch Zuordnung von Tätigkeitsbereichen zu ganz bestimmten Zeitabschnitten förderten die Ausdifferenzierung eines Freizeitbereichs, genauer ausgedrückt, eine schärfere Grenzziehung zwischen Arbeitszeit, Freizeit und Andachtszeit. Freizeittätigkeiten hatten nun in einer Zeit stattzufinden, die man schon gegen Ende des 18. Jahrhunderts mitunter „freie Zeit" bzw. „freie Stunden" nannte, wurden aus anderen Bereichen hinausgedrängt und führten, zieht man auch den Vorgang der Säkularisierung in Betracht, zu der für heute charakteristischen Zweiteilung des Alltags in Arbeits- und Freizeit. Die nivellierende Tendenz, die darin zum Ausdruck kommt, findet man auch, wenn man die Zeitstrukturen über das Jahr hinweg betrachtet. Das geht aus der Reduzierung der Feiertage, die ich im letzten Kapitel zu beschreiben versuchte, wohl klar hervor. Es schlagen sich in dieser Entwicklung nicht nur ökonomische Motive nieder, sondern auch Grundsätze der Aufklärung, der ein starker Zug zur Regelhaftigkeit und Regelmäßigkeit eignet, eine Reduzierung auf das Einfache, Durchschaubare - damit auch ein Hang zur Uniformierung.[417] Hierin widerspricht sie keineswegs dem Absolutismus, vielmehr arbeiteten beide dort gut zusammen, wo es um die Disziplinierung des Staatsbürgers ging.

Die Aufklärer strebten eine regelmäßige, stete Lebensführung mit harmonischen Rhythmen von Arbeitszeit und Freizeit an, die aber nicht zu weit ausschwingen sollten; sie tendierten dazu, die Rhythmen so einzuebnen, daß Alltag und Festtag nahezu zur Deckung gelangten. Justi ging so weit, überhaupt einen neuen Festkalender zu konstruieren, indem er vorschlug, die kirchlichen Feste auf sieben zu reduzieren, den Rest auf Sonntage zu verlegen; im Sommer sollten zwei vom Staat festgelegte Feste mit zusammen fünf Arbeitstagen den Ergötzungen dienen, wobei Gedenktage, wichtige Siege, der Geburtstag des Regenten, das Ende der Ernte etc. geeignete Anlässe bilden könnten.[418] Immer-

---

417 Vgl. auch BARTON, 164 f.: „Aufklärung ist ja keineswegs allein durch die von Kant postulierte Überwindung selbstverschuldeter Unmündigkeit konstituiert, sondern gleichzeitig auch durch das Dringen auf anthropozentrische Konzentration, Vereinfachung und - Uniformierung."

418 Vgl. JUSTI, Grundfeste, 2, 42 ff.

hin: Justi maß diesen Festtagen (trotz ihrer geringen Zahl) eine hohe Bedeutung zu; sie waren für ihn - bei allen Bestrebungen zu ihrer Funktionalisierung im Sinne der Wiederherstellung der Arbeitskraft und der Erziehung zum patriotischen und staatstreuen Untertanen - ein wichtiger Bestandteil seiner Vorstellungen von der Glückseligkeit der Staatsbürger, sodaß er sogar die Maßnahmen Maria Theresias zur Reduzierung der Feiertage 1754 als zu arbeitsintensiv kritisierte, weil sie zu Ostern und Pfingsten nur einen Feiertag zulassen wollte.[419]

In eine radikalere Richtung weisen die Gedanken von Joseph von Sonnenfels, der in einer Erzählung selbst die Notwendigkeit des Sonntags in Frage gestellt hat, um ihn dann schließlich als Erholungstag zu akzeptieren; das entspricht dem bereits festgestellten Wandel des Sonntags von einem Gott gewidmeten zu einem Erholungstag, an dem man (sekundär) auch Gott danken soll: Der König Hangat-Hunaha-Gory-Jak von Oryzem überzeugt einen Weisen aus dem Norden zunächst, daß zu viele Feiertage schlecht seien, und fragt schließlich, wer arbeitsfreie Tage denn überhaupt brauche: Die Müßiggänger hätten ohnehin „ewige Feyer" und für die Arbeitsamen seien sie Tage der Trauer, weil sie einen Tag verlieren und mehrere Tage Verdienst „unnütz verzehren" würden. Außerdem gibt der König zu bedenken, „daß der beschäfftigte Mann nicht Zeit hat, Laster zu begehen: den Tag über läßt ihn seine Arbeit, und nach Untergang des Lichts seine Müdigkeit nicht daran gedenken." Auf den letzten kritischen Einwand des Weisen, wann man denn nun seine religiösen Pflichten erfüllen solle, antwortet der König, daß man sie erfülle, wenn man keine Laster begehe und die Familie ernähre - also arbeite. Allerdings sollten auch Ruhetage sein: „Es ist billig dem Geber des Guten zu danken! und hiezu sollen Tage seyn, die mit Sittsamkeit und Strenge gehalten werden! Diese Tage sind die Tage der Erholung." Der Weise lobt das glückliche Oryzem![420]

---

419 Ebd., 38.
420 Mann ohne Vorurtheil, 3, 9 ff. (2. Stk.). Weitere Beispiele, aus bayerischen Zeitschriften, für die Einebnung des Arbeits-Feiertag-Rhythmus findet man bei HEIDRICH, die zusammenfassend auf S.127 feststellt: „Wenige, über das Jahr geschickt verteilte eintägige Feste, die nicht in wichtige Arbeitsperioden fallen, wenn möglich, an einem ohnehin arbeitsfreien Tag vom ganzen Volk zugleich gefeiert werden und mit der Abenddämmerung, allenfalls aber um 10 Uhr enden: so lautet also das Rezept, welches die Zeitökonomie der neuen Festorganisation vorschreibt." Vgl. auch NARR, Dieter: Fest und Feier im Kulturprogramm der Aufklärung, in: Zeitschrift für Volkskunde 62 (1966), 184 -203, hier 188.

Die Beschneidung der Feste hätte wohl am stärksten den Fasching betroffen, wenn er noch so wie im Mittelalter gefeiert worden wäre, wenn hier nicht schon der Staat zahlreiche - offenbar wirksame - Maßnahmen getroffen hätte. Eine „verkehrte Welt"[421], eine „institutionalisierte Unordnung"[422] konnte er nicht mehr tolerieren! Die Verbote betrafen zunächst vor allem den Mummenschanz. Bereits im 17. Jahrhundert mußte man in den meisten Jahren unmaskiert in der Öffentlichkeit erscheinen.[423] Aus den entsprechenden Verboten wird deutlich, daß Maskeraden dazu dienten, die öffentliche Ordnung zu verletzen. Von „unzüchtigen Gebährten" und Raufereien ist die Rede. Das führte dazu, daß sich die Wiener in ihre Häuser zurückzogen, um es dort „desto ärger mit Tantzen und springen" zu treiben. Die Regierung ließ nicht locker und beschränkte die Maskierung auf wenige öffentliche Bälle.[424] Häufig wurden auch Privatzusammenkünfte in das Verbot einbezogen.[425]

An die Stelle maskierten Trubels traten Umzüge der Hofgesellschaft, an denen die rangniedrigeren Schichten nur mehr als Zuschauer teilnehmen konnten. Zunächst fiel darauf noch ein schwacher Abglanz verkehrter Ordnung, indem die Höflinge Bauern und Handwerker darstellten[426], ähnlich den damals recht beliebten „Wirtschaften", zu denen sich (selbstverständlich unter Beachtung eines strengen Zeremoniells) das kaiserliche Ehepaar als Wirt bzw. Wirtin verkleidete.[427] Später verblaßten selbst diese letzten Spuren: Die Umzüge wichen Schlittenfahrten, bei denen ganz die Selbstdarstellung des Hofes und Luxusdemonstration im Vordergrund standen.[428] Die „Wirtschaften" verschwanden im Zuge der Umgestaltung höfischer Feste durch Joseph II.

---

421 Vgl. BURKE, Peter: Helden, Schurken und Narren. Europäische Volkskultur in der frühen Neuzeit (1981), 203 ff.
422 Ebd., 204.
423 Vgl. GUGITZ, Gustav: Alt-Wiener Faschingsbrauch, in: BllNÖ N.F. 29 (1944-48), 385-393.
424 Ebd.
425 Vgl. etwa WStLA, A.R. 6/1738; die Händler mußten deshalb die in ihren Läden aushängenden Larven einziehen (P. v. 22.1.1738).
426 Vgl. 300 Jahre Karneval in Wien. Faschingsumzüge von Anno dazumal, in: Neues Wiener Tagblatt v. 18.2.1939, abgedr. in: Alt-Wiener Denkwürdigkeiten und Erinnerungen. 29. Buch: Vom Fasching im alten Wien. Gesammelte Zeitungsausschnitte. Wien 1929-1939, 17 ff.
427 Geschildert z.B. bei KÜCHELBECKER, 261.
428 Bezeichnend dafür eine Stelle in Khevenhüllers Tagebuch: „(...) weillen der Tag so hell gewesen, so hatte aller Geschmuck (wormit die Dames sich bei dergleichen Coursen zu zieren pflegen) überhaubt vill

Was blieb, war der Fasching als Ballzeit, man kann sogar sagen, daß die Ballkultur zum eigentlichen Charakteristikum des Wiener Faschings aufstieg.[429] Die Bälle selbst stellten zu dieser Zeit kein großes Problem mehr für die Behörden dar, sieht man von Ausnahmen wie dem Fiakerball ab, für den in der zweiten Hälfte des 19. Jhs. wegen ständiger Raufereien nur mehr Einladungen und namentliche Eintrittskarten ausgegeben wurden.[430]

Maskeraden wurden von den Herrschern auf wenige Örtlichkeiten beschränkt (in Wien auf die Redoute)[431], aber auch da nur unter strengsten Sicherheitsvorkehrungen zugelassen. So mußte sich jede Maske beim Eintritt vor bestimmten Kommissaren deklarieren; wer schon auf der Gasse eine Maske trug, sollte arretiert werden.[432] Verkleidungen verloren daher in der zweiten Hälfte des 18. Jahrhunderts ständig an Bedeutung, der Sinn für „verkehrte Ordnung" war dem Sicherheitsbedürfnis der Bürger und ihrer offenkundigen Lust an einer stetigen Lebensweise gewichen, an einer Ordnung, die nun auch eine kurzfristige „Störung" des Sozialgefüges nicht mehr hinzunehmen bereit war. Küttner, der kurz vor der Jahrhundertwende Wien aufsuchte und der sich sehr sensibel für den Sinn von Maskierungen zeigte, hat dies klar ausgesprochen: Ihrer Natur nach seien Maskeraden eine Gelegenheit, wo Herr und Knecht, Adelige und Bürger, Arme und Reiche sich in einem Zimmer befinden könnten.

---

mehr Lustre und ansehen (...) da sich so ville Dames entschuldigen laßen, traffe die Reihe sogar zwei junge Cammerherrn-Wittib, und hatte meine Josepherl den Vortheil, daß sich noch eine gefunden, welche den Rang nach ihr gehabt." (Eintr. v. 6.2.1755).

429 Vgl. GUGITZ, Faschingsbrauch, 390: „Die Geschichte des Wiener Faschings wird vom letzten Viertel des 18. Jahrhunderts herwärts nur eine Geschichte der Wiener Tanzsäle und ihrer Musik, in denen sich aber meist die Trennung der Volksgemeinschaft geltend machte, aber kaum das für den echten Fasching oder Karneval gerade so charakteristische Durcheinander, das alle Unterschiede der Schichten und Stände aufhebt und die Festfreude in einem Volksganzen kundgibt." Vgl. auch WITZMANN, Reingard: Fasching in Wien, in: Fasching in Wien. Der Wiener Walzer 1750 -1850, o.O., o.J., = 58. Sonderausstellung des Hist. Museums d. St. Wien, Karlsplatz, 14.12.1978-25.2.1979), 5.
430 Vgl. SCHERBER, Ferdinand: Urwiener Bälle, in: Neues Wiener Tagblatt v. Feb. 1936 (Nr. 37), abgedr. in: Denkwürdigkeiten 29, 101 ff.
431 Vgl. WITZMANN, Fasching, 6. Lt. HD v. 3.12.1773 durften in den Hauptstädten jedes Landes an jeweils einem Ort Maskenbälle stattfinden (KROPATSCHEK, Maria Theresia, 6, 634). Eine Ausnahme vom Verbot des Maskentragens auf der Straße wurde nur 1789 gemacht, zur Wiener Siegesfeier nach der Eroberung Belgrads (WITZMANN, 6).
432 Vgl. Ballordnung v. 3.12.1755 (WStLA, Patente 1755-59, Nr. 24).

Da es aber eine höchst beleidigende Sache wäre, Menschen von so verschiedenem Range zusammen zu bringen, so mußte der schlechtere Theil die Schande seines Ranges, seiner Geburt und seines Gesichtes mit einem Pflaster bedecken, so daß die bessere Classe sich dieser Gesellschaft nicht schämen durfte, indem die Voraussetzung war, daß man diese Leute nicht kenne. Da aber dadurch der geringere Theil der Gesellschaft gebrandmarkt worden wäre und sich nicht eingefunden haben würde, so war es nöthig, daß der bessere Theil sich ebenfalls unter einer Maske verbarg.[433]

Nicht wer von den Ständen sich zuerst verkleidet hat, ist dabei interessant, wohl aber der Hinweis auf die Verleugnung ständischer Schranken mittels der Maske, also der Umgang miteinander unter Absehung von der einer Person zukommenden gesellschaftlichen Stellung mit all ihren Rangattributen. Zu Maria Theresias Zeiten war dem Hof dieser Sinn von Masken noch sehr bewußt: Als sich die Kaiserin nach einer Schlittenfahrt zum Besuch der „Mehlgrube" überreden ließ, damals ein bürgerlicher Versammlungsort, nahmen ihr das manche von der Hofgesellschaft übel, weil dieses Wirtshaus „ein zu niederträchtiger Aufenthalt für den Hof" sei, außer er erscheine in Maske![434] Joseph II. sah dagegen in Maskierungen keinen Sinn mehr, da er ja ohnehin das anstrebte, was früher nur unter dem Schutz der Larve auf begrenzte Zeit verwirklicht wurde: Eine „Standesmischung"[435]. Darin folgte ihm das Bürgertum ebenso wie in seinen ordnungspolitischen Absichten, sodaß seit seiner Regierungszeit die Maskierung auf den Redoutenbällen nur noch angedeutet wurde, indem man in „gewöhnlicher Putzkleidung"[436] auftrat und sich eine kleine Maske oder gar nur Karten(stücke) an den Hut steckte.[437] Der Sinn von Masken war verlorengegangen:

Die Leute, die man heißt Nobleß'
verstecken ihr Gesicht -
In einer Mask' und machen Späß.
Warum? - das weis ich nicht.[438]

---

433 KÜTTNER, Reise, 258.
434 KHEVENHÜLLER, Eintr. v. 30.2.1772.
435 Vgl. die Eintr. KHEVENHÜLLERS v. 19.1.1773: Den ersten Hofmaskenball dieses Jahres besuchten der Kaiser und Kaunitz ohne Maske. Der Obersthofmeister schreibt dazu: „In anderen Zeiten hätte ich meine Vorstellungen darüber gemacht; allein wie es jezt zugehet, würde ich villeicht doch nichts ausgerichtet, sondern wohl dafür den Blame eines Stoltzes mir zugezogen haben."
436 Herr und Dame im Ballkostüm, in: Fasching in Wien, 56.
437 Vgl. KÜTTNER, 259, und viele andere Beobachter.
438 Aus einem Gedicht über den Wiener Fasching im „Wienerblättchen" v. 1.2.1784.

So hob sich der Fasching bald kaum von anderen Zeiten des Jahres ab, war nur durch eine größere Anzahl an jenen Unterhaltungen gekennzeichnet, die man prinzipiell auch das übrige Jahr haben konnte. Manchen Aufklärern war auch das noch ein Dorn im Auge. Deutlich geht das aus einer Antwort hervor, die in der Moralischen Wochenschrift „Theresia und Eleonore" einem Brief gegeben wird, der letztgenannte Dame zu den Bällen der Fasnachtszeit einlädt:

Ich weis nicht, warum meine Füsse gerade nur in Faßnachtstägen unruhig werden sollen? Wenn ich das Tanzen als eine Ergötzung ansehen soll: so will ich mich das Jahr hindurch von Zeit zu Zeit ergötzen (...) und soll ich es von Seite derer betrachten, die sich das ganze Jahr beynahe das Nothwendigste abdarben, um einige Wochen hindurch verschwenden zu können - Wahrhaftig! von Seite dieser ist es wahre, aufgelegte Thorheit. Ich bin in der That mit dem Kalendermacher nicht zufrieden, daß sie mir da die Zeit des Vergnügens so hintereinander hinsetzen, und dann, das ganze Jahr durch ist alles traurig.[439]

Wie ja auch bei drei Monaten Regen und drei Monaten Sonnenschein hintereinander nichts gediehe, würden die Mädchen „bey einer so gewaltsamen Bewegung" nicht „gut aufschiessen"[440].

J. Perinet schlägt in dieselbe Kerbe, wenn er sich gegen das Fressen, Saufen und Tanzen (besonders des Walzers) zur Faschingszeit wendet und den Rat gibt:

Lieber hebe man die wenig befolgte Faste zugleich mit der Faßnacht auf, theile jene in die Tage des Jahrs, und diese in die Tage der Woche ...[441]

Ein anderer Autor kleidet seine Ratschläge in ein Zwiegespräch zwischen Fasching und Aschermittwoch, worin dieser gleich zu Beginn seinen Gesprächspartner in Frage stellt:

Zu was brauchen wir einen Fasching? Die arbeitsame Klasse findet ihren Fasching in den Erholungsstunden; und für die Müssiggänger ist ja das ganze Jahr Fasching.[442]

Dahinterstehende ökonomische Interessen treten in dieser Schrift klar zutage: Der Aschermittwoch will den Fasching nur lossprechen, wenn er seinen Verehrern begreiflich mache, „daß alle Er-

---

439 Theresia und Eleonore 1, 166 f. (21. Stk.).
440 Ebd., 167.
441 PERINET, Aergernisse, 1, 35; mit der gleichen Tendenz ein Gedicht im „Wienerblättchen" v. 1.2.1784; beinahe gleich im Wortlaut der Text in einer die Reformen Josephs verherrlichenden Zeitschrift aus dem bayer. Schwaben („Deutschlands achtzehntes Jahrhundert"), zit. bei NARR, Fest, 199.
442 (RICHTER, Joseph): Der reumüthige Fasching am Beichtstuhle des Aschermittwochs, Wien 1796, 14.

getzlichkeiten nur zur Erholung des Gemüthes, und zu einem Sporne zu neuer Arbeit dienen sollen."[443] Nicht um eine Abschaffung des Vergnügens überhaupt ging es den Aufklärern, auch nicht um eine Einschränkung nur in Hinblick auf die optimale Ausnutzung menschlicher Arbeitskraft, sondern im Kern tritt immer wieder ihr Bemühen hervor, die Lebensverhältnisse nach klaren Richtlinien zu ordnen, zu vereinheitlichen, Rhythmen von Alltag und Fest regelmäßiger zu gestalten und zu nivellieren - nur eine stetige Lebensweise führt nach ihrer Meinung zum Glück; der aufgeklärte Staat, der seine Untertanen zur Glückseligkeit führen will, hat die Aufgabe, Bedingungen zu schaffen, daß dies auch möglich wird!

Eine Preßburger Wochenschrift, die 1779 unter dem Titel „Geschichte des Faschings vom Anfang der Welt bis aufs Jahr 1779" erschienen ist[444], allegorisiert den Fasching als eine Figur, die an den Händen die Göttinnen Tugend und Laster führt. Die Anhänger der Laster-Göttin

warfen sich ihr in die Arme, durchtanzten alle Reihen, und sanken von Kräften erschöpft, vom wilden Lerm ermüdet, schwarzen Sorgen, der Angst, der Furcht, der Reue, tödtlichen Krankheiten, schrecklichen Gewissensbissen, wohl gar Verzweiflung und dem Untergang in die Arme, und fanden ihr Grab, wo sie Erholung, Ruhe und Glück finden wollten.[445]

Mit Wohlgefallen blickt der Autor dagegen auf das Gefolge der Tugend; es herrscht hier „stille Zufriedenheit", und „edler Anstand" begleitet das Tun aller. Am Ende kommt ein ländlicher Chor:

Die edle Einfalt, die Unschuld, die Freude die noch in einer Mutter von achtzig Jahren, und auf der runzelnden Wange eines neunzig jährigen Greises lachte, hatte eben so viel Reiz, als des blutrothen Jüngfernchens, die ganz schamhaftiglich an die Arme eines bescheidenen Jünglings hieng.[446]

Der Fasching verliert in dieser Darstellung alle seine früheren Charakteristika: das „riesige Schauspiel", übermäßiges Essen und Trinken, Verkleidungen[447], und demgemäß wird er zu einem

---

443 Ebd.
444 Auszugsweise in Wien 1799 erschienen u. d. T. „Geschichte des Faschings vom Anfange der Welt bis auf das Jahr 1800"; kleine Abänderungen betreffen Wien - z.B. wird der in der Vorlage hochgelobte Joseph II. nicht mehr erwähnt.
445 Geschichte des Faschings (ich zit. aus der Preßburger Wochenschrift), 1. Stk., 2 f.
446 Ebd., 6.
447 Vgl. BURKE, 196 f.

Synonym für Fest überhaupt - man könnte auch sagen, zu Freizeit: „An den Werktägen arbeiteten sie mit Lust, die Festtäge aber hielten sie zur Abmäßigung bestimmt", ist die Lebensweise des Tugend-Gefolges. Dieser Zugang ist auch der Grund, warum alle jene enttäuscht werden, die sich von dieser Wochenschrift, dem Titel nach zu schließen, irgendwelche Aufschlüsse über die tatsächliche geschichtliche Entwicklung des Faschings erwarten; sein Ursprung wird (mit Geßner) auf die „ländlichen patriarchalischen Freuden, und ihre süßen unschuldigen Ergötzungen" zurückgeführt[448], die Rede ist dann von den olympischen Spielen der Griechen, die zur Tugend angeleitet hätten, oder den römischen Kaiserfesten. Der eigentliche Gegenstand wird eher nur gestreift und moralisiert: Die „Faschingsspiele" mit ihren „ärgerlichen Zotten"[449] mißbilligt der Autor ebenso wie die „Mummereien", aus denen „mancherley Uebel" entstanden sei - er erinnert an die Schusterkrawalle in Frankfurt und anderen Städten![450]

Es ist also in Wien einigermaßen (wenn auch nicht so radikal, wie sich das manche vorstellten) gelungen, die Faschingszeit an die übrige Zeit des Jahres anzugleichen.

Trotzdem - wenn wir noch einen Blick auf die Mitte des 19. Jahrhunderts werfen, so sehen wir, daß sie noch ein Stück „normaler" wurde, als sie es ohnehin schon seit dem 18. Jahrhundert war. Der Sinn für eine „verkehrte Welt" war schon so geschwunden, daß es C. Pichler „unbegreiflich" fand, wie der „Hernalser Eselsritt" (ein Spottzug zur Erinnerung an die „schmähliche Flucht" Kara Mustafas[451]) „so ganz der historischen Wahrheit entgegen, die Türken als Sieger darstellen und feiern konnte."[452]

C. F. Langer schreibt: Da die Lust am Lebensgenuß ein Charakteristikum der Wiener sei und es also das ganze Jahr „öffentliche Unterhaltungen, Schmausereien, Musik und Tanz" gebe, trage „der Carneval, diese privilegirte Zeit für dergleichen, im

---

448 Geschichte des Faschings, 9.
449 Ebd., 177 (gemeint sind die Fasnachtsspiele).
450 Gemeint sind wohl die Krawalle zu Beginn der zwanziger Jahre, auch in Wien (vgl. WISSELL, Rudolf: Des alten Handwerks Recht und Gewohnheit, hgg. v. d. Arbeitsgemeinschaft für Deutsche Handwerkskultur, Bd. 1 (1929), 476 f.); die Gefahren, die aus dem Spiel verkehrter Ordnung resultieren, sind also durchaus präsent! Diese historische Ableitung folgt dem Grundmuster vieler Rechtfertigungen von Festen durch die Aufklärer (Anknüpfen an eine verdeckt bzw. verloren geglaubte, durch Mißbrauch entstellte Tradition) - vgl. HEIDRICH, 30 ff.
451 So BERMANN, Moriz: Alt und Neu-Wien. Geschichte der Kaiserstadt und ihrer Umgebungen (1880), 973.
452 PICHLER, Karoline: Zeitbilder, 1. Tl. (1924; zuerst 1838), 39.

Grunde in unserer Residenz keinen besonderen Typus an sich."[453] Ein Wien-Führer aus dem Jahre 1842 bestätigt diesen Zustand: Bei Hof gebe es nur kleinere Kammerbälle, die elegante Welt gebe „Thés dansants", der Mittelstand besuche Gesellschaftsbälle in großen Gasthöfen, die Redouten kämen (außer am Faschingdienstag) immer mehr aus der Mode, „und werden immer leerer an Masken; elegante Herren erscheinen fast nie in Maske."[454]

Was erzählt uns dieser Autor dagegen von der Fastenzeit, dem traditionellen Widerpart des Faschings? Sie sei eine „Zeit der Konzerte"!

Die öffentlichen Säle werden zu Reunions und ‚Konversationen' geöffnet, bei denen die berühmtesten Orchester von Strauß und Lanner wie im Fasching die Hauptrolle spielen.[455]

Auch die Veranstaltung von öffentlichen Konzerten in der Fastenzeit begann in der Regierungszeit Maria Theresias; allerdings hatten sie da nicht (nur) die Bälle, sondern Theateraufführungen zu ersetzen: bereits in den fünfziger Jahren wurden im Burgtheater an schauspiellosen Tagen musikalische Akademien gegeben;[456] bei Khevenhüller heißen sie charakteristischerweise „Fasten-Spectacle."[457] Diese Tradition verbreitete sich, sodaß 1804 der „Eipeldauer" schreiben konnte:

Jetzt habn erst d'grossen Mussikkenner(!) bey uns ihrn Fasching ghabt: denn da ist die letztn Täg in der Fasten ein musikalische Akademie nach der andern gwest, und da wär mir's Geldl bald z'wenig wordn.[458]

Während Fasten- und Faschingszeit früher Metaphern für Leid und Lust waren, unterschieden sie sich nun nicht mehr allzu stark voneinander. Auch um das Verbot des Fleischessens scheint man sich immer weniger gekümmert zu haben, vor allem in den Oberschichten.[459] Parallel zu den Bemühungen der Aufklärer um die Gestal-

---

453 C. F. LANGER: Wiener Carnevals-Freuden, in: Wien und die Wiener, 383-399, hier 387.

454 SCHMIDL, A. A. (Hg.): Eine Woche in Wien. Zuverläßiger und zeitsparender Führer durch die Kaiserstadt und ihre nächsten Umgebungen, Wien 1842, 98 f.

455 Ebd., 99.

456 Vgl. HANSLICK, Eduard: Geschichte des Concertwesens in Wien, Bd. 1 (1869), 5.

457 KHEVENHÜLLER, Eintr. v. 16.2.1755.

458 RICHTER, Eipeldauerbriefe, 2, 172 (1804, 27. H., 2. Br.); vgl. auch ebd., 280 (1808, 5. H., 2. Br.).

459 Vgl. KÜTTNER, 224: Das Fasten sei jetzt „unter den bessern Ständen so ganz aus der Mode gekommen, daß viele gar nicht mehr daran denken, und daß in manchen öffentlichen Häusern an Freytagen und Sonnabenden keine Fastenspeisen zubereitet werden."

tung des Faschings wurde 1790 in Rautenstrauchs Vision „der erste Fasttag, nemlich der Samstag abgeschaft; im Jahr 1800 aber auch der lezte. Blos auf die Quatemberwochen wurden die Fasttage beschränkt."[460]

Die Zeiten, zu denen Schauspiele und andere Spektakelformen erlaubt waren, sind das beste Beispiel für die Veralltäglichung von Vergnügungsformen. Das Vorbild der Hofgesellschaft, für die eine tägliche Unterhaltung die „Medizin" gegen drohende Langeweile darstellte, ließ im Verein mit kommerziellen Interessen der Theater-Impresarios und mit aufklärerischen Bestrebungen einer gleichmäßigen Lebensführung, die eine annähernd aliquote Verteilung der Vergnügungen auf das Jahr vorsah, das Verständnis für Verbote von Spektakeln an Fasttagen schwinden. Von den „Normatagen", die Maria Theresia 1752 und 1753 aufgestellt hatte, um die allein Gott gewidmeten Tage klar hervorzuheben[461], fielen die Freitage als erste: Während zunächst am Hof Spiele, Feuerwerke und ähnliches den Ersatz für Theateraufführungen bildeten[462] und Konzerte auf öffentlichen Bühnen stattfanden[463], hörten mit einer Verordnung Josephs II. 1781, die eine wesentliche Einschränkung der Norma-Tage brachte, alle Sonderregelungen des Vergnügens an gewöhnlichen Freitagen auf.[464] Die Fastenzeit blieb zunächst davon unberührt, allerdings nur bis 1787. Ab nun durften Schauspiele fast das ganze Jahr durchgehend aufgeführt werden.[465] Daß sich diese Tendenz zur Anglei-

---

460 RAUTENSTRAUCH, Neues Wien, 58.
461 Vgl. die Patente v. 16.1.1752 und (mit geringen Abweichungen) v. 4.12.1753 (WStLA, Patente, Nr. 99 bzw. 146). „Norma-Tage" waren Tage, an denen „offentliche Spectaculn, als Operen, Comoedien, Musicalische Academien, und andere Um das Geld haltende Vorstellungen, und Schau-Spiele" verboten waren (ebd.).
462 KHEVENHÜLLER nimmt oft darauf Bezug, vgl. etwa die Eintr. v. 15.9.1758: An diesem Abend habe ein (Karten-)Spiel stattgefunden, „weillen des Freitags halber kein Spectacle ware"; Eintr. v. 6.9.1771: Der Hof besuchte ein Feuerwerk im Prater, „wie es zum öfftern an Freitägen wegen Ermanglung all anderer Spectacles zu geschehen pfleget." Analog können die Vergnügungen während der Fastenzeit betrachtet werden: Die Fastenordnung des Jahres 1756 beispielsweise sah für vier Tage der Woche Konzerte vor, an den anderen wurde Billard gespielt, „um täglich des Abends eine Unterhaltung zu haben." (Ebd., Eintr. v. 26.2.1756).
463 Siehe oben; noch 1781 fand es allerdings der Herausgeber einer Theaterzeitschrift für nötig, sie an Freitagen auszugeben, um die Leser „dadurch eine halbe Stunde ins Theater" zu versetzen (Meine Empfindungen im Theater, niedergeschrieben für Schauspieler und Theaterfreunde, 1. Quartal, Wien 1781, 68).
464 HD v. 17.1.1781 (KROPATSCHEK, Joseph, 1, 134 f.).
465 Vgl. HE Böhmen u. ÖuoE v. 22.2.1787 (KROPATSCHEK, Joseph,

chung von Fasten- und Faschingszeit im 19. Jahrhundert fortsetzte, zeigt das Ansuchen sämtlicher Etablissementsbesucher
Wiens 1869 um „Erlaubnis zur Abhaltung von Maskenbällen in
der Fastenzeit"[466] - ein Ansuchen, wie es wohl noch um 1800 un-
denkbar gewesen wäre.

Feste, die den Fasching ersetzen konnten, mußten einen Nutzen haben, sollten der Beförderung der Tugend dienen (darunter
fällt z.b. auch körperliche Ertüchtigung), wie jene der alten
Griechen und Babylonier. Tatsächlich gab es auch da und dort
Versuche, neue Feste einzuführen. Der Autor der genannten Wochenschrift über den Fasching sieht als vorbildliche Neueinfüh-
rung das „Aerndtefest" an, „wo das tugendhafteste Mädchen, mit
dem Aerndtekranz gekrönt, ihren kleinen Freunden zum Muster
vorgestellet wird und eine Ausstattung bekommt", sowie das von
einem deutschen Adeligen eingeführte „Rosenfest", das ähnlich
abläuft.[467] Deutlich wird hier neben dem Nützlichkeitsdenken der
lehrhafte Gesamtcharakter und der Zug zum Moralisieren und
Vergeistigen, was als Kennzeichen der Festtheorie der Aufklärung gelten kann.[468] Das Fest sollte von nüchternen, maßhalten-
den Bürgern gefeiert werden, die nicht laut lärmen, sondern höchstens in den „stummen Jubel der Seele" ausbrechen, sich an eine
vorgegebene Ordnung halten (beliebt sind Festzüge) und sich von
Sittenaufsehern kontrollieren lassen.[469] Daß dabei dem Staat die
Aufgabe zukomme, im Sinne der Glückseligkeit der Untertanen
solche Feste anzuordnen und somit den alten durch einen neuen,
auf die zu befördernden Tugenden der Menschen zugeschnittenen
Festkalender zu ersetzen, mußte den Aufklärern, von denen manche ganze Festprogramme entwarfen, nur natürlich sein. Dies erwartet denn auch unser Autor von „Originalköpfen, oder großen
Monarchen", nämlich

ausführen, alle Maschinen in Bewegung setzen, Völkern und Gesinnun-
gen eine andre Stimmung zu geben, alte naturalisirte Gewohnheiten
umschmelzen ...[470]

13, 235 f.); im Wiener Burgtheater wurde schon seit 1785 diese Ausnahme praktiziert.
466 Vgl. ASPÖCK, Ruth: Beiträge zu einer Theorie der Unterhaltung,
  dargestellt an Wiener Vergnügungen im 19. Jahrhundert, masch.
  Diss., Wien 1972, 55.
467 Patriotisches Blatt, 5. Stk., 67; vgl. dazu auch HEIDRICH, 160 ff., die
  diese Feste zum neu entstandenen Typus des „Preisfests" zählt.
468 Vgl. NARR, Dieter: Fest und Feier im Kulturprogramm der Aufklärung, in: Zeitschrift für Volkskunde 62 (1966), 184-203, hier 200 f.
469 Vgl. HEIDRICH, 50 ff. („Die Prinzipien des Neuen Fests").
470 Geschichte des Faschings, 5. Stk., 67.

Wie schon bekannt, setzte sich die Staatsmaschinerie vor allem unter Maria Theresia und Joseph II. in Bewegung.[471] Es sei dies am Beispiel der Kirchweihfeste erläutert. Diese waren zwar noch im Vormärz „für das eigentliche Volk" die „eigentlichen Tage der Volksfeste"[472], und Adalbert Stifter widmete ja dem Brigittenauer Kirchtag eine allseits bekannte Erzählung. Allerdings hatte Joseph II. dieses Vergnügen nicht unangetastet gelassen: Sie wurden seit dem Mittelalter am Jahrestag der Kirchenweihe begangen. In einer josephinischen Broschüre erfahren wir Näheres darüber, wie ein solches Fest früher abgelaufen war:[473] Es finde zur Sommerzeit statt, teilt der Autor mit, die Familien würden ihre Verwandten, Freunde und Bekannten einladen, die Gäste kämen aber erst um die Mittagszeit, also nach der kirchlichen Feier. Daraufhin esse man vier bis fünf Stunden und tanze anschließend. Viele fänden sich erst am Abend zu den Tänzen in oder um die „Laubhütte" ein, wo „Bierfiedler" aufspielten und in der „der größte Theil der Anwesenden auf blosser Erde (denn nicht alle Hütten sind mit Brettern belegt) und fast im handdikken Staube wie Unsinnige herumtoben."

Wie die Israeliten ums Goldene Kalb würden manche um den in der Mitte aufgestellten Kirchtagsbaum tanzen. Man fröne „viehischen Lustbarkeiten"; „fast in jeder Gasse findet man das sogenannte Krügelspiel" (gemeint sind Würfel), das nicht ohne Fluchen, Streit, Schlägereien abgehe. Noch am nächsten Tag feierten manche, „besonders die Handwerksgesellen, je nachdem sie bey Kasse sind", weiter, und dieser „Nachkirchtag" ende ganz erst nach acht Tagen.

In der Erwähnung der Prostitution trifft sich Einzinger mit Joseph Richter, der im „Taschenbuch für Grabennymphen auf das Jahr 1787" den Prostituierten eine Zusammenstellung der „vorzüglichsten Kirchtäge" gibt. Diese Liste legt es nahe, Kirchtage als die typischen Sommerfeste zu bezeichnen, und zwar vornehmlich der Unterschichten; sie waren „nur eine Erlustigung

---

471 In den Anfängen ihrer Regierungszeit traf das für Maria Theresia vielleicht noch nicht so zu. Charakteristisch dafür ist ihre Antwort auf einen Brief des Grafen Silva-Taronca auf seine Mahnung hin, sie solle ihre Pflichten über den Freuden des Faschings nicht vergessen: „Ermahnen Sie mich wieder, sobald die Fastenzeit beginnt." (zit. nach HEINDL, Gottfried: Und die Größe ist gefährlich oder wahrhaftige Geschichte eines schwierigen Volkes (1969), 21).

472 STIFTER, A.: Ausflüge und Landpartien, in: Wien und die Wiener, 423-37, hier 427.

473 EINZINGER, Leopold: Von den Kirchtägen in den Wienervorstädten. Ein nöthig gefundener Nachtrag zu den Beyträgen zur Schilderung Wiens, Wien o. J.

vor das gemeine Volck", wenngleich viele Vornehme „an dem Divertissement des Pöbels, vermittelst des Zusehens, ebenfalls ein Vergnügen finden."[474] Da alle 29 Vorstädte ihren eigenen Kirchtag hatten[475], war es leicht möglich, mehrere zu besuchen; das war ein wesentlicher Grund, 1786 alle auf einen Tag (Sonntag) zusammenzulegen.[476] Die Häufung um Michaeli deutet noch auf den ländlichen Ursprung dieser Feste, die am Ende des Arbeitssommers standen, zu dem die Bauern und Dorfleute gewöhnlich Geld hatten.[477]

Leopold Einzinger, aus dessen kritischer Schilderung zumindest die enge Verbindung von Kirchenfest und weltlicher Lustbarkeit hervorgeht, wünscht, daß an diesen Tagen „in der nämlichen Gemeinde niemals Musik erlaubt würde, weil sie dieser Feyerlichkeit widerspricht"; Tanzen solle man woanders.[478] Diese Reformvorstellungen decken sich mit denen verschiedener Bischöfe, die alle Kirchtage auf einen einzigen Tag verlegt sehen wollten (im 17. Jahrhundert hatte sich die Kirche noch gegen eine Verlegung auf einen anderen Tag als den Weihetag ausgesprochen).[479] 1780 kam es wenigestens zu der Regelung, Kirchweihfeste nicht an Wochentagen zu feiern, sondern an dem Sonntag, der dem Patrozinium folgt.[480]

---

474 Vgl. KÜCHELBECKER, 391 f.
475 Vgl. Wienerblättchen v. 10.7.1783; vgl. auch FISCHER, Beschreibung, Bd. 2, 10 „Keine Kirche, keine Kapelle in den Vorstädten Wiens und der umliegenden Gegend ist so klein, daß nicht ihr Einweihungstag mit Musik, Tanz und Gastereyen gefeyert würde, und zur Vervielfältigung dieses Vergnügens ist die Vertheilung dieser Festtage so glücklich getroffen, daß die Freunde dieser Unterhaltungen, die gemeiniglich nur zu den mindern Volksklassen gehören, jeden Sonntag unter mehreren Kirchweihen die Auswahl haben." (Auszug aus einer Reisebeschreibung).
476 „Um endlich das Zeit und Geld versplitternde Herumziehen von einem Dorffest zu dem anderen zu verhindern" (aus dem Nachlaß Hofrat Heinkes, bei: GOTTSCHALL, 2, 228 f.).
477 Vgl. WEBER-KELLERMANN, Ingeborg: Saure Wochen. Frohe Feste. Fest und Alltag in der Sprache der Bräuche (1985), 88; auch in England waren die Kirchweihfeste auf Spätfrühling, Früh- und Spätsommer bzw. Herbst (Einbringung der Ernte) konzentriert - vgl. MALCOLMSON, recreation, 16 ff.
478 EINZINGER, 14 f.
479 Vgl. HOLLERWEGER, 459 ff.; die Verlegung der Kirchweihfeste auf einen Tag wurde auch von Vertretern der Aufklärung häufig gefordert - vgl. HEIDRICH, 116 f.
480 Vgl. HOLLERWEGER; ein HE v. 8.7.1783 befiehlt nochmals, Kirchweihen an Sonn- und Feiertagen abzuhalten. Eine Durchsicht des „Wiennerischen Andachtsbüchls" von 1707 ergibt allerdings, daß auch schon damals fast alle Kirchweihen an Sonntagen stattfanden, wenige an

In die entgegengesetzte Richtung ging ein Vorschlag Josephs II., der zunächst in einer Resolution v. 21.3.1786 den Faschingssonntag als Termin vorschlug, weil „dieser Sonntag ohnehin schon zu Lustbarkeiten gewidmet ist", was natürlich von der Kirche abgelehnt wurde, um den christlichen Charakter des Kirchweihfestes nicht noch mehr in Vergessenheit geraten zu lassen.[481] Man einigte sich schließlich auf den 3. Sonntag im Oktober.[482] An früheren Kirchweihtagen wurden alle Tänze und Spiele verboten, als Strafe drei Tage Arrest angedroht (Gen. v. 30.8.1787).[483] Natürlich gab es gegen diese Verordnung Widerstände von seiten des Volks, in Tirol zum Beispiel sprach man von den neuen als „Freimaurer Kirchtägen"[484], doch auch viele Wiener hielten nichts davon. Das „Patriotische Blatt" von 1788 berichtet recht anschaulich über die weitere Entwicklung: Als sich die Wirte über entfallende Einnahmen beschwerten, wurde Musik (aber ohne Lebzelte und ohne Kirchenfest) wieder erlaubt, womit das Volk offenbar zufrieden war, denn es

vergaß auf Meth und Lebzelten, und machte zu seiner noch größern Beruhigung die freudige Bemerkung: daß es nun das Kirchweihfest im Wirthshause zweimal feiern könnte, und einen Tag mehr gewann, an welchem es mit Erlaubniß der Obern seines Lebens froh werden dürfte. Auch wurden nach und nach wieder Lebzelterhütten aufgeschlagen, und das Volk kennt nun keinen andern Unterschied, zwischen itzt und ehe, als daß der Gottesdienst mit weniger Lärmen gehalten, und auf dem Kirchthurme kein Fähnchen ausgesteckt wird.[485]

---

hohen Festtagen und nur zwei an Arbeitstagen: Am 29.8. (Johannes' Enthauptung) in allen Karmeliterkirchen, und in Margarethen, wo die Kirchweih schon am 13.7. (also eine Woche vor dem Festtag) begann.
481 HOLLERWEGER, 461 f.; Joseph II. hatte diesen Termin schon für die Niederlande angeordnet!
482 HE v. 12., kundgem. Wien 23.10.1786, in: KROPATSCHEK, Joseph II., 10, 234.
483 GOTTSCHALL, 2, 287.
484 HOLLERWEGER, 463.
485 Patriotisches Blatt 1788, 6. H., 276. Eine andere Taktik schlugen die Böhmen ein, wie aus mehreren Verordnungen hervorgeht, von denen jene v. 6.9.1787 wegen ihrer Ausführlichkeit mitgeteilt sei: Anlaß dafür bot die Entdeckung, daß an mehreren Orten das Kirchweihfest noch immer zum früheren Termin gefeiert werde - nur unter dem Namen „Schnitterfest" (auch hier der Zusammenhang mit dem Ende des bäuerlichen Jahres also!); das sei eine „lächerliche Abänderung der Benennung"; dabei sei „wie vorhin, mit Tänzen und ungewöhnlichen kostspieligen Mahlzeiten die Zeit vorschriftswidrig versplittert worden"; die Amtsvorsteher hätten dies „wegen des bessern Bierverschleisses leider geduldet." Als Strafe wurde den Schenkern drei Tage Arrest angedroht, den Amtsvorstehern 10 Rthl. Buße. (KROPAT-

Der Autor befürwortet dieses Vergnügen, weil „die wenigen Tropfen, die sie aus dem Zauberbecher der Freude kosteten, ihrem Körper Kraft geben, ihnen die Last ihres Standes erträglicher machen und sie gleichsam in ein süsses Vergessen ihres Joches einwiegen."[486] Auch das war eine viel gebrauchte Argumentation, jedoch wurde sie nur dort angewendet, wo der Autor keine schädlichen Auswirkungen auf die Volkswohlfahrt fürchtete, sei es durch Zügellosigkeit oder durch Vergeudung von Arbeitstagen.

Jahrmärkte fanden seit 1278 zweimal im Jahr statt; zunächst je 14 Tage, ab 1382 je vier Wochen um Christi Himmelfahrt und St. Katharina (25.11.) herum; seit 1671 gab es zusätzlich in der Leopoldstadt im Juli den „Margarethenmarkt".[487] Sie sind für unser Thema deshalb so bedeutsam, weil sich bei ihnen Freizeitattraktionen konzentrierten; Handel und Vergnügen gingen eine enge Verbindung miteinander ein.[488] Schausteller, Theaterspieler usw. boten inmitten der Buden der Händler ihre Künste an, viele versuchten sich bei Glücksspielen, Raufereien waren an der Tagesordnung.[489] Die Diskussionen, die im 18. Jahrhundert über die Aufhebung der Jahrmärkte geführt wurden, haben nichts mit unserem Thema zu tun - rein ökonomische Gesichtspunkte wurden dabei in die Waagschale geworfen. Die Merkantilisten waren ihre Gegner; zum Verschwinden brachten sie schließlich die Fortschritte des überregionalen Handels.[490] Ein Artikel aus dem Jahre 1848 in der „Wiener Abendzeitung" nennt den Jahrmarkt schon einen „mittelalterlichen Zopf" - Wien sei ohnehin „der glänzendste stehende Jahrmarkt."[491]
Man kann nicht behaupten, daß mit den Eingriffen des Reformabsolutismus in die Festkultur, mit der Aufhebung der Jahrmärkte dem Volk die Freizeitmöglichkeiten genommen wurden, hat doch das Aufblühen einer Freizeitindustrie genügend Ersatz

---

SCHEK, Joseph II., 13, 284 f.).Die Strategie des Volkes, verbotene Handlungen einfach umzubenennen, bzw. jene des Staates, in erster Linie die Verantwortlichen, u.a. nachlässige Behörden, zu strafen, begegnet immer wieder, vor allem auch beim Glücksspiel (siehe später).
486 Ebd., 279.
487 Vgl. dazu die genaue Übersicht bei HERING, Irmtraud: Die privilegierten Wiener Hauptjahrmärkte. Von ihrer Gründung bis zu ihrer Aufhebung im Jahre 1872, masch. Diss., Wien 1965, 9 f.
488 Vgl. MALCOLMSON, 20 ff.
489 Vgl. HERING, 123 ff.
490 Ebd., 161 ff.; schon in der ersten Hälfte des 18. Jahrhunderts ließ das Interesse nach (ebd., 146 ff.).
491 Ebd., 162 f.

dafür geschaffen; wohl aber kann man von einer Einebnung der Rhythmen sprechen: Was früher bestimmten Zeiten des Jahres vorbehalten war, konnte nunmehr regelmäßig konsumiert werden, unterschiedslos übers Jahr verteilt, von einer Änderung der Freizeitinhalte jetzt einmal abgesehen. Rituelle Vergnügungen wurden von ihrem Kontext abgelöst und in alltägliches Freizeithandeln transformiert.[492] So dürften die Jahrmärkte als Volksbelustigungen schon vor ihrer Aufhebung einiges an Attraktivität eingebüßt haben. Einer der ersten Schritte in diese Richtung war schon die Idee Josephs II., im Prater eine Vergnügungsstätte fürs Volk zu etablieren, den so berühmten „Wurstelprater": Alles, was Jahrmarktsvergnügen ausmachte, finden wir jetzt dort: Menagerien, Schausteller, Glücksspielbuden, nicht zu vergessen den Zirkus (seit 1808), in dem sich Pantomimen, Gymnastik-Springer usw. produzierten.[493] Die Perpetuierung der Genüsse, zumindest die schöne Jahreszeit über[494], setzte damit ein und entspricht genau jenem aufklärerischen Geist der Regelmäßigkeit, des Gleichmaßes, der auch aus der Reduzierung des Festkalenders hervorgeht.

Würde man diesen Vorgang weiter untersuchen, müßte man etwa den Rückgang der Feste, die der Hof für die Öffentlichkeit gab, in Betracht ziehen[495], auch den Rückzug des Hofes aus der

---

492 Auf diese Tendenz weist schon DUMAZEDIER, Joffre: Toward a society of leisure (1967), 20 ff., hin, setzt sie allerdings in die Mitte des 19. Jahrhunderts. Auch BAILEY erwähnt diesen Vorgang, bringt ihn aber ebenfalls mit der Industriellen Revolution in Zusammenhang: „The irregular and spasmodic flux of pre-industrial leisure was now contained in the standardised instalments that came with the routine of the modern working week and year." (174).

493 PEMMER, Hans, LACKNER, Nini: Der Wiener Prater einst und jetzt (Nobel- und Wurstelprater) (1935), 53 ff.; als Vorläufer des Wiener Praters wird öfter das „Stadtgut" angesehen, das aber nur im Mai offen und weniger kommerziell ausgerichtet war (vgl. Altes und neues Wien, Bd. 3, 4 f.); vgl. auch BERMANN, Moriz: Alt und Neu-Wien. Geschichte der Kaiserstadt und ihrer Umgebungen (1880), 775: Schon zu Beginn des 18. Jahrhunderts gab es dort Kegelbahnen, Schaukeln, Marionettenspiele etc.

494 Zwischen Allerheiligen und Ostern mußten die Buden geräumt werden, allerdings wurde diese Wintersperre „allmählich gelockert" (vgl. PEMMER/LACKNER, 13.).

495 Seit 1767 wurden keine Galatage mehr außer Neujahr gefeiert - vgl. GROSSEGGER, Elisabeth: Theater, Feste und Feiern zur Zeit Maria Theresias 1742 -1776. Nach den Tagebucheintragungen des Fürsten Johann Joseph Khevenhüller-Metsch, Obersthofmeister der Kaiserin (= Veröffentlichungen des Instituts für Publikumsforschung 12), Anhang Nr. 2 (Handschreiben Josephs II. an Graf Ulfeld v. 30.11.1766). Der Hochadel konnte damit seine Pracht fast nur mehr am Neujahrstag und beim Fronleichnamsfest herzeigen (vgl. u.a. SCHULZ, 177). Hand in Hand damit ging die Ausbildung einer Privatsphäre auch am Hof: So

2. Die ältesten Schaukeln und Haspeln im Prater

OPES REGUM CORDA SUBDITORUM

3. Das Freudengerüst anläßlich der Erbhuldigung Leopolds II. 1792 schiebt mit dem Hinabwerfen von Brot, Gebratenem und Münzen nochmals „schlaraffi-sche" Festelemente in den Vordergrund. Im selben Jahr ging dieses Vergnügen den Weg vieler vergleichbarer Unterhaltungen: Es wurde durch einen Geldbe-trag für die Armen ersetzt.

Öffentlichkeit[496], insbesondere den Rückgang verschwenderi-
scher Festelemente;[497] ähnliche Tendenzen könnte man im Wandel der hohen Kirchenfeste[498], in der Bekämpfung des Fest-
brauchtums der Zünfte usw. aufzeigen.[499]
    Was blieb, war eine gewisse jahreszeitliche Rhythmik, die im-
mer noch mit den „natürlichen" und kirchlichen Rhythmen zu
tun hatte (und noch hat), aber doch schon in recht lockerer Weise.

Ferien und Urlaub

Den bisherigen Ausführungen entsprechend, läßt sich an der
Entwicklung von Urlaub und Ferien die Ausdifferenzierung einer „reinen" Freizeitsphäre ebenso ablesen wie die Tendenz zur
Verlängerung der Arbeitszeit. Die Verknüpfung mit traditionellen Festrhythmen ist bis heute nicht verschwunden, doch lassen
sich im 18. Jahrhundert bereits Ansatzpunkte für einen rein quanti-
fizierenden, von unmittelbaren Anlässen unabhängigen Zeitblock
erkennen, der zum Urlaubsanspruch im modernen Sinn führt, und
zwar zunächst dort, wo wir zuerst die regelmäßige Zeiteinteilung
beobachtet haben: In Schule und Bürokratie.[500]

---

schreibt etwa der „junge Bayer", der um 1800 Wien besuchte: „Der
Kaiser und seine Gemahlin ziehen die häuslichen und Familienfreuden
den glänzenden, aber herzlosen Vergnügungen des Hoflebens vor."
(Bemerkungen, 116).

496 Sehr deutlich anhand des kirchlichen Zeremoniells aufgezeigt von KO-
VACS, Elisabeth: Kirchliches Zeremoniell am Wiener Hof des 18. Jahrhunderts im Wandel von Mentalität und Gesellschaft, in: MÖSTA 32
(1979), 109 -142: Einige Beispiele daraus: 1738 nahm der Hof an 15 Prozessionen teil, 1774 an 6; statt 7 Ausfahrten zur Mariensäule am Hof gab es
nur mehr 3 (ebd., 125 f., A. 61; 132, A. 84). Die Ausfahrten zum öffentl.
Gottesdienst reduzierte Joseph II. 1766 -1773 auf ein Drittel, 1773 -1780
auf ein Fünftel im Vergleich zu Karl VI. und Franz I.; statt 30 -31 Kirchen
wurden 1773-1780 nur mehr 5-6 öffentlich besucht (ebd., 131).Vgl. auch
die Beispiele bei STEINBÖCK, Erwin: Die Feier historischer Gedenktage
in Wien bis zur Mitte des XIX. Jahrhunderts, masch. Diss. Wien 1947, 112.
497 Ein ausgezeichnetes Beispiel dafür wäre die Entwicklung der öffentlichen
„Freudenbezeugungen", jener schlaraffischen Veranstaltungen, die z.B.
SONNENFELS scharf kritisierte (Grundsätze, 1. Tl., 484) und die 1792 in
einen Geldbetrag an die Armen umgewandelt wurden. Material aus den
Stadtrechnungen dazu bei SCHLAGER, Wiener Skizzen aus dem Mittelalter, N. F. 1839, 40 ff. und 196 ff.; vgl. auch REALIS, 2, 42 und 326.
498 Vgl. HOLLERWEGER, der - nicht ganz zu Recht - von der „festlosen
Zeit der Aufklärung" spricht; sie brachte „eine Nivellierung der Feier
des Kirchenjahres mit sich." (464).
499 Eine brauchbare Kategorisierung der Feste bei MUCHEMBLED, Robert: Kultur des Volks - Kultur der Eliten. Die Geschichte einer erfolg-
reichen Verdrängung (1982), 128.
500 Vgl. dazu die Wortgeschichte: Ferien sind im 18. Jhdt. „die Zeit, da man

Das Wort „Ferien" tritt seit 1521 (Reichsordnung) in der Bedeutung „geschäftsfreie" Tage auf, „danach für einzelne freie
Tage bei Universität und Schule."[501] Der Rhythmus dieser Ferien ist zunächst noch eng an landwirtschaftliche Gegebenheiten
und kirchliche Feste gebunden. Eine Verordnung vom 5. Juli
1677 nennt die „Schnitt-Ferien", die vom 18.7. bis zum Fest Por-
tiunculae (2.8.) dauerten, und legt die bisher ungeregelten(!)
„Wein-Ferien" auf 1.10. bis 15.11. fest. 1780 gab es insgesamt
86 Feiertage der nö. Regierung, die auch Staatsrat und Stadtge-
richt einhielten.[502] Die josephinische „allgemeine Gerichtsordnung" reduzierte die Ferien auf die Sonn- und Feiertage (was
noch den alten Gebrauch des Wortes zeigt), die Weihnachtstage
bis Dreikönig (6.1.), Palmsonntag bis Ostermontag, die drei Bettage in der Kreuzwoche und den Fronleichnamstag bis zum folgenden Donnerstag.[503]

Diese Zeiten bedeuten, daß an solchen Tagen keine Sitzungen
abgehalten wurden, sie sagen nichts darüber aus, inwieweit sie
als arbeitsfreie Tage genutzt werden konnten. Das bedürfte noch
genauerer Forschungen.[504] Ein Dekret aus dem Jahre 1705 zeigt,
daß von den Inhabern städtischer Ämter selbstverständlich auch
in den „Ferien" erwartet wurde, daß sie ihrer Arbeit nachgingen,
daß sie diese Forderung jedoch kaum erfüllten.[505]

Mit den Weinferien der Beamten decken sich in etwa die
Schulferien der Jesuiten: Für die Gymnasiasten der österreichi-

---

von gewissen öffentlichen Arbeiten ruht, besonders in den Gerichten
und Schulen." (ADELUNG, Johann Christoph: Grammatisch-kritisches Wörterbuch der Hochdeutschen Mundart (1793 ff.), Bd. 2, 111.

501 KLUGE, Friedrich: Etymologisches Wörterbuch der deutschen Sprache, [19]1963. Nach REULECKE, Jürgen: Vom blauen Montag zum Arbeiterurlaub. Vorgeschichte und Entstehung des Erholungsurlaubs für
Arbeiter vor dem Ersten Weltkrieg, in: Archiv für Sozialgeschichte 16
(1976), 206 -248, hier 209, sind diese Ferien auf die Aufhebung vieler
Feiertage zur Zeit der Reformation zurückzuführen.

502 Vgl. Kommerzialschema 1780, 67 f.

503 Allgemeine Gerichtsordnung usw., v. 1.5.1781, in: KROPATSCHEK,
Josef, 4, 157 ff., 376 -383.

504 Für Frankreich wurde festgestellt, daß Richter und Beamte in dieser
Zeit auf Urlaub gingen (vgl. BOUSSEL, Patrice: Histoire des vacan-
ces (1961), 62 ff.); die Kontinuität zum Beamtenurlaub, die sich daraus ergibt, ist für Österreich wohl nicht in dieser Weise anzunehmen!
(Zur Entwicklung des Beamtenurlaubs siehe weiter unten).

505 WStLA, A. R. 102/1705; D. v. 2.3.1705; die Amts-Vorsteher werden
aufgefordert, ihre Untergebenen anzuhalten, „das sye hinführo das
Ambt alle Werckhtäg, auch in denen ferien, deren Instruction gemäs,
zu denen gewöhnlichen Stunden vor: und nachmittag fleißig frequentiren (...)".

schen Ordensprovinz waren sie vom 21.9. bis 3.11. vorgesehen, für die Schüler der höheren Studien vom 8.9. bis 3.11.[506] Man folgte dabei dem Prinzip: „Je jünger die Studierenden sind, umso weniger können sie sich selbst beschäftigen und umso weniger brauchen sie lang andauernde Ferien."[507] Daneben gab es eine Fülle einzelner schulfreier Tage, die natürlich nicht beliebig verbracht werden durften, sondern spezifisch begangen wurden: Die üblichen Feiertage, dem kirchlichen Festkalender folgend[508], weiters Faschingstheater, Maifest usw.; außerdem gab es immer wieder auf Drängen von Bischöfen oder Fürsten „außerordentliche Vakanztage", sodaß die 137 freien Tage in den Gymnasien bzw. 178 bei den Höheren Studien, wie sie in der „Ratio studiorum" vorgesehen waren, wohl weit überschritten wurden.[509]

Die Feiertagsreform Maria Theresias bewirkte fast automatisch eine Verlängerung der Unterrichtszeit. Ausdrücklich legt der Studienplan von de Gaspari für die Gymnasien 1769 fest, daß an den nichtstaatlichen Feiertagen normaler Unterricht stattzufinden habe.[510] Für die Geschichte der Freizeit kann das nur bedeuten, daß die großen Ferien umso stärker wahrgenommen wurden. Überdies waren sie nun kürzer: Die maria-theresianische Schulordnung von 1774 für die Haupt-, Normal- und Trivialschulen bestimmt für die städtischen Schulen die Zeit vom 29.9. (Michael) bis 2.11. als Hauptferien, die Zeit vom Palmsonntag bis Sonntag nach Ostern als Semesterferien.[511] Bei einer Änderung dieser Ordnung 1786 erhielten die Trivialschulen keine allgemeine Vorschrift, sondern man verwies auf die „Lokalumstände" - fügte aber hinzu, daß „die Dauer derselben (scil. Ferien, G.T.) überall eher zu beschränken, als zu verlängern" sei.[512] Bemerkenswerterweise entspricht diese Formulierung genau der Feiertagsregelung der jesuitischen Studienordnung, wonach die Feiertage entsprechend der Landessitte zu halten seien, deren Zahl man aber „eher vermindern als vermehren" solle.[513]

---

506 DUHR, Studienordnung, 190.
507 Ebd., 66; dieses Prinzip galt auch für Weihnachts-, Oster- und Pfingstferien.
508 Vgl. DUHR, 70 ff. - anhand des Münchner Diariums dargestellt: 73 ff.
509 Ebd., 69 f.; schon in der Studienordnung wurde allerdings auch „vor der Einführung neuer Vakanztage" gewarnt! (Ebd.).
510 Abgedr. bei ENGELBRECHT, 3, 467 ff. (hier 476); die Herbstferien sah de Gaspari zum gleichen Termin wie die Jesuiten vor.
511 P. v. 6.12.1774, in: KROPATSCHEK, Maria Theresia, 7, 116 ff.; auf dem Land mußte man mehr auf die Erntezeit Rücksicht nehmen.
512 HD v. 10.12.1787, in: KROPATSCHEK, Josef, 13, 495.
513 DUHR, Studienordnung, 189.

Da die Gesetzgeber stetige Lebensweise und Fleiß für unabdingbare Voraussetzungen zur Glückseligkeit der Menschen hielten, legten sie den Schülern Arbeitseifer auch während der Ferien ans Herz: Die Jugend solle „durch aufgegebene Ferienarbeiten beschäftiget werden", hieß es 1790.[514] Noch schärfer formuliert der Gymnasialplan von 1804:

Zur Uebung des Privat-Fleißes sind vorzüglich die Ferien bestimmt, an diesen soll der Schüler das wiederholen, was bisher vorgetragen worden ist (...) Der unglückliche Wahn, der unter der unglücklichen Gymnasial-Jugend so allgemein geworden ist, als ob die Ferientage ganz ihrer Zerstreuung gewidmet wären, dieser dem Fortschritte an den Schulen so schädliche Wahn, muß nach und nach ganz vertilget werden (...)[515]

Auch das war bereits ein Prinzip der Jesuiten: Sie gaben zu Ferienbeginn oder bei Zusammenfall mehrerer Festtage gerne außergewöhnliche Übungen und Aufgaben, weil sie der Meinung waren, „daß den Schülern eine Woche, in welcher sie gar nichts lernten, schaden würde."[516]

Der Urlaub hat andere Wurzeln als die Ferien: „Die Grundbedeutung ‚Erlaubnis' ist mhd. verengt auf die Erlaubnis, die ein Höherstehender oder eine Dame dem Rangniedrigeren zum Entfernen gibt, unter den veränderten Verhältnissen der Neuzeit übertragen auf die zeitweilige Befreiung vom Dienst."[517]

Das Wort „Befreiung" hat allerdings ganz verschiedene Bedeutungskomponenten. Zum einen war damit die „Freisetzung" (also Entlassung) auf Zeit gemeint und war dann bei den Betroffenen meist mit dem Zwang verbunden, sich nach anderen Verdienstmöglichkeiten umzusehen. Das gilt vor allem für die niederrangigen Militärs, die seit dem Aufbau stehender Heere sich von ihren Regimentern zeitweilig entfernen durften bzw. mußten, weil der Herrscher so einiges Geld sparen konnte.[518] In Friedenszeiten betrug diese „Beurlaubung" gewöhnlich 10 -11 Monate;[519] auf diese Weise gab sie „dem Ackerbau, den bürgerlichen Gewerben mehrere Hände", wie es in einer josephinischen Broschüre heißt[520], hat aber nichts mit Freizeit gemein. Eine solche Verbindung ergibt sich hingegen, wenn wir die zweite Be-

---

514 HD v. 4.10.1790.
515 HKD an sämmtl. Länderstellen, 23.7.1804, KROPATSCHEK, 166.
516 DUHR, Studienordnung, 66; vgl. auch ENGELBRECHT, 2, 162.
517 KLUGE, 810.
518 Vgl. REULECKE, hier 208 f.
519 Vgl. HEINRICH, Jakob (Hg.): Gesetze für die k.k. Armée in Auszug, Wien und Prag 1785, 461 (Art. 2 der V. v. 27.6.1777).
520 Was Joseph von den Staatsbeamten und wie er es mit ihnen hielt, abgedr. bei GRÄFFER, Josephinische Curiosa, 1, 128 -142, hier 136.

deutung von „Befreiung" heranziehen, nämlich die erbetene Erlaubnis, sich für eine Zeit vom Dienst zu entfernen. Auf diese Art machten beim Militär Offiziere „Urlaub"; sie bekamen ihn voll bezahlt[521], hatten dazu allerdings einen Grund nötig.[522] In der Praxis dürfte sich daraus ein Urlaubsanspruch entwickelt haben. Bei den höheren Beamten können wir diesen Prozeß relativ gut verfolgen. Staatsdienern konnte von ihren Vorgesetzten wegen Krankheiten, Familienangelegenheiten, Bildungsreisen etc. freigegeben werden; es ist unklar, wann diese Erlaubnis für die höheren Beamten zu einer Gewohnheit wurde, sich für ein paar Wochen freizunehmen, jedenfalls ist sie zur Zeit Josefs II. bereits ausgebildet - und nicht erst in der zweiten Hälfte des 19. Jahrhunderts.[523] Zwar besagt ein Gesetz 1781: „Allen Beamten, welchen aus gegründeten Ursachen eine Absentirungslizenz zugestanden wird", solle während ihrer Abwesenheit 10 % des Gehalts abgezogen werden, doch heißt es weiter, die Abzüge betrügen ein Quartal, wenn jemand „über die normalmässig bestimmte Zeit" abwesend sei.[524] Diese offenbar normale, aber noch von einer Begründung abhängige Zeit wird kurz darauf mit „6 Wochen" präzise angegeben.[525] 1784 tritt diese Erlaubnis ganz deutlich als Privileg der obersten Beamten hervor: Da ab 1. August die Besoldung erhöht worden sei,

soll künftig die bestimmte sechswöchige Absentirung, deren ein iedes Kapo, und Rath bisher jährlich sich gebrauchen konnte, gänzlich aufhören, und sich alle Beamten das ganze Jahr hindurch der ihnen obliegenden Arbeit mit der möglichsten Verwendung ununterbrochen widmen.

Der Chef könne seinen Subalternen „auf einige kurze Zeit" freigeben, „wenn besondere häusliche Umstände es erfordern." Das müsse aber nach Tagen und Wochen genau eingetragen und S. Majestät vorgelegt werden.[526]

Der Erfolg dieser Verordnung war offenbar gleich Null, denn zwei Jahre später wurde eine Sonderregelung für die über sechs

---

521 HEINRICH, 460 (allerdings gingen bei längerem Urlaub die Zulagen z.T. verloren).
522 Ebd., 457 ff. (Urlaubsnormale für die Oberoffiziers).
523 So REULECKE, 208 f.; vgl. auch MEGNER, 142, der ohne Belege (aber in deutlicher Anlehnung an Reulecke) schreibt, 1914 seien die „seit dem letzten Viertel des 19. Jahrhunderts bestehenden Konventionen legalisiert" worden.
524 HE v. 5.1.1781, in: KROPATSCHEK, Josef, 4, 92.
525 HD v. 28.2.1781 (ebd.): Die o.a. Taxe wäre u.a. nur dann zu entrichten, wenn „die Entfernung über die 6 Wochen eingestanden worden ist."
526 HD v. 6. u. 13.8.1784, in: KROPATSCHEK, Josef, 7, 923.

Wochen Abwesenden getroffen: Die Besoldung war in diesem Fall unter jene aufzuteilen, die während dieser Zeit die Arbeit verrichteten. Die „Absentirungslizenz" von 10 % blieb aufrecht.[527] Eine Verordnung von 1804 machte darauf aufmerksam, daß die Beamten den Urlaub normalerweise sofort nach erfolgter Bewilligung anzutreten hätten, verboten wäre ihnen aber, „binnen eines Jahres von dem erhaltenen Urlaube nach Gutbefinden Gebrauch zu machen."[528] Diese Mahnung erging zwar an das galizische Gubernium, sie sei hier dennoch angeführt, weil sie deutlich den gewohnheitsmäßigen Urlaubsanspruch dokumentiert und noch dazu zeigt, daß zumindest einige Beamte unserer Form von Urlaub (von der zeitlichen Disposition her) beträchtlich nahekamen.

Die Urlaubsgewohnheiten kann man einigen Beamtenbiographien aus dem Vormärz entnehmen: In den Tagebüchern Kübecks sind ab 1832 sechswöchige Urlaube erwähnt, die er Mitte Juli und Anfang August antrat.[529] Der Mann Caroline Pichlers unternahm ab 1815 Erholungsreisen, von 1822-1837 regelmäßig für sechs Wochen nach Baden (wobei er aber seine Arbeit fortsetzte!).[530] Wie prestigeträchtig solche Urlaube noch in der zweiten Hälfte des 19. Jahrhunderts waren, mag die Marotte eines Spitzenbeamten vermitteln, der jedesmal, wenn er auf Kur fuhr, eine „im Stil von Hofnachrichten gehaltene Notiz" erscheinen ließ.[531]

Damit wird der Zusammenhang zu einer jahrhundertealten Praxis der Aristokratie hergestellt, sich mit dem Hof außerhalb der Residenz zu begeben. Zur Regierungszeit Maria Theresias zog der Hof irgendwann nach Ostern (zumeist im April) bis Oktober oder Anfang November nach Schönbrunn, dazwischen hielt er sich auf Landsitzen (etwa Laxenburg) im Mai/Juni und August/September auf.[532] Der Adel[533] folgte diesem Beispiel ebenso wie das gehobene Bürgertum: Sommeraufenthalte auf

527 HD f. alle Erbländer v. 21. u. 30.11.1786, in: KROPATSCHEK, Josef, 11, 840.
528 HKD f. d. galiz. Gubernium v. 3.1.1804.
529 ab 25.7.1832, 15.7.1833, 7.8.1835, 1.8.1836.
530 PICHLER, 1, 503 f.
531 MEGNER, 142.
532 Vgl. die Aufzeichnungen KHEVENHÜLLERS; man findet sie zusammengefaßt bei WOLF, Adam: Aus dem Hofleben Maria Theresia's. Nach den Memoiren des Fürsten Joseph Khevenhüller, 2. A. 1859, 167 ff.
533 Vgl. STEKL, Hannes, Österreichs Aristokratie im Vormärz. Herrschaftsstil und Lebensformen der Fürstenhäuser Liechtenstein und Schwarzenberg (1973), 150 ff.

dem Lande - vor allem in der Nähe des Hofes[534] - wurden zu „sehr gesuchten Genüssen".[535] Für diese Schichten zerfiel das Jahr damit in zwei völlig unterschiedliche Saisonen: Die eine war durch ein intensives geselliges Leben mit einer Vielzahl an Unterhaltungsmöglichkeiten gekennzeichnet, die andere diente dazu, „sich von dem beschwerlichen Hof- und Stadt-Leben einiger maßen zu delassieren."[536]

Man könnte nun viele Beispiele für die saisonal unterschiedliche Dichte an Unterhaltungsformen bzw. städtischen Lebens überhaupt bringen. Statt dessen mögen hier zwei Schaubilder stehen, die davon einen Eindruck vermitteln können: Die Anzahl der Besucher im Burg- und Kärntnertortheater, und die Frequenz der Leute, die nach der Sperrstunde die Stadttore passierten (siehe nächste Seite).

Für die Unterschichten bedeutete die „schöne Jahreszeit" die Zeit der Prozessionen, Wallfahrten und Kirchweihfeste. Man könnte auch von hier aus einen Ansatzpunkt für Urlaube sehen. Allerdings brachten die merkantilistischen Bestrebungen des 18. Jahrhunderts und vor allem dann die kapitalistische Wirtschaft eine andere Entwicklung: Das Festjahr der Unterschichten bewegte sich auf ein einheitlich graues Arbeitsjahr zu!

---

534 Vgl. BRUCKMÜLLER, Ernst: Die Entwicklung der Freizeit im Zuge des Industrialisierungsprozesses, in: Mensch und Freizeit, red. v. Christine Wessely (1977), 34-42, hier 40.
535 SCHULZ, 218.
536 KÜCHELBECKER, 387 f.

Die Nivellierung des Festkreislaufs

Einnahmen aus dem Torsperrgefälle

Tagesdurchschnitt in fl.

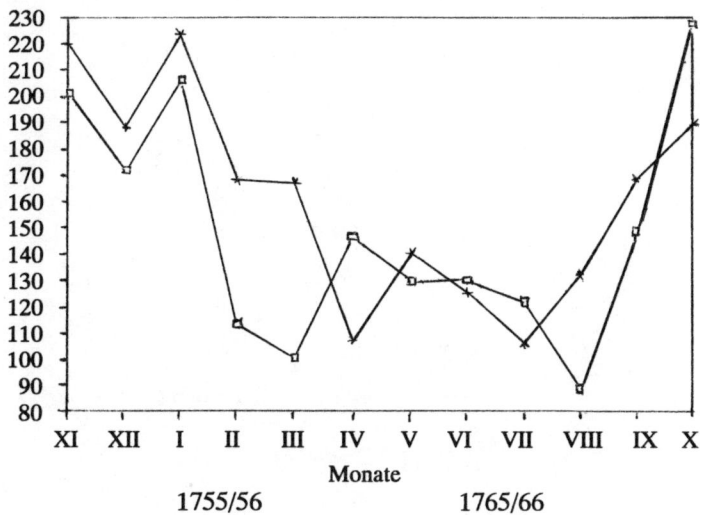

1755/56   Monate   1765/66

Theaterbesuch 1773/74 - 1775/76

Durchschnittl. Besuch pro Spieltag

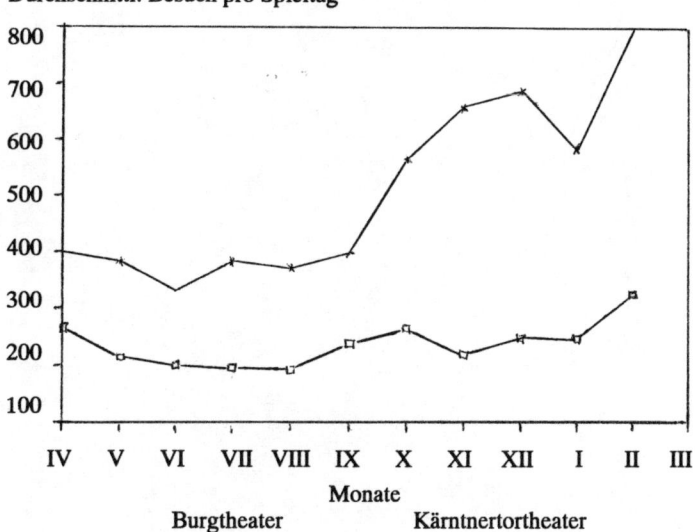

Monate

Burgtheater   Kärntnertortheater

131

Die Herausbildung moderner Freizeitstrukturen

Sehen und Hören: Von der Interaktion zum Konsum

Die Publikumsstruktur wandelt sich

Wien kann als ein Hauptanziehungspunkt der fahrenden Leute gelten. Diese Stadt war in der ersten Hälfte des 18. Jahrhunderts „eine der hauptsächlichsten Pflegestätten nicht nur des Singspiels, der leichten italienischen Oper und Harlekinade, sondern auch der Pantomimen, Balletts, Schattenspiele und was an theatralischen Abarten sonst zu nennen wäre."[1] Marionettenspiele gingen meist von Wien aus.[2] Dazu gesellten sich Gruppen von Seiltänzern[3], Gauklern, Schaustellern mit fremden, exotischen Tieren[4] oder Personen, die durch ihre Zugehörigkeit zu einer fremden Rasse oder mit irgendwelchen Abnormitäten die Schaulust des Publikums befriedigen konnten.

Seit dem Beginn des 17. Jahrhunderts kamen Wandertruppen aus Italien, England und Deutschland „in nicht abreißender Folge."[5] Diese Unterhaltungskünstler konzentrierten sich zwar auf die Zeit der zwei Jahrmärkte, zu denen sie häufig zwischen zwanzig und dreißig Tagen das Publikum zu erfreuen suchten. Einige von ihnen konnten jedoch eine Verlängerung ihres Aufenthalts um Wochen oder Monate erreichen; beliebt war die Zeit zwischen Katharinenmarkt und Faschingsende. 1674 etwa produzierte sich ein Seiltänzer das ganze Jahr über am Judenplatz[6], der „sogenannte starkhe Mann Johann Carl von Ehrenberg" führte vom 11.6. bis 12.8.1726 und wieder vom 10.10.1726 bis

---

1 HAMPE, Theodor: Fahrende Leute (1902), = Monographien zur deutschen Kulturgeschichte 10, 113.
2 Ebd.
3 Die ersten nach BERMANN (894) in einem Holzschuppen auf dem Neuen Markt 1629.
4 Nach BERMANN zuerst 1631 (ebd.).
5 ROMMEL, Volkskomödie, 201; viele Nachweise bei VON WEILEN, Theater, 370 ff., sowie bei HADAMOWSKY, Franz: Wien - Theatergeschichte. Von den Anfängen bis zum Ende des Ersten Weltkriegs (1988), = Geschichte der Stadt Wien, hgg. v. Felix CZEIKE, Bd. 3, 97 ff. und 122 ff.
6 Vgl. SCHLAGER, Skizzen 1839, 359.

25.2.1727 seine Kunst vor.[7] 1733 zeigte Joachim Geibinger „sowohl durch die pfingstmarcktszeith alß in der weitheren prolongirung durch 39 Täg" seine Marionetten auf der Freyung[8], usw. Die Konzessionen für Schauspiele außerhalb der Marktzeit hörten zwar noch in der ersten Hälfte des 18. Jahrhunderts (in der Stadt) ganz auf; dies konnte aber durch die Errichtung stehender Theater mehr als wettgemacht werden. Sie führen von Platzangebot und Zuschauerzahlen her in der zweiten Hälfte des 18. Jahrhunderts jene Unterhaltungsformen an, die wir in diesem Kapitel betrachten. Im genannten Zeitraum wurde der Theaterbesuch die hervorstechende Abendunterhaltung der oberen Schichten. „[...] die Stunden von 6 bis 10 Uhr [sind] dazu bestimmt, bey dem Schauspiele hingebracht zu werden", schrieb Sonnenfels 1766.[9] Khevenhüller klagt wenige Jahre später, daß „die Spectaceln le principal etablissement du jour" ausmachten „und mann die Abendstunden biß 9 oder 10 Uhr in die Nacht hinein nicht mehr anderst als in denen Comoedi-Häusern zuzubringen weis."[10] Der tägliche Theaterbesuch gehöre zum guten Ton, vor allem seit Einführung des französischen Schauspiels am Burgtheater.[11] Die Zahl der abonnierten Logen erreicht hier 1774/75 einen ersten Höhepunkt (36 für die Winter-, 30 für die Sommersaison) und steigt nach 1776 weiter an.[12] In den Spieljahren 1773/74 bis 1775/76 besuchten durchschnittlich 60.000 Personen pro Jahr das Burg-, 90.000 das Kärntnertortheater (im Schnitt pro Spieltag 235 bzw. 491); dabei sind die Abonnenten nicht mitgerechnet.[13] Dem offenbar wachsenden Bedürfnis nach Schauspielen entsprach ein wachsendes Angebot. Eine entscheidende Rolle für die Ausweitung des Unterhaltungsangebotes spielte wiederum Joseph II., indem er 1776 das 1728 begründete Theatermonopol aufhob.[14] Die Folge davon war nicht nur ein

---

7 WStLA, UKA, B 1/14 (1727/28), fol. 47; es handelt sich hier um Johann Karl Eckenberg (1685 -1748) - vgl. SCHINDLER, Otto G.: Wandertruppen in Niederösterreich im 18. Jahrhundert, in: Jahrbuch der Gesellschaft für Wiener Theaterforschung XVII (1970), 1-80, hier 22.
8 WStLA, UKA B 1/15 (1733), fol. 62.
9 Mann ohne Vorurtheil, Bd. 2/4, 7. Stk.
10 KHEVENHÜLLER, Tagebuch, Eintr. v. 20.4.1772.
11 Ebd.
12 SCHINDLER, Otto G.: Das Publikum in der josephinischen Ära. Versuch einer Strukturbestimmung, in: DIETRICH, Margret (Hg.), Das Burgtheater und sein Publikum, Bd. 1 (1976), 11-95, hier 66.
13 Ebd., 88 ff.; das Burgtheater war damit allerdings nur zu 20 Prozent ausgelastet.
14 Vgl. HADAMOWSKY, Franz: Die Josefinische Theaterreform und das Spieljahr 1776/77 des Burgtheaters. Eine Dokumentation, = Quellen zur Theatergeschichte 2 (1978), Nr. 24.

Zustrom von Wandertruppen[15], sondern auch die Errichtung zahlreicher neuer Theater: Eines in der Leopoldstadt (1781), ein anderes auf der Wieden (1786; das spätere Theater an der Wien), ein drittes in der Josefstadt (1788), um nur die bedeutendsten zu nennen.

Die Ausweitung des Unterhaltungsangebotes für die Wiener Bevölkerung betraf nicht allein das (literarisch-musikalische) Theater: Das „Hetzamphitheater" auf der Landstraße, das von 1755-1796 bestand, bot 3.000 Personen Platz[16] und steht damit vom Fassungsvermögen her an der Spitze aller Theater. Dem Urteil einiger Reiseschriftsteller nach zu schließen, war es immer gedrängt voll; wir können das nur für wenige Jahre überprüfen: 1773 besuchten 36.554 zahlende Zuschauer 39 Hetzen, 1774 30.349 29 Hetzen; damit betrug die Auslastung ca. ein Drittel. Selbstverständlich waren die Schwankungen beträchtlich: Sie reichten von 252 (Hetze am 20.11.1774) bis zu 2.774 Zuschauern (Hetze am 7.8.1774).[17]

Während die Hetzen mit dem Brand des Gebäudes 1796 aufhörten, erfreuten sich die Feuerwerke auf der Jesuitenwiese im Prater, die seit den sechziger Jahren gegeben wurden, wachsender Beliebtheit bis in den Vormärz hinein.[18] Sahen die Feuerwerke, die Mellina 1779-82 veranstaltete, angeblich 4.000 Personen[19], so wurden sie noch weit übertroffen von jenen Stuwers, die seit 1773 zum ersten Mal stattfanden und zu denen im 19. Jahrhundert dann 20-30.000 oder auch mehr an schönen Sommertagen zusammenströmten.[20] Anschaulich schildert Meiners, der 1788 Wien besuchte, das große Gedränge dabei: Alle Zufahrtsstraßen waren verstopft; der Autor brauchte von der Donaubrücke, die in die Leopoldstadt führte, bis an den Anfang des

---

15 HADAMOWSKY, Theatergeschichte, 456: Für die Zeit der Schauspielfreiheit (1776 -1794) sind „an die 100 Wandertruppenprinzipale nachweisbar".

16 Die Inventarliste von 1774 verzeichnet 3.000 Billete (Ung. N., Keglevich Cs., P. 421, Fasz. 76, fol. 545); die erhaltenen Akten des Hetztheaters verdanken wir der Tatsache, daß Joseph Graf v. Keglevich im „Creditoren"-Ausschuß saß, der 1772 -1776 im Namen des verschuldeten Johann Kohary die Theaterpacht trug.

17 Ebd., Fasz. 77 u. 79.

18 Vgl. PEMMER/LACKNER, 50 ff.

19 Vgl. SANDER, 584 f.

20 So CLAUREN, 30; DE LUCA, Wiens gegenwärtiger Zustand, 266, berichtet 1787 von über 25.000, auch Zahlen über 30.000 werden genannt. Offenbar steigerte sich also ihre Beliebtheit im Laufe der Jahre. Nach HEINZMANN waren es 1783 „6000 Menschen oder mehr": (HEINZMANN, Johann Georg): Beobachtungen und Anmerkungen auf Reisen durch Deutschland. In Fragmenten und Briefen, Leipzig 1788, 319; RIESBECK, 277, spricht von 12.000 Besuchern (1784).

Praters 1 Stunde. Auf dem Hauptweg fuhren da vier Reihen Kutschen im Schrittempo dahin, an den Seitenwegen Fiaker.[21] Dadurch, daß sich fallweise auch Hof und Adel die Produktionen Fahrender ansahen[22], tauchte das Problem auf, im Zuschauerraum eine Abgrenzung der Stände voneinander treffen zu müssen. Nur bei den einfachsten Produktionen finden wir noch die Situation eines unstrukturierten Publikums vor, wie es aus dem Mittelalter und den Aufführungen der ersten commedia dell' arte-Truppen bekannt ist;[23] da ging ein Spieler vor jedem Akt Geld absammeln.[24]

Die Inhaber der Markthütten des 18. Jahrhunderts reservierten Teile des Raumes für den Adel[25] und nahmen zusätzlich eine Staffelung der Eintrittspreise vor, die die Rangordnung der Gesellschaft im Publikum abbilden konnte. Dieses Prinzip versuchten sie oft auch dann einzuhalten, wenn die Beengtheit des Zuschauerraumes kaum dazu Gelegenheit gab: So hob man bei einer optischen Vorstellung im Prater, „zwischen dem ersten und zweiten Kaffehaus rückwärts" eben „die ersten zwei Reihen der Sesseln" heraus, für die man 1 fl. verlangte, während ein 1. Platz um 36 kr., ein zweiter schon um 12 kr. zu haben war. Wie sehr derartige Preisdifferenzierungen den Charakter von Standesschranken hatten, zeigt eine Ausstellung zweier Maschinen am Ende der Jägerzeile, wo infolge beengter Raumverhältnisse die Plätze nicht abgesondert werden konnten; „um jedoch dem minder bemittelten Theile des Publicums eben so, wie dem vermöglicheren, Gelegenheit zu verschaffen, diesen Maschinenbau zu besichtigen", wurden verschiedene Eintrittspreise je nach Zeitpunkt der Vorstellung festgesetzt: Am Dienstag, Donnerstag und Samstag vormittags verlangte der Veranstalter 30 kr., nachmittags 1 fl. W.W., am Montag, Mittwoch und Freitag vormittags 6, nachmittags 12 kr. W.W., an Sonn- und Feiertagen 18 kr. W.W.[26]

---

21 MEINERS, 78; vgl. auch RIESBECK, 277 ff.; er sah 12-1500 Gefährte (die meisten davon herrschaftliche Equipagen).

22 Vgl. etwa KHEVENHÜLLER, Eintr. v. 14.6.1745, 3.5.1747, 12.11.1747, 10.12.1747; vgl. auch BLÜMML/GUGITZ, 167 f.

23 Vgl. KINDERMANN, Heinz: Bühne und Zuschauerraum. Ihre Zueinanderordnung seit der griechischen Antike, in: Österr. Akademie der Wissenschaften, philos.-hist. Klasse, Sitzungsberichte Bd. 242 (1963), 15ff., 20.

24 BLÜMML/GUGITZ, 311; vgl. dazu etwa RICHTER, Eipeldauerbriefe, 1, 246 (1794, 15. H., 4. Br.): Die „Kreutzer-Impressari (...) vertranschirn ihre Stuck (...) und lassen sich für ein jeden Akt ein neues Leggeld gebn."

25 Erkennbar aus der häufigen Formulierung, daß die ersten Reihen dem Adel vorbehalten seien; bei Konzertaufführungen hielt diese Tradition bis in die dreißiger Jahre des 19. Jahrhunderts (vgl. HANSLICK, 96).

26 WStLB, Sehenswürdigkeiten.

Etwa ab der Mitte des 18. Jahrhunderts setzte im Bereich des Schauspiels eine Geschmacksdifferenzierung des Publikums ein, die sich im letzten Viertel wesentlich verstärkte. Der Wandel ist als zweifacher zu sehen: Zum einen erschloß sich das Bürgertum Formen höfischen Theaters, die bisher, von wenigen Ausnahmen abgesehen, exklusiv dem Adel vorbehalten waren. Zum anderen bildete sich innerhalb der Ober- und oberen Mittelschichten eine einheitliche „Hochkultur" aus, deren Zustandekommen sehr wesentlich den eifrigen Bestrebungen der Aufklärer zur Institutionalisierung des Theaters als Bildungsinstrument zu danken ist, womit sich nun jene, die diese Hochkultur zelebrierten, vom Geschmack des „Pöbels" distanzieren und eine kulturelle Elite bilden konnten! Die „pöbelhaften" Formen dagegen litten unter den Sittlichkeitspostulaten, wurden in den Prozeß einer Sozialdisziplinierung einbezogen oder verschwanden.

Nun hatten gerade die Aufklärer die prinzipielle Unabgeschlossenheit ihrer Kulturformen propagiert, die Wirklichkeit folgte diesem Anspruch freier Zugänglichkeit aber nicht. Wenn J. C. F. Schulz gegen Ende des 18. Jahrhunderts von den Schauspielen in Wien meint: „Jeder Stand hat mit jedem Stande den Geschmack daran gemein und alle Stände sind in allen Schauspielhäusern vermischt"[27], so hat er wohl das Ideal bürgerlicher Öffentlichkeit im Auge, das der Realität aber nur unzureichend standhalten konnte.

Deutliche Schranken verhinderten, daß sich in den Theatern ein Publikum als Abbild der Gesellschaft herstellte. Diese Barrieren bestanden einerseits in materiellen Grundlagen, andererseits in Geschmacksunterschieden, also, allgemein ausgedrückt, in Besitz und Bildung, dem klassischen Zwillingspaar gehoben-bürgerlicher Attribute. Daß diese Schranken im 18. Jahrhundert, gleichzeitig mit der Etablierung einer bürgerlichen Öffentlichkeit, errichtet wurden, zeigt sowohl die Entwicklung der Eintrittspreise als auch das sich auffächernde Theaterrepertoire jener Zeit.

Im 17. Jahrhundert war das Publikum des höfischen Theaters auf einen kleinen Kreis beschränkt. Bis auf eine Ausnahme waren unter den Zuschauern bloß „die kaiserliche Familie, der Hofstaat, Botschafter und Gesandte und andere bedeutende ausländische Besucher."[28] Die freie Vergabe von Eintrittskarten erzeugte eine begrenzte Öffentlichkeit. Während diese Praxis, höfisch/adeligem Mäzenatentum entsprossen, bis ins frühe 19. Jahr-

---

27 SCHULZ, 191.
28 SEIFERT, Herbert: Die Oper am Wiener Kaiserhof im 17. Jahrhundert (1985), 17; er hat die in Frage kommenden Quellen dieser Zeit besonders intensiv ausgewertet.

hundert galt[29], brach die ständische Exklusivität höfischen Theaters auf, als Selliers, „Entrepreneur der Hof-Opern", 1741 die Erlaubnis bekam, das alte Ballhaus am Michaelerplatz umzubauen. Er mußte sich dabei verpflichten, täglich Opern oder Komödien, wie es der Hof verlangte, zu produzieren.[30] Damit bot sich dem Bürgertum erstmals Gelegenheit, an Vergnügen des Adels teilzuhaben und damit in einem kulturellen Sektor seine Erfahrungen zu teilen, auch wenn der Adel darauf bedacht war, im Theater selbst die ständischen Unterschiede zu bewahren. So waren die Logen in josephinischer Zeit fast ausschließlich der Hocharistokratie vorbehalten, und auch das „Parterre noble" (die vorderen Plätze) war „für den gemeinen Mann unanständig."[31] Das Großbürgertum zog den 3. Stock vor, auch reiche Bürgerstöchter waren hier zu finden. Die Logen dieses Stockwerks abonnierten unter anderen Angehörige der reichen jüdischen Bankhäuser wie Wetzlar, Eskeles, Arnstein oder Hönig. Auf den Sperrsitzen fanden sich dort zunehmend Inhaber von Freikarten ein; nach einer Liste von 1775 wurden diese an höhere Beamte, Offiziere, nö. Regierungsräte und Dramatiker ausgegeben (Gesamtzahl 1773: ca. 130). Im hinteren (zweiten) Parterre, auch das „gemeine", „ordinäre" usw. genannt, sahen wahrscheinlich Beamte und Bürger geringeren Ranges der Aufführung zu. Die Karten waren billiger als jene des 3. Stockes, weil der Platz schlechter war: von vorne wurden die Besucher durch das parterre noble gestört, von der Seite durch die Logen des ersten Ranges, und von hinten, gegen Ende der Vorstellung, durch die Bedienten, die vor der Parterre-Türe warteten. Im 4. Stock saß die unterste Publikumsschicht, wobei nicht genau feststeht, um wen es sich da handelt; in manchen Quellen werden Bedienstete erwähnt („Liverey"), was darauf hinweisen würde, daß das Burgtheater den Ober- und Mittelschichten, unter Einbezug des Hauspersonals, vorbehalten war. Darauf weisen auch die Preise hin: Sieht man von einer kurzen Phase in der Saison 1776/77 ab, lag der Preis für die billigste Kategorie mit 17 kr. nahe an der „Schmerzgrenze" von 20 kr.[32]

Anhand des Kärntnertortheaters läßt sich der zweite der oben angedeuteten Wege zur Formierung einer neuen Oberschicht darstellen. Es war von vornherein eine Domäne des Bürgertums,

---

29 Vgl. HANSLICK, 77, 81 f.
30 Vgl. ZECHMEISTER, Gustav: Die Wiener Theater nächst der Burg und nächst dem Kärntnerthor von 1747 bis 1776 (1971), = Theatergeschichte Österreichs 3/2.
31 PERINET, Aergernisse 1, 46; zum folgenden vgl. SCHINDLER, Publikum.
32 S.u., 142.

das von Beginn an seinen Geschmack gegen den Adel durchsetzen konnte, was im Sieg Stranitzkys gegen die vom Bürgertum boykottierte, aber vom Hof favorisierte italienische Komödie zum Ausdruck kommt.[33] Schon bevor es der Hof 1763 übernahm, glich es sich aber sowohl im Repertoire als auch in der Höhe der Eintrittspreise allmählich dem Burgtheater an. Als die Hofkünstler Borosini und Selliers das Theater übernahmen, waren die billigsten Kategorien, wie sie etwa Seiltänzergruppen und noch in den neunziger Jahren manche Hüttentheater hatten, herausgefallen. Um 7 kr. war nur mehr ein Platz im 4. Stock bei Aufführungen deutscher Komödianten zu haben (Prehauser mokierte sich über die „Kuchelmenscher, die sich Sonntags im Theater auf dem Siebnerplatz breit machen"[34]), während man bei italienischen Komödianten oder musikalischen Zwischenspielen 10 kr. mehr ausgeben mußte[35], ein Preis, der sich im neuerbauten Theater 1763 noch auf 24 kr. für alle Aufführungen erhöhte. Man kann daraus ersehen, daß sich die Vergrößerung des Theaterangebotes auf die oberen Schichten bezog, während den unteren immer weniger Platz zur Verfügung stand.

Diese Tendenz wird vielfach übersehen, wenn vom Publikum des „Volkstheaters" die Rede ist.[36] Die Regierungspolitik unterstützte diese Beinahe-Ausschließung der unteren Klassen, denn während noch Stranitzky und andere Komödianten ein „leydentliches Einlassgeld" zu fordern hatten[37], mußte Selliers nur mehr zu Marktzeiten den Preis senken, weil „vor dem gemeinen Mann, sonderlich zu Marckht zeiten, derley Schau-Spille und productiones um geringes Geld, auch für den gemeinen Mann um einen Kreuzer", zugänglich sein müßten.[38]

---

33 Vgl. SCHENK, Eleonore: Die Anfänge des Wiener Kärntnertortheaters (1710 -1748), masch. Diss. Wien 1969, 38 ff.
34 Zit. nach ROMMEL, 368.
35 Vgl. SCHENK, 137 f. (nach Wiener Diarium v. 29.3.1730).
36 Vgl. ROMMEL, der sich im übrigen in seinem Standardwerk kaum um das Publikum jener Zeit kümmert: Seine Feststellung, das Alt-Wiener Volkstheater von Stranitzky bis Nestroy habe „eine wohl ausgewogene Auslese aus allen Schichten der Bevölkerung zu gemeinsamem Genießen" besucht (19), hält einer ernsthaften Prüfung nicht stand und verdankt sich wohl eher einem mythischen Volksbegriff als konkreten Quellenstudien. Auch die Aussage von H. Zeman: „Die Separierung von ‚Volk' und Adel war damals - zumindest in der Kunst - nirgendwo im deutschen Sprachraum geringer als in der Kaiserstadt Wien", bedarf einer Ergänzung, um die hier beschriebenen Wandlungsprozesse nicht zu übersehen (ZEMAN, Herbert: Die Alt-Wiener Volkskomödie des 18. und frühen 19. Jahrhunderts, in: Österreich im Europa der Aufklärung, 717-741, hier 724).
37 Vgl. SCHENK, 2, Anh. 26, 31, 33; vgl. auch VON WEILLEN, 414.
38 Ebd., Anhang 60 (Privileg 1740).

Nunmehr wurden die gespielten Stücke auch regelmäßig im Wiener Diarium angezeigt.[39] So konnte der Wiener Bürgermeister 1747 an die Regierung berichten, das Kärntnertortheater sei eher für den Mittelstand, die Kreuzerkomödien in Hütten und Buden dagegen zur Ergötzung

von Dienstbotten und solchen gemainen Leuthen, welche weder Zeit noch gelt zur Frequentierung deren ordinari Comödien und Opern haben.[40]

Das ist einer der wenigen Hinweise darauf, daß nicht nur die Preise, sondern auch die Zeit der Aufführungen eine neue Barriere für einen Teil des potentiellen Publikums bildete. Je stärker das Theater in Richtung Abend verschoben war, umso stärker wurde es zu einer Freizeitform, die von vornherein nicht für alle in Frage kam. In seiner „allgemeinen Theorie der schönen Künste" (1771-74) sieht Johann Georg Sulzer folgerichtig im alltäglichen Schauspiel einen nützlichen Zeitvertreib für „die Anzahl der ganz, oder halb müßigen Menschen".[41]

Es würde hier zu weit führen, die Geschichte des Verhältnisses von Burg- und Kärntnertortheater nachzuzeichnen, es möge die Feststellung genügen, daß seit der Durchsetzung der Aufführungsberechtigung für die Oper das Repertoire zumeist wenig Unterschiede zeigte, bis sich schließlich 1810 die beiden Hoftheater auf Sprechstück bzw. Oper spezialisierten und damit beide Hochkultur zelebrierten.

Die Schauspielhäuser, die sich in der zweiten Hälfte des 18. Jahrhunderts in den Wiener Vorstädten etablierten, waren eine Domäne des Mittelstandes. Es gibt einige Bemerkungen von Zeitgenossen, daß dort auch der „Pöbel" hinging; das kann aber nur für einen kleinen Teil gegolten haben, wenn man die geringe Zahl billiger Platzkategorien bedenkt.

Dominierendes Publikumselement dürfte das Bürgertum gewesen sein. Viel hat die häufig anzutreffende Begründung für sich, daß sich ihr Erfolg dem Anwachsen der Vorstädte verdankt. Schon J. Pezzl meinte, daß die Beliebtheit des Josephstädter Theaters (1788 gegründet) mit dem zunehmenden Wohlstand dieser Vorstadt nach den zahlreichen Fabriksgründungen seit 1780 zusammenhänge.[42]

---

39 Vgl. SCHENK, 203.
40 Zit. bei HAIDER-PREGLER, Hilde: Des sittlichen Bürgers Abendschule. Bildungsanspruch und Bildungsauftrag des Berufstheaters im 18. Jahrhundert (1980), 270 f.
41 Zit. ebd, 175, nach der 2. Auflage, Stichwort „Schauspiel".
42 PEZZL, Johann: Mahlerische Darstellung der k.k. Haupt- und Residenzstadt Wien, Wien 1822, 252 ff.

Als „vornehmstes" unter den Vorstadttheatern müßte man das Hetzamphitheater bei den Weißgerbern (1755-1796) bezeichnen, wenn man es noch unter diesen Gattungsbegriff subsumieren könnte (tatsächlich gibt es dazu viele Verbindungen, wie noch zu zeigen sein wird). Vornehmes Publikum wird in vielen Reiseberichten erwähnt. Die Gestaltung des Zuschauerraumes unterschied sich wenig von anderen Theatern: Es gab drei Ränge, wovon der unterste auf einer Seite Sperrsitze hatte. Dort saß etwa Adolf Bäuerle (soferne man hier seinen Angaben Glauben schenken darf) mit Bruder und Vater, einem Industriellen.[43] Diesen Teil bezeichnete man als „galerie noble", für die man (von einigen Jahren abgesehen) 1 fl. zahlte (Garnisonsoffiziere nur die Hälfte), also genausoviel wie im Burgtheater! Sie schloß sich an die kaiserliche Loge an.[44] Ein Platz auf der anderen Hälfte der Galerie („Parterre") kostete 40 kr., was immer noch über dem teuersten Platz der Vorstadttheater lag; die billigste Kategorie war jedoch um 10 kr. zu haben, sodaß sich hier die Aussage der Zeitgenossen von einem schichtenmäßig sehr breit gefächerten Publikum bestätigt. In den Logen saßen laut Schulz junge Fürsten und Grafen mit ihren Mätressen.[45] Weitaus die meisten Leute frequentierten allerdings die billigsten Plätze. Im einzelnen verteilte sich die Anzahl der Zuseher (Durchschnitt pro Hetze) wie folgt auf die einzelnen Ränge:[46]

1773 (46 Hetzen):			1774 (29 Hetzen)		
Galerie:	46	(4,95%)	Galerie:	49	(4,70%)
Parterre:	79	(8,41%)	Parterre:	90	(8,61%)
2. Stock:	351	(37,48%)	2. Stock:	387	(36,97%)
3. Stock:	461	49,16%)	3. Stock:	520	(49,73%)

Vielleicht noch stärker als die Hoftheater waren die Feuerwerke eine Angelegenheit der oberen Schichten. Nicht nur die Menge an Kutschern und Fiakern zeigt das, sondern auch die Preisgestaltung. Girandolini verlangte 1771 für seine ersten Vorführungen im Prater 10 kr. Eintrittsgebühr, blieb aber ab 1772 fast nie unter 20 kr.;[47] das ist der gleiche Preis, den Stuwer ab 1773 hier

---

43 BÄUERLE'S Memoiren, 1. Bd., Wien 1858, 62.
44 1775 wurde eine zweite Loge geschaffen, die vier Personen Platz bot und 3 fl. zusätzlich zum Eintritt kostete; man konnte sie auf ein Jahr um 14 Dukaten abonnieren (Anzeige im Wien. Diarium v. 18.2.1775).
45 SCHULZ, 215.
46 UN, Keglevich Cs., P 421, Fasz. 77 u. 79.
47 Eine Ausnahme bilden zwei Feuerwerke im Jahre 1776; wahrscheinlich wollte hier Girandolini die Zuschauer für saftige Preiserhöhungen bei zwei „Wasserfeuerwerken" entschädigen.

verlangte - und den ein Bürger im hinteren Parterre des Burgtheaters zahlte! Die Unterschichten blieben von diesem Spektakel also wohl weitgehend ausgeschlossen. Darauf weist das
„Adreßbuch" von 1792 ganz offen hin: Weil der Eintritt zu den
Feuerwerken 20 kr. betrage, bleibe „der geringe Pöbel" weg.[48]
20 kr. waren mehr als ein Tageslohn für Handwerker im Wiener
Baugewerbe - sie verdienten im 18. Jahrhundert 15 kr.[49] - und 20
kr. erhielt auch der Schauspieler Wezko 1787/88 in der spielfrei-
en Fastenzeit pro Tag;[50] es spricht also viel dafür, daß dieser Be-
trag gerade zum Leben ausreichte und davon kaum etwas in Vergnügungen investiert werden konnte.

Gegenüber dem Aufführungsort dieser Feuerwerke war eine
Galerie mit zwei (in Ausnahmefällen auch drei) Rängen errichtet, für die Stuwer, der seine Preise bis 1799 ziemlich stabil hielt,
1 fl. bzw. 20 kr. zusätzlich verlangte. Girandolini hob für die 2.
Galerie zumeist 30 oder 40 kr. ein. Solche Sitzgelegenheiten waren in erster Linie für Damen gedacht, Riesbeck spricht von „einigen 100".[51]

Viele Schausteller hoben ebenfalls das Preisniveau so an, daß
die unteren Schichten mehr oder weniger ausgeschlossen waren.
Auch hier findet man oft jene ominöse 20 kr.-Grenze - ob es sich
nun um Mayrhofers „mechanisch-optische Vorstellungen" in
Maria Hilf handelt oder um die Besichtigung des Zwergs Gullia
in der Kärntnerstraße oder „Phylidors" Vorführung von Geistern
und Schattenmaschinen 1790/91.[52] In allen diesen und vielen anderen Fällen[53] konnten sich die meisten Wiener eine Besichtigung nicht leisten. Allerdings machten gerade Gebildete Vorbehalte gegen bestimmte Schaustellungen geltend, sei es, daß diese
als lebensgefährlich galten, sei es, daß sie Ekel erregten, zumeist
aber ging es überhaupt darum, daß die Fahrenden insgesamt we-

---

48 Nützliches Adreß- und Reisebuch, 267.
49 Damit ging es ihnen viel besser als den Seidenzeugarbeitern, die 9 kr.
bekamen, und diese übertrafen bei weitem die Insassen der Spinnschu-
len, die sich mit 2 kr. täglich begnügen mußten! (Vgl. SANDGRUBER,
Roman: Einkommensentwicklung und Einkommensverteilung in der
zweiten Hälfte des 18. Jahrhunderts - Einige Quellen und Anhaltspunk-
te, in: Österreich im Europa der Aufklärung, 251-263, hier 253 f.
50 Vgl. BLÜMML, GUGITZ, 121.
51 RIESBECK, 278; vgl. auch SANDER, 473.
52 WStLB, Konvolut Sehenswürdigkeiten.
53 Einige Angaben bei PEMMER, Hans: Schaustellungen von Abnormitäten in Wien von der Mitte des 18. Jahrhunderts an, in: WGBll 23
(1968), 265-270 (allerdings ist hier nur ein kleiner Teil der Ankündigungen in Zeitungen ausgewertet).

gen ihrer unsteten Lebensweise den Anhängern eines geordneten Staatswesens suspekt erschienen. Alle zentralen Elemente der Vergnügungskultur des Jahrmarktes fielen nun den Behörden zum Opfer: Einer Anregung Karl Anton von Martinis folgend, wonach schädliche oder „ganz unnütze" Beschäftigungen, wie sie „Taschenspieler, Gaukler, Seiltänzer, eine Klasse der reisenden Schauspieler etc. etc." nachgingen, zu verbieten seien[54], erging wenige Jahre später (1801) an die Polizeibeamten der Befehl, „Gaukler, Leute mit Guckkästen und Zauberlaternen, oder solche die fremde Thiere, Mißgeburten, oder andere sogenannte Seltenheiten zeigen, Marionettenspieler, herumziehende Musikanten, dergleichen auch Abbrandler, Krämer, Quacksalber und überhaupt alle, welche mit Arzneymitteln, arcanis u. dgl. hausiren", anzuhalten und der Behörde zu übergeben. Man rechnete sie jetzt zu den Bettlern und Vagabunden.[55] 1809 nahmen die Behörden davon „sehenswürdige Tiere" aus.[56] 1819 sah sich Graf Sedlnitzky genötigt, die Verbote zu erneuern und zu präzisieren: Genannt werden jetzt auch Bärentreiber, Affen- und Hundekomödianten, „Riesen, Zwerge u. dgl., sobald mit deren Vorzeigung irgend etwas Ekelhaftes verbunden ist". Auch die Inhaber jener Wachsfigurenkabinette wurden jetzt einbezogen,

welche dem Publikum allerlei Darstellungen von gräßlichen Mordszenen und anderen abscheulichen, das bessere Publikum empörenden, das Gefühl des rohen Haufens aber abstumpfenden Bildern zur Schau (...) bringen.[57]

Erst mit den Ansprüchen des gehobenen Bürgertums bildete sich jener Bereich der „Schmierenkomödianten" aus, der sich durch konstant niedrige Preise auszeichnete und nunmehr den unteren Klassen vorbehalten blieb: „Da bringt der Handwerksmann, der Gesell, die Magd, alles sein Scherflein hin", bemerkt dazu die „Realzeitung" im Jahre 1776.[58] Perinet, der diese „Kreuzerkomödien" die „Gassenhauer der theatralischen Kunst" nennt, unterteilt ihren Zuschauerraum in den „Siebnerplatz", der „das Parterre Noble für den Kaufmannsdieneradel" sei, und den „Kreuzerplatz".[59] 7 kr. fürs „Parterre noble" zahlte man z.B.

---

54 MARTINI, 127.
55 Instruction für die kaiserl.königl. Policey-Beamten v. 1801, 1. Abschn., 16 (zit. nach MAYER, Studien).
56 Entwurf der Vorschriften für die Policey in sämmtlichen Ländern (abgedr. bei OBERHUMMER, 189 ff.), 13.
57 Schreiben an die Oberpolizeidirektion v. 13.7.1819, abgedr. bei GLOSSY, Karl (Hg.): Zur Geschichte der Theater Wiens. I: 1801-1820 (1915), 256.
58 Zit. nach BLÜMML/GUGITZ, 328.
59 PERINET, 29 Aergernisse (1786), 33.

1793 in den Hütten auf dem Graben und Neuen Markt.[60] Der
„Thurmwächter" von 1783 entschuldigt gleichsam das schlechte
Spiel einer Gesellschaft damit, daß man „um einen Kreuzer" von
„redenden Marionetten" nicht viel fordern könne.[61] Von ganz al-
tertümlichen Verhältnissen wird noch 1806 berichtet: Ein Teil
der Gesellschaft des Seiltänzers und Gymnastikers J. L. Porte
„spielte unlängst in Hietzing ohne Heller; / Und da ging auf
d'Letzt einer herum mit 'm Teller...", reimte Perinet.[62]

Dieser Bereich also verlor im 18. Jahrhundert bei den Oberschichten an Geltung. „Denke dir diesen Cäsar", schreibt Riesbeck und meint damit Kaiser Leopold,

wie er mit der Krone auf dem Haupt zum Fenster seines Pallastes her-
ausschaut, um sich an den Harlekinaden einiger damaliger Schauspieler
zu ergötzen, die im Hofe des Pallastes herumtanzten und ihre Schel-
lenkappen gegen die Kayserkrone aufschwangen.[63]

Das gebildete aufgeklärte Bürgertum begnügte sich nicht damit,
eine bestimmte Art von Spektakel als „pöbelhaft" abzuqualifi-
zieren, sondern konnte auch im Verein mit den um die öffentliche Ordnung besorgten Behörden zum Teil deren Einstellung erreichen. Die Privilegienpolitik bot dazu einen geeigneten Ansatzpunkt; das betraf zunächst die Produktionen außerhalb der
Marktzeit: Laut einer Resolution v. 27.3.1736 waren - unter Hinweis auf das Privileg von Borosini/Selliers von 1728 - alle „ums
Geld haltende Schau-Spille, wie auch die Seil-Tanzer ausser
Marcktzeit" verboten.[64] 1747 befahl die nö. Regierung neuerlich
(aus dem gleichen Grund) die Abschaffung der „kleinen Comoe-
dien- od. so genanten Creuzer-Spillen auf der Freyung" über die
Marktzeit hinaus.[65] Auch Lo Prestis Vertrag von 1747 enthält im
§17 das Verbot aller Spektakel in und vor der Stadt, „von was
Volumen oder Gattung diese immer seynd", außer zur Jahrmarktszeit.[66] Auf diesen Paragraphen berief sich z.B. die nö. Regierung, als sie 1751 die Hütte eines Marionettenspielers auf der

60 Vgl. BLÜMML/GUGITZ, 319.
61 Zit. ebd., 328.
62 PERINET, Joachim: Der Weyland Casperl aus der Leopoldstadt, im
   Reiche der Todten, Wien 1806, 4.H., abgedr. bei GUGITZ, Gustav: Der
   Weiland Kasperl (Johann La Roche). Ein Beitrag zur Theater- und Sittengeschichte Alt-Wiens (1920), 183 ff., hier 197.
63 RIESBECK, Briefe, 209; zahlreiche Beispiele für die Unterhaltung des
   Hofes durch Komödiantentruppen bei SEIFERT, Oper (siehe Stichwortverzeichnis).
64 Abgedr. bei SCHENK, 2, Anh. 58.
65 WStLA, A.R. 79/1747, D. v. 21.6.1747.
66 Abgedr. bei SCHENK, 2, Anh. 62.

Freyung nach dem Ende der Marktzeit abreißen ließ.[67] Produktionen in den Vorstädten blieben allerdings - entgegen dem Vertrag mit Lo Presti - erlaubt.[68]

Nach der Schauspielfreiheit Josephs II. stellt das Jahr 1794 eine wichtige Zäsur dar, als Baron Peter von Braun ein Privileg für alle Theater der Stadt erhielt. Diese Einschränkung ist wohl nicht nur von ökonomischen Überlegungen, sondern auch von staatspolitischen bestimmt: Je weniger Theater es gab, umso leichter und wirksamer war die Kontrolle der gebotenen Aufführungen - eine Idee, die sich durchaus mit den Intentionen führender Köpfe der österreichischen Aufklärung deckte. Schon lange vorher hatte sich in diesem Sinne Joachim Perinet geäußert:

Wenn man es als einen Grundsaz annehmen will, daß die Schaubühne die Schule der Sitten sey, so finde ich es diesem Saze ganz zuwider, wenn man ausser einer, höchstens zwoen geläuterten Bühnen, so viele Winkeltheaters duldet.[69]

Er steht damit in einer Tradition der Kontrolle und Disziplinierung, die erstens auf Inhalte und Ausführung der Spektakel wirken und sie zweitens, zur besseren Kontrolle, auf wenige Orte beschränkt wissen wollte. Die Darstellung, wie dieser Anspruch durchgeführt wurde, sei dem nächsten Kapitel vorbehalten.

Der Geschmack verfeinert sich

Einigendes Band aller Spektakelformen war die Erwartung des Publikums, unterhalten zu werden. Die Qualität des Gebotenen erwies sich am Besonderen Nichtalltäglichen, Sensationellen. Dazu gehörte das Abnorme wie das Wunderbare, eine ungewöhnliche akrobatische Leistung ebenso wie Geistererscheinungen oder andere Zauberkunststücke. In einer Zeit stark zunehmender Naturbeherrschung und Sozialdisziplinierung waren Spektakel auch das letzte Refugium des Auslebens von Aggressionen und, noch viel stärker gebrochen, sexuellen Trieben, die im Gelächter eine Abfuhr erhielten.

---

67 WStLA, A.R. 141/1751 (D. v. 29.5.1751).
68 Vgl. WStLA, A.R. 6/1748 (Das Ansuchen mehrerer Marionettenspieler, bis Ende Fasching spielen zu dürfen, wird positiv erledigt - das D. v. 10.1.1748 enthält die Erlaubnis für Marionettenspiele in den Vorstädten wie bisher). Erst 1772 wurden sie verboten (nicht ohne allerdings Ausnahmen zuzulassen: „(...) es wäre denn, daß man aus nützlichen Gründen solche halten zu lassen vermeinte") - HR v. 2.1.1772 (KROPATSCHEK, Maria Theresia, 6, 429).
69 PERINET, 29 Aergernisse, 25.

Die Dominanz der Unterhaltungsfunktion führte zu einer Vermischung verschiedener Unterhaltungsformen und zur gegenseitigen Konkurrenz um die Gunst des Publikums.

Am buntesten scheint es in den Markthütten zugegangen zu sein - 1793 sah man z.B. in einer Hütte ein Lustspiel, sodann physikalische und mechanische Experimente eines Herrn Broun[70], oder ein Jahr vorher ein Lustspiel, kombiniert mit der Vorführung einer Madame Spozzy, die einen „großen Amboß, worauf ein Mann stand", mit ihren Haaren in die Höhe hob[71], usw. Im Kärntnertortheater dienten ab den 70er-Jahren professionelle Akrobaten als Ersatz für die nunmehr verbotenen Aggressionshandlungen auf der Bühne.[72] Da produzierte sich etwa der „bayrische Franzel" auf drei Pferden als Springer.[73]

So eifrig man in der zweiten Hälfte des 18. Jahrhunderts über die Bildungsfunktion des Theaters diskutierte, so zahlreich sind die Klagen der Aufklärer darüber, daß die Wiener keine ernsten Stücke sehen wollten. In den Eipeldauerbriefen ist als Ursache für das Scheitern Morellis, der sich im Fasantheater auf dem Neustift 1791/2 mit anspruchsvolleren Stücken versuchte, zu lesen:

aber s' ihnen Recht geschehn (...) Wenn ich ins Theater geh, so will's Aug und 's Ohr was habn. Mit der Morali solln s' mich gehn lassen.[74]

Das kennzeichnet vielleicht bis heute die Einstellung eines breiten Publikums zu „Spektakelformen" aller Art. Was freilich das Vergnügliche ausmacht, was Auge und Ohr befriedigt, was es beleidigt, das ist jeweils unterschiedlich. Auch hier haben wir es nicht nur mit individuellen Unterschieden zu tun, sondern diese sind eingebettet in die sozioökonomische Situation der Individuen und darüber hinaus in einen langfristigen Verhaltenswandel, der nun für gewisse Freizeittrends eine entscheidende Rolle spielt.

In eine Liste der Spektakelformen gehört unbedingt die Jagd, vor allem in der Form des beliebten „Deutschen Jagens":

Das allgemeine Treiben hatte schon seit gestern stattgefunden, auf Befehl der Kaiserin nähern die Treiber sich alle auf einmal, und sogleich sieht man aus allen Ausgängen des Gehölzes eine unzählige Masse von wilden Schweinen, Hirschen, Hasen und Wildpret aller Art hervorbrechen, das dann in wenigen Augenblicken durch die Kugeln der hohen

---

70 Vgl. Theaterzettel v. 3.5.1793, bei BLÜMML/GUGITZ nach S. 320 abgebildet.
71 Ebd., 321.
72 Vgl. ZECHMEISTER, Burgtheater, 176.
73 Ebd., 143, 152.
74 RICHTER, Eipeldauerbriefe, 1, 49 (1792, 3. H., 6. Br.).

Herrschaften unter großem Beifall der Zuschauer niedergeschossen wird.

Dieses blutige Gemetzel, bei dem mehrere tausend Tiere getötet wurden, fand in Laxenburg vor illustrer Runde statt: Der Rasenplatz war von einem kreisförmigen Amphitheater umgeben, auf dem vom Hof geladene Zuschauer saßen, die wohl mit Vergnügen beobachteten, wie die höchsten Herrschaften, umgeben von je vier Pagen zum Laden und von Piqueurs zur Abwendung von Gefahren, ihre Schießkünste zeigten.[75] Was heute wohl einen Aufschrei in der gesamten Presse hervorrufen würde, geschah 1814, während des Wiener Kongresses, also zu einer Zeit, als ein anderes blutiges Spektakel, die „Hetze", in Wien schon längst nicht mehr bestand. Für deren Ende hatte wohl die heftige Kritik seitens aufgeklärter Zeitgenossen den Ausschlag gegeben, die einen Geschmackswandel hinsichtlich des Vergnügens anzeigt, was wiederum als Auslöser für verändertes Freizeitverhalten gelten kann und deshalb von uns näher untersucht werden soll. Während manche Zeitgenossen Tierquälereien noch als Mittel gegen Verweichlichung oder als „Wehrertüchtigung" zu retten versuchten[76], zogen Aufklärer mit pädagogischen (Abstumpfung der Gefühle), ästhetischen (Roheit) und religiösen Argumenten (Schöpfungsplan Gottes) dagegen zu Felde.[77] Obwohl die Protagonisten der österreichischen Aufklärung in ihre Kritik an der Hetze kaum einmal die Jagdlust des Adels einbezogen[78] (wenn-

---

75 LA GARDE, Graf de: Gemälde des Wiener Kongresses 1814-1815. Mit einem Vorwort und zahlr. Anm. neu hgg. v. Gustav GUGITZ (1912), Bd. 1, 190 f.; diese Art zu jagen wurde im 18. Jahrhundert nach dem Vorbild des Versailler Hofes überall durchgeführt - vgl. ECKARDT, Hans Wilhelm: Herrschaftliche Jagd, bäuerliche Not und bürgerliche Kritik: Zur Geschichte der fürstlichen und adligen Jagdprivilegien vornehmlich im südwestdeutschen Raum (1976), = Veröffentl. d. Max-Planck-Inst. f. Gesch., 52 f.

76 In dieser Art argumentiert noch 1793 ein Verteidiger der Hetze - siehe: Handbuch für Hetzliebhaber zur Beförderung ihres Vergnügens und zur Aufnahme der Hetzen überhaupt, Wien und Prag 1794; auch in England verteidigen zu dieser Zeit einige Politiker brutale Sportarten wie Stier-Reizen und Hahnenkämpfe als Mittel gegen Verweichlichung (vgl. CUNNINGHAM, 46 ff.) Schon Justi weist dieses Argument dezidiert zurück: „In der Unempfindlichkeit gegen das Leiden andrer Geschöpfe besteht keine Tapferkeit" (JUSTI, Grundfeste, 2, 381).

77 Vgl. NARR, Dieter (mit Roland Narr): Menschenfreund und Tierfreund im 18. Jahrhundert, in: Studien zur Spätaufklärung im deutschen Südwesten (1979), 260 -278 (zuerst in: Studium Generale 20/1967).

78 Symptomatisch dafür der Beitrag von Sonnenfels über die Grausamkeit von Tierhetzen, der genau dort abbricht, wo es um eine Kritik an der Jagd geht (Mann ohne Vorurtheil, 2/4, 2. Stk.).

gleich sie eine hervorstechende Freizeitbeschäftigung dieser
Kreise war[79]), sind die Grenzen zwischen Jagdlust und Lustjagd
- so hießen diese Tierhetzen auf den Schloßhöfen der Residenzstädte[80] - nicht scharf zu ziehen. Den Zusammenhang stellt u.a.
die Praxis her, die Hunde „zu Beförderung ihrer kayl. königl.
Maytt. Jagd-Lust" auf das Schlachtvieh zu hetzen.[81]

Wie lief nun eine Hetzveranstaltung, die, wie im letzten Kapitel vermerkt, eine beträchtliche Anzahl Menschen an Sonn- und
Feiertagen auf die Beine brachte, ab, seit und bis wann fand sie
statt?[82]

Angesichts der Beliebtheit von Hetzen an den Höfen seit Beginn des 17. Jahrhunderts[83] ist es müßig, die Frage zu beantworten, ob sie entweder aus Spanien (durch den Erbfolgekrieg) oder
aus Frankreich (über Karl V.!) nach Österreich gekommen sei-
en.[84] Im Prater, dem kaiserl. Jagdgebiet, fanden zahlreiche Sau-
hetzen, Fuchsprellen und Spektakeljagden bis Ende des 18. Jahrhunderts statt.[85] Noch im 17. Jahrhundert erreichte das Vergnügen der Tierhetze das städtische Bürgertum, veranstaltet von
Knochenhauer- und Metzgergilden, später auch von reichen
Gastwirten.[86] Die Entwicklung in Wien fügt sich in diesen Rahmen. Der erste Nachweis stammt aus dem Jahre 1699;[87] 1708

---

79 Für Karl VI. und seinen Hof gab es mehr als 100 Jagdtage, unter Maria
Theresia, besonders aber Joseph II., erfolgte eine starke Reduzierung
der Jagd im Sinne der Wirtschaft (vgl. SCHLAG, Wilhelm: Die Hof-
jagd im 18. Jahrhundert, in: Maria Theresia und ihre Zeit, 421-428.

80 Vgl. HOBUSCH, Erich: Das große Halali. Eine Kulturgeschichte der
Jagd und der Hege der Tierwelt (1978), 151 f.

81 Vgl. WStLA, A.R. 17/1748; der k.k. Obrist Hof- und Landjägermeister
zeigt an, daß sich die Fleischhauer weigerten, „dem alten Herkommen
gemäß" die Ringhaus-Hunde auf das Schlachtvieh zu hetzen und, „wie
sonst gewöhnlich gewesen", diese Hunde auszuhalten(D. v. 3.2.1748);
1753 erging ein neuerliches Dekret in derselben Sache, allerdings wurde nunmehr den bgl. Fleischselchern, die kein eigenes Haus hatten, erlaubt, die zu schlachtenden Tiere im Winter und zur Herbstzeit zwecks
Abrichtung der Hunde ins Ringhaus zu bringen (ebd., D. v. 27.6.1753).

82 Bis heute entrüstet man sich über die Lust der Wiener an diesen Hetzen, ihre
Erforschung bleibt demgegenüber zurück.

83 Vgl. OETTERMANN, Stephan: Vor seinem Löwengarten, das Kampf-
spiel zu erwarten. Tierhetzen im 17. und 18. Jahrhundert, in: Journal für
Geschichte 6 (1982), 28-47, hier 28.

84 So LUBAN, Ernst: Das Wiener Hetzamphitheater. In: Alt-Wien. Monatsschrift für Wiener Art und Sprache, 1. Jg. (1891), 178 -184 und
194 -199, hier 194. Vgl. auch HADAMOWSKY, Theatergeschichte,
474: „Relikt aus der spanischen Zeit der Habsburger".

85 Vgl. PEMMER/LACKNER, 12 f.

86 OETTERMANN, 43.

87 Anläßlich der Hochzeit Josephs I. veranstaltete ein „Fleischhacker und

wurde den holl. Handelsleuten Martin Stöppel und Joh. Dörning „außer der Tabor Schanz" die Hetze wilder Tiere in einem Amphitheater gewährt.[88] Später fanden die meisten Hetzen in Wirtshäusern statt;[89] die Problematik, die mit solchen Orten verknüpft war, geht aus einer Beschwerde an die nö. Regierung über eine „offentliche Hätz mit wilden Thieren und Hundten" im sog. „Steyrer Hoff" beim Roten Turm hervor:[90] Die (z.T. adeligen) Nachbarn führten mehrere Fakten an, weswegen sie sich belästigt fühlten: erstens den Lärm, ausgelöst durch die Hunde, die einen „unbeschreiblichen Tumult mittels beständigen Bellen hervorrufen," und durch zwei Trommelschläger, die von Anfang bis Ende der Hetze trommelten, sodaß man „das Gehör verlühren möchte." Zweitens die Feuergefahr, weil den Tieren „Rägetl" angehängt und „Schwiemerl" (Feuerwerkskörper) unter sie geworfen würden.[91] Drittens die Gefährlichkeit der Tiere, die beim Her- und Wegführen in den engen Gassen ein Risiko darstelle. Den Einwänden der Beschwerdeführer trug die nö. Regierung insofern Rechnung, als sie den Hetzmeister an einen Ort in den Vorstädten verwies. Sie begründete das u.a. damit, daß die „dort herumb mit Kopff arbeit beladene Inwohner" wegen des Lärms „zu arbeiten ausser Standt gesezet" seien[92] - hier macht sich bereits eine Politik bemerkbar, die möglichst alle Lärmquellen aus der Stadt zu beseitigen versuchte (siehe später). Nach weiteren Klagen[93] errichteten Bibiena und Carradini ein eigenes Gebäude, das aber nur von 1736 bis 1743 bestand. 1755 erhielt der Franzose Karl Defraine das Privileg zur Erbauung des großen Hetzamphitheaters in der Weißgerbervorstadt. Zur Zeit Nicolais hatte es folgendes Aussehen:

Das Hetzhaus ist ein hölzernes, ziemlich hohes rundes Gebäude, welches einen großen mit Sand beworfenen Platz einschließt. Das Erdge-

---

Gemeiner der Stadt-Quardia" fünf Ochsen- und Bärenhetzen; vgl. SCHLAGER, Skizzen 1839, 259, sowie HADAMOWSKY, Theatergeschichte, 119.

88 WStLA, A.R. 149/1708 (D. v. 26.10.1708); 1710 gab es Streit mit M. Stöppel wegen der Zuchthausgebühr. Man einigte sich auf 50 fl. jährlich (A.R. 83/1710, D. v. 30.6.1710; A.R. 84/1710, D. v. 11.9.1710); lt. REALIS, 1, 22, fanden diese Hetzen ab 1710 statt.

89 WStLA, A.R. 149/1708, 97/1720, 24/1726.

90 WStLA, A.R. 132/1746, Gesuch v. 29.8.1746.

91 Diesen Punkt bestritt der Hausinspektor, als er in der Sache einvernommen wurde (ebd., Bericht v. 28.9.1746); den Einwand ließ der Stadtrat nicht gelten, denn dies sei sonst bei Hetzen üblich und könnte daher auch hier praktiziert werden (ebd.).

92 Ebd., D. v. 12.10.1746.

93 Vgl. WStLA, A.R. 156/1752.

schoß enthält lauter Kammern, worinn die wilden Thiere eingeschlossen sind, und vermittelst einer aufgezogenen Fallthüre auf den Platz gelassen werden können, und neben der Thüre, wo die Zuschauer hineingehen, sind grössere Behältnisse für die Hunde.[94]

1766 wurde das Privileg Defraines auf 12 Jahre erneuert, ab 1768 (nach seinem Tod) verpachtete die kaiserliche Theatraldirektion das Theater[95], bis es 1796 abbrannte;[96] eine Wiedererrichtung wurde verboten.[97]

Die Titel dieser Hetzen erwecken den Anschein, als ob sich ihr Erfolg auf nackte voyeuristische Lust am Gemetzel von Tieren gegründet habe: Einen Tag vor der Hetze, nachmittags,

werden Stadt und Vorstädte eines Mannes ansichtig, der, niedlich gekleidet, jede Gegend durchschreitet, und, von zween Trommelschlägern begleitet, die Einladung ans Publikum zur bevorstehenden scharfen, höchst scharfen, äußerst blutigen, heroischen Hetze auf Mord und Tod macht.[98]

Sieht man sich aber die Inhalte näher an, so muß man feststellen, daß die Tierkämpfe in theatralische Formen eingebunden waren, daß dieser Voyeurismus also abgemildert, verhüllt wurde von „vergnüglichen" Inszenierungen in allerlei mythologischen oder anderen Einkleidungen, mithin eine weitere Sublimierung des Aggressionstriebes (der Voyeurismus ist ja ebenfalls schon eine) stattgefunden hatte. Es gibt häufig Berührungspunkte zu den Aufführungen der Wandertruppen, wie umgekehrt die Hetze Ge-

---

94 NICOLAI, 4, 633; „Der aufrichtige Postkläppererboth" meldet am 22.12.1783, daß das Gebäude gänzlich niedergerissen worden sei und nun aus Stein neu erbaut werde - J. Richter kennt es allerdings noch 1787 aus Holz: Vgl. Eipeldauerbriefe 1, 29 (1787, 2. H., 6. Br.).

95 Nachweise in den Anmerkungen zu GRÄFFER, Franz: Kleine Wiener Memoiren und Wiener Dosenstücke. In Auswahl hgg. ... von Anton SCHLOSSAR, unter Mitw. v. Gustav GUGITZ, 1. Bd. (1918), 351, A. 101; fast alle Belege stammen aus den Protokollen f. NÖ im Archiv des Ministeriums des Inneren, die leider nicht mehr vorhanden sind.

96 Ausführlich wird dieser Brand behandelt von LUBAN, Ernst: Der Brand des Wiener Hetzamphitheaters, in: Alt-Wien. Monatsschrift für Wiener Art und Sprache, 2. Jg. (Nov. 1892 - Nov. 1893), 12-14; da sich die Darstellung vorwiegend auf die Memoiren Bäuerles stützt, ist ihr Wert sehr zweifelhaft (zum Quellenwert Bäuerles vgl. BLÜMML/GUGITZ, 60, 243 f.).

97 GRÄFFER, Memoiren, 351, A. 101; die Ansuchen verzeichnet GUGITZ, Gustav: Wiener Theater 1708 -1802. Abschriften nach Akten des Ministeriums des Innern (WStB Ia 59478), 1796/619, 621, 627.

98 Handbuch für Hetzliebhaber, 11 f.; die angeführten Ausdrücke verwenden auch die Überschriften der Ankündigungszettel (vgl. das Konvolut von Hetztheaterzetteln in der WStLB, Sign.: C 16.361).

genstand ihrer Parodien war.[99] Ob man von einer Entwicklung
der Hetze hin zu einer stärkeren Theatralisierung sprechen kann,
läßt sich leider nicht feststellen, da nur aus späterer Zeit Berichte
und Ankündigungszettel[100] erhalten sind.

Recht aufschlußreich ist in dieser Hinsicht das 1794 erschienene „Handbuch für Hetzliebhaber", das die Eigenschaften aller Tiere
vorstellt[101] und zusammen mit den Ankündigungszetteln recht klar
die Rolle zeigt, die jedes Tier zu spielen hatte; an der Spitze
stand selbstverständlich der Löwe, dessen Ruf als „König der
Tiere" recht gut geeignet war, ihn zum Vertreter des Monarchen
werden zu lassen. Er ist die „Krone des k.k. Amphitheaters"[102]
und betritt „majestätisch" den Kampfplatz. „Schwerlich werden
die muthigen und tapfern Hunde den königlichen Kämpfer besie-
gen; weh denen, dessen Tollkühn sie unter seine Klauen bringt!"
(Hetzzettel v. 14.4.1793). Was bei den Hunden mehr „Übermut"
ist (so werden sie öfter dargestellt), trägt beim „ungarischen Voll-
stier" das Kennzeichen der Rebellion und fordert den gerechten
Zorn des Herrschers heraus: Es „packt ein kühner Rebell mit
äusserstem Muthe den König der Thiere an, seine Stärke schützt
ihn aber nicht vor dem Grimme des Löwen" (Hetzzettel v.
20.5.1793). Fast immer siedelte man die ungarischen Stiere und
Ochsen auf der Seite des Bösen an, wenngleich man sich eine
gewisse Bewunderung ihrer Kraft nicht verhehlen konnte. „Die
Ungarischen Stiere sind die schlimmsten", weiß der Verfasser
des „Handbuches für Hetzliebhaber"; die Hetzpächter forderten
die Zuschauer immer wieder auf, ihre Hunde den Kampf mit ihnen aufnehmen zu lassen, mitunter tötete der Hetzmeister einen
in einem „Stierkampf nach spanischer Art" (siehe später), manchmal mußten sie sich dem Auerochsen beugen, der auf der Seite des
Guten kämpfte; dazu ein Beispiel (Hetzzettel v. 12.5.1793), das
besonders deutlich die Inszenierung eines solchen Kampfes und
die Rollenzuweisung zeigt:

99 Das Theater auf der Landstraße gab 1792 unter der Direktion von Elisabeth Kettner Hetzparodien (BLÜMML/GUGITZ, 248).
100 Das bereits zitierte Konvolut der WStLB enthält Zettel aus den neunziger Jahren; ein Zettel vom 14.10.1784 ist abgedruckt bei DREYSSIG,
142 ff., einer vom 16.5.1796 bei GRÄFFER, Memoiren, 231 ff. Nahe-
gelegt wird die angesprochene Entwicklung durch die in der „Münchner Relation" beschriebenen Hetzen Ende des 17. Jahrhunderts
(ausführlich zit. bei OETTERMANN, 29), die offenbar ohne theatralische
Einkleidungen auskamen und viel stärker als die Wiener Hetzen späterer Jahre an die aristokratische Jagd anknüpften.
101 Handbuch für Hetzliebhaber, 14 ff.
102 Hetzzettel v. 16.6.1793.

Ein wilder, hungarischer Ochs, von quälenden Plaggeistern wüthend gemacht, stürzt auf den Kampfplatz, der mächtige Auerstier tritt ihm gleichgültig und unerschrocken entgegen; schon packt ihn der wüthende Ochs, doch er stürzt in sein Verderben, der kolosalisch-starke Auerstier ergreift ihn, hebt ihn hoch empor, und schleudert ihn zu Boden; er liegt sinnlos auf der Erde, mit ihm seine Macht und Stärke.

Eine direkte politische Aktualisierung dieser Szenen läßt sich aus den Quellen nicht belegen, wir haben aber eine Parallele im Ochsenmarkt auf der Landstraße, zu dem ja vor allem ungarische Stiere getrieben wurden. Riedel verweigerte den Abdruck einer Satire auf die Ochsenteilung in seiner Wochenschrift „Der Einsiedler" („Gespräch im Reich der Toten zwischen einem ungarischen und einem polnischen Ochsen"), weil sie die Nation angreife.[103]

Weniger stark als dumm, aber ebenfalls böse galt das Wildschwein, das zwar einerseits als hart, grob, grimmig und sehr wild geschildert wird (Handbuch für Hetzliebhaber), sich aber andererseits ob seines besinnungslosen Zornes auch als „dumme Sau" beschimpfen lassen mußte (Hetzzettel v. 1.6.1794). Die Niederlage war ihm gewiß:

Wie rasend springt ein böses Wildschwein aus ihrer Falle, und ganz toll läuft sie am Platz herum, einige Schweinsfänger denen es sonderbar vorkömmt, fangen sie, und überlassen es andern, was mit ihr zu machen sey. (Hetzzettel v. 23.6.1793)

Eine dem Wildschwein ähnliche Rolle hatte die „nach Blute dürstende" Hyäne zu spielen. Am untersten Ende der gesellschaftlichen Stufenleiter der Tiere rangierte der Bär; er war stets dem Spott des Publikums ausgesetzt - ein scheinbares Kraftbündel, noch dazu voll Stolz, dem man ungestraft Streiche spielen und über dessen Tolpatschigkeit man sich amüsieren konnte.[104] Sehr häufig sind in den neunziger Jahren Szenen, in denen ein Bär ein Fleischstück von einem Steigbaum holt und plötzlich Feuerwerkskörper explodieren. Er war das beliebteste Objekt der Hunde, vorzugsweise jener, die von Zuschauern mitgebracht wurden. Die Voraussage seiner Niederlage war immer im spöttisch-ironischen Ton abgefaßt, zum Beispiel folgendermaßen:

---

103 RIEDEL: Der Einsiedler, 20. Stk., 312; im 22. Stk. bittet ein Briefschreiber, wenigstens das Manuskript sehen zu dürfen (351).
104 Nicht immer zurecht: Im Sommer 1785 riß angeblich ein großer kurländischer Bär dem Hetzmeister, der acht Hunde auf ihn hetzte, große Stücke aus dem Schenkel, bis ihn die Hetzknechte mit beschlagenen Stangen und mit noch einem Dutzend Hunden befreiten (vgl. SCHULZ, 216).

Betritt ein lithauer Bär mit leisen Schritten den Kampfplatz, sich aufzu-
heitern, begiebt er sich aus seiner Falle; Bärnfänger bitten um Erlaubniß ihn unterhalten zu dürfen; nothgedrungen muß er ihre Visite annehmen, doch, da diese sich für verachtet und für verschmäht sehen, ziehen
sie bald andere Saiten auf, und nehmen ihn tüchtig her; zuletzt erscheint eine Kuppel semmelfabe Hunde, die ihn für seine Grabheit derb
züchtigen. (Hetzzettel v. 26.5.1793).

Die anderen Tiere spielten eher neutrale Rollen, so etwa Leopar-
den oder Panther, die ob ihrer Stärke, aber auch Grausamkeit bewundert wurden, weiters Hengste, Esel, Wölfe, Hirsche usw.
   Noch deutlicher und direkter als in der Rollenverteilung der
Tierkämpfe kommt das theatralische Element mit der Einbin-
dung der Hetzen in abgeschlossene Erzählungen zur Geltung. Da
gab es am 26.8.1781 einen Programmpunkt „das Ringelspiel":
„Zwey junge Schweine in Gestalt des Salzburger Diendel mußten mit ihren Liebhabern Karouselreiten"; Wölfe kamen heraus,
um sie anzugreifen (was sie aber nicht taten).[105] 1779 stellte man
einen gedeckten Tisch mit hölzerner Pastete, in die ein Spanfer-
kel eingeschlossen war, einem Bären hin; er sollte es in seine
Falle tragen.[106] In einer anderen Szene sollten die Raubbären ein
türkisches Kauffahrerschiff überfallen, auf das ein junges Span-
ferkel gebunden war.[107] Am 24.7.1796 spielte man „Der Halb-
ochs-Minotaurus im Labyrinthe, oder rührende Geschichte, und
salva venia gräußliches Ende der wunderschönen Prinzessin Ari-
adne, und das darauf erfolgte fröhliche Beilager mit Herrn von
Bachus"; als Theseus trat der Hetzmeister auf.
   Querverbindungen lassen sich praktisch zu allen Arten von
Spektakeln ziehen: So wurde 1779 eine Version von Hafners
„Evakathel und Schnudi" (mit einem Raubbären als Fürst Pam-
stig) aufgeführt;[108] im selben Jahr war eine „große Maschinenhet-
ze" geplant, wobei ein Raubbär in eine Mühle gehen und einen Ka-
minfeger in einem Rauchfang auf- und abbewegen sollte.[109] Verbindungen zum Feuerwerk ergaben sich durch die sehr beliebte
Nummer des „Feuerhundes" (oder auch -bären), der auf einer
Scheibe unter Krachen und Donnern emporgezogen wurde oder
selbst eine Stange hinaufkletterte.[110] Man scheute auch vor phy-
sikalischen Experimenten nicht zurück: Am 12.10.1780 wurde

---

105 Unparteyische Briefe über den gegenwärtigen schlechten Zustand des
     Hetzamphitheaters in Wien, o.O. 1781, 52.
106 Ebd., 11.
107 Ebd., 19.
108 Ebd., 17.
109 Ebd., 21.
110 Ebd., 33 passim; bei einer Vorstellung 1779 fiel der Hund herunter
     (ebd., 12).

einem Ochsen eine Granate auf die Stirn gebunden, die ihn bei der Entzündung tötete (und angeblich einen so starken Knall auslöste, daß 50 Personen 24 Stunden lang taub blieben).[111] Für den 11.9.1792 kündigten die Gebrüder Melber aus Frankfurt/Main ein Experiment mit Elektrizität an: Sie wollten „einen großen Ochsen durch die Gewalt des Blitzstrahls mittelst der Elektrizität in einem Nu so todt zur Erde strecken, daß selber nicht das geringste Zeichen eines Lebens mehr von sich geben wird."[112]

Diese Mischung heute weitgehend getrennter Unterhaltungsformen macht es leicht verständlich, daß sich sowohl Feuerwerk und Hetze als auch Kunstreiterei und Hetze mitunter gegenseitig Konkurrenz machten: Am 4.5.1784 bat der Hetztheaterpächter Andreas Ulram die Regierung, „den Luftfeuerwerker Stuwer zur Abbrennung seiner Feuerwerke lediglich auf die Werktage zu beschränken";[113] der Kunstreitergesellschaft von Johann Hyam wurde 1788 verboten, an Hetztagen aufzutreten.[114] In beiden Fällen gelang aber später eine Zusammenarbeit: Am 28.10.1792 ließ der Hetztheaterpächter von Stuwer eine „besonders schöne Beleuchtung in zwei Fronten" verfertigen, am 4.10.1794 wurde zum Namenstag des Kaisers ein Tierkampf mit einem Feuerwerk gekrönt.[115]

Eine Verbindung mit der Kunstreiterei[116] war schon länger üblich: Im Hetztheater produzierten sich zum ersten Mal 1776 Kunstreiter, später gab es des öfteren gemeinsame Programme. Mit dem Kunstreiten verbanden sich seinerseits wieder zahlreiche Unterhaltungsformen: Bei den Vorstellungen eines gewissen Magarini 1793, um nur ein Beispiel zu nennen, tanzte ein Mädchen um ein Feuer auf einem Tisch, sprang der Meister über sechs Pferde oder vom Trampolin durch ein Faß und wurde ein kleines Schauspiel gegeben (Luzifer besucht mit sechs Kompag-

---

111 Ebd., 38.
112 Konvolut Hetztheaterzettel; allerdings mißlang dieses Experiment, und der Ochse ging auf seine Peiniger los - vgl. RICHTER, Eipeldauerbriefe, 1, 39 (1792, 3. H., 3. Br.).
113 GUGITZ, Wiener Theater, 1784/51.
114 Vgl. GRÄFFER, Memoiren, 513, A. 617.
115 Vgl. Konvolut Hetztheaterzettel; vgl. auch RICHTER, Eipeldauerbriefe, 1, 242 (1794, 15. H., 2. Br.).
116 Diese Gattung kommt aus England; die ersten Kunstreiter waren Reitlehrer und -künstler, die sich vom Hof (bzw. Adel) emanzipierten; das animierte Fahrende, denen mit der Auflösung der Jahrmärkte zunehmend der Boden entzogen wurde (vgl. GÜNTHER, Ernst und Dietmar WINKLER: Zirkusgeschichte. Ein Abriß der Geschichte des deutschen Zirkus (1986), 12 f.; EBERSTALLER, Gerhard: Zirkus und Varieté in Wien (1974), 20).

nons, alle mit Feuer behängt, mittels eines Saltomortales die Hölle und bekommt dafür Speckknödel und Salami). Auch Balanceakte am Seil waren fast immer dabei[117], und Verkleidungen als Bajazzo[118] erweisen die Nähe zur italienischen Commedia dell'arte.[119]

Das Auftreten der Kunstreiter im Hetztheater hat Eberstaller dazu gebracht, es als Vorläufer des Zirkus zu sehen.[120] Tatsächlich spricht einiges dafür, wenn man an die Vielfalt von Unterhaltungsformen denkt, die dem Publikum präsentiert wurden - ist doch das Typische am Zirkus die „Einheit der Vielfalt."[121] Doch noch etwas ist es, das uns zum Zirkus führt: Die Unterhaltung des Publikums ist eine zweifache! In den Hetzvorstellungen wird nicht nur die Grausamkeit der Tierwelt vorgeführt, sondern auch der Sieg über diese grausame, wilde Natur inszeniert. Das liegt schon im Akt des Vorführens selbst begründet, in der Zuweisung von Rollen, wird aber in einigen Szenen ganz deutlich ausgedrückt, vor allem da, wo der Hetzmeister auftritt und seinen Sieg über einen Ochsen feiern kann, ein Triumph, der natürlich außer Frage steht: „Mit äusserstem Grimm stürzt der gehörnte Kämpfer auf ihn, doch vergebens ist seine Wuth, vergebens seine Stärke; ein starker Arm zerbricht seinen Stolz, er fällt getödtet zur Erde." (Hetzzettel v. 28.4.1793). Mitunter mischen sich Anklänge an die ferne Ritterzeit ins Vokabular: „Eine nervigte Faust macht jenem Zorne (des Ochsen, G.T.) Grenzen, er fällt und wälzt sich im Blute." (Hetzzettel v. 23.6.1793). Manchmal wurden sogar echte Dressurakte eingebaut, etwa bei dem beliebten Stück, wo „feuerspeiende Maschinen" einen Bären auf den Gipfel eines Baumes zogen und er währenddessen ruhig und „gut abgerichtet" sein Essen verzehrte (z.B. Hetzzettel v. 9.5.1790). Häufiger wurde allerdings das Gegenteil inszeniert, nämlich ein totales Chaos vorgeführt. Sehr beliebt waren Stücke, wo sich zur gleichen Zeit eine Menge von Tieren auf dem Kampfplatz tummelte: Ein Ochse mit Katzen behängt, ein Streitroß mit Feuer be-

---

117 Z.B. auch bei den Vorführungen von Hyam, Wiens berühmtestem Kunstreiter, in seiner Reitschule am Rennweg (vgl. WStLB, Zirkuszettel).
118 Ebd.
119 So auch EBERSTALLER, 24.
120 Das Hetztheater sei „eine der wichtigsten Stätten des Wirkens der alten Wanderkünstlerwelt in Wien gewesen" (ebd., 12).
121 Der erste Zirkus wird Philipp Astley zugeschrieben, der als erster systematisch Reitvorführungen mit anderen Kunststücken, wie etwa Seiltanz, und mit lustigen pantomimischen Szenen verband. 1778/9 baute er sein erstes Amphitheater (vgl. GÜNTHER/WINKLER, 15 ff.). Der Begriff Theater, der noch bis zur Mitte des 19. Jahrhunderts mit „Zirkus" abwechselte (ebd., 20 f.) ist ein weiterer Beleg für die geringe Spezialisierung der Unterhaltungsformen.

laden, ein Bär durfte selbstverständlich auch nicht fehlen; unter diese und andere Tiere wurden meistens Granaten geworfen, was zu einem noch stärkeren Durcheinander führen sollte, bis schließlich - und hier zeigt sich der tiefere Sinn dieser Inszenierungsform - „mitten unter den kämpfenden Thieren" der Hetzmeister erschien, eines erlegte und mit seinen Gehilfen Ordnung machte (Hetzzettel v. 1.4.1793 passim). Besonders deutlich wird der Zusammenhang von „grausamer" Natur und Naturbeherrschung auch an der Beschreibung der Tiere im „Handbuch für Hetzliebhaber", dessen Autor einerseits den meisten Tieren das Attribut „wild" bzw. „grimmig" umhängt (Löwe, Leopard, Luchs, Hirsch, Fuchs, Hyäne, Auerochs, Wildschwein, Stier), andererseits jedes Mal die Frage mitbehandelt, wie leicht diese Tiere zu zähmen seien. So schlugen die Disziplinierungsversuche, interpretiert als Form von Naturbeherrschung, auch in jenem Bereich durch, der an sich einen Gegenpol zur zunehmend aggressionsfreieren Gesellschaft bildete. Diese Dressurakte standen dann immer stärker im Zentrum des Interesses, offene Roheit wurde auch dem Tier gegenüber zurückgedrängt. Die Entstehung des eigentlichen Zirkus spiegelt also auch die zunehmende Disziplinierung der Gesellschaft durch Monopolisierung der Gewalt von seiten des Staates wider.[122]

Um 1800 schritt dieser Disziplinierungsprozeß schnell voran. Während ein Autor noch 1781 empört die Frage stellte: „(...) gehört eine Maschinenkomödie, oder ein Marionettentheater zur Hetze?"[123], so war man sich spätestens gegen Ende des Vormärz der theatralischen Einkleidungen gar nicht mehr bewußt und konnte nur mehr entsetzt sein über so viel Roheit im josephinischen Wien. „Wer mag jetzt noch glauben, daß jene empörenden Blutszenen zu den Gegenständen des höchsten Genusses gehören konnten", schrieb Franz Gräffer.[124] Im 18. Jahrhundert findet man noch die gegensätzlichsten Standpunkte vor, auch dazwi-

---

122 Nicht ganz folgen kann ich der Interpretation OETTERMANNS, 47; er setzt den Wandel vom Töten des Tieres zu seiner Dressur mit dem Übergang von der französischen zur englischen Art der Gartengestaltung in Beziehung. Dressur, mit der der Mensch dem Tier den Stempel seines Willens aufdrückt, scheint aber eher mit der „absolutistischen" Form zu korrespondieren. Nicht nur deshalb ist die Zuordnung von Hetze=aristokratisch und Dressur=bürgerlich fehl am Platz, vielmehr muß man den Vorgang, wie ich zu zeigen versucht habe, in den Prozeß zunehmend disziplinierter Lebensgestaltung einbetten, in einen Vorgang also, der sich nicht auf bürgerliche Oberschichten beschränkt

123 Unparteyische Briefe, 19.

124 GRÄFFER, Memoiren, 212.

schenliegende. Aus schon genannten Gründen bekämpften die Aufklärer heftig die Hetze, dieses „Scheusal aller Schauspiele"[125], als Form von Tierquälerei. „Weh mir, daß ich euer Bruder bin!", klagt Perinet.

Falsche Schwärmerei, nur da empfindsam, wo du unvorsichtig, einen Käfer zertrittst, aber vorsezlich grausam, Geschöpfe gleich dir geschaffen, langwierig zu martern und an ihren Schmerzen sich tirannisch zu weiden![126]

In der Wien-Utopie von J. Rautenstrauch ist dieses „die Menschheit entehrende Spektakel", das die Herzen der Zuschauer „verhärtet und verderbt", selbstverständlich abgeschafft.[127]

Natürlich waren auch gelehrte Wien-Besucher von diesen Formen schockiert.[128] Ein Teil des Hetztheaterpublikums wiederum war bereits in einer solchen psychischen Verfassung, daß es nur teilweise die Grausamkeiten dem Tier gegenüber aushalten konnte. Nicolai berichtet von einer Szene, in der zwei Wölfe ein zahmes Schwein auffraßen; dabei verließen mehrere Zuschauer(innen) das Haus![129] Ein Brief im „Mann ohne Vorurtheil", fingiert oder nicht, steht dem Gefühlshaushalt heutiger Menschen unseres Zivilisationskreises noch näher. Da beklagt sich jemand über das Schlachten in der Stadt auf offenen Plätzen und macht den Vorschlag, das Vieh in Schlachthäusern vor der Stadt zu töten. Sonnenfels drückt in seiner Antwort auf diesen Brief ein „natürliches Mitleiden" mit dem Tier und den „Abscheu vor einem so gräßlichen Geschreye" aus.[130] Der Tötungsvorgang soll also dem Blick einer befriedeten bürgerlichen Gesellschaft entzogen werden, Aggressionshandlungen dürfen nur mehr hinter verschlossenen Türen stattfinden.

Zweifellos gab es aber noch viele, die derartige Selbstzwänge, ein Ekelempfinden bei solchen Szenen, noch nicht aufgebaut hatten, sonst wären die Vorstellungen nicht so gern besucht worden.

Für diesen geringen Stand an Aggressionssublimierung gibt es auch aus anderen Unterhaltungsformen Beispiele: Eine Samm-

---

125 RAUTENSTRAUCH, Möglichkeiten, 2, 63; vgl. auch Schwachheiten, 2, 39.
126 PERINET, 29 Aergernisse, 15.
127 RAUTENSTRAUCH, Neues Wien, 37 f.
128 Z.B. HEINZMANN, 312.
129 NICOLAI, 4, 637; ähnlich der Vorwurf im „Wienerblättchen" v. 25.5.1787: Eine Szene, wo ein „weißes, ein niedliches Pferdchen durch einen Bären zerrissen" worden sei, habe selbst die an Grausamkeit gewöhnten Zuschauer gezwungen, „ihre Augen mit Abscheu abzukehren."
130 Mann ohne Vorurtheil, 1/1, 5. Stk.

lung von Gesellschaftsspielen, in 2. Auflage 1791 erschienen, enthält einen Zaubertrick mit der Überschrift: „Einen Vogel wieder lebendig zu machen, den man in einem Mörser zerstossen hat." Man braucht dazu einen Mörser mit doppeltem Boden und einer Falltür, sowie einen hölzernen Stössel. „Wenn man nun einen lebendigen Vogel in dem Raum, der zwischen dem Fallboden und dem rechten Boden des Mörsers ist, eingesperrt hat, so muß man einen andern von eben dieser Art nehmen, solchen in dem Mörser zerstossen, und zeigen, daß er wirklich todt ist." Mittels des Falltür-Mechanismus befördert man dann zum großen Erstaunen des Publikums den lebendigen Vogel ins Freie![131]

Hohn traf die Veranstalter der Hetzen, wenn die Tiere nicht aufeinander losgingen. „Im 9ten Stück erschien ein Schweitzervollstier, der mit Zärtlichkeit den Bären anschaute, und sich mit ihm in ein verliebtes Gespräch einließ", lautet ein kritischer Kommentar zu einer Hetze des Jahres 1779.[132] 1787 bekam der Hetzpächter Ulram sogar eine Strafe von 100 Dukaten aufgebrummt, weil er groß ankündigte, einen Bären von einer Löwin zu Tode hetzen zu lassen, aber während der Vorstellung bei drohender Niederlage der Löwin die Tiere durch Granatfeuer vertrieben habe.[133] Was gegen Ende des Jahrhunderts offenbar noch alles möglich gewesen wäre, zeigen die durchaus ernstgemeinten Vorschläge im „Handbuch für Hetzliebhaber" für neue Hetzen, die originell und lustig sein sollten. Da sollte es unter anderem eine „musikalische Akademie" geben, bei der Katzen, Bären, Wölfe und Affen auf je einer Bank sitzen und ihre Schwänze durch Löcher hängen lassen; das Konzert sollte durch Anziehen an diesen Schwänzen in Gang kommen. In einer anderen Szene, betitelt „Wie der Wolf den Gänsen predigt", sollten Gänse, Enten und Hühner von Wolf und Hunden aufgescheucht werden - „Blut fließt von allen Seiten". Verwirklichung fanden diese Vorschläge, die einen sehr geringen Stand an Aggressionssublimierung anzeigen, nicht mehr - der aufklärerische Standpunkt im Verhalten den Tieren gegenüber setzte sich durch, mit dem Ergebnis, daß gegen Ende des Vormärz Tierschutzvereine gegründet wurden, was manchen noch als ein Extrem erschien.[134] Eine

---

131 Der angenehme Gesellschafter. Eine Sammlung meistens ganz neuer Unterhaltungs-, Scherz-, Pfänder-, Karten-, Würfel- und anderer Spiele (...) Zur Aufmunterung für Gesellschaften beiderley Geschlechts, Graz 2. A. 1791, 163 f.

132 Unparteyische Briefe, 21; vgl. auch RICHTER, Eipeldauerbriefe, 1, 27 (1787, 2. H., 6. Br.).

133 Vgl. Neues Wienerblättchen v. 4.7.1787.

134 Vgl. wiederum GRÄFFER, Memoiren, 212: „Wer hätte zur Zeit jener entzückenden ‚Götterhetze' gedacht, daß man bald Vereine gegen

4. Eine höfische Veranstaltung: Die Tribüne anläßlich der Jagd für Ferdinand IV. von Sizilien 1791 im Prater beim Lusthaus ist durchaus dem Hetztheater auf der Landstraße vergleichbar. Die Zuschauer bekamen eine Schweinsjagd und ein Fuchsprellen zu sehen.

Ausnahme bildet nur der Vorschlag, Hahnenkämpfe nach englischem Muster zu veranstalten.[135] Sie fanden in Meidling 1834 statt, nachdem sie in Wien seit dem Spätmittelalter nicht mehr heimisch gewesen waren[136], aber mit mangelndem Erfolg[137] - auch das ein Zeichen für die inzwischen fortgeschrittene Selbstdisziplinierung: „Im Tivoli zu Meidling übten sechs Paar mächtiger Hähne ihre Kraft auf Tod und Leben; es erhielt aber die Produktion so geringen Beifall, daß es seitdem Niemandem mehr einfiel, die Gemüthlichkeit der Wiener auf eine derartige Probe zu setzen."[138]

Neben den Hetzen gab es im 18. Jahrhundert ein weiteres Spektakel, in dem aggressive Tiere die Hauptrolle spielten: Die „Ochsenteilungen". Es ist charakteristisch für den generellen Verhaltenswandel, daß auch sie allmählich verschwanden, wenn auch nicht so abrupt wie die Hetze.[139] Schon seit dem Mittelalter fand jeden Freitag der Wiener Viehmarkt statt, zu dem vor allem ungarisches, seit der Mitte des 18. Jahrhunderts verstärkt auch polnisches Vieh durch die Vorstadt Landstraße bzw. dann auch durch die Leopoldstadt getrieben wurde.[140] Wenn die Ochsen,

---

Tiermißhandlung gründen werde? Welche Extreme?" - Ein gewisses Mißbilligen dieser Vereine drückt auch eine andere Stelle aus: „Was werden die Vereine gegen Thiermißhandlung dazu sagen? Pah, nur heraus damit! Es ist ja von 1796 ... und nicht von anno 1845" (ebd., 231).

135 Schon 1787 kursierte das Gerücht, daß - nach Erbauung eines neuen Hetztheaters nach „englischem Geschmack" - „Hahnengefechte eingeführt werden" (vgl. Das neue Wienerblättchen v. 25. 6. 1787); zur Beliebtheit der Hahnenkämpfe und des Schlagens nach dem Hahn in England vgl. MALCOLMSON 48 ff.; zur zeitgenössischen Kritik daran: Ebd., 118 ff.

136 Vgl. REALIS, 1, 523 f.; darauf fußend: BERMANN, 179.

137 Üblich war es allerdings zu dieser Zeit noch bei den Holzhändlern im Waldviertel (vgl. REISCHL, Friedrich: Wien zur Biedermeierzeit. Volksleben in Wiens Vorstädten nach zeitgenössischen Schilderungen (1921), 34.

138 BERMANN, 180.

139 In Teilen Englands, wo „Bullenrennen" zu Volksfesten wurden, nahm der Konflikt um sie einen viel schärferen Verlauf als in Wien, wurde prinzipiell aber von ähnlichen Argumenten getragen (vgl. MALCOLMSON, Robert W.: Volkskultur im Kreuzfeuer. Der Kampf um die Abschaffung des Bullenrennens in Stamford im 18. und 19. Jahrhundert, in: Volkskultur. Zur Wiederentdeckung des vergessenen Alltags (16. - 20. Jahrhundert), hgg. v. Richard VAN DÜLMEN und Norbert SCHINDLER (1984), 282-298). In Stamford bemühte man sich seit 1788 um die Abschaffung dieses Volksfestes, was aber erst nach vielen Jahren zum Erfolg führte.

140 Vgl. RIEDL, Richard: Der Wiener Schlachtviehhandel in seiner geschichtlichen Entwicklung, = Sonderdruck aus: Jahrbuch für Ge-

begleitet von der Stadtguardia, durchzogen, mußten Tore und Türen der Häuser an der Landstraßer Hauptstraße geschlossen sein.[141] Am „Ochsengries", dem Ort des Verkaufs an die Fleischhauer, waren seit 1760 hölzerne Stände zum Eintrieb aufgerichtet[142], die den mutigen unter den Zuschauern zum Vorzeigen ihrer Geschicklichkeit und Tapferkeit dienten. Recht anschaulich, mit einem wehmütigen Rückblick auf die gute, alte Zeit, schildert Gräffer[143], wie das Publikum „an diesen Balken steht, oder an ihnen hängt, oder ganz oben auf ihnen dragonerisch reitet, oder seiltänzerisch balanciert", und mitunter auch abgeschüttelt wurde. Es soll dabei zahlreiche Verletzte und sogar einige Tote gegeben haben, etwa wenn jemand in die Abgrenzung hineinfiel oder ein Stier auskam. Mit unverhohlenem Mißfallen beschreibt Nicolai das entstehende Durcheinander beim Wegführen der Ochsen: Sie

werden oft wild und beschädigen die Schlächter. Dahin laufen denn eine große Menge Menschen, gaffen, schreyen und toben, wenn der Ochse sich losreissen will, und die Umstehenden in Gefahr setzt.[144]

Es war ein Kampf gegen die wilde Natur, der hier stattfand und in den Zuschauern die oben beschriebenen Kräfte freisetzte, und auch hier wurde der Sieg über das dadurch heraufbeschworene drohende Chaos gefeiert: Die Leute bewunderten zwar die Kraft der Ochsen, klatschten aber dann Beifall, wenn sie von den Fleischhackern mit ihren Hunden „in vollem Triumphe" davongeführt wurden.[145]
Die „Menge", die Nicolai erwähnt, scheint keineswegs bloß aus den Bewohnern dieser Vorstadt bestanden zu haben, sondern

---

setzgebung, Verwaltung und Volkswirtschaft im Deutschen Reiche, hgg. v. G. SCHMOLLER, XVII, H 3.
141 GRÄFER, Memoiren, 48.
142 WStLA, A.R. 104/1751, D. v. 28.1.1760: „Einige Einplankungen mit mehreren Abtheilungen"; beim Nachhausetrieb seien wilden Ochsen „sogleich die Flachsen abzuhauen" oder man binde die Tiere fest. Das Entlaufen wilder Ochsen kostete 6 Rthl. Strafe (ebd.).
143 GRÄFFER, Memoiren, 46 ff. ; Einleitend: „Du lieber, romantischer Ochsenstand, wo bist du? Ihr tapferen Hauptakteure selbst, wo seid ihr?" Zum Abschluß: „(...) jetzt ist alles eitle Prosa gegen die damalige furiöse Poesie, und die noch übrigen Grammelstätter müßten heutzutage einschlafen und lieber auf dem Wasserglacis herumgähnen oder auf dem Schanzel. Damals war das Ding energisch, imposant, drastisch, großartig, famos in seiner Weise so à la Stiergefecht." (49 f.) Von „sich vielfältig ergebenden Unglicks-fällen bey Sortirung, Treibung, und Schlachtung" spricht auch ein D. d. nö.Regierung v. 7.5.1751 (WStLA, A.R. 104/1751).
144 NICOLAI, 4, 631 f.
145 Patriot, 5 (1766), 446.

das Ochsentreiben dürfte weit darüber hinaus beliebt gewesen sein, sonst würde es ja kaum in Reisebeschreibungen häufig Erwähnung finden (charakteristischerweise immer in Zusammenhang mit der Hetze). Nach einem Aufsatz im „Patriot" gingen zu diesem Spektakel „so viele von unsern Kanzleystutzern, deren gepuderten Köpfen und barfumirten Kleidern man ihre Tapferkeit sonst gar nicht ansehen sollte, und unsere Studenten, wenn sie Vacanz haben", weiters Soldaten und „sogar" Frauen, „oft mit aller Schminke".[146]

Da bei diesem Viehmarkt der Zweck der Lebensmittelversorgung für Wien stark im Vordergrund stand, wurde an diesem Spektakel meist nur in abgemildert-ironischer Form, wie etwa in der zuletzt erwähnten Beschreibung, Kritik geübt. Wenn man etwas Ernsthaftes dagegen einwandte, dann unter dem Aspekt der Sicherheit; so schlug Perinet vor, am Ochsengries sichere Plätze für Zuschauer zu errichten und dafür Eintrittsgeld zu kassieren.[147]

Diese Betonung der Sicherheit (nebst macht- bzw. bevölkerungspolitischen Argumenten) führte auch zu einer Kritik anderer Schaustellungen: So wurde die Kunst der „Seilgaukler" verurteilt, weil sie ihr Leben aufs Spiel setzten.[148] Perinet wandte sich gegen Unternehmer, die „reissende Bestien in bretternen Hütten" ausstellen, weil dabei die Gefahr gegeben sei, daß sie ausbrechen.[149]

Mit dem Bau des Wiener Neustädter Kanals wurde der Viehmarkt 1797 an die St. Marxer Linie verbannt, was ihm einiges an Attraktivität gekostet haben dürfte.[150] Allerdings hielt es die Regierung auch dann noch für nötig, vor der Gefährlichkeit der Ochsenteilung zu warnen. Küttner berichtet von einer 1799 herausgekommenen Verordnung, wonach sich niemand unterstehen solle, „den Ochsen zu folgen, noch weniger durch Geschrey und Werfen sie wild (zu) machen, am allerwenigsten aber Hunde auf sie (zu) hetzen."[151] Nur mehr die Fleischer durften die Stände des Ochsengrießes betreten. 1841 verbot eine Regierungsverordnung neuerlich die Hetze der Ochsen, außer im

---

146 Ebd., 445 f.; auch RICHTER, Eipeldauerbriefe, 1, 134 (1794, 8. H., 5. Br.) konstatiert ein sehr gemischtes Publikum; sogar Adelige seien darunter.
147 PERINET, Aergernisse 1, 32.
148 SONNENFELS, Mann ohne Vorurtheil, 2/3, 10. Stk.; PERINET, Aergernisse, 1, 33.
149 Ebd.
150 „Der alten Sitte annähernd", nahm man allerdings noch nach 1840 auf der städtischen Schlachtbrücke unter den Weißgerbern jeden Samstag die Probeschlachtung einiger Ochsen vor (vgl. REALIS, 2, 177).
151 KÜTTNER, 294.

Falle „strenger Notwendigkeit".[152] Das endgültige Ende des Viehtriebs in alter Form kam durch die Eisenbahn![153]

Nicht nur die Hetze fiel dem Wandel der Triebmodellierung zum Opfer, die Schaulust wurde auch anderen Objekten gegenüber gebändigt, vor allem in der Art, daß man bestimmte Unterhaltungsformen als „pöbelhaft" brandmarkte; der „gute Geschmack" integrierte die kulturellen Eliten und distanzierte sie von den Unterschichten.

Eine wesentliche Funktion des Theaters war die Ermöglichung einer Triebabfuhr, die Auflösung von Spannungszuständen, wie sie der Alltag mit sich brachte. Gerade die Komik Stranitzkys lebte von der Spannung zwischen den Verhaltensanforderungen einer streng auf Etikette bedachten Gesellschaft und der Manifestation einer „urgesunden Vitalität".[154] Eine solche Abreaktion war für die Verfechter des Maßhaltens, für die Propagandisten einer stetigen Lebensweise, nicht mehr tolerierbar: Sie forderten ein „gesittetes" Drama, ein Theater, das von Unanständigkeiten zu reinigen war. Das mußte nicht unbedingt die Forderung nach einem regelmäßigen Drama und ein Verbot des Stegreifspiels nach sich ziehen[155] (immerhin zeigte schon die Komik Prehausers gegenüber jener seines Vorgängers Stranitzky eine „verfeinerte Erotik"[156]), ging aber schließlich doch Hand in Hand damit, weil nur so eine wirksame Kontrolle über das Wort möglich war.

Das Verbot des Stegreifspiels 1770 bedeutete nicht den Beginn, sondern nur eine weitere Etappe herrschaftlicher Kontrolle über die Volksbelustigungen. Der Verbannung des Harlekins von der Bühne ging die Vertreibung der Schauspieler von der Straße voraus! Sie begann Mitte des 17. Jahrhunderts, als Spielgruppen, noch stark im religiösen Brauchtum wurzelnd, vor allem zur Weihnachts- und Faschingszeit die Straßen unsicher und die Nacht zum Tag machten.[157] Eine Klage der nö. Regierung aus dem Jahre 1719 läßt Zusammenhänge mit dem Brauchtum

152 Vgl. FAJKMAJER, Karl, in: Dreihundert Jahre Wiener Fleischhauergenossenschaft 1612 -1912 (1912), 28.

153 RIEDL, 210, 213.

154 So ROMMEL, 287.

155 HAIDER-PREGLER stellt ausführlich dar, wie sehr man im Bereich der Volkskomödie zunächst nach einer auf dem Bestehenden beruhenden Lösung suchte, „um die Bühne als Ort des ‚prodesse et delectare' bewußt in den Dienst der bürgerlichen Aufklärung zu stellen" (312); für die Wiener Gottschedianer war der Besuch der Hanswurstkomödie im Kärntnertortheater durchaus ein Vergnügen! (ebd., 305).

156 ROMMEL, 367.

157 Vgl. HADAMOWSKY, Theatergeschichte, 104.

dörflicher Burschenschaften erahnen: „Verschidene dienstlose Bursch" hätten bei herannahender Weihnachtszeit begonnen,

ds so genante Adam und Eva: sodan aber ds Bauern- oder Hochzeit Spill in denen Häusern vorzustellen, und mit ungestimen Blasen, Leyern, und ungebührl. Springen und Tanzen alle Blaz und Gässen bis in den spathen Abend abzugehen, und die Inwohner zu beunruhigen.[158]

Erstaunlicherweise fiel die Reaktion der Obrigkeit ziemlich milde aus: Das Adam-und-Eva-Spiel blieb erlaubt, das Bauernhochzeitspiel wurde auf die drei letzten Faschingstage beschränkt.[159]

Erst 1751 kam es zu einem generellen Verbot von öffentlichen Volksspielen, wie dem Sommer- und Winterspiel, dem Adam-und-Eva-Spiel, dem Sonnwendspiel, dem Aufzug der Hl. Dreikönige, dem Neujahrssingen und -geigen, dem Johannes-d.-Täufer-Spiel, dem Geburt-Christi-Spiel etc.[160] Diese Aufzählung läßt erahnen, welcher Schaden dem Kulturgut des Volks mit der Durchsetzung dieser Verbote erwuchs.[161]

Neben den lärmerregenden, unsittlichen Spielen erweckten die Liedersinger auf Gassen und Plätzen den Zorn der Obrigkeit; man rechnete sie zu den Müßiggängern, warf ihnen vor, daß sie „denen Dienstbothen die Versaumbnus der Herrn geschäfften an die Handt" gäben und Skandale produzierten, und befahl immer wieder ihre Abschaffung bzw. sofortige Arretierung.[162] Einen letzten Ausläufer dieser Verordnungen sehen wir in einem öffentlichen Ruf Josephs II., der „das muthwillige Schreien und Händeklatschen auf der Gasse" verbot.[163]

---

158 WStLA, A.R. 156/1719; zit. schon bei REALIS, 1, 14.
159 Ebd.; selbstverständlich wurde von beiden „alle Ehrbarkeit" gefordert.
160 Aus: Verordn. in publ. ecclesiast. 1518-1780, abgedr. bei GOTT-SCHALL, 2, 141.
161 Dem schlechten Ruf des Dreikönigsspiels fiel noch Propst Parhammer zum Opfer, als er ein solches 1783 von den Zöglingen des Waisenhauses in der Christnacht - gewiß nicht in unmoralischer Absicht - aufführen ließ. Joseph II. rügte ihn, weil es viel zu sinnlich sei! (vgl. GLOSSY, Carl: Zur Geschichte der Wiener Theatercensur, = Sonderdr. aus Jb. d. Grillparzer-Gesellsch. 7. Jg. (1896), 49).
162 Vgl. WStLA, A.R. 112/1704, Dekrete v. 11.3. u. 23.12.1704; A.R. 136/1720, D. v. 22.11.1720 (ein weiteres Dekret erging an die bgl. Wirte und Bierleutgeben, daß sie diesen Liedersingern keinen Aufenthalt bzw. Unterschlupf gewähren sollten).
163 Öff. Ruf in Österr. v. 1.8.1781 (KROPATSCHEK, Joseph, 1, 164); die Polizeiinstruktion von 1801 spricht nur mehr allgemein von „Nachtlärmen und Nachtmusiken" (2. Abschnitt, 8 - zit. nach Mayer, Studien).

Die Bühnenschauspiele überlebten, weil sie sich zu „gesittetem Ergötzen" wandelten. Zensur der Texte (1765), Extemporierverbot (1770), Aufsicht durch Polizeiorgane (1793) und schließlich eigene Theaterkommissäre (1803)[164] waren die Etappen, die wenigstens in einem Teilbereich der Freizeit den Traum vieler Aufklärer von einer vollständigen Kontrolle der Sittlichkeit der Staatsbürger verwirklichen halfen.[165]

Auf unser Thema angewandt, bedeuten diese Reformen, keine „Enklaven" der Triebrestriktionen innerhalb einer Gesellschaft zu dulden, ein - wenn auch nur stellvertretendes - Ausleben der Affekte zu hindern; der bereits besprochenen Nivellierung der Festkultur läuft somit eine Einebnung des Unterschiedes zwischen Arbeits und Freizeit parallel; der Mensch im Alltag hatte seine Affekte nun auch bei den Unterhaltungsformen unter Kontrolle zu halten.

Nicht weniger auffällig als im Sexual- und Fäkalbereich wandelte sich die Darstellung von Gewalt auf der Bühne. Prügeleien bildeten einen festen Bestandteil und wohl auch Hauptanziehungspunkt der Stücke von Komödiantentruppen. Bei den „Haupt- und Staatsaktionen" gab es zahlreiche Greuelszenen, die für unser Empfinden „kaum noch erträglich sind."[166] Solche Darstellungen traten zwar noch im 17. Jahrhundert zugunsten romantisch-abenteuerlicher Komödien zurück, doch blieb der Brauch, daß Schauspieler eine Extragage (nach fixen Sätzen) für Ohrfeigen, Fußtritte und andere derartige realistische Darstellungen auf der Bühne erhielten, was recht stattliche Summen ausmachen konnte.[167] Bezeichnenderweise scheinen diese „Accidenzien" in den Abrechnungen des Kärntnertortheaters aus den 70er-Jahren nur mehr selten für Erwachsene auf, umso häufiger dafür bei Kindern.[168] Ihnen, von denen man noch eine geringere Triebmodellierung erwartete, wurden also diese Freiräume zugestanden, wie ja auch der „Kasperl" als Possenreißer zum Liebling des Marionettenspiels für Kinder herabsank.

Mit verschärfter Theaterzensur wurden Prügeleien auf der Bühne überhaupt verboten. Das war für Freiherrn von Hägelin, den Zensor nach Sonnenfels, eine der wenigen Direktivregeln, die er nach eigener Aussage „höchsten Ortes" erhielt.[169] Er ging

164 Vgl. GLOSSY, Theatercensur.
165 Um 1760 nahmen in den Moralischen Wochenschriften die Forderungen nach einer öffentlichen Kontrolle des Theaters zu (ebd.). Auch Justi präsentierte den Vorschlag, einen „Mann mit gutem Geschmack" zum Aufseher über die zu spielenden Stücke zu bestellen (Grundfeste, 2, 377).
166 ROMMEL, 172 (dieses Urteil ist allerdings über dreißig Jahre alt!).
167 Vgl. ZECHMEISTER, Wiener Theater, 175.
168 Ebd.
169 Vgl. GLOSSY, Theatergeschichte, 1, 11 f.

nach der Regel vor, „daß das gesittete Theater nie mit Blut befleckt werden darf", denn „die schönen Künste vertragen nichts gräßliches und leiden keinen Eckel."[170]

Die Handgreiflichkeiten überließ der gebildete Bürger den Unterschichten, die sich bei den Marionettenspielen an Aggressionshandlungen weiterhin belustigen konnten - denn: beim „Putschinella" geht alles mit Prügeln aus, klärt der Herausgeber der Eipeldauerbriefe die Leser auf,

dadurch unterscheiden sich (...) diese Stuck von unsern deutschen Komödien. Dort geht alles mit Heirathen aus, und hier alles mit Prügeln.[171]

Das Publikumsverhalten ändert sich

Den Veränderungen des auf der Bühne Dargestellten entsprach ein Verhaltenswandel im Publikum. Wir können dabei Trends wahrnehmen, die den schon beschriebenen entsprechen: Der Differenzierungsprozeß zwischen Arbeit und Freizeit, Freizeit und Kult findet innerhalb der Freizeitaktivitäten seine Fortsetzung: Es zeichnet sich schon ein Theaterbetrieb ab, der in seiner zunehmenden Spezialisierung den Zuschauer von anderen Lebensaktivitäten abtrennt. Die ursprüngliche Multifunktionalität der Räume wird im 18. Jahrhundert von ausschließlich dem Theater vorbehaltenen Gebäuden abgelöst. Das scheidet sie zunehmend von der geselligen Atmosphäre eines Wirtshauses; die Tendenz zum Bildungstheater erfordert und produziert ein Spezialistentum, das eine hohe Konzentration der Zuschauer auf das Bühnengeschehen, vor allem auf das gesprochene Wort erfordert; der Disziplinierung der Darsteller entspricht eine (Selbst-)Disziplinierung des Publikums. Der Attraktivitätsverlust der Jahrmärkte löst die Bindung der Spektakel an wirtschaftliche Rhythmen und Handlungen, Freizeit wird in ihrer reinen Gestalt sichtbar.

An welchen konkreten Verhaltensmustern lassen sich nun diese Entwicklungen festmachen? Es erweist sich als aufschlußreich, das Verhalten des „Pöbels" jenem gegenüberzustellen, mit Hilfe dessen sich die entstehende kulturelle Elite gegen „unten" abhob.

Bevor man zur Jahrmarktszeit die Stücke der „fliegenden Truppen" besuche, so schrieb Pezzl über die Kreuzerhütten der josephinischen Zeit, möge man eine „Prise Tabak" nehmen,

---

170 HÄGELIN in seiner Denkschrift „Theaterzensur in Ungarn" (1795), abgedr. bei GLOSSY, Theaterzensur, 62-104, hier 77.
171 RICHTER, Eipeldauerbriefe, 1, 190 (1794, 12. H., 1. Br.).

damit euch nicht der Gestank der Beleuchtung, des verschütteten Biers, der Knoblauchwürste und der Dunstkreis des hochansehnlichen Publikums zu gäh auf die Lunge falle (...) Statt des Trauerspieles bekommt ihr nichts als Schläge zu sehen und wenn diese vorbei sind, schimpft der Schauspieler auf den Kreuzerplatz, dieser erwidert die Sticheleien, und so seht ihr das possierlichste aller Schauspiele, welches von dem Publikum mit den Schauspielern aufgeführt wird.[172]

Im heutigen Theater ist die Beleuchtung gut, das Essen und Trinken auf die Pausen beschränkt und der Dialog zwischen Schauspielern und Publikum im wesentlichen auf das Klatschen am Ende eines Aktes reduziert. Diese Form von Theater bildete sich im 18. Jahrhundert heraus und fand ihre Vollendung im 19. Jahrhundert. Damals wuchsen die Distanzen zwischen Darstellern und Zuschauern. Bei den Wandertruppen war es nichts Ungewöhnliches, daß Besucher ins Bühnengeschehen direkt eingriffen und mitspielten; sie waren in diesen Fällen zugleich Schauspieler.[173] Viele Anekdoten aus der Zeit der Wandertheater nehmen darauf Bezug. Berühmt war vor allem Stranitzky für seine Dialoge mit dem Publikum, die theatralische Fiktion wurde oft durch realitätsbezogene Kommentare unterbrochen. Dies gilt für die Vorstadttheater, die in den achtziger Jahren errichtet wurden, bis in den Vormärz hinein, die Zensurbehörden taten sich recht schwer damit.[174] Wenn Laroches ,Kasperl' im Leopoldstädter Theater „jede Häuslichkeit, jedes Stadthistörchen" auf die Bühne bringe, schrieb die „Realzeitung" 1776, „lachen die Mitspielenden so herzlich auf der Bühne mit als die Zuschauer".[175]

Einige Angriffe der deutschen Moralischen Wochenschriften richten sich gegen ein Publikum, das laut lacht, in den Pausen mit den Füßen stampft und teilweise auf die Bühne geht.[176] Letztere Sitte kommt aus Frankreich, wo ein solches Verhalten Ende des 17. Jahrhunderts beliebt wurde.[177]

---

172 PEZZL, Skizze, 324 f.
173 Vgl. SENNETT, Richard: Verfall und Ende des öffentlichen Lebens. Die Tyrannei der Intimität (²1983), 95 f.
174 Ein anschauliches Beispiel für das Zusammenwirken von Schauspielern und Publikum bietet der Bericht von BECHSTEDT, Chr. Wilh.; Meine Handwerksburschenzeit 1805-1810. Nach der Urschrift hgg. v. Charlotte FRANCKE-ROESING, Köln 1925, 275 f., über eine Vorführung von Schikaneders „Agnes Bernauer" im Theater an der Wien.
175 Zit. nach GUGITZ, Kasperl, 245.
176 Vgl. HAIDER-PREGLER, 186 und 425, A. 180.
177 Vgl. KINDERMANN, Bühne und Zuschauerraum, 30; SENNETT, 104 f.; in der „Comédie Francaise" verschwanden diese Bühnenplätze 1759 (ebd., 111 f); in Deutschland sind Bühnensitze seltener - vgl. PAUL, Arno: Aggressive Tendenzen des Theaterpublikums. Eine

5. Eine Jahrmarktszene auf der Freyung: Der Stich von Delsenbach zeigt das un-
strukturierte Publikum in lebhaftem Kontakt mit den Komödianten (nebst Hund)
sowie die Verflechtung von Unterhaltung und Kommerz.

Selbst vor ernsten Stücken machte der Witz des Publikums nicht Halt, wenn man dem Bericht in einer Theaterzeitschrift, angeblich von einem Mädchen verfaßt, über Blumauers Trauerspiel „Erwine von Steinheim" Glauben schenken darf:

Eine glühende Schamröthe zog sich über mein Gesicht, da im 4ten und 5ten Aufzuge ein so laut erregtes Gelächter über die Aufzüge der Richter und Kämpfer meine Ohren durchgällte.

Die Schauspieler zogen nämlich in historischen Kostümen auf die Bühne, und das forderte offenbar einige Zuschauer zu einem „schaalen bon mot, das wieder zehen solche hirnleere Geschöpfe zum lachen bringt," heraus. Als Abhilfe schlägt die Autorin ein prinzipiell schon praktiziertes Mittel vor, um die stille Konzentration auf das Stück zu befördern: Die räumliche Distanzierung des Publikums von den Schauspielern; Volk, Richter und Gefolge sollten schon bei Aktbeginn auf der Bühne stehen.[177a]

Zahlreich war die Kritik der Gebildeten am „Logenpublikum", das unbekümmert während der Vorstellung tratschte. Der Adel, so klagt Sonnenfels im „Mann ohne Vorurtheil", besuche „die deutsche Schaubühne nicht um der Schauspiele wegen", sondern „wie einen andern öffentlichen Gesellschaftsort, wie einen Spaziergang, um seine Bekannte, seine Geliebte da zu finden; er kömmt dahin um zu sprechen, nicht um zu hören."[178] Khevenhüller bestätigt diese Zustände, wenn er in seinem Tagebuch erzählt, daß Joseph II. nicht deshalb häufig ins Theater ging, weil er sich so sehr dafür interessiert hätte, sondern damit er „die Abend ein Débouché findet und zu seinen bekanten Dames in die Logen herumlauffen und eines herunterschwätzen kann."[179] Der Obersthofmeister selbst wurde von der Erzherzogin Elisabeth einmal zu einer Partie Piquet (Kartenspiel) in der oberen Loge herangezogen.[180]

Kritiker wie Richter, Rautenstrauch oder Perinet, bejammerten die Geschwätzigkeit vornehmlich der Damen in den Logen (we-

strukturell-funktionale Untersuchung über den sog. Theaterskandal anhand der Sozialverhältnisse der Goethezeit (1969), 42 ff.; im Kärntnertortheater wurde der Zugang zur Bühne nach dem Umbau 1728 vermacht, sodaß „die Zuseher auf das Theatrum, wie es Frankreich, Wälschland u. anderen Orthen sonst gestattet wird nicht mehr gehen können (...) mithin zu deme etwa besorglichen Ungleichheiten oder unanständigen Communication die Gelegenheit allschon würcklich benommen werden" (SCHENK, 2, Anh. 51).
177a Meine Empfindungen im Theater, niedergeschrieben für Schauspieler und Theaterfreunde, 1. Quartal, Wien 1981, 5. Stk., 97 f.
178 Mann ohne Vorurtheil, 2/4, 7. Stk.
179 KHEVENHÜLLER, Tagebuch, Eintr. v. 20.4.1772.
180 Ebd., Eintr. v. 29.7.1773.

niger im parterre noble), die sich dort ungeniert unterhielten und weder durch böse Blicke noch durch „pst"-Rufe stören ließen.[181] Sie setzten diesem Verhalten die Norm der Stille entgegen; in auffallender Parallele zu Entwicklungen innerhalb der Kirche wird vom Zuschauer „Andacht" dem Werk gegenüber gefordert.[182] Das Wort „empfindsam", das mit innerer Entzückkung, Seelenruhe usw. assoziiert wird, hat in den ästhetisch-literarischen Schriften dieser Zeit Hochkonjunktur.[183] Daß diese Tendenz „von Versinnlichung zu Verinnerlichung", die sich „wie ein roter Faden durch den aufgeklärten Absolutismus" zog[184], mit Sozialdisziplinierung zu tun hat, braucht hier wohl nicht mehr eigens betont zu werden.

Wenn man im Jahre 1880 den „Hausvater" von Diderot spiele, so stellt sich das ein Autor im Jahre 1781 vor, herrsche „strenge

---

181 Vgl. SCHINDLER, Publikum, 46 ff. (zahlreiche Belegstellen); vgl. auch PAUL, 36 ff. (für dt. Bühnen).

182 Vgl. etwa die Klage von FRIEDEL, Briefe aus Wien, daß durch das Geschwätz in den Logen die übrigen Zuschauer „in ihrer Aufmerksamkeit und Andacht gestört" werden (zit. bei SCHINDLER, Publikum, 48 f.). Eine ähnliche Entwicklung machte das Konzert durch - vgl. HEISTER, Hanns-Werner: Das Konzert. Theorie einer Kulturform (1983), 55 ff., wobei hier (über die Kirchenmusik) auch ein konkreter Zusammenhang besteht; eine Zwischenstufe stellen die Ankündigungen in den Samstagausgaben des Wiener Diariums dar, in welcher Kirche welche Messe stattfindet (ebd.).

183 Vgl. HERBECK, Gisela: Studien zur österreichischen Empfindsamkeit des 18. Jahrhunderts. Literarische und soziale Aspekte, masch. Diss. Wien, 1980, 3 ff.

184 So MELTON, James van Horn: Von Versinnlichung zu Verinnerlichung. Bemerkungen zur Dialektik repräsentativer und plebejischer Öffentlichkeit, in: Österreich im Europa der Aufklärung. Kontinuität und Zäsur in Europa zur Zeit Maria Theresias und Josephs II., hgg. v. Verl. d. österr. Akademie der Wissenschaften (1985), 919-941, hier 932 f.; seine Interpretation dieses Wandels als einen Versuch des Staates, „eine neugestaltete, institutionelle Kontrolle über die plebejische Öffentlichkeit zu begründen" (ebd.), entspricht meinen Ausführungen; ich kann allerdings nicht seine Auffassung teilen, wonach dem Staat vorher diese Kontrolle gleichsam entglitten wäre, indem sich eine „plebejische Öffentlichkeit" die Symbole repräsentativer Öffentlichkeit angeeignet hätte. Vielmehr ist die Zeit des aufgeklärten Absolutismus der erste Versuch einer möglichst umfassenden Kontrolle der Freizeitvergnügen, einer Kontrolle, die im Barockzeitalter nie angestrebt wurde. Weiters scheint der Ort, wo nach MELTON die „plebejische Öffentlichkeit" entsteht, nämlich das Kärntnertortheater unter Stranitzky, etwas unglücklich gewählt: Eine von bürgerlichen und adeligen Zuschauern belachte Darstellung niederer Volksschichten hat damit nichts zu tun!

Stille"; nur ganz am Ende gebe es einen „gesitteten Applaus."[185] Tatsächlich drang zu dieser rigiden Norm nur das Konzert vor, doch hatte Maria Theresia immerhin schon 1775 in den Hoftheatern zu ungestümes Verhalten verboten; darunter fiel

nicht nur das Pfeifen, auf was immer für eine Weise, und zwar wiederholtemale, sondern auch das Stampfen mit Füssen, Stossen und Schlagen mit Stecken auf den Fußboden (...) maßen dem Publikum ohnehin frei stehet, seinen Beifall durch Händeklatschen, das Mißfallen aber durch allgemeines Stillschweigen an Tag zu legen.[186]

Die Nähe zur Andachtsform drängt sich auch durch die Vergleiche des Sprechtheaters mit einer Predigt auf, wie sie Theaterreformer, beginnend mit Elisabeth Catharina Velten, immer wieder zogen.[187]

Zählte das Theater einmal zu den Andachtsformen, so hatte darin das Essen und Trinken nichts mehr zu suchen. Früher war es sogar während der Aufführung von Hofopern nichts Ungewöhnliches[188] und hatte auch später nicht das Odium unfeinen Betragens. Der Held in Rousseaus „Nouvelle Heloise" setzt sich vom Logenpublikum getrennt, weil ihn dort das Essen und Plaudern stört.[189] Natürlich waren solche elementaren Lebensäußerungen auch in den Hütten der Komödianten gang und gäbe - wir erinnern uns an die Beschreibung Pezzls. Nach dem Bericht Nicolais konnte man die „Kreuzerkomödien" gleichzeitig mit Wein, Bier, Würstel und Kaisergulasch genießen.[190] Das scheint zunächst in den Vorstadttheatern beibehalten worden zu sein: Bei Marinelli waren noch zur Jahrhundertwende Gefrorenes, Gebackenes, Obst und feinere Getränke zu haben.[191] Allerdings stehen die Vorstadtbühnen offenbar schon im Übergang zur Tendenz, alles „Leben" in den Pausen zusammenzudrängen, um den reinen Genuß des Schauspiels nicht zu trüben, die Aufmerksamkeit der Zuschauer auf die Bühne zu konzentrieren. Wir können das den Erinnerungen Friedrich Kaisers entnehmen:

Oben im Olymp sah man Leute, welche sich freilich wenig Zwang antaten, und sich's bei drückender Hitze in Hemdärmeln bequem machten; in den Zwischenakten ertönten in den Höhen die Rufe: ‚Frisches

185 Die Frauenzimmer im neunzehnten Jahrhundert. Ein Traumgesicht, Wien, 1781, 183 f.
186 KROPATSCHEK; Maria Theresia, 8, Nr. 2222 (P. v. 9.5.1775).
187 Vgl. zahlreiche Belege bei HAIDER-PREGLER, 367; auch die Moralischen Wochenschriften ziehen häufig diesen Vergleich (ebd., 211 f.).
188 Vgl. SEIFERT, Oper, 19.
189 Vgl. HAIDER-PREGLER, 446 f., A. 372.
190 NICOLAI, 4, 619.
191 Vgl. SCHULTZ, 209.

Bier - geselchte Würstel!', während im Parterre die Austräger des Zucker-
bäckers, ,Numero' genannt, mit dem Federbusch auf dem Zylinderhute
und den Tassen in der Hand, eben so laut ihr: ,Punsch, Limonade, Gefrorenes!' ausriefen und doch vor dem Gesurre, welches im ganzen Hause
herrschte, kaum gehört werden konnten. Sobald aber der Vorhang in die
Höhe ging, trat alsogleich die lautlose Stille ein, welche wohl mehr Respekt von der Kunst verrät, als die ohrenbetäubenden Zurufe und die ge-
worfenen Kränze, mit welchen man jetzt so verschwenderisch ist.[192]

Im Burgtheater war den „Numeri" bereits seit 1800 verboten,
während der Aufführung „mit ihrer Limonadi und Gfrornen her-
um(zu)gehen."[193] Im Hause Arnstein ging man zu dieser Zeit
ebenfalls nur mehr in der Pause zwischen zwei Stücken zum
Buffet.[194] Freilich war es noch ein weiter Weg bis zur endgülti-
gen Durchsetzung der „regulierten Zulassung des Lebens in Beifall und Pause".[195] Bereits 1803 muß der Eipeldauer klagen, daß
es „wieder so viel hungrige und durstige Seelen gibt, die's nicht
erwarten können, bis der Akt gar ist." Sie riefen die Kellner während der Aufführung,

und da scheppern s'mitn Geld und mitn Glaseln von Gfrornen so auf
der Tazen herum, daß man von Aktörn oft kein Wort hört, und da ist
mir oft, als wenn ich stattn Theater, in einer Wechselstubn wär.[196]

Selbst beim Konzert erreichte die - noch strengere - Norm der
Stille erst im 19. Jahrhundert volle Akzeptanz beim Publikum.[197]
Das geforderte Verhaltensmuster weist bei beiden Kunstformen
in dieselbe Richtung, deren Ziel H.-W. Heister, auf das Konzert
bezogen, folgendermaßen beschrieben hat:

Man sitzt ruhig und still da, und vollzieht Musik nicht mit Motionen mit,
sondern mit Emotionen nach. Norm und Dominanz reiner Rezeptivität ist
als empirisches Verhalten Erscheinungsform und Korrelat des reinen ästhetischen Genusses und setzt sich im entwickelten Konzert bis hin zur
mindestens äußeren Passivierung als ,gehobenes' Verhalten durch.[198]

---

192 KAISER, Friedrich: Unter fünfzehn Theater-Direktoren (1870), 17, zit. nach
     MAY, Erich Joachim: Wiener Volkskomödie und Vormärz (1975), 90.
193 RICHTER, Eipeldauerbriefe, 2, 38 (1800, 14. H., 4. Br.).
194 Vgl. Bemerkungen über Wien, 85.
195 So lautet eine Kapitelüberschrift bei HEISTER, 522.
196 RICHTER, Eipeldauerbriefe, 2, 149 (1803, 19. H., 5. Br.).
197 Vgl. SCHLEUNING, Peter: Das 18. Jahrhundert: Der Bürger erhebt
     sich (1984), 169 ff. Wien stellt keine Ausnahme dar - vgl. etwa MO-
     ZART, Briefe, 213: Es freute ihn „das erstaunliche Silentium - und
     mitten im spiellen das Bravo schreyen" (Br. v. 8.4.1781).
198 HEISTER, 388; in diesem Sinn definiert Heister das Konzert als ad-
     äquate Verwirklichung „autonomer"Musik (ebd., 25).

172

Gutes Hören und Sehen wurde früher ebenfalls viel weniger wichtig genommen. Daß sich mit einer stärkeren und ausschließlicheren Konzentration auf das Bühnengeschehen auch der Zuschauerraum verändern mußte, ist klar. Man kann das am Vergleich zwischen der Hofbühne des 17. und den Theatergebäuden des 18. Jahrhunderts demonstrieren. Der oft reproduzierte Stich aus dem Libretto von „Il Pomo d'Oro", der berühmten Oper, die 1668 anläßlich der kaiserlichen Hochzeit aufgeführt wurde, zeigt deutlich, wer im Zentrum des Interesses stand. „Die in drei Rängen über dem Parkett angeordneten Logen stehen mit ihren Brüstungen entweder parallel oder normal zur Rampe, also nicht wie sonst üblich im Halbrund oder Oval. (...) In der ersten Reihe des Parketts saß auf einem um drei Stufen erhöhten Podest die kaiserliche Familie, dahinter und seitlich davon bis unter die Logen saß und stand der Adel."[199] Das Publikum war also um den Kaiser organisiert, der als Veranstalter und Gönner am besten die Aufführung mitverfolgen konnte, während jenes eher auf ihn die beste Sicht hatte.[200] Mit der Ausrichtung des Zuschauerraumes auf das Bühnengeschehen wandelte sich die Beziehung zu den Akteuren. Es scheint so, daß sich gegen Ende des 18. Jahrhunderts zum ersten Mal ein Starkult entwickelt hat, dessen Vorformen man wohl in der Verehrung Gottes, Marias und der Heiligen, aber auch des Kaisers bzw. Fürsten suchen muß. Der Unterschied zu kirchlichen „Stars" besteht freilich darin, daß diese nicht (zumindest nicht leibhaftig) anwesend waren und sich damit die Interaktion des Publikums untereinander wesentlich vergrößerte; erinnert sei an die Ausführungen über kirchliche Andachtsformen. Anders verhielt es sich mit der Kaiserverehrung: Als die Gottschedin 1749 in Wien war, teilte sie dem Grafen von Seckendorf in einem Brief ihre Gefühle anläßlich eines Theaterbesuchs mit:

hier hoffte ich mich an der Kayserin in Ihrer Loge (wenn ich so sagen darf) satt sehen zu können, ohne durch Ihren majestätischen Blick gestört und schüchtern zu werden. Es gelang mir dieser Kunstgriff einmal in der Oper; und ich habe nichts von den reizenden Tönen gehört, nichts von den besten Schauspielerinnen gesehen: Theresia hat meine ganze Aufmerksamkeit an sich gezogen.[201]

---

199 SEIFERT, Oper, 403; im Schönbrunner Schloßtheater wurde diese Form noch bis zum Umbau von 1767 beibehalten - vgl. KHEVEN-HÜLLER, Tagebuch, Eintr. v. 4.10.1749; vgl. auch Eintr. v. 4.10.1747
200 Vgl. auch SENNETT, 98 f.
201 Zit. nach der Ausgabe ihrer Briefe von O. H. v. RUNCKEL bei HAIDER-PREGLER, 294; dieser Brief ist schon abgedruckt bei HEINZMANN, 497 f.

6. Das Ballett „Le Turc Généreux" wurde 1758 zu Ehren des türkischen Gesandten vom frz. Hoftheater aufgeführt. Canaletto, der zu diesem Anlaß eine Radierung schuf, fand offenbar nichts dabei, etliche Zuschauer in scheinbarer Teilnahmslosigkeit darzustellen.

Ein Numero im k. k. Hoftheater

7. Das Bild zeigt einen „Numero" im Parterre des alten Burgtheaters beim Verkauf von Süßigkeiten und Erfrischungen; im 18. Jahrhundert war diese Tätigkeit noch nicht auf die Aufführungspausen beschränkt.

Ist hier noch die große Ehrfurcht zu spüren, die selbst eine Theaterprinzipalin angesichts der Erscheinung der Kaiserin die Aufführung selbst vergessen ließ, so sehen wir in einem anderen Zeugnis aus späterer Zeit das genaue Gegenteil:[202] Um das Ehepaar Vigano einen „pas de deux" tanzen zu sehen, drängte man schon um 4 Uhr ins Theater, nur um um 10 Uhr das fünfminütige Ereignis bewundern zu können, schreibt Schulz. Auch der Schwarzmarkt scheint geblüht zu haben: Die Logenpreise stiegen auf 10, 20 und 50 Dukaten. Die ersten Takte der Musik zum „pas de deux" bedeuteten „das Zeichen zu einem allgemeinen, stürmischen Händeklatschen, Jauchzen, Vivatrufen, das die Zeit ausfüllte," bis die Künstlerin selbst kam. Dann erschien sie endlich im Parterre: „Damen und Herren vom ersten Range waren ausgestiegen, standen in langen Reihen da, und ließen sie durch sich hin gehen;" am Ende folgte ihr ein Triumphzug aus anderen Klassen, während der Hof, der auch im Parterre war, unbeachtet blieb!

Etwas zufällig scheinen hier die beiden Quellen aneinandergereiht; nun gibt es im 18. Jahrhundert tatsächlich noch nicht diese klare Linie, und solange es eine österreichische Monarchie gab, begegnen wir natürlich auch vielen Formen der Kaiserverehrung, auch wenn Joseph II. das Gegenteil anstrebte: Er spaziere ganz allein im Publikum, das zu Stuwers Feuerwerken komme, umher, berichtet ein Wienbesucher; „er sucht den Adel damit zu demütigen, und er will durch sein Beispiel lehren."[203] Gleichwohl kommt hier ein neues kulturelles Verhaltensmuster zum Durchbruch, das in der Hinorientierung des Publikums zur Bühne und, damit verbunden, in seiner Zerschlagung als Kommunikationskörper seine Voraussetzung hat. Der Star unterscheidet sich durch sein Gegenüber, eine Ansammlung zahlender Individuen mit klassenübergreifendem Charakter, auch vom Virtuosen, der adeligen Mäzenen bzw. dem Hof zur Unterhaltung „diente"; denn dort blieb er noch völlig untergeordnet.

Bestätigt wird das Aufkommen eines Starkults durch die vielen auf Accessoires gemalten Bilder, die man von seinen Lieblingen umhertrug, die damit die Heiligenbildchen ablösten. Als Beispiel seien hier wieder die Beobachtungen von Schulz zum Auftreten der Vigano zitiert:

---

202 Zum folgenden vgl. SCHULZ, 198 ff.
203 HEINZMANN, 319; vgl. auch Josephs Spaziergänge im Augarten! Das konnte freilich nicht verhindern, daß auch er zum „Star" wurde - während seiner Regierungszeit war „kaiseraugenblau" die Modefarbe (vgl. GRÄFFER, Memoiren, 465 A. 431).

Nach Verlauf von acht oder zehn Tagen hatte Alles Dosen, Ringe, Armbänder, Fächer etc. mit dem Bildnisse der Vigano. Die Damen trugen einen Kopfputz, ihre Kleider, deren Schnitt und Farbe, und endlich sogar ihre - Bäuche -„á la Vigano" - die ein wenig stark und wohlbeleibt war.

Die beschriebenen Wandlungen des Publikumsverhaltens als auch des auf der Bühne Dargestellten haben eine große Bedeutung für das Überleben, ja Aufblühen des Theaters als Unterhaltungsform im späten 18. und im 19. Jahrhundert. Es eignete sich nunmehr hervorragend, der Ruhe und Ordnung im Staate dienlich zu sein. Sicher war es das in einem gewissen Sinne auch schon früher; man wußte, daß das Volk seine Belustigungen brauchte. Die Kameralisten betonten das immer wieder - am deutlichsten vielleicht Schröder:

Die spieler seynd eine nicht von dem geringsten estatsmaximen, wodurch ein Fürst seine unterthanen begütigt (...) gens enim, qui non legibus, nec armis pacari potest, otio et choreis domatur.[204]

Diese Linie wurde in der zweiten Hälfte des 18. Jahrhunderts beibehalten und von den Aufklärern übernommen. Als Beispiel mag hier ein bekanntes Zitat stehen, das wahrscheinlich Tobias Philipp Gebler, seit 1768 Staatsrat, zuzuschreiben ist:

Jeder Unterthan, der abwechselnd Freude und Vergnügen spenden darf, wird beim Muthe erhalten und erträgt Arbeit und Unfälle geduldig. Öffentliche Tanzplätze, Concerte, Spaziergänge, besonders gute Schauspiele sind die Mittel, das Volk aufgeräumt zu machen (...) es wird leichter sein, seine Unterthanen in dieser Gemütsverfassung zu beherrschen, als wenn sie unzufrieden wären.[205]

Er wandte sich damit gegen rigorose Vorstellungen, wie sie insbesondere die Jansenisten vertraten[206], die aber schon auf eine lange kirchliche Tradition zurückblicken konnten, die seit der Zeit der Kirchenväter mit ihrer Verurteilung der römischen Schauspiele immer präsent war. Justi griff ein Theaterverbot an, wie es „einige mürrische und blödsinnige Geistliche zu verlangen scheinen".[207] Noch deutlicher als die Kameralisten, aber ganz auf dem Boden der Josephiner, wandte sich der Staat seit Franz II.(I.) der Aufgabe zu, das Volk durch Unterhaltung mit

---

204 Zit.nach der Ausgabe 1737 bei MARTENS, Obrigkeitliche Sicht, 21.
205 Zit. nach ZECHMEISTER, Wiener Theater, 52.
206 Vgl. HERSCHE, Spätjansenismus, 364: Von den radikalen Jansenisten „völlig abgelehnt wurde allgemein das Theater und ähnliche Lustbarkeiten".
207 Zit. nach MARTENS, Obrigkeitliche Sicht, 30.

Spektakeln bei Laune zu halten: Josef Sonnleitner, Direktor des Theaters an der Wien, begründete seine Bitte um Aufführungsgenehmigung eines von der Zensur verbotenen Stückes 1804 u.a. damit, daß durch die „Vermannigfaltigung der Ergötzlichkeiten des Volkes" eine große Bevölkerung „in einer steten, gedeihlichen Heiterkeit und Zerstreuung zu erhalten" sei.[208]

Das römische Prinzip des „panem et circenses", das hier deutlich in der Luft liegt, wird endlich von Hager ausgesprochen, als er 1809 dem Kaiser vom Unmut des Publikums wegen vorgesehener Erhöhung der Eintrittspreise in mehreren Theatern berichtet:

Man hätte gewünscht, daß, als die Vorschläge zur Erhöhung vorgelegt wurden, das römische 'Panem et Circenses' in dem gegenwärtigen Zeitpunkt einigermaßen mehr berücksichtigt worden wäre.[209]

Zu diesem machtpolitischen Argument, das Volk mit Spielen bei Laune zu halten, trat ein ökonomisches: Die Rekreationsfunktion hielten die Verteidiger des Schauspiels jenen entgegen, die darin eine nutzlose Zeitvergeudung und damit auch eine Schädigung der Wirtschaft sahen.[210] Für Wolff etwa liegt ein Wert der Schauspiele darin, daß sie zur Entspannung nach der Arbeit dienten und somit die Arbeitskraft fördern könnten.[211] Sonnenfels rechnet die Theater zu den „vorzüglichsten Erholungen, welche die Vorsorge des Staates den Bürgern verschafft."[212] Er begründet damit die Notwendigkeit eines staatlich subventionierten Theaters: „Gibt es nicht mehrere Klassen Bürger, welchen der Staat, nach durchgearbeitetem Tage, eine Erholung zu verschaffen verpflichtet ist?"[213]

Diese Rekreationsfunktion konnte aber nur gesichert werden, wenn das Vergnügen nicht zu ausgelassen war. Das gelang in dem Augenblick, als der Staat umfassend in das Leben seiner Bürger einzugreifen begann; damit haben die Theaterreformen einen inneren Zusammenhang mit der Propaganda für Spaziergänge in eben dieser Zeit (siehe später). Als man noch bloß davon ausging, daß den Untertanen eine Unterhaltung zu gönnen sei, war das nicht in diesem Ausmaß der Fall. Gewiß, man sah auch damals auf Sittlichkeit; Spektakel mußten „unschuldig und ehrbar" sein. An diese Forderung war die Spielerlaubnis der

---

208 Abgedr. bei GLOSSY, Theatergeschichte, 1, 78; ähnlich ein Bericht Armbrusters, Zensur-Inspektionskommissär des Theaters an der Wien, aus dem gleichen Jahr (ebd., 69).
209 Ebd., 115.
210 Vgl. HAIDER-PREGLER, 76, 85 f., 101, 115.
211 Ebd., 39 f.
212 Mann ohne Vorurtheil, 1/2, 8. Stk.
213 Zit. bei HAIDER-PREGLER, 344 f.

Stadt Wien für die Wandertruppen immer geknüpft.[214] Die überlieferten Berichte sprechen freilich eine andere Sprache: Mit der Freisetzung aggressiven Potentials im Theater konnte sich diese Belustigungsform ins Gegenteil dessen verkehren, was seine Förderer forderten: Statt den Bürger zu beruhigen, konnte es sich zu einem Unruheherd entwickeln. So wurde 1733 von der nö. Regierung der Abbruch der „offentlichen Arzten-hütte" auf der Freyung verlangt, weil der Pfingstmarkt zu Ende sei und bei den nächtlichen Komödienspielen, „bey der nächtlichen Zusamensamblung des gemainen Pebels verschidene Unordtnung, Und lezter Tage gefährliche Tumult Und Rauffereyen" sich ereignet hätten. Zu diesen nächtlichen Komödien würden „viel hundt. Und über tausendt persohnen zusamben kommen" und „nebst eines öftermahls besorglichen Tumults auch die Verführung der Jugendt zu beförchten" sein.[215] Daß diese Angst nicht nur vorgeschoben war, zeigt ein Erlaß der nö. Regierung 1712: Als sich höfische Kreise gegen den Bau eines Komödienhauses beim Kärntnertor durch die Stadt Wien wehrten (erfolglos allerdings), da brachten sie auch das Argument vor, daß die Sicherheit der Stadt „wegen denen von denen concurrierenden Bedienten auch schlimen Leithen gemeiniglich erregenden händl und tumulten" gefährdet sei.[216] Und als sich Stranitzky 1709 im Ballhaus in der Teinfaltstraße etablierte, liefen Nachbarn, darunter hohe Aristokraten und ein Bischof, gegen seine Truppe Sturm, weil sie sich u.a. durch das ungestüme Benehmen der wartenden Kutscher gestört fühlten.[217]

---

214 Vgl. die entspr. Dokumente im WStLA, großteils wiedergegeben bei SCHENK: Anh. 2: „mit Beobachtung aller gebührenden Ehrbarkeit und Modestie" (1702), Anh. 3: „das kheine Obscene untermenget werden, und auch sonsten alles mit gezimmeter Ehrbarkeit beschehe" (1703), Anh. 28: „Comoedien und Operen, welche (...) ohne Ärgernuss und Scandalo, ehrbar Historien und Operen seindt, auch sonsten in der Sachen und Modo nichts Ungebührliches mit sich führen" (1710) usw.; vgl. auch VON WEILEN, 413.

215 WStLA, A.R. 30/1733.

216 Vgl. SCHENK, 2, Anh. 16 (Referat der Hofkanzlei 1708, Pkt. 5); schon 1705 hatte die Nachbarschaft am Judenplatz den Abbruch einer dort errichteten Komödienhütte gefordert - vgl. Repertorium der Alten Registratur, Stichwort „Judenplatz", Nr. 3; das entspr. Dokument konnte nicht aufgefunden werden.

217 Vgl. SCHENK, 2, Anh. 6; im Pkt. 3 beklagen sich die Beschwerdeführer, „dass es auch denen Häusern selbst nicht münder ein grosser Schadt, indeme die Gemeur, die niedrige Genster (!) und Thorsteiner, auch die Thör von denen insolenten Kutschern durch ihr Hin und Herzeugen verwiest, und zerbrochen, die Zimmer durch so vill brinenten Fackhlen voller Rauch angefüllt, auch alle Wändt verschmiert, und angedalckhet (...)".

Etwa ab Mitte des 18. Jahrhunderts stiegen die Anforderungen an die Disziplin des Staatsbürgers. Ab jetzt waren die Kameralisten der Meinung, daß das Theater zusätzlich Moral und Tugend zu befördern habe.[218] Daß es als Unterhaltungsform nicht nur überleben, sondern auch einen hervorragenden Rang unter den Vergnügungen gegen Ende des Jahrhunderts einnehmen konnte, ist seinen Wandlungen zu verdanken. Wenn es schon nicht im Sinne von Sonnenfels und anderen Reformern zu einer Sittenschule wurde, so doch in dem Sinn, daß hier ein gesittetes Publikum zusammentraf. Während die Pietisten in Halle gegen Schauspiele u.a. mit dem Argument zu Felde gezogen waren, daß jene die Gefahr von Aufruhr und Schlägereien im Publikum heraufbeschwörten[219], während der Wiener Stadtrat 1692 Komödien abgelehnt hatte, weil „solche Zeit vertreibungen nicht ad viam virtutis, sondern zu allerley eytlen Anmuethungen Anlass geben, welche die gueten Sitte in böse Gewohnheiten verwexlen und dadurch die Forcht Gottes in Vergessenheit stellen"[220], war das Publikum nun soweit diszipliniert, daß man die Theater bewußt dann einsetzen konnte, wenn man irgendwelchen Rummel befürchtete: Mit Schauspielen hoffte die Regierung das Volk von bedenklicheren Vergnügungen abzuhalten.[221]

Sonnenfels schließlich begründete die „Nothwendigkeit, das Extemporieren abzustellen" auch damit, daß die „untern Klassen auf Ergötzungen angewiesen seien, und da seien halt die anständigen den sittengefährdenden vorzuziehen."[222] Naturgemäß verstärkte sich eine solche Intention in der Restaurationszeit; schon 1806 stellte der Freiherr von Sumerau die These auf: „Die gefährlichsten Stunden des Tages sind die Abendstunden. Unschädlicher werden sie nicht ausgefüllt als im Theater".[223] Deutlicher liest sich ein Bericht des Polizeidirektors Sieber über ein Gesuch um das Privileg für das Josefstädter Theater: Der Besuch dieses Hauses würde „besonders die geringere Klasse der Einwohner von dem mehr kostspieligen, oft der Gesundheit nachteiligen Verweilen in Schank-, Kaffee- und Spielhäusern" abbrin-

---

218 Vgl. MARTENS, Obrigkeitliche Sicht, 27 f.
219 Vgl. HAIDER-PREGLER, 88.
220 Zit. bei GLOSSY, Theatercensur, 5.
221 Vgl. MARTENS, Obrigkeitl. Sicht, 39 ff.; vgl. auch HAIDER-PREG-LER, 30 ff., 205; recht früh (1741) machte sich diese Argumentation schon Selliers zu eigen, als er um die Aufführung einer Komödie anläßlich der Geburt eines Thronerben ansuchte (vgl. GLOSSY, Theatercensur, 5).
222 Vgl. HAIDER-PREGLER, 344 f.
223 GLOSSY, Theatergeschichte, 1, 89.

gen.[224] In Krünitz' „öconomisch-technischer Encyklopädie" wird schließlich die Summe der Erkenntnisse gezogen:

Wenn man die Menge, deren dringende Arbeit nur zuweilen einen Ruhetag, besonders Sonntag und Montag, zuläßt, nicht durch dergleichen Schauspiele anzieht, so würde sie leicht zu andern rauschenden und nachtheiligen Vergnügungen in Tabagien und auf Tanzsälen zurückkehren.[225]

Schon Ende des 18. Jahrhunderts war diese Erkenntnis vorhanden und in die Praxis umgesetzt: 1794 wurden von der Polizeidirektion anläßlich des Geburtstages Erzherzog Ferdinands Freischauspiele (im Theater am Neustift und in der Hütte auf dem Graben) angeordnet, „um dem befürchteten Auflauf und Unfug" zu begegnen.[226] Am 30. April desselben Jahres wurden alle öffentlichen Theater zu Freivorstellungen verpflichtet und bekamen dafür eine Entschädigung.[227] Solche Freischauspiele waren nicht neu, aber nun hatte sich die fürstliche „générosité" in Angst vor tumultuösen Ausschweifungen der Untertanen verkehrt.

Geselligkeit: Von korporativer zu individueller Freizeitgestaltung

Auch wenn das 18. Jahrhundert infolge der Aufmerksamkeit, die in jüngster Zeit Zusammenkünfte bürgerlichen Gepräges wie Salons, Kaffeehäuser oder Vereine erlangten, als das „gesellige Jahrhundert" bezeichnet wird[228], so ist doch darauf hinzuweisen, daß die Jahrhunderte davor um nichts weniger gesellig waren; eher das Gegenteil ist der Fall: Seit dem späten 18. Jahrhundert verbringen immer mehr Wiener ihre Freizeit individueller, von anderen isolierter, was nicht heißen muß: in kleineren Gruppen, denn man kann auch unter 20.000 Spaziergängern in Schönbrunn allein sein. Wenn man von Geselligkeit spricht, meint man hingegen eine Form von Unterhaltung, bei der Menschen miteinander direkt kommunizieren. In diesem Sinne kann man sagen, daß es noch zu Beginn des 18. Jahrhunderts kaum eine Freizeitbeschäftigung gab, die nicht eine gesellige Komponente enthielt; das gilt sogar für die Theateraufführungen und andere Spektakel,

---

224 Ebd., 2, 27.
225 Zit. bei MARTENS, Obrigkeitl. Sicht, 41.
226 BLÜMML, GUGITZ, 61.
227 Ebd., 62 f.
228 Vgl. IM HOF, Ulrich: Das gesellige Jahrhundert. Gesellschaft und Gesellschaften im Zeitalter der Aufklärung (1982).

wie wir bereits im letzten Kapitel sahen. Mit dem Zerfall korporativer Bindungen und der damit verbundenen Individualisierung der Freizeitgestaltung, die von einer (Selbst-)Disziplinierung der immer isolierteren Individuen begleitet war, änderte sich nicht nur das Verhalten der Zuschauer im Theater, sondern es erhielten auch die Hauptformen geselligen Zusammenseins eine andere Richtung, die gegen Ende des 18. Jahrhunderts, wenn auch erst in Ansätzen, sichtbar wurde. Viel klarer tritt sie uns hundert Jahre später entgegen und schlägt sich bereits nach Ansicht mancher Zeitgenossen als Charakterzug der Wiener nieder: M. A. Becker meinte 1876 in einem Vortrag zur Eröffnung des von ihm gegründeten „wissenschaftlichen Clubs" in Wien, daß „der Wiener" wenig Neigung zur Geselligkeit besitze; der Redner verstand unter diesem Begriff die „Neigung zu näherem Verkehr um des Menschen willen" und die „Fähigkeit, diesen näheren Verkehr in Fluss zu bringen."[229] Der Wiener

geht lieber zu Fuss, als er der Möglichkeit nachgeht, im Omnibus oder auf der Pferdebahn mit Gesellschaft zusammenzutreffen, und diese ist sicher, von ihm in kein Gespräch gezogen zu werden, sowie sein Nachbar links und rechts im Theater, wenn sie ihm nicht schon bekannt sind, vergeblich seiner Ansprache harren werden, oder dass er sich ihnen in mehr als conventioneller Form zu erkennen gibt. Tritt er in ein Gasthaus, so sucht er in der Regel nach jenem Tische, wo niemand sitzt, oder in Ermanglung nach einem Sitz, der zwischen dem nächsten Nachbarn eine Lücke lässt, und er ist wenig erbaut, wenn ein Nachkommender diese Lücke ausfüllt.[230]

Wir haben es hier mit Prozessen zu tun, die R. Sennett als „Verfall der Öffentlichkeit" charakterisiert und in vielen Bereichen festgestellt hat: Er erwähnt den Theaterbesucher, den Spaziergänger, den Kaffeehausbesucher, die sich damit begnügen, andere(s) zu beobachten, dabei aber selbst passiv bleiben und sich vor den neugierigen Blicken Fremder zu schützen versuchen, indem sie eine Mauer des Schweigens um sich errichten. Sennett läßt diesen Zug zum Voyeurismus im 19. Jahrhundert beginnen, tatsächlich kann man in Wien (Sennett untersuchte Paris und London) diesen Vorgang in allen von ihm angeführten Bereichen schon Ende des 18. Jahrhunderts beobachten.[231] Es bietet sich

229 M. A. BECKER: Geselligkeit und Gesellschaft in Wien, in: DERS., Verstreute Blätter (1880), 29-45, hier 32. Er grenzt diesen Begriff damit von „Gesellschaft" ab, die für ihn ein „gemeinsames Thätigsein oder Schaffen für einen gewissen Zweck" bedeutet (ebd.).

230 Ebd., 33 f.

231 Vielleicht war Wien hinsichtlich dieser Entwicklung tatsächlich fortgeschrittener. Dieser Meinung war jedenfalls der weitgereiste Georg

daher an, ihn im Rahmen der Modernisierungsbestrebungen des Reformabsolutismus zu sehen, der viele ursächliche Strömungen, die Sennett für den Zerfall der Öffentlichkeit geltend macht, beförderte. Zwar ist die Bevölkerungszunahme in Wien nicht gerade als sensationell zu bezeichnen, doch bewirkte die Förderung neuer bürgerlicher Schichten, die nicht mehr in Korporationen eingebunden waren, zusammen mit dem großen Zustrom an Fremden eine Aufweichung der ständischen Struktur, die es dem einzelnen nur mehr schwer ermöglichte, den anderen in das gesellschaftliche Gefüge einzuordnen; die zahlreichen Klagen über die Titelsucht oder über das Nichtvorhandensein einer Kleiderordnung[232] belegen dies hinreichend. So stellte der Reiseschriftsteller Ph. L. H. Röder fest:

Ein Fremder muß sich für einige Zeit in Wien aufhalten, bis er die Leute rangiren lernt. Nach dem Kleide, welches doch sonst ein noch so ziemlich sichrer Schild ist, an welchem man Vornehme und Geringe und Personen vom Stande vom Pöbel unterscheiden kann, kann er hier niemand erkennen, denn alles maskiert sich.[233]

Diesem Wandel gilt es im folgenden nachzugehen, wobei immer auch die Frage wesentlich bleibt, wer (welche Schicht) sich zu bestimmten Formen der Geselligkeit zusammenfand. Gliederungspunkte bilden die Orte, an denen geselliges Beisammensein vorwiegend stattfand; nicht einbezogen sind allerdings die berufsspezifischen Zusammenkünfte (etwa in Zunftherbergen) oder solche aus religiösen Anlässen, die an anderer Stelle bereits behandelt wurden. Freilich sind alle diese Formen bei einer Untersuchung des „geselligen" 18. Jahrhunderts mitzubedenken, und eine weniger schnelle Abgrenzung „bürgerlicher" Geselligkeit von jenen würde vielleicht so manche bislang übersehenen Kontinuitäten zutage fördern.[234]

Forster, als er schrieb: Wien habe vor London und Paris den Vorteil, „daß man alles haben kann, daß man unbemerkt an allem teilnehmen, mittem im größten Getümmel unbemerkt sein kann." (Brief v. 14.8.1784, 296).

232 Vgl. zum „Ende der Kleiderordnungen" SANDGRUBER, Roman: Die Anfänge der Konsumgesellschaft. Konsumgüterverbrauch, Lebensstandard und Alltagskultur in Österreich im 18. und 19. Jahrhundert, = Sozial- und wirtschaftshistorische Studien 15 (1982), 294 ff.

233 RÖDER, 339.

234 Ein Beispiel wäre die enge personelle Kontinuität von den alten Bruderschaften zu den Freimaurern in der Provence, wie sie von AGULHON, Maurice: Pénitents et francs-macons de l'ancienne Provence (1968), nachgewiesen worden ist.

Gasthäuser

Gaststätten haben als Orte geselliger Zusammenkünfte eine alte Tradition.[235] Die Geschichte der Wein- und Bierkeller stellt sich als ein Kampf der Wirte mit der Obrigkeit dar, die ständig bemüht war, eine Kontrolle über sie zu erreichen, teils um an ihren Gewinnen zu partizipieren, teils zur Aufrechterhaltung der Ordnung in der Stadt.

Ob die gesellige Funktion der Schenken umso wichtiger wurde, je mehr der „alte Feierabend" seine Funktion verlor[236], läßt sich angesichts fehlenden Zahlenmaterials praktisch nicht überprüfen. Es scheint aber doch eher so, daß sie immer eine große Rolle im Leben der Bürger, vor allem aber der unteren Schichten gespielt haben. Das Adreßbuch von 1792 vermerkt für 1790/91 640 Bierwirte (160 Bürger und 480 Unbürgerliche) sowie 990 Weinwirte (180 Bürger, 810 Unbürgerliche). Branntweinschenken erlangten dagegen keine Bedeutung.[237]

Schenken und Wirtshäuser waren Orte ohne Zugangsbeschränkungen, Kommunikationszentren fast aller Schichten der altständischen Gesellschaft und damit auch für jene attraktiv, die mit Spektakeln Geld verdienen wollten.[238] Erlässe, die sicherstellten, daß Wein und Bier nicht zu teuer verkauft wurden[239], ermöglichten es, daß sich dort auch Müßiggänger trafen, „herrenloses Gesinde", aber auch Handwerksburschen, Dienstboten aller Art und Soldaten[240], mit einem Wort: „Gesindel"![241] Korporationen, die für sich den Anspruch stellten, umfassend das Leben ihrer Mitglieder zu bestimmen, versuchten sich von jenen unterbürgerlichen Schichten von jeher abzugrenzen. Vor allem die gut organisierten Gesellen hatten eigene, feste Stamm-

---

235 Vgl. PEYER, Hans Conrad (Hg.): Gastfreundschaft, Taverne und Gasthaus im Mittelalter (1983), = Schriften des Historischen Kollegs, Kolloquien 3.

236 TIMM, Freizeit, 42.

237 Vgl. Adreßbuch, 50 ff. - die Zahlen wurden aus den Hausfassionen gewonnen.

238 Zahlreiche Nachweise bei BLÜMML / GUGITZ, Thespiskarren.

239 Noch 1780 waren die Wirte in und vor der Stadt „zubereden, daß sie den Wein wie vorhin nicht allein um 8 kr. sondern auch um 6 kr. (...)auszuschenken fortfahren" (KROPATSCHEK, Maria Theresia, 8, 481).

240 In einem Erlaß f. Wien v. 17.7.1761 wurde den Wirten, Bierbräuern und Kaffeesiedern aufgetragen, die „gemeinen Militärspersonen" höchstens eine Stunde nach Zapfenstreich bei sich zu behalten; zeigten sie dann Renitente nicht der nächsten Wache zur Abholung an, drohte ihnen 2 fl. Strafe pro Kopf (KROPATSCHEK, Maria Theresia, 4, 69).

241 Dieser Ausdruck wird z.B. in einer Beschwerde des Richters im alten Lerchenfeld verwendet (WStLA, A.R. 95/1716, v. 5.11.1717).

tische in Wirtshäusern, wenn sie nicht überhaupt eigene Trinkstuben oder gar Herbergen besaßen, wo sie oft auch gemeinsam
zu Mittag aßen (statt im Meisterhaushalt).[242] In Wien waren viele Zünfte noch im 18. Jahrhundert weitgehend unter sich, nicht
nur auf den Herbergen[243], sondern auch in den Bierhäusern, wie
Perinet berichtet: „So haben auch die Zünfte einen eigenen Sauf-
winkel, da ist zum Beispiel das Schneiderbierhäusel, das Rauch-
fangkehrer-, Fleischhacker-, Handschuhmacher- und Komödien-
bierhäusl [...]"[244] Die „Krankenunterstützungs- und Leichenver-
eine" der Vorstädte, Selbsthilfeorganisationen in der Tradition
der Gesellenbruderschaften (oder ebendiese unter anderem Namen), die im Vormärz „wie Pilze aus dem Boden schossen",
hielten ihre Versammlungen ebenfalls im Wirtshaus ab; ein Wirt
stand zumeist an der Spitze solcher Vereine.[245] Auch die Kaufleute hatten ihre eigenen Gasthäuser (mit standesspezifischem
Trinkkomment)[246] oder zumindest Tische, wo sie ihre Geschäfte
abwickeln konnten; laut Becher, der einmal auf ihren Tagesablauf
zu sprechen kommt, trafen sie sich nachmittags zu „comparitien" in
den Wirts- oder Weinhäusern, wo sie „beim Trunck" mit Maklern
ihre Handelsgeschäfte vollzogen.[247] Selbst dort, wo Menschen
verschiedenen Standes notgedrungen aufeinandertrafen, wie in
vielen Einkehrgasthöfen außerhalb der großen Städte, können
wir so etwas wie einen korporativen Grundzug feststellen[248]:
Schilderungen derartiger Gasthöfe lassen uns den Eindruck gewinnen, daß hier nur die um Gäste erweiterte Hausgemeinschaft
des Wirten zusammensaß - um einen Tisch oder getrennt nach
„Herren" und „Gesinde". Man ging gemeinsam zu Bett, die Rechnung wurde anschließend geteilt; das galt in früheren Zeiten auch
für die Getränke - was zwar nicht für alle, aber zumindest für den
Wirt vorteilhaft war, weil keiner zu kurz kommen wollte[249]. Ei-

---

242 Vgl. SCHULZ, Knut: Gesellentrinkstuben und Gesellenherbergen im
    14./15. und 16. Jahrhundert, in: PEYER, Gastfreundschaft, 221-2.
243 Für die Zeit nach 1840 vgl. dazu die Zusammenstellung bei REALIS,
    2, 429 (Zunftherbergen der Tischler, Schneider, Schlosser, Bäcker,
    Weber, Riemer, Glaser und Hufschmiede).
244 PERINET, Annehmlichkeiten, H. 2, 112.
245 Vgl. OBROVSKI, Herta: Das Wiener Vereinswesen im Vormärz,
    masch. Diss., Wien 1970, 75 ff.
246 Vgl. RAUERS, Friedrich: Kulturgeschichte der Gaststätte, 2 Tle.
    (1941), = Schriftenreihe der Hermann Esser Forschungsgemeinschaft
    für Fremdenverkehr 2, 691 ff.
247 Vgl. BECHER, Politische Discurs, 198 f.
248 Klassische Schilderung dieses Typs in den Kolloquien des Erasmus
    von Rotterdam, abgedr. u. übers. bei RAUERS, 231 ff.
249 Vgl. dazu die Schilderung von Erasmus (RAUERS, 240).

nen Rest dieser Geselligkeitsform scheint es bei den Trakteurs gegen Ende des 18. Jahrhunderts gegeben zu haben, wo untere Schichten um 8 kr. speisen konnten: Das Brot war noch gemeinschaftlich, das Wasser „ging in einem zinnernen Becher gleichfalls gemeinschaftlich in der Runde herum" (Bier und Wein allerdings mußten extra bezahlt werden) - bei dem Menü um 10 kr. konnte man schon Serviette, Semmel und ein Trinkglas sein eigen nennen![250]

Die vorhin angesprochenen ständischen Differenzierungen dürfen nicht darüber hinwegtäuschen, daß noch zu Beginn des 18. Jahrhunderts die Grenzziehung zwischen verrufenen „Beisln" und „gutbürgerlichen" Lokalen eine sehr unscharfe war. Die Dekrete über die Erlaubnis oder das Verbot von Musiken und Tänzen in den Wirtshäusern lassen erkennen, daß man noch sehr undifferenziert von derartigen Unterhaltungen Ausschreitungen und Ausschweifungen befürchtete. Der Erlaß, der 1717 die Abhaltung von Musiken an „ehrbahrn Orthen" gestattet, zählt „öffentliche Wirts-, Schenk- oder Bierhäuser" noch nicht darunter.[251]

Mit der Zunahme des nicht mehr korporativ organisierten Bürgertums im 18. Jahrhundert, das eine disziplinertere Lebensweise bevorzugte, wurden auch Gasthäuser gemütlicher und für die öffentliche Ordnung weniger gefährlich. Diese Bürger entdeckten neue Mittel, sich vom „Pöbel" zu distanzieren und eine Kommunikationsgemeinschaft Gleichgesinnter zu errichten, wenn sie es nicht überhaupt vorzogen, sich in die Privatsphäre zurückzuziehen, wie das der Adel schon längst vorexerziert hatte.[252] Eine Möglichkeit bestand in der Einrichtung von Extrazimmern, die durch ihre räumliche Distanz zur „Straße" bereits einen Zug zur Privatheit hatten; „Personen von Unterscheidung", schreibt de Luca 1787, „begeben sich im ersten

---

250 Vgl. REALIS, 1, 227 (er bezieht sich auf die „Blaue Flasche" zur Zeit Josephs II.; seine Quelle konnte ich nicht eruieren). Die Auskoppelung der alkoholischen Getränke vom gemeinschaftlichen Mahl erfolgte schon früher: Die Herbergsordnungen des 16. Jahrhunderts für die Reichstage trennen bereits zwischen Essen plus Getränk und „trockenen Mahlzeiten" (= ohne Getränk) - vgl. KOHLER, Alfred: Wohnen und Essen auf den Reichstagen des 16. Jahrhunderts, in: Alltag im 16. Jahrhundert (1987), = Wiener Beiträge zur Geschichte der Neuzeit 14, 222-256, hier 231 u. 248 f. Der Reichsabschied von 1671 bestimmte, daß jeder das Getränk extra bezahlen sollte (vgl. RAUERS, 291 f.).

251 WStLA, A.R. 11/1713, kaiserl. Resolution v. 21.2.1713.

252 Vgl. PEZZL, 374: Der Adel trinke meist zu Hause oder in Gesellschaften; ebenso Adreßbuch, 307; zur Zunahme bürgerlicher Gesellschaften in Privathäusern siehe nächstes Kapitel.

Geschosse (sic!), wo die Zimmer ganz artig meublirt sind."[253] Unterscheiden wollten sich offenbar „Kanzleyleute, Künstler, Studenten, mittlere Bürger", die sich nach Auskunft des „Adreß-buches" von 1792 in „den sogenannten Extrazimmern" trafen.[254] In der „Ordinair-Gassenschenken" dagegen sammelten sich La-kaien, Kutscher, Hausknechte, Handwerksburschen, Trager.[255] Die ärmeren Schichten bevorzugten das Bierhaus; ein Bericht des Stadtrats aus dem Jahre 1709 nennt als Publikum der Bier-keller „gemeine Handtwerchsbursch, Laqueyen, Gutscher, Tra-ger und dergleichen Leuth vilioris conditionis".[256] Ein mittelmä-ßiges Bier kostete soviel „wie der billigste Wein", und außerdem kam ihm ein gewisser Nährwert zu, was diesen Schichten die Abendmahlzeit ersetzte.[257]

Wirtshäuser waren nicht bloß Kommunikationszentren, son-dern boten auch Gelegenheit, Musik zu hören (oft auch mit Tanz verbunden) und der Spielleidenschaft zu frönen - beide Formen der Unterhaltung werden in eigenen Kapiteln behandelt. Ihr Bin-deglied bildet der Ausschank von Alkohol. Die soziale Interak-tion in einem Kaffeehaus ist unverständlich, wenn man sich nicht mit der Wirkungsweise des Kaffees beschäftigt. Genauso gehören Schenke und Alkohol zusammen. Wenn man sich über seine Funktion und Wirkung im klaren ist, bekommt man einen Schlüssel zum Verständnis der Gasthauskultur in die Hand. In-folge der lange Zeit gültigen (und schon im Vormärz anzutref-fenden) These, daß der starke Alkoholgenuß der Arbeiter auf den Versuch zurückzuführen sei, „mit den zahlreichen Traumata der wirtschaftlichen Unsicherheit und der industriellen Arbeitsdiszi-plin, den erbärmlichen Wohnverhältnissen und den familiären Konflikten, die sich zwangsläufig daraus ergaben, fertig zu wer-den", wurden andere Funktionen des Trinkens ziemlich ver-deckt.[258] S. Roberts hat dieser Interpretation wohl als einer der ersten die These entgegengestellt, „daß die oft berichtete proleta-rische Trunkenheit in den frühen Industriestädten im Zusammen-

---

253 DE LUCA, Zustand, 22.
254 Adreßbuch, 308.
255 Ebd.
256 WStLA, A.R. 35/1709, Bericht an die nö. Reg. v. 26.2.1709.
257 So PEZZL, 363; vgl. auch die Argumentation der Stadt gegen die ge-forderte Verminderung der Bierhäuser 1746: Die Weinwirte würden davon nicht profitieren, da bekannt sei, „daß diejenige, so sich des Biertrunckhs bedienen, nicht vermögend seynd, den theuren Würthshauswein zu bezahlen." (WStLA, A.R. 41/1745, Bericht v. 1.3.1746).
258 ROBERTS, James S.: Der Alkoholkonsum deutscher Arbeiter im 19. Jahrhundert, in: Geschichte und Gesellschaft 6, 220 ff., hier 221.

hang mit vorindustriellen Formen des sozialen Trinkens verstanden werden muß. "[259] Diese soziale Kraft des Alkohols kann damit erklärt werden, daß er die Ratio herabsetzt und damit auch jene für das Funktionieren einer Gesellschaft wichtigen Schwellen im Menschen, die ihn daran hindern, gewisse Bedürfnisse (nach Aggressionsabfuhr, nach Kritik an Mißständen, nach Ausleben der Sexualität) unmittelbar zu befriedigen. Durch diese Reduzierung der Eigenkontrolle werden Freiräume geschaffen, die ungestraft ein stärkeres Ausleben der Affekte ermöglichen, dessen hörbarer Ausdruck der Lärm ist. Lärmendes Verhalten wird den Wirtshausbesuchern demnach immer wieder angekreidet.

Da unkontrollierte Affekte zu unberechenbaren Handlungen führen und die öffentliche Ordnung empfindlich stören können, ist die Geschichte der Wein- und Bierhäuser, wie sie uns in den Quellen entgegentritt, in hohem Maße eine Geschichte des Konflikts mit den städtischen Behörden, manchmal auch mit der nachbarlichen Umgebung. Jene erkannten zwar die Unentbehrlichkeit der Schenken, versuchten sie aber so weit wie möglich unter Kontrolle zu bringen. Die Leitlinie war (nach einem Dekret der nö. Regierung aus dem Jahre 1737), daß keine neuen Schank- und Wirtshäuser „ohne sonderbahrer Nothwendigkeit" errichtet und die Anzahl der bestehenden „so viel als möglich eingeschränkt" werden sollte.[260] 1744 machte die Regierung mit der Forderung ernst, indem sie dem Stadtrat konkrete Vorschläge abverlangte, „wie die so übersezte Anzahl deren Bierhäusern, so wohl in- als vor der Statt auf eine billichmässige Proportion reduciret werden könten."[261] Dieser konterte aber mit einer Reihe von guten Gründen, die sich auf einen Nenner bringen lassen: Einnahmen würden verlorengehen.[262] Vor allem die Angst, daß sich die Wirte, denen man die Lizenz entzöge, auf den Freigründen niederließen und von dort eine Konkurrenz bedeuteten, scheint für den Standpunkt der Behörde, alles beim alten zu lassen, maßgeblich gewesen zu sein. Auf dem Burgfriedensgebiet, so verteidigten sie sich, sei „ohnediss keine unproportionirte Anzahl anzutreffen", während die ständischen Freigründe „am al-

---

259 Ebd., 235.
260 WStLA, A.R. 17/1737, Dekret v. 28.3.1737 (nach einer Beschwerde der „Nachbarschaft am Spittlberg").
261 WStLA, A.R. 41/1745, D. v. 31.8.1745.
262 Zinsverluste für die Hausherrn, Verlust an Tazgefälle; Existenzbedrohung der Wirte, deren Bierhäuser abgeschafft würden; dazu kam ein Verfahrensproblem: Welche Bierhäuser sollte man - bei der großen Vielfalt an Konzessionen - abschaffen? (Ebd., Deliberanda über den vom Hof anbegehrten Vorschlag, wie die überhäufften Bierhäuser in und vor der Stadt restringiret werden könnten).

lermaisten überhäuffet seynd" und der Augenschein zeige, daß dort „ein jedes Hauß ein Wein- oder Bierhauß ist."[263] Über die Gefahren, die der öffentlichen Ordnung drohten, hegte allerdings auch der Stadtrat keinen Zweifel: Es sei, bekennt er, „in villen Vorstadts-Bierhäusern, sondlich auf denen Freygründen bey Spillen, Tanzen und Springen, Rauffen ~~und Hurren~~ (Durchstreichung im Orig., G.T.) nicht vill Guetes anzutreffen."[264] Einen neuen Versuch zur Reduzierung der Bierhäuser startete die nö. Repräs. u. Cammer 1753, der offenbar ebensowenig von Erfolg gekrönt war; der Stadtrat wehrte sich mit den gleichen Argumenten.[265] Sonnenfels folgte in seinem Standardwerk zur Polizeiwissenschaft der Devise der nö. Regierung: Er forderte eine Verminderung der Schenkhäuser, weil die Polizei alle Gelegenheiten zu vermindern habe, „welche unmittelbar, oder mittelbar die sittlichen Unordnungen (...) zu vermehren fähig sind."[266]

Die Kritikpunkte der Ordnungshüter bezogen sich vor allem auf drei Bereiche: Die sexuelle Ausschweifung, mutwillige Gewaltakte und die Gefährdung der politischen Ordnung.

Das schärfste Augenmerk galt zu Beginn des 18. Jahrhunderts der Verhinderung von Prostitution, zu der viele Schenken eine besondere Nähe hatten, wohl deshalb, weil dort sonst kaum Frauen anzutreffen waren. Um dieses Laster zu verhindern, verbot man 1698 den Frauen generell den Getränkeausschank in den Bier- und Weinkellern; dieses Verbot, Kellnerinnen anzustellen, konnte unter Schwierigkeiten[267] durchgesetzt werden und hielt dann das ganze 18. Jahrhundert.[268]

Eine neue Gefährdung bahnte sich an, als es offenbar üblich wurde, in den Bierschenken Tanzveranstaltungen abzuhalten. 1709 berichtete der Stadtrat an die nö. Regierung, daß das Gebot, statt „Püehrschenkhinen od. Püehrmenscher (...) Kellner Jung und Mannß Persohnen zu halten", zwar beachtet werde, aber infolge der Gestattung von Tänzen in diesen Lokalen die „durch Anwendung sorgfältiger Müehe mit Ausrottung der Puehrmenscher nach und nach in guethe Ordtnung" gebrachte Situation

---

263 Ebd., Bericht v. 1.3.1746.
264 Ebd.
265 WStLA, A.R. 233/1753, Bericht v. 12.11.1753; u.a. wird erwähnt, daß in einigen Vorstadt-Freigründen, „wie auch im neuen Lerchen-Feld", Schankgerechtigkeiten eigenmächtig und mißbräuchlich erteilt würden.
266 SONNENFELS, Grundsätze, 1, 159.
267 WStLA, A.R. 125/1700, 53/1705, 35/1709.
268 Vgl. RÖDER, Reisen, 333: „Die Gewohnheit Mädchen anstatt der Kellner in den Wirtshäusern zu haben, wie in Oesterreich und Bayern, ist hier nicht eingeführt."

sich wieder verschlechtere. Der Stadtrat empfahl eine Abschaffung der Tänze.[269]

Die Beschwerden darüber rissen jedoch in den folgenden Jahren nicht ab; dazu gesellten sich Klagen über Vandalenakte. Darüber beschwerte sich zum Beispiel der Richter im alten Lerchenfeld „sambt der gemein". Schuld daran habe hauptsächlich das neue Lerchenfeld, denn die Wirtshausbesucher, die dort den ganzen Tag „liederlich" zugebracht hätten, würden in der Nacht „in unsere Gemein kommen" und hier die zweite Hälfte der Nacht mit „grausamber Lästerung, Schelten und Fluchen" verbringen. Wolle man sie abschaffen, so rotteten sie sich zusammen und unterfingen sich, was „schon würckhlich" geschehen sei, die Fenster einzuwerfen. Bei solchen Musiken fände sich „nichts anders als herrenloses gesindl" ein, und zwar „sowohl Manns- als Weibsbilder."[270]

Über die politische Komponente von „Zusammenrottungen" erfährt man in den Quellen wenig Konkretes - außer die Furcht davor. Dennoch werden wir jene fallweise in Rechnung zu stellen haben, denn die Schenke läßt in ihrer Funktion als Umschlagplatz für Neuigkeiten, als Kommunikationszentrum, wo man Erfahrungen, Gehörtes und Gesehenes, später auch Gelesenes austauschen kann, eine politische Öffentlichkeit entstehen;[271] die neueren Forschungen über das Kaffeehaus und die scharfe Gegenüberstellung von Kaffee und alkoholischen Getränken haben diese Tatsache etwas verdeckt. Diese Funktion der Schenken ist gerade auch mit dem Alkoholkonsum in Zusammenhang zu sehen, der gewisse Hemmschwellen herabsetzt, die es verhindern, spontan seine Meinung zu äußern, ohne auf die gelernte Unterordnung unter die Obrigkeit Bedacht zu nehmen. Ein anschauliches Beispiel bietet uns der Lauf, den die Kritik an der Tranksteuer unter Joseph II. nach Meinung eines Befürworters dieser Steuer genommen hat: Von den Wirten ging die Kritik „in die politischen Kreise über, welche sich in den Weinschenken zu versammeln pflegen" und von da auf das „ganze Volk".[272]

---

269 WStLA, A.R. 35/1709, Bericht v. 26.2.1709.
270 WStLA, A.R. 95/1716, Gesuch v. 5.11.1717; ein entspr. Verbot erging mit Dekret der nö. Regierung gleichen Datums.
271 Vgl. dazu SANDGRUBER, Roman: Bittersüße Genüsse. Kulturgeschichte der Genußmittel (1986), 45 f.
272 Gedanken über die Tranksteuer wider die unlängst erschienene Steuervereinfachung eines Patrioten, Wien 1781; 1783 wurde diese an Stelle des Tanz- und Ungeldes 1780 eingeführte Tranksteuer wieder zurückgenommen (vgl. HILLBRAND, Erich: Das Ungeld in Nieder- und Oberösterreich vom 13. bis zum 19. Jahrhundert mit besonderer Berücksichtigung der Zeit von 1500 bis 1700, masch. Diss. Wien 1953, 50).

Denkmal auf das Ende der Tranksteuer den 31 October 1783.

8. Die Tranksteuer, 1780 eingeführt, mußte bereits drei Jahre später wieder zurückgenommen werden, was den Wienern große Freude bereitete, wie Hieronymus Löschenkohl zeigt.

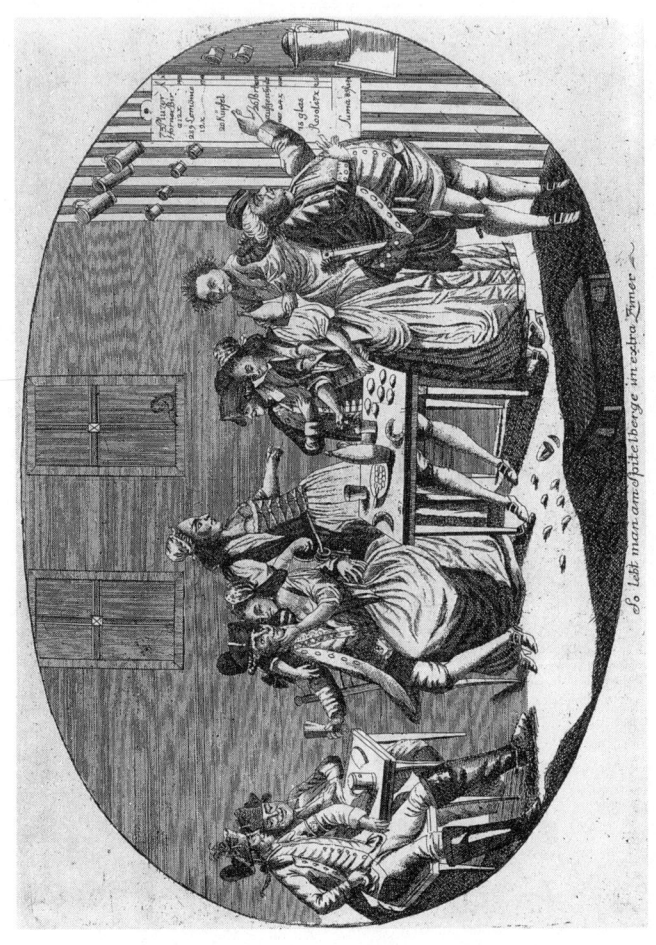

Es lebt man am Spittelberge im extra Zimmer.

9. Die Darstellung von H. Löschenkohl zeigt ein Extrazimmer eines der berüchtigten Bierhäuser auf dem Spittelberg, „wo die Unbedachtsamen, die dahin gerathen, fast ausgezogen und ausgeplündert werden".

Das politische Räsonnement, das hier stattfand, wird traditionellerweise als Sache der Männer aufgefaßt. Das ist einer der Gründe, warum in Wirtshäusern kaum Frauen zu finden waren[273], während sie bei anderen öffentlichen Vergnügungen wie Theaterbesuchen oder Spaziergängen durchaus gleichberechtigt in Erscheinung traten. Ein zweiter liegt in der latent aggressiven und ungehemmteren und damit für Frauen auch gefährlicheren Atmosphäre, die durch die Herabsetzung der Hemmschwellen an diesen Orten entstand - eine Herabsetzung, die für den weiblichen Teil der Bevölkerung traditionellerweise weit weniger toleriert wurde, schon gar nicht in der Öffentlichkeit. Die Männerdominanz bewirkte wiederum eine Reduzierung der Frau zum Sexualobjekt.

In josephinischer Zeit, vor allem aber dann im 19. Jahrhundert, erhielten viele Gaststätten auch vom Äußeren her ein „bürgerliches" Gepräge. Wärme strahlte nicht mehr das enge Zusammensitzen und Diskutieren in stickiger Luft aus, sondern allenfalls die Holzvertäfelung der Wände, die nun im Verein mit mehr Sauberkeit und Helligkeit die Behaglichkeit eines Wohnzimmers vermittelte, womit die Atmosphäre eine Wendung zum Privaten nahm, auch insofern, als die Abstände zwischen den Sitzenden, die Distanzen der Körper zueinander größer, die Tische hingegen kleiner wurden.[274]

Die bürgerlichen Gasthäuser entfernten sich damit von den alten Bier- und Weinschenken und schlugen die Richtung des „Noblbeisls" ein, das jüngst von Roland Girtler dem Beisl alter Art, der eher suspekten Gaststätte, die das „Gesindel" aufsucht, gegenübergestellt wurde:

In den ‚Nobelbeisln' (...) sitzt der Besucher an gemütlichen Tischen und diniert mehr oder weniger kostspielig, nachdem er sich in der oft komplizierten Speisekarte orientiert hat. Kontakte zwischen den Gästen, die einander meist überhaupt nicht kennen, und zu den Wirtsleuten und Kellnern gibt es hier kaum. Dem Besucher des Nobelbeisls ist das Recht genommen, andere Gäste zu kontaktieren, ihre Reserviertheit zu durchbrechen. Hier ist der Wirt eifrig darum bemüht, eine Störung der Gäste zu verhindern, um die vielleicht gewünschte Isoliertheit zu sichern. Ganz im Gegenteil zu den sogenannten ‚miesen Beisln', in denen jeder Gast in Kauf nehmen muß, von einem Betrunkenen oder sonst jemandem angegangen zu werden.
Die Atmosphäre und die Lautkulisse des ‚Nobelbeisls' ist gedämpft, höchstens durch ein eher leises Murmeln nuanciert. Im ‚alten' Beisl dagegen gibt gerade das laute Stimmengewirr, vermischt mit Gegröle von

---

273 Vgl. dazu auch MITTERAUER, ‚Single' oder Familienmensch? 51.
274 Vgl. PEMMER, Gaststätten, 21.

Betrunkenen, die typische, nicht immer gemütliche Farbigkeit. Hier hat der Betrunkene eine gewisse Chance, toleriert zu werden.[275]

Mit diesem Weg zum „Nobelbeisl" wird nur eine Entwicklung wiederholt, die schon Ende des 18. Jahrhunderts das Wirtshaus als Gaststätte durchgemacht hat. Während früher alle Gäste um einen Tisch saßen und ein bestimmtes Menü vorgesetzt bekamen, wurde es in den achtziger Jahren in Wien üblich, „à la carte" zu speisen. Die Ankündigung eines neuen Gasthauses im „Wienerblättchen" 1785 weist extra darauf hin:

Bey jedem Tische wird ein sogenannter Kuchelzeddel liegen, damit jeder Gast sehen könne, was für Speisen zu haben seyn und wie selbige gezahlt werden.[276]

Eine solche Sitte mußte zu diesem Zeitpunkt also noch ziemlich neu sein. Sie scheint sich aber (unter den höheren Ständen) recht schnell durchgesetzt zu haben, glaubt man dem „Adreßbuch" von 1792:

Die sogenannten Wirthtafeln oder Tafelrond, welche in verschiedenen Provinzen in und ausser Deutschland üblich sind, findet man in Wien in den Wirthshäusern beynahe gar nicht. Sondern in denselben wird jeden besonders aufgetischt, und man kann zu verschiedenen Stunden speisen, so viel oder wenig einem beliebt, jede einzelne Speise hat ihren gesetzten Preiß.[277]

Das konnte einerseits bedeuten, daß sich nun kleine Gruppen zusammenfanden, die an kleinen Tischen unter sich blieben, eine spezielle Mahlzeit zu sich nahmen und dabei eine eher intime Geselligkeit pflegten.[278] Der Wirtshausbesuch nahm damit die Struktur moderner Freizeit an, indem in die Beliebigkeit des einzelnen gestellt wurde (soferne die Finanzen danach waren), mit Freunden sich an einen Tisch zu setzen und dort nach freier Wahl sich billigere oder teurere Gerichte - Alltagskost oder Fest-

275 GIRTLER, Roland: Das ‚Beisl': Seine sonderbare und freundliche Tradition, in: Wiener Beisln. Bilder & Geschichten, hgg. v. Hubert Christian EHALT (1985), 103 -107, hier 105.
276 Wienerblättchen v. 30.5.1784; das Gasthaus befand sich in der Singerstraße im „roten Apfel", 1. Stock.
277 Adreßbuch, 303; vgl. auch KÜTTNER, 321, zu den „Tables d'Hote": „Leute vom Stand, oder vom Tone vermeiden sie."
Wie sehr die Zeit um die Jahrhundertwende allerdings noch eine Epoche des Übergangs war, zeigt die Einrichtung des 1809 eröffneten Apollosaals, die sowohl große Tische enthielt, wo man Menüs bekam, als auch kleine Tische in kleinen Zimmern, wo man Speisen je nach Verlangen aß (vgl. REICHARDT 1, 249 ff.).
278 Vgl. z.B. MEINERS, Länderbeschreibungen, 66.

essen - anzuschaffen, ohne auf die Zeit und eine größere Gesellschaft Rücksicht nehmen zu müssen.[279]
Die meisten Reisenden hielten allerdings nicht so viel wie Meiners von den neuen Sitten, die sie erstaunt zur Kenntnis nahmen. Ihr Blick fiel mehr auf die Schattenseiten dieses Individualisierungsprozesses. Der „junge Bayer", der um 1800 Wien besuchte, bemängelte, daß es hier in den Gasthäusern keine „Tables d'hótes" gebe, wie sie in Sachsen und Brandenburg üblich seien, sondern „Portionenweise gespeist" werde; das lähme die gesellige Unterhaltung.[280] Am deutlichsten spricht ein Vierteljahrhundert später der Reisende Carl Julius Weber den Kommunikationsverlust aus:

Diese Art zu speisen, füllet blos den Magen, löset aber alle Bande der Geselligkeit, Geist und Herz bleibt leer, und der gefüllte Magen geht in einer halben Stunde wieder weiter tutto solo![281]

Der Mensch, für den zu essen immer auch ein Stück Geselligkeit bedeutete, wandelt sich also zum stillen Genießer, und das auch da, wo man noch an einer gemeinsamen Tafel speiste, bei den Trakteurs:[282] „Der gemächliche und höfliche Mann ist an einer Tafelrond der betrogene: man ißt wie auf der Flucht: im Nu sind die Schüsseln ausgeleert, und er steht mit leerem Magen auf."[283]
Das zeigt uns, daß die neuen Eßsitten nicht durch das Bedürfnis,

279 Vgl. auch RAUERS, 1115, der in der Entstehung der Restaurants eine „Vergroßstädterung" und „Verbürgerlichung der Genüsse" sieht. Zu dieser Entstehung vgl. MENNELL, Stephen: Die Kultivierung des Appetits. Die Geschichte des Essens vom Mittelalter bis heute (dt. 1988), 183 ff.
280 Bemerkungen oder Briefe über Wien, 15; der Autor bezieht das auf die Eßsitten im „Weißen Schwan", wo er sich einquartiert hat. Ähnliche Klagen bei STERNBERG, Bemerkungen, 129, sowie REICHARDT, Vertraute Briefe, 1, 114.
281 Carl Julius WEBER: Briefe eines in Deutschland reisenden Deutschen, Stuttg. 1826, Bd. 2, 243 ff. (zit. nach RAUERS, 531 f.).
282 Trakteurs waren für Leute gedacht, die in keinen Haushalt bzw. in keine Korporation eingebunden waren, die also ins Wirtshaus essen gehen mußten: Vor allem Beamte, aber auch nichtzünftische Handwerker etc. - vgl. auch PEZZL, 359 ff. Sie unterschieden sich von den Wirtshäusern dadurch, daß man zu bestimmter Stunde ein oder auch mehrere Menüs zur Auswahl bekommen konnte, während in den Wirtshäusern ja nunmehr den ganzen Tag über gegessen und unter vielen Speisen gewählt werden konnte (vgl. Kommerzialschema 1780, 20). Diese Trakteurs scheinen die Stadtköche verdrängt zu haben, wie aus einem Bericht des Stadtrats an die nö. Regierung hervorgeht (vgl. WStLA, A.R. 41/1745, v. 10.7.1745).
283 Adreßbuch, 309.

seine Speisen frei wählen zu können, hervorgerufen wurden, sondern daß diese Wahlfreiheit Ergebnis eines anderen Prozesses ist; aber nicht etwa die Folge einer Ausdehnung der Arbeitszeit, die es dem einzelnen nicht mehr möglich machen würde, länger beim Essen zu verweilen: Die Ursachen, daß die Mahlzeit ihren geselligen Charakter verlor (womit sie auch - reduziert auf die Befriedigung physiologischer Bedürfnisse - konträr zur Freizeit erscheint[284]), sind dieselben, mit denen sich der Verfall des öffentlichen Raumes erklären läßt, sind ein Teil dieses Prozesses.[285] Damit sind wir wieder an den Beginn des Kapitels verwiesen!

Diese Wandlungen wären nicht vor sich gegangen, wenn sich nicht der Bürger beim Trinken beherrscht hätte. Es ist hier nicht der Ort, die (von den Höfen ausgehende) Geschichte der Mäßigkeitsbewegung nachzuzeichnen; im Unterschied zur frühen Neuzeit, als in den Polizeiordnungen „„Zutrinken und Völlerei' geradezu einen fixen Platz unmittelbar nach der Gotteslästerung hatte"[286], scheint für die Oberschichten des späteren 18. Jahrhunderts die Vermeidung von Alkoholexzessen kein gravierendes Problem mehr gewesen zu sein.[287] Sie hatten gelernt, jene Verhaltensweisen zu eliminieren, die sie einer rationalen Kontrolle ihrer selbst entzogen. Man wollte sich ja nicht auf eine Stufe mit den „versoffenen Narren" in den Zünften stellen[288], wollte nicht zum Tier herabsinken.[289]

---

284 Vgl. sämtliche modernen Freizeitdefinitionen.

285 In der Privatheit dagegen ließ man sich durchaus beim Essen Zeit - laut Riesbeck verbrachte man damit etwa zwei Stunden (1, 205).

286 LEITICH, Kristl: Obrigkeitliche Maßnahmen zur Hebung der Sitten in den Ländern Unter und Ob der Enns während der frühen Neuzeit. Landesfürstliche und herrschaftliche Ordnungen von 1520 bis 1780, masch. Diss., Wien 1968, 201.

287 In den Moralischen Wochenschriften findet das Thema kaum Beachtung; kurze Mahnungen gibt es in Theresia und Eleonore 2, 7. Stk., Welt 4, 8. Stk. (Mahnung an adelige Offiziere). Eine gewisse Ausnahme bildet in dieser Hinsicht der „Patriot", der der Trunkenheit ein eigenes Kapitel widmet; u.a. heißt es hier: „Ich kenne beynahe kein niederträchtigeres Laster als die Trunkenheit, und doch ist keines allgemeiner als eben dieses (...) Welche Raserey! sich noch unter die Thiere herab zu setzen, sich ganz des Gebrauchs der Vernunft, seines Bewußtseyns zu berauben, seinen Körper zu zerstöhren (...) welche Niederträchtigkeit." (3, 82. Stk.).

288 Diesen Ausdruck gebraucht einmal J. J. BECHER für die „liederlichen Handwercks-Burschen (...), welche versoffene Narren nichts können, als sich auf ihre Handwercks-Gerechtigkeit beruffen und ihre Meister trutzen." (Politische Discurs, 246).

289 Vgl. z.B. SCHRÖDER, Schatz- und Rent-Kammer: „(...) ein versoffener Mensch ist ein Vieh, mit welchem nichts anzufangen, vielweniger etwas von ihm zu hoffen ist" (365).

In der Tat stellte exzessives Trinken für die Gesellen (wie die Zünfte im allgemeinen) ein konstitutives Element ihrer Festkultur dar.[290] Der Staat bekämpfte auch diese zünftische Brauchtumsform, indem er der häufig geübten Praxis entgegentrat, Strafgelder zu bestimmten Anlässen zu vertrinken.[291] Joseph II. befahl zu diesem Zweck den Magistraten, die Originalrechnungen aller Zünfte eines Orts „wenigstens von den letzten sechs Jahren" einzubringen und Verbesserungsvorschläge für die Verwendung der Ladengelder zu machen, mit Bedachtnahme auf eine Verbindung der Zunftlade mit dem Armeninstitut.[292]

Zur Einschränkung des Alkoholkonsums haben wohl neue Getränke nicht unwesentlich beigetragen, vor allem der Kaffee, der bei den Oberschichten den Alkohol als Frühstücksgetränk um die Jahrhundertmitte „schon ziemlich vollständig verdrängt zu haben scheint" und zu dieser Zeit auch in den Internaten immer häufiger den Wein ersetzte.[293] Im letzten Drittel des 18. Jahrhunderts nahm der Kaffeeverbrauch auch bei den Unterschichten schnell zu.[294] Das hängt auch damit zusammen, daß man bald in der Lage war, billigen Ersatz herzustellen. Anders verhielt es sich mit alkoholfreien Getränken wie Mandelmilch, Schokolade usw. Ein josephinischer Schriftsteller verwendet die hohen Preise dieser Getränke als Argument gegen die zu Beginn der achtziger Jahre heftig diskutierte Tranksteuer. Der Kavalier

trinkt den Wein aus Lust, dieser aus Noth, jener aus Lust, weil er unter vielen Getränken und Erfrischungen z.B. Cioccolade, Gefrornes etc. eines wählen kann, dieser aus Noth, weil der Wein aus Mangel der übrigen Lebensmittel seine Nahrung ist (...)[295]

---

290 Zahlreiche Beispiele bei WISSELL, z.B. Bd. 2, 60 ff., 106 f., 123 ff., 214 ff., 252 ff., 386; vgl. dagegen den ganz auf Mäßigung bedachten Trinkkomment der Freimaurergesellschaften (vgl. dazu SCHINDLER, Norbert: Freimaurerkultur im 18. Jahrhundert. Zur sozialen Funktion des Geheimnisses in der entstehenden bürgerlichen Gesellschaft, in: BERDAHL, Klassen, 205-262, hier 240 ff.).

291 Diese Gelder sollten der Armenkassa zugeführt werden - vgl. Handwerksgenerale f. Wien v. 16.11.1731, § 8 (KROPATSCHEK, Maria Theresia, 1, 196 ff.), später findet sich dieser Vorschlag in zahlreichen von Maria Theresia bestätigten Zunftordnungen. Weiters sei auf die schon behandelte Abstellung des Schenkens verwiesen. Dazu kamen Einzelverordnungen, z.B. das HD v. 15.12.1770 (KROPATSCHEK, Maria Theresia, 6, 309): „Die bei den Handwerksgesellen übliche Sammlung des Martinitrunks wird verboten."

292 HD v. 10.2.1785 (KROPATSCHEK, Joseph, 9, 224 f.).

293 Vgl. SANDGRUBER, Konsumgesellschaft, 195 f.

294 Ebd.

295 ZENCKER: Die Stimme des Volks zur Tilgung der Tranksteuer, Wien 1782, 18.

Das war aber nur die eine Seite der Medaille. Von einer echten Abstinenzbewegung ist wenig zu bemerken. Vorschläge wie jener, statt Alkohol Wasser oder Milch zu trinken und zum Abgewöhnen den Wein immer mehr zu mischen, bis sich Magen und Gaumen ans Wasser gewöhnt haben[296], sind in den Schriften der Aufklärer selten anzutreffen. Häufig dagegen singen josephinische Schriftsteller dem Wein ein Loblied - man sehe etwa die Lyrik Aloys Blumauers durch.[297] Der Grund liegt wohl darin, daß der Alkohol als „Lösemittel" par excellence immer wichtiger wurde, weil die Veränderung des Menschen zu sich selbst in Richtung zunehmender Triebregulierung das Bedürfnis noch forcierte, die Affektkontrolle ein wenig herabzusetzen und damit den Druck, den das Individuum verspürt, zu mindern, die errichteten Hemmschwellen niedriger zu machen, z.B. jene, die einen geselligen, fröhlichen Umgang mit anderen Menschen hindert. Der Alkohol fungierte damit auch als „Bindemittel".[298]

Es ist einmal mehr Joseph Richter, der diese gegensätzlichen Bedürfnisse (nach Affektkontrolle und Lösung dieser Kontrolle) auf den Punkt brachte:

Gesundheittrinken - vielleicht eines unedlen Ursprungs; aber ehrwürdig des Karakterzug deutscher Offenherzigkeit und Gastfreundschaft. Gesundheittrinken - abgestellt; aber mit ihm auch deutscher Biedersinn und Kordialität von Tafeln, Trinkgelagen und Banqueten verschwunden.[299]

---

296 Vgl. Von den Nationallastern (1789), 130 und 155 ff.

297 Auch im „Wienerblättchen" sind zahlreiche Trinklieder - manchmal seitenlang - zu finden. Auf der anderen Seite wurden die Leser vor ungehemmtem Alkoholgenuß gewarnt: Am 22.8.1783 nahm die Zeitung einen tragischen Vorfall zum Anlaß, ein „warnendes Beispiel für Vollsäufer" zu geben: Der Bericht handelt von einem Maurer, der nach Dornbach ging, 6 Maß Wein trank, auf dem Rückweg zusammenbrach, von Frau und Magd mit einem Schubkarren heimtransportiert wurde und um 5 Uhr früh verschied.

298 Vgl. dazu auch LAERMANN, Klaus: Kommunikation an der Theke. Über einige Interaktionsformen in Kneipen und Bars, in: HAMMERICH/KLEIN: Materialien, 420-430: Alkohol „verbindet (...) die Menschen zu unbestimmt gehaltener Gemeinsamkeit eines ‚Wir' und löst sie zugleich scheinbar leichthin aus den Verpflichtungen, die sie alltäglich belasten."(420).

299 RICHTER, Altes und neues Wien, H 3, 6 f.; vgl. auch die Feststellung in einem höfischen Anstandsbuch aus dem Jahre 1789, daß das Gesundheittrinken „pöbelhaft geworden" und jetzt „eine Unhöflichkeit in guter Gesellschaft" sei. Der Autor, dem dieser Brauch „ungesittet" und „lächerlich" vorkommt, empfiehlt, sich dessen nur dort zu bedienen, „wo du siehst, daß er noch allgemein geblieben ist" (Regeln der Höflichkeit, 115).

Nicht verschwunden dürfte „das Gesundheits- und Zutrinken"
hingegen „in den untern Volksklassen" sein, wenn wir den Ausführungen von „Realis" Glauben schenken dürfen: In Gaststuben
und öffentlichen Gärten komme es täglich vor, „daß ein Eintre-
tender von seinen Bekannten mit biederer Geberde und mit em-
porgehaltenem Bier- oder Weinglase bewillkommt wird"; dieser
müsse „Bescheid tun".[300]
Solche „urtümlichen" Verhältnisse suchte der Stadtbürger im
19. Jahrhundert in den umliegenden Vororten, in Weinhauerdör-
fern wie Grinzing oder Ottakring. Im Schnittpunkt der gegensätzlichen Interessen - zwischen dem Bedürfnis, Herrschaft über
sich selbst zu behalten und dem Versuch, sich gleichzeitig von
den selbst errichteten Zwängen ein Stück zu befreien - bildet
sich der „Heurige", zu dem die ganze Familie nach einem Land-
ausflug einkehren konnte, ohne Belästigungen oder gar Exzesse
fürchten zu müssen!

Gesellschaften

Adalbert Stifter schrieb 1847:

Es gibt kaum ein Ding in neuester Zeit, das so vieldeutig geworden, das
so verbraucht und verpönt worden, als der Salon.[301]

Er beschäftigt sich dann im einzelnen mit dem „vornehmen" Salon, mit dem künstlerischen, dem Spiel- und Musiksalon sowie
mit den sogenannten „Gesellschaften". Allen diesen Formen gemeinsam ist der Ort: Vornehme Gesellschaftszimmer,

in denen sich entweder bloß die Familie gelegentlich zur Erholung und
Besprechung versammelt, oder wo zu bestimmten Tageszeiten, oder an
bestimmten Wochentagen auch Freunde sich einzufinden pflegen, um
da irgend einer bestimmten Lieblingserholung obzuliegen, oder auch
nur im Allgemeinen der Gesellschaft zu genießen.[302]

Nun sind solche Gesellschaften bereits in der zweiten Hälfte des
18. Jahrhunderts ein recht schillerndes Phänomen. Was sie von
der Wirtshausgeselligkeit unterscheidet, ist neben den Anforderungen disziplinierteren Verhaltens, die an den Besucher gestellt
wurden, ihre Abgeschlossenheit gegenüber „außen". Würde man
von modernen Familienformen ausgehen, müßte man hingegen

300 REALIS, Curiositäten, 1, 70 f.
301 STIFTER, Adalbert: Wiener Salonscenen, in: Wien und die Wiener,
    438-454, hier 438.
302 Ebd., 441.

ihre Öffnung nach außen als wesentliches Charakteristikum anführen; als ein entscheidendes Merkmal des Salons und verwandter Formen kann also gelten, daß sie im Schnittpunkt von Öffentlichkeit und Privatheit stehen. Die Grenzen nach beiden Seiten hin sind fließend und reichen von eher familiären Zusammenkünften bis zu den Casinos als fast schon öffentlicher Unterhaltungsform.

Die Sitte, im eigenen Haus mehr oder weniger regelmäßig Gesellschaften zu geben, entstand in aristokratischen Zirkeln, denen es ein Bedürfnis war, die Zeit unter Ausschluß geringerer Gesellschaftsklassen miteinander zu verbringen. Den Kreis, dem dieser Rückzug aus der Öffentlichkeit möglich war, konnte man anhand der Herkunft der Teilnehmer recht einfach begrenzen.

Küchelbecker berichtet um 1730, daß „Gesellschaften" der „vornehmste Zeit-Vertreib zu Wien" waren. Er spricht von den „großen" des Hochadels und den „kleinen" des niederen Adels; das Bürgertum erwähnt er nicht.[303] Lady Montague sah in den „Assembleen" die einzige regelmäßige Belustigung des Adels. Manche hielten sie täglich, andere, „wenn sie Lust haben"; in jedem Fall kam man an „Gallatagen" zusammen; da waren „alle Freunde und Verwandten der Dame, deren Namenstag gefeiert" wurde, verbunden, „in ihren besten Kleidern, und mit all ihren Kleinodien geschmückt, zu erscheinen."[304]

Diese Salonkultur breitete sich allmählich mit dem zunehmenden Reichtum gewisser bürgerlicher Kreise aus. Getragen von dem Bedürfnis, zwischen der sozialen Schicht, der man sich zugehörig fühlte, und der übrigen Bevölkerung Distanz zu schaffen, zog man sich in Privaträume zurück, wo man selbst bestimmen konnte, wen man einlud. Das Adreßbuch von 1792 stellt fest, daß Gesellschaften „bis zum mittleren Bürger" gegeben wurden.[305] Mehrere „gute Häuser", schreibt Schulz, standen Gästen einige Male pro Woche offen - sie mußten nur von Bekannten eingeführt werden und ein „anständiges Äußeres" haben.[306]

---

303 Vgl. KÜCHELBECKER, 377; ähnlich der süddeutsche Benediktinerpater Anselm DESING, dessen Wienbeschreibung aus der ersten Hälfte der Regierungszeit Karls VI. abgedruckt ist bei SCHWERDFEGER, Josef: Eine Beschreibung Wiens aus der Zeit Kaiser Karls VI. (1906), = Sonderabdruck aus dem Jahresbericht des Akademischen Gymnasiums in Wien, 19.

304 Briefe der Lady Marie Worthly Montague: geschrieben während ihren Reisen in Europa, Asia, und Afrikaan an Personen vom Stande, Gelehrte etc. in verschiedenen Theilen von Europa ... aus dem Engl. übers. v. Prof. Eckert, Mannheim 1784, 63.

305 Adreßbuch, 92.

306 SCHULZ, 231.

Der Hofsekretär Johann Georg Obermayer empfing in den siebziger Jahren in seiner Neun-Zimmer-Wohnung „fast täglich" Bekannte.[307] Die Familie Greiner, aus der Caroline Pichler (geboren 1769) stammt, hatte „täglich abends zahlreiche Gesellschaft, sehr oft Gäste zu Mittag, und meist ein paar Freunde zum Souper."[308] Um selbst einen Salon führen zu können, dazu bedurfte es entsprechender Räumlichkeiten und eines Dienstpersonals, das in der Lage war, zahlreiche Gäste bedienen zu können. In Frage kamen dafür neben dem Adel Bankiers, Industrielle und höhere Beamte.[309] Etwas anderes ist das Problem der Zugangsmöglichkeiten. Wir müssen hier zwischen dem Hochadel und anderen Schichten unterscheiden: Jener grenzte sich während des gesamten 18. und auch noch im 19. Jahrhundert streng nach unten ab. Der Adelsrang, die Zahl der adeligen Vorfahren boten ein klares Merkmal dafür, wer dazugehörte.[310] Bei Fremden erkundigte man sich offenbar genau danach, wie Küchelbecker berichtet:

Es wäre (...) fast nöthig, daß ein jedweder auswärtiger vom Adel, so sich zu Wien aufhält, seinen Stammbaum oder Genealogie in forma probante beständig im Schulsacke bey sich trüge, um sich wegen des vielen Nachfragens sogleich legitimieren zu können.[311]

Joseph II. versuchte auch auf diesem Gebiet die Standesschranken aufzubrechen, indem er „Künstler und Kaufleute von Verdienst bey der Hand in die ersten Gesellschaften" einführte[312], doch allzu viel scheint sich nicht verändert zu haben bzw. schwanden Ansätze, eine einheitliche Elite zu bilden, wieder nach seinem Tod. Schulz konstatiert um die Jahrhundertwende, es komme niemand in die hocharistokratischen Salons, „den nicht Rang und Geburt dazu berechtigen, und die Häuser sind immer noch selten genug, die hierin bey verdienstvollen Gelehrten und Künstlern eine Ausnahme ma-

---

307 Vgl. WECKBECKER, Lebenserinnerungen, 31.
308 PICHLER, 1, 46.
309 Eine Untersuchung der Akademiker an der Universität zeigt, daß nur Personen mit höchstem Vermögen eigene Speisezimmer hatten; in der Regel stand in jedem ihrer Zimmer mindestens ein Bett (vgl. STEINER, Akademiker, 99 ff.).
310 Nach der Zählung von DE LUCA waren 1792 16 Fürsten, 30 Grafen und 10 Freiherren in Wien ansässig (DE LUCA, Ignatz: Oestreichische Spezialstatistik, Wien 1792, 46).
311 KÜCHELBECKER, 379.
312 RIESBECK, 297; angeblich hat Joseph II. einmal in Prag eine Bürgersfrau in eine adlige Gesellschaft geführt und zur Verlegenheit aller mit ihr „den ersten und einzigen Tanz" gemacht, weiß Riesbeck vom Hörensagen (ebd.).

chen."[313] Offiziere, die seit 1751 ohne Unterschiede zu den Gesellschaften des Hofes Zutritt hatten[314], ließ man deutlich ihre Inferiorität spüren. Sie erschienen „sehr selten, wenn sie nicht von hoher Geburt sind, weil der Adel sehr die Miene über ihre Gegenwart verzieht und sie bey jeder Gelegenheit den Unterschied ihres Standes empfinden läßt."[315] Ähnliches dürfte bürgerlichen Frauen widerfahren sein, die in die Hocharistokratie einheirateten. Kübeck berichtet, daß die bürgerliche Frau des Grafen Chorinsky „in keine vornehme Sozietät geladen" werde - „die Damen, die sich unter sich dutzen, nennen sie Frau Gräfin, und die Dienerschaft stockt bei dem ‚gräfliche Gnaden', und sagt sich ‚es sei keine rechte Gräfin'."[316]

Ganz anders verhielt sich der „niedere Adel", dessen Kreis sich ja auf Grund der Nobilitierungen ständig vergrößerte[317] und allein dadurch schon viel stärker mit dem aufstrebenden Bürgertum verbunden war. Zu den Kreisen des Hochadels fand er kaum Zutritt[318] und mußte sich daher mit den „kleinen Gesellschaften" begnügen.[319] Er öffnete sich aber ab ca. 1760[320] dem Bürgertum, womit sich die sogenannte „zweite Gesellschaft" herausbildete. Dieser aufstrebenden Schicht war damit neben dem Theater ein zweites Freizeitfeld eröffnet, wo es sich mit den Spitzen der Gesellschaft messen konnte. Die prinzipielle Unabgeschlossenheit dieses Bürgertums machte freilich die Frage der Abgrenzung nach unten komplizierter als beim Hochadel, mußte aber gelöst werden, wenn diese Form von Freizeitvergnügen mit einem Statusgewinn verbunden sein sollte - und aus welchem Grund sonst hätte man adelige Verhaltensweisen kopieren sollen? Die dafür nötigen „Schleusen", die den Besucherstrom regelten, hatten die Form von Einladungskarten bzw. Empfehlungsschreiben.

---

313 SCHULZ, 230.
314 Vgl. KHEVENHÜLLER, Eintr. v. 10.9.1758; in diesem Jahr gab es aufgrund dieser Hoffähigkeit erhebliche Streitigkeiten, welchen Rang sie beim Umgang zur Feier des Jahrestags des Entsatzes Wiens einzunehmen hätten! Der Obersthofmeister schlug vor, daß die Offiziere, die weder geheime Räte noch Kammerherren seien, künftig „sich entweder von dem Mitbegleiten bei Processionen enthalten oder ihre Stelle in seperato (...) loco inferiori nehmen sollen."
315 BECKER, Fragmente, 81.
316 KÜBECK, Tagebücher, 1, 204 (Brief v. 23.3.1807).
317 Vgl. die Statistik (ab 1701) bei JÄGER-SUNSTENAU, Hanns: Die geadelten Judenfamilien im vormärzlichen Wien, masch. Diss., Wien 1950, 74 ff.
318 Laut KÜCHELBECKER, 377, nur, wenn ihn jemand dort präsentierte.
319 Ebd.
320 Zu dieser Zeit begann Fanny von Arnstein ihren Salon in Wien zu führen, der eine große Vorbildwirkung hatte.

Dieses System war flexibel genug, einerseits die Unterschichten auszuschließen, andererseits ein überregionales Netz von Beziehungen aufzubauen - aufgeklärte Wienbesucher konnten so ziemlich leicht in diese Geselligkeit integriert werden. Reisen wurden damit zum „Instrument des direkten Transfers von Ideen und Methoden wie auch des indirekten durch Anbahnung längerfristiger Kommunikation, zumeist als Korrespondenz."[321] Fast alle Reiseschriftsteller, die sich in Wien aufhielten, bestätigen das dichte Kommunikationsnetz, das in dieser Stadt vorhanden war. Wenn das Adreßbuch von 1792 der „Gastfreundschaft" die Schuld am „Ruin der hiesigen Gasthäuser" gibt[322], so steckt darin sicher ein Körnchen Wahrheit. Denn war ein Fremder einmal in einem Hause eingeführt, dann bestimmte man, so Riesbeck, gewöhnlich einen Tag, an dem er wöchentlich Gast sein konnte. Der „reisende Franzose" hatte damit seine Schwierigkeiten, denn

da waren so viele Bekannte und Verwandte zu Tische, die mich gleichfalls einluden, und bey diesen bekam ich wieder so viele Einladungen, daß ich, wenn ich auch keine neuen mehr annehme, in den ersten vier Wochen noch nicht damit zu Ende bin.[323]

Ein unbekannter Bayer, der sich um 1800 in Wien aufhielt, löste dieses Problem, indem er drei bis vier Assembleen an einem Abend besuchte.[324] Georg Forster entschuldigte sich 1784 bei seinem Freund Sömmering, daß er ihm lange nicht geschrieben habe, damit, daß „(ich) hier in einem Winkel lebe von Einladungen, Besuchen und Gegenbesuchen, die mich kaum zu Atem kommen lassen."[325]

War man einmal eingeführt, gab es keine Probleme mehr.[326] Je nach dem Charakter der Gesellschaft kommunizierten hier Banquiers, Industrielle, höhere Beamte, Offiziere, Wissenschaftler

---

321 ROBEL, Gert: Reisen und Kulturbeziehungen im Zeitalter der Aufklärung, in: Reisen und Reisebeschreibungen im 18. und 19. Jahrhundert als Quellen der Kulturbeziehungsforschung, hgg. v. B. I. KRASNOBAEV u.a. (1987), 9 -37, hier 22; vgl. zu diesem Aspekt auch RUPPERT, Wolfgang: Bürgerlicher Wandel. Die Geburt der modernen deutschen Gesellschaft im 18. Jahrhundert, 105 ff. („Verkehrsräume und Beziehungsbildung").
322 Adreßbuch, 79.
323 RIESBECK, 204.
324 Bemerkungen über Wien, 109.
325 FORSTER, Georg: Werke in vier Bänden, hgg. v. Gerhard STEINER, 4. Bd.: Briefe (o.J.), 287.
326 Vgl. z.B. REICHARDT, 1, 129 nach einem Mittagessen bei Graf Fries: „Das edle Paar entließ mich, nach alter Wiener Gastfreiheit, mit der angenehmen Einladung, so oft ich wollte, ihr Gast zu sein."

und Künstler miteinander. Caroline Pichler traf im Salon ihrer Mutter auf „angesehene Beamte mit ihren Familien, Kavaliere, einige Damen, Gelehrte und Künstler."[327] Im Salon Fanny v. Arnsteins kamen Adelige, Gelehrte, Künstler, Geschäftsleute und „Damen von allen Farben und Nuancen" zusammen.[328] Sonnenfels empfing an Sonntagen Minister, Gelehrte und Künstler.[329]

Mit der Entstehung dieser „zweiten Gesellschaft" setzte sich nun ein Segmentierungsprozeß fort, den wir bereits anhand des Theaters beobachten konnten, und zwar in einer Richtung, die uns ebenfalls bekannt ist: Es kam zu einem Zusammenrücken der oberen Schichten (auch wenn sich konservative Kreise des Hochadels dagegen wehrten), während man sich von den unteren distanzierte. Neue Freizeitmöglichkeiten - durch ausgedehntere Nutzung der Abendstunden - wurden in geschlossenen Räumen verwirklicht: Im Theater, in Privaträumen statt oder nach dem Theater. Öffentlichkeit war daher von vornherein eine beschränkte, und zwar nicht, so hat es den Anschein, in erster Linie deshalb, weil man sich vor den Zugriffen des Staates schützen wollte (das galt nicht einmal für die meisten Zirkel der Freimaurer), sondern vor allem, um unter seinesgleichen bleiben zu können.

Das Bestreben des gehobenen Bürgertums, die kulturellen Muster des Adels zu übernehmen, läßt sich vor allem anhand der Formen dieser Geselligkeit studieren. Die Tatsache, daß Gesellschaften gegeben wurden, sagt allein ja noch nichts darüber aus, in welcher Form man dort miteinander umging, welche Funktion sie zu erfüllen hatten.

Wenn man von Salons spricht, so treten einem heute vor allem jene vor Augen, wo sich Geldadel und intellektuelle Zirkel mischten, besonders die großen Salons der jüdischen Bankhäuser oder auch die abendlichen Zusammenkünfte im Hause Greiner, die wir aus den Memoiren C. Pichlers so gut kennen. Für sie mag zutreffen, daß sie, wie Nahrstedt meint, Freiheit zum Thema und Gespräch und Lesen zum dominierenden Inhalt hatten. Damit ist aber freilich nur eine Facette dieses schillernden Phänomens ans Licht gebracht.

Viele begnügten sich damit, die strengen zeremoniellen Formen der Aristokratie zu übernehmen, wie sie an den barocken Höfen ausgebildet worden waren, und sie nahmen dabei ziemlich viel auf sich. Das beginnt schon damit, daß man alle Abende irgendwohin gehen mußte, „weil man es für eine unvergebliche Beleidigung hält, wenn dieses Zeichen der Ehrerbiethigkeit unterlassen wird".[330] Zentrale Figur der Gesellschaften war die Frau des Hauses, die

---

327 PICHLER, 1, 53.
328 Bemerkungen über Wien, 114.
329 Ebd., 57.
330 Mann ohne Vorurtheil 2/4, 8. Stk.

die Eintretenden genau entsprechend deren Rang empfangen mußte
- „Dieser muß sie drey Schritt entgegen gehen: dieser nicht mehr
denn einen."[331] Ein anderer Autor berichtet schon zur Regierungszeit Josephs II., daß man zwar bei Gesellschaften des zweiten Adels
auf die Konventionen des höhern Adels schimpfe, aber genauso auf
die Rangordnung bedacht sei.[332] Das weitere Salonleben spielte
sich nach dem Bericht von Sonnenfels dann so ab, daß ein weibli-
cher Kreis um das Sofa der Hausfrau gebildet wurde; die Männer
mußten in den Ecken und Fensternischen warten, „bis die Hausfrau
kommen wird, sie aus ihrem Winkel hervorzurufen." Schließlich
mußte sie die Leute richtig zu den einzelnen Tischen plazieren, an
denen dann gespielt wurde.[333] Auch hierin folgte man höfischer
Praxis: Das Spiel war ein Hauptfaktor der Geselligkeit. Küchelbek-
ker sieht in ihm sogar den Hauptzweck der abendlichen Zusammenkünfte des Adels. In den Gesellschaften des Hochadels begann
es nach einer kurzen Unterredung, in den kleinen Gesellschaften
fing es sofort an, „um, wie die Formel lautet, von der Zeit zu profitieren."[334] Nachgeahmt wurden auch die festlichen Geselligkeiten
anläßlich des Namenstages der „Hausherrin". Die Beobachtungen,
die Lady Montague 1716 in Wien in den Kreisen der Hocharistokratie machte, daß bei dieser Gelegenheit alle Freunde und Verwandten in festlicher Kleidung erscheinen[335], treffen gegen Ende
des Jahrhunderts auch auf bürgerliche Kreise zu. Die Frau oder
Tochter des Hauses, so berichtet ein Autor 1781, setzt sich aufs Sofa und „läßt die Partheyen zur Audienz"; viele ziehen dabei ein neues Kleid an.[336] Sinnfällig wird der Haushalt hier als verkleinertes
Abbild des Hofes dargestellt, in dessen Zentrum, auf das alles bezogen ist, die Hausfrau steht.

Die stark vom Zeremoniellen geprägte Form der Geselligkeit hielt sich in Wien sehr zäh; für Aufklärer wie Sonnenfels

---

331 Ebd.
332 Weltmann, 2, 18. Stk.
333 Mann ohne Vorurtheil, 2/4, 9. Stk.; ganz aähnlich die Schilderung im
„Weltmann", 1, 1. Stk.: „Mit glänzenden Steinen schwer beladen und
eingepanzert in fischbeinenen Bollwerken saßen die Damen und harr-
ten, im dumpfen Gemurmel, des allgemeinen Aufbruchs zum Spiel,
unterdessen die Männer in den Fensterecken über Pferde und Maitres-
sen kurzweilige Unterredungen pflegten."
Vgl. auch RICHTER, Eipeldauerbriefe, 1, 65 f. (1793, 4. H., 4. Br.): „Da
sitz'n d'Herrn und Fraun in ein Kreis herum, und schaun einander an,
oder plaudern ein Lang und ein Breits vom schlimmen Wetter oder von
Moden (...) Aber sobald d'Frau vom Haus merkt das d'Kompagnie z'ga-
metsen (= gähnen, G.T.) anfangt, so kommen d'Karten aufn Tisch."
334 KÜCHELBECKER, 381.
335 MONTAGUE, 63.
336 Frauenzimmer, 170 ff.

stellen sie freilich den „ungeselligsten" Typus dar[337], denn ihr Kapital war die Bildung, und die konnten sie weder in den zeremoniösen Formen stärker zur Geltung bringen, die ja dem Wie des Gesprächs mehr Wert beimaßen als dem Was, noch waren sie dort konkurrenzfähig, wo man den Reichtum allzu stark hervorkehrte.[338]

In der zweiten Hälfte des 18. Jahrhunderts gewann jedoch eine neue Form, der Rokoko-Geselligkeit Frankreichs entsprossen[339], auch in Wien an Boden. Fanny von Arnstein war wohl die erste, die den „literarischen Salon", den sie von französischen Emigranten in Berlin kennenlernte[340], in Wien heimisch machte.

Genau nach den Vorstellungen Madeleine de Scudérys, der Begründerin eines der bekanntesten frz. Salons im 17. Jahrhundert[341], siedelt der Autor des „Adreßbuches" von 1792 die Konversation in diesen „guten Gesellschaften" an. Sie sei

auf den höchsten Grad von Feinheit gebracht. Man muß ein delikates Geistesorgan besitzen, und Jahre lang den Umgang derselben genossen haben, wenn man es wagen will, mit Beyfall dabey aufzutreten. Sie ist ein seltsames Gemische von gründlichen und seichten Ideen, die aber stets in geschmackvoller Einkleidung erscheinen, mit witzigen Einfällen und Scherzen verziert werden.[342]

Gelehrte, so heißt es weiter, täten sich dabei schwer.[343] Allerdings läßt sich von hier aus kaum eine strenge Trennung zu jenen Zirkeln ziehen, worin Gelehrte eine Hauptrolle spielten, denn auch dort stand der freundschaftlich-gesellige Umgang im Vordergrund. Sonnenfels nennt sie die „Zusammenkünfte des vernünftigeren Theiles der Stadt."[344] Reinliche, geschmackvolle

---

337 Vgl. Mann o. Vorurtheil 2/4, 8. Stk.
338 Vgl. etwa die sarkastischen Anmerkungen von SCHULZ, 230 f., über die luxuriösen Salons: „Wer einen Frack trägt, der ihm das beschrieene ‚Herr von' zusichert, lebt ohne Anstoß in diesem Kreise. Frauenzimmer, deren Chemise von so feiner Gattung Mousselin ist, daß man ihr ohne Schaam das ‚Fräulein' und ‚Ihro Gnaden' geben kann, und die im Stand ist, einen Stadtlohnwagen zu mieten, tritt überall in diese Zirkel ein."
339 Vgl. GLEICHEN-RUSSWURM, A. v.: Das galante Europa. Geselligkeit der großen Welt 1600 -1789 (1911).
340 Vgl. SPIEL, 93 ff.
341 Auszüge aus ihren Conversations sur divers sujets (zuerst 1680) bei SCHMÖLDERS, Claudia (Hg.): Die Kunst des Gesprächs. Texte zur Geschichte der europäischen Konversationstheorie (1979), 175.
342 Adreßbuch, 93 f.
343 Auf diese Feststellung treffen wir noch in den dreißiger Jahren des 19. Jhdts.: Infolge der Abgeschlossenheit hochadeliger Zirkel bleiben „die Gelehrten unerfahren im Graciösen des geselligen Verkehrs" (Vertraute Briefe, 1, 98).
344 Mann ohne Vorurtheil 2/4, 8. Stk.

Kleidung genügte hier. Es herrschte ein ungezwungenerer Umgang, Etikette spielte eine viel geringere Rolle, denn die Gesprächsteilnehmer wurden weniger nach ihrem äußeren Verhalten als nach dem, was sie sprachen, beurteilt. Einige Salons kamen dem Idealtypus, wie ihn Habermas charakterisiert hat, ziemlich nahe: In ihnen begann sich „zwischen aristokratischer Gesellschaft und bürgerlichen Intellektuellen eine Parität der Gebildeten herzustellen", die miteinander als „bloße Menschen", unter Absehung aller anderen Statusmerkmale, verkehrten.[345]

Ein Beispiel dafür ist der Salon der Gräfin von Thun, von dem der spätere Jakobiner Georg Forster in höchsten Tönen schwärmt:

(...) kaum merkt man's, daß man unter Leuten von Stande ist, und jeden Augenblick möchte man's vergessen und sie auf den vertrauten Fuß der gleichgebornen Freunde behandeln.[346]

Man konnte dort „alles was Geschmack, Aufklärung, Liebe zu Wissenschaften und Verlangen trägt, mit vortrefflichen, guten, ungezwungenen Menschen umzugehen", treffen.[347] Es herrschte hier, bei der „vortrefflichsten, aufgeklärtesten Dame in Wien"[348], die „feinste Unterredung, die größte Delikatesse, dabei eine völlige Freimütigkeit, eine ausgebreitete Lektüre."[349] Hier wie auch in einigen anderen anspruchsvollen Salons war sogar das Spiel verbannt, was am deutlichsten den Gegensatz zu den zeremoniellen Formen des Salons zeigt. Rangunterschiede sollten innerhalb dieser Gesellschaften nicht zur Geltung kommen bzw. nicht spürbar werden. - „(...) verbannt ist jede lästige Etikette der höhern Zirkel; der Geist, entfesselt vom Zwange der Convenienz, athmet hier freyer."[350] Hier findet man auch mitunter Angehörige der höchsten Schichten, charakteristischerweise aber fast nur Männer, während sich „die Damen des hohen Adels (...) au-

---

345 Vgl. HABERMAS, Strukturwandel, 52.
346 FORSTER, 307 (Brief v. 3.9.1784); er teilt diese Begeisterung mit Caroline Pichler, die nach 1800 zu einigen hocharistokratischen Salons Zugang fand: Zu jenen des Grafen Franz v. Széchény und der Gräfin von Zay, der Fürstinnen Kinsky und Kolowrat in Prag, deren Familienmitglieder sie als „Menschen" kennenlernte. Sie selbst legte sich dabei im Umgang mit ihnen Zurückhaltung auf und akzeptierte die ständische Hierarchie: Als sie 1812/13 Zugang zu den Gesellschaften des Fürsten Lobkowitz erhielt, zeigte sie in ihrem Betragen den Damen gegenüber, daß sie sich nicht als ihresgleichen betrachte - sie habe daher auch keinerlei Zurückweisung erfahren. (PICHLER, 2, 192, 219; 1, 401).
348 Ebd., 304 (Br. v. 1.9.1784).
349 Ebd., 307.
350 Bemerkungen über Wien, 113.

ßer den großen öffentlichen Veranstaltungen, gar nicht, oder doch nur sehr selten, mit denen anderer Stände" mischten.[351] So verkehrten seit 1791 der junge Fürst Carl und sein Bruder Wenzel Liechtenstein in Fanny von Arnsteins Gesellschaft, ebenso der Fürst Paar und zahlreiche Grafen.[352]

Auch hierin erwies sich Joseph II. als Bannerträger des Neuen: Als ihn D. Moore in einer Gesellschaft bei der Gräfin Wallerstein antraf, wollte sich dieser daraus sofort wieder entfernen; sie bat ihn aber zu bleiben, weil dem Kaiser „nichts unangenehmer wäre als wenn irgend eine Gesellschaft durch seine Ankunft gestöhret würde."[353] Der Kaiser, stellte Moore dann fest, spreche in Gesellschaften so frei „als irgend ein Privatedelmann".[354]

Neben dem gebildeten Gespräch scheint diese Aristokraten aus den ersten Familien die elitäre Kultur angezogen zu haben, die hier gepflegt wurde, mit denen bürgerliche Kreise den Anspruch erhoben, zur Elite der Gesellschaft zu gehören. Das war irgendwie naheliegend, genossen beide Schichten doch auch in den Theatern und Konzertsälen die gleiche Kultur. Hilde Spiel macht in diesem Zusammenhang auf die Besucherliste eines Konzerts aufmerksam, das Mozart im April 1784 gab:

Die Gattin des Hofbuchdruckers Trattner neben einem Fürsten aus dem ältesten Hause der Auersperg, der Jude Hönickstein flankiert von einem Lobkowitz und einem ebenfalls jüngst nobilitierten Schweizer! Wenn die Neipperg und Kaunitz, die Paar und Liechtenstein zugleich mit den Sonnenfels, Wetzlar und Arnsteiner der Mozartschen Musik lauschen wollten - dann besuchten sie auch eines Tages gemeinsam den Arnsteinischen Salon.[355]

Die „zweite Gesellschaft", die die in der „ersten" ausgebildeten kulturellen Muster übernahm (nicht ohne sie zu verändern)[356], setzte damit nicht nur das Mäzenatentum des Hochadels fort, sondern dokumentierte auch den Anspruch, genausoviel Zeit und

---

351 REICHARDT, 1, 319; ein anderer Autor entdeckte schon ein Vierteljahrhundert früher einige Männer vom Hochadel in einer Gesellschaft des zweiten Adels (Weltmann 2, 18. Stk.).

352 Vgl. SPIEL, Hilde: Fanny von Arnstein oder die Emanzipation. Ein Frauenleben an der Zeitenwende 1758 -1818 (1962), 176.

353 MOORE, 424.

354 Ebd., 425.

355 SPIEL, 152.

356 Vgl. HANSLICK, 49 ff.; zur Musikpflege in den aristokratischen und bürgerlichen Salons vgl. auch BERNHARDT, Reinhold: Aus der Umwelt der Wiener Klassiker. Freiherr Gottfried van Swieten (1734-1803), in: Der Bär. Jahrbuch von Breitkopf & Härtel auf die Jahre 1929/1930 (1930), 74 -166, 136 ff.

Muße zur Verfügung zu haben. Es geht hiebei nicht um ein be-
wußtes Demonstrieren der freien Verfügbarkeit über die Zeit -
doch hätten sich diese Betätigungen „nicht vorzüglich als Bewei-
se einer unproduktiven Zeitverwendung geeignet, so wäre es ihnen wohl kaum gelungen, ihre Bedeutung als konventionelle Beschäftigungen der vornehmen Klasse zu bewahren."[357] So spielte
der Dilettantismus in diesen Kreisen - wie auch schon beim
Hochadel[358] - eine bedeutende Rolle. Viele Mitglieder vor-
nehmer Familien sangen, spielten Klavier oder malten selbst.
Vor allem das Klavierspiel der Töchter des Hauses, das „ein un-
entbehrliches Stück der Erziehung, besonders der weiblichen,
geworden" war[359], signalisierte bzw. bestätigte den Gästen, daß
die Eltern ihren Kindern eine vornehme (im Sinne „demonstrativen Müßiggangs" nicht unmittelbar nützliche) Ausbildung angedeihen lassen konnten.[360] Laut Pichler bestand der „Zyklus gesell-
schaftlicher Freuden" im Greiner'schen Salon aus Theaterspiel im
Herbst und nach Ostern, wöchentlichen Quartetten zur Advent-
und Fastenzeit und wöchentlichen „Picknicks" im Karneval.[361]

Vor allem für das Theaterspielen entwickelten die Gesellschaften des 18. Jahrhunderts eine Leidenschaft, die im Entstehen
zahlreicher Haustheater zum Ausdruck kam. Laut Josef von Son-
nenleitner bestanden Ende des 18. Jahrhunderts 84 dieser sogenannten „Liebhabertheater" zur gleichen Zeit.[362] Komödienspielen war schon im 17. Jahrhundert am Wiener Hof eine beliebte
Unterhaltung und verbreitete sich von da aus im 18. Jahrhundert
in viele Adels- und schließlich auch bürgerliche Häuser. Die
Stücke wurden oft vom Nationaltheater übernommen[363], viele
Theater-Almanache gaben Ratschläge für gutes Haustheater;
gute Schauspieler wurden von Bühne zu Bühne gereicht und in
den Almanachen erwähnt.[364]

---

357 VEBLEN, Theorie der feinen Leute, 60. Er widmet diesem „demon-
      strativen Müßiggang" ein Kapitel seines Buches (51 ff.).
358 Vgl. STEKL, Aristokratie, 142 ff., 185 ff.
359 SCHULZ, 217; vgl. auch HANSLICK, 67.
360 Ein weiteres Motiv nennt WEBER; Music and the Middle Class, 30:
      „The watchword of middle-class values was discipline, and musical
      training helped install it in young people."
361 PICHLER, Denkwürdigkeiten, 1, 111 ff.
362 Vgl. KOLL, Edith: Beitrag zur Geschichte der Wiener Haustheater
      im 18. Jahrhundert, in: Neue Forschungsergebnisse aus der Wiener
      Stadt- und Landesbibliothek, hgg. v. Franz PATZER (1979), = Ver-
      öffentlichungen aus der Wiener Stadt- und Landesbibliothek 7, 169-
      187, hier 170.
363 Ebd., 173, 178 f.
364 Ebd., 171 f., 175 ff.

Dieser Theater-Dilettantismus zeigt aber deutlich die Grenzen einer Übernahme der Adelskultur auf, die nämlich dort gezogen waren, wo Freizeitmöglichkeiten zu einer Vernachlässigung der Berufsarbeit verführten. War diese Grenze erreicht, schritt der Staat ein! Damit konnte diese Freizeitform aufgrund des Zeitaufwandes, der mit ihr verbunden war, den Rang einer „hochkulturellen" Tätigkeit behaupten. Sonnleithner beklagte, daß dadurch, daß in allen Ständen, auch „den entlegensten Vorstädten" und Dachstuben gespielt wurde[365], die öffentlichen Beamten und Studenten ihre Berufsarbeit vernachlässigten.[366] Auch Vorsteher der Innungen hätten sich bei den Behörden beschwert, da die Gesellen ihre Arbeit versäumen würden.[367] Aus diesen Gründen wurden schließlich 1793 auf Antrag des Polizeiministers Graf Pergen die Hauskomödien verboten, was große Mißstimmung in Bürgerkreisen auslöste. Daraufhin hob die Regierung dieses Verbot 1794 zwar wieder auf, doch bedurfte nun jede Aufführung einer Bewilligung; „Beamte mußten überdies von ihren Chefs ein Zeugnis beibringen, daß durch das Komödienspielen ihren Berufsgeschäften kein Abbruch geschehe."[368] Noch deutlicher mahnte ein Edikt aus dem Jahre 1801 die Länderchefs, Maßnahmen zu setzen,

daß nicht nur den k.k. Beamten, den Wirtschaftsbeamten auf dem Lande und der Bürgerklasse überhaupt, auf keinen Fall die Bewilligung zu Privatkomödien erteilt werde, sondern diese auch bei dem Adel in den Städten und den Gutsbesitzern auf dem Lande, denen die Aufführung nicht geradezu untersagt werden könne, nach Möglichkeit zu vermindern seien, da die Erfahrung lehre, daß Leute, welche sich mit dem Komödienspielen abgeben, in kurzer Zeit, eine solche Leidenschaft fassen, daß sie es nicht mehr als eine Unterhaltung in freien Stunden betrachten, sondern als ein Geschäft ansehen, mithin hiedurch von ihren Amts- oder anderen Geschäften abgezogen werden und dadurch einen romanhaften Schwung erhalten.[369]

---

365 Ebd., 170; daß die Theaterleidenschaft auch in unteren Schichten verbreitet sei, wird mehrfach erwähnt - vgl. ebd., 172.

366 Vgl. auch die Kritik Richters in den Eipeldauerbriefen, 1, 117 (1794, 7. H., 3. Br.): „Auch von mein Mitkollegi verlegen sich jetzt mehrere aufs Komödispieln, und da habn s'oft statt der Acten ihre Rolln vor ihnen liegn."

367 KOLL, 173.

368 GLOSSY, Theatercensur, 98, A. 141; 1798 wurde die Meldepflicht erneut bekanntgegeben und dem Publikum mitgeteilt, „daß Se. Majestät die Aufführungen der Hauskomödie nicht gerne sehen" (zit. bei KOLL, 174, nach FAULLER, Polizeigesetze).

369 Zit. nach GLOSSY, Geschichte, 1, 1f.; demgemäß heißt es in der Polizei-Instruktion 1801: „Privat-Theater und einzelne Hauskomödien sind ohne Ausnahme verboten" (zit. nach Mayer, Studien, 244); hier

Durchstilisierte Verhaltenscodices und Fertigkeiten versuchte man schon den Kindern bzw. Jugendlichen beizubringen, indem man nicht nur den Unterricht darauf ausrichtete, sondern sie auch zu den Gesellschaften mitnahm (gleichzeitig konnte man damit eine Kontrolle über ihre Freizeit ausüben). Dafür wurde häufig ein Nebenzimmer bereitgestellt, wo sie miteinander plaudern, spielen, musizieren, tanzen konnten und sollten.[370] So spielte Caroline Pichler schon als Kind in französischen Theaterstücken und gab mit 7, 8 Jahren Konzerte, die von ihrem Lehrer eigens für sie komponiert wurden.[371] Nur vereinzelt steht die Äußerung in einer Moralischen Wochenschrift, daß es von Sorglosigkeit der Mutter zeuge, wenn sie gleich beim Eintritt in den Salon zu den Tischen gehe, „während die Mädchen unter sich, oft in einem andern Zimmer, ihre besonderen Gesellschaften halten, wozu jeder junge Herr, jeder feine Betrüger Zutritt hat."[372] Im allgemeinen scheinen solche Gesellschaften weniger als Gefahr für die Unschuld der Mädchen gesehen worden zu sein als vielmehr als Gelegenheit für sie, einander kennenzulernen und den Umgang miteinander und mit dem anderen Geschlecht zu lernen - mit späteren Optionen auf Heirat. Das erklärt die Beliebtheit der Pfänderspiele, deren allgemeiner „Endzweck" das Küssen beim Auslösen der Pfänder war.[373]

So erweisen sich die Gesellschaften als multifunktionale Orte mit standesgemäßer Unterhaltung, standesgemäßer Erziehung, Heiratsmarkt, Zurschaustellung des Reichtums, politischer Diskussion und Anbahnung von Geschäften, womit ein Netz von Beziehungen geknüpft wurde, das der „zweiten Gesellschaft" ih-

---

ergeben sich Parallelen zu einer Maßnahme, die schon Maria Theresia 1761 setzte: Damals hob sie die jesuitischen Schulkomödien, die drei- bis viermal pro Jahr vor einer breiteren Öffentlichkeit stattfanden (vgl. DUHR, 3, 459 f.), mit der Begründung auf, daß „nicht die studierende Jugend mit ungeheuerem Zeitverlust von weit nützlicheren Dingen so oft abgehalten werde." (DUHR, 4/1, 351; vgl. auch ebd., 4/2, 79).

370 Vgl. z.B. PICHLER, 1, 158, über den Salon bei Jacquin.

371 Ebd., 1, 41.

372 Weltmann 1, 7. Stk.

373 Vgl. Der angenehme Gesellschafter, 41. In den Broschüren Ende des 18. Jahrhunderts zum Thema Gesellschaftsspiele finden sich zahlreiche Vorschläge zu solchen Pfänderspielen, mit Küssen in vielen Varianten und Stellungen. Das forderte selbstverständlich die Kritik der Moralisten heraus, vgl. etwa GUTSMUTHS, Joh. Chr. F.: Spiele zur Uebung und Erholung des Körpers und Geistes (...), Schnepfenthal 1796, 488: Dergleichen Gefühle „bedürfen keiner Uebung". Richters Eipeldauer berichtet mit Wohlgefallen von einem Pfänderspiel, das das auszulösende Pfand durch eine „Geldstrafe" ersetzte, die dann einem sozialen Zweck zugeführt wurde (RICHTER, Eipeldauerbriefe, 2, 187 (1804, 1. H., 5. Br.)).

re Einheit gab.[374] Schön auseinandergefaltet präsentieren sich diese Funktionen im Salon Ignaz von Borns, den Caroline Pichler als Jugendliche besuchte: Im mittleren Zimmer und den anschließenden Kabinetten kamen die Jugendlichen zusammen und teilten sich in zwei gleiche Hälften, die „abwechselnd irgendeine Szene aus einem bekannten Theaterstück, aus der Profan- oder heiligen Geschichte, oder der Mythologie pantomimisch darstellte"; links neben dem Kabinett unterhielten sich die Väter und Mütter der Jugendlichen beim Kartenspiel; im Salon neben dem rechten Kabinett trafen sich Gelehrte, „bedeutende Fremde oder ausgezeichnete Geschäftsmänner höheren Ranges".[375]

Die Vielfalt an Unterhaltungsformen bot aber auch für den einzelnen, den keine Geschäftsinteressen an eine bestimmte Familie banden, die Möglichkeit, sich weitgehend auszusuchen, ob er mehr an politischen Gesprächen, am Kartenspiel, an Theater, Literatur oder Musik interessiert war. Geselligkeit nimmt damit die Struktur moderner Freizeit an. Zugleich nähert sie sich dem Modell des Vereins, den sie hinsichtlich des Merkmals der Spezialisierung schon in gewisser Weise vorwegnimmt[376] - die Unterschiede sind oft nicht mehr deutlich; z.B. rief der Bruder Caroline Pichlers einen „literarischen Verein" ins Leben (der später der Jakobinerfurcht zum Opfer fiel)[377] - umgekehrt behielten die späteren Vereine (sie traten nach der Julirevolution stark hervor[378]) vielfach gesellige Funktionen.[379]

Diese Beliebigkeit verdankt sich der Dynamik im Entstehungsprozeß einer bürgerlichen Gesellschaft, deren Verkehrsformen durch eine prinzipielle Unabgeschlossenheit hin-

---

374 Vgl. auch EHMER, Josef: Der Wandel der Familienstruktur im Wiener Biedermeier, in: Bürgersinn und Aufbegehren. Biedermeier und Vormärz in Wien 1815 -1848, Katalog der 109. Sonderausstellung des Historischen Museums der Stadt Wien (1987), 548 -551; zu einigen dieser Aspekte ausführlicher ein weiterer Katalogbeitrag: Susanne WALTHER: Der „zweite Adel". Kultur und Gesellschaft vor 1848, 314-318.

375 PICHLER, 1, 150.

376 Zur „Spezialisierung" als Strukturmerkmal der Vereine vgl. NIPPERDEY, Thomas: Verein als soziale Struktur in Deutschland im späten 18. und frühen 19. Jahrhundert, in: DERS., Gesellschaft, Kultur, Theorie. Gesammelte Aufsätze zur neueren Geschichte (1976), = Kritische Studien zur Geschichtswissenschaft 18, 174 -205, hier 190 ff.

377 Der Verein bestand aus 6 -7 Beamten, die sich jeden Samstag nach Büroende trafen, vgl. PICHLER, 1, 171.

378 Vgl. OBROVSKI, 11 ff.

379 Vgl. NIPPERDEY, 177; 440 A. 21 einige Belege; für Wien vgl. OBROVSKI, 85 ff.

sichtlich der Kommunikationspartner gekennzeichnet ist. Das führte aber auf lange Sicht dazu, daß die ursprüngliche Form des „Salons" Auflösungserscheinungen zeigte, die sich bereits um die Jahrhundertwende recht deutlich bemerkbar machten. Er verwandelte sich in die zufällige Begegnung von Leuten, die sich eben auf gehobenem Niveau (das heißt unter weitgehendem Ausschluß der unteren Schichten) unterhalten wollten. Wir können uns hier wiederum die genauen Beobachtungen der für solche Vorgänge recht sensiblen Caroline Pichler vornehmen, die auch dann noch Aussagekraft besitzen, wenn wir das Stück Nostalgie, in das sie eingewoben sind, abziehen. Sie erinnert sich in ihren Memoiren an einen Salon der Gräfin Zanoyska im Jahre 1808, wo sie „eine Menge kleinerer oder größerer Etablissements mitten im Salon" sah, „so daß die Gesellschaft ohne allen eigentlichen Mittelpunkt nach allen Richtungen, wie es gerade jedem beliebte, saß, stand, ging, lehrte usw." Das war für sie neu, während sie für die Zeit der Abfassung des Manuskripts konstatierte, daß die alte Form, wo die Hausfrau gleichsam den Mittelpunkt einer Gesellschaft bildete, die noch nicht in kleinere Verkehrskreise zerfallen war, passé sei.[380] Die Ausgliederung jener halb-öffentlichen Räume aus dem Haus kam allerdings auch einem bürgerlichen Ideal entgegen, der Reservierung der familiären Sphäre für kleinere, intimere Zusammenkünfte, einer stärkeren Trennung von Öffentlichkeit und Privatheit. Für intimere Geselligkeit plädierten viele Aufklärer, etwa Sonnenfels, der ihnen den Vorzug vor „glänzenden Gesellschaften" gab (ohne jedoch auf sie zu verzichten; man konnte ihn im Arnsteinschen Salon häufig antreffen!); vorbildhaft wirkte für viele das Verhalten Josephs II., der sich zumeist damit begnügte, in einem Kreis von vier, später fünf Frauen zu erscheinen.[381] Ein Indiz dieser Intimisierung ist weiters die Bevorzugung kleinerer Tische. Gemmingen, ein fortschrittlicher Adeliger, beklagte, daß man sich bei den langen Tischen gerade nur mit dem Nachbarn unterhalten könne[382], Caroline Pichler hingegen trauert den Zeiten nach, wo alle noch um einen großen runden Tisch gesessen seien[383], und ruft damit unwillkürlich ähnliche Tendenzen im Gasthauswesen in Erinnerung.

---

380 PICHLER, Denkwürdigkeiten, 1, 322.
381 Vgl. WOLF, Adam: Fürstin Eleonore Liechtenstein, 1745 -1812. Nach Briefen und Memoiren ihrer Zeit (1875), 111 ff.; diese Frauen (die Fürstinnen Clary, Kinsky, Leopoldine und Eleonore Liechtenstein, seit 1772 auch Gräfin Kaunitz) beherrschten fast zwei Jahrzehnte lang Sitte und Ton der adligen Gesellschaft (ebd., 111).
382 Vgl. Weltmann, 1, 5. Stk.
383 Vgl. PICHLER, 2, 127.

Die Entwicklung führte schließlich zum Casino, das seinen Ursprung in den Gesellschaften der venezianischen Adeligen hat, also von vornherein mit den Salons eng verwandt ist.[384] Über das erste bekannte Casino Wiens, das im Juli 1784 im Trattnerhof errichtet wurde, sind wir durch eine Anzeige im „Wienerblättchen" vom 24.7.1784 recht gut informiert. Im „Trattnerschen Casino" versammelten sich Angehörige der „zweiten Gesellschaft"[385], um zu musizieren (Musikdilettanten „werden mit Instrumenten und Musicalien unentgeltlich bedient"[386]), um (Zeitung) zu lesen, wofür ein eigenes Zimmer eingerichtet war, oder zu spielen (Karten-, Brettspiele, Billard). Das ganze Jahr über wurden Bälle (meist einer pro Monat) und Konzerte gegeben, geöffnet war von 8 Uhr morgens „bis in die Nacht, so lange Gesellschaft da ist". Man konnte dort mittagessen; Erfrischungsgetränke wie Schokolade, Kaffee, Punsch waren ebenfalls zu haben. Casinos sind damit den öffentlichen Einrichtungen wie Wirts- und vor allem Kaffeehäusern noch näher als die Salons gerückt (und kamen damit auch in Konkurrenz zu jenen[387]), ohne aber die Privatsphäre ganz aufzuheben. Die Vorsichtsmaßnahmen, daß nicht „unschicksame Personen" hinkamen, mußten demnach viel größer sein. Zu diesem Zweck gab der Unternehmer Abonnements aus (sie kosteten 6 Dukaten pro Person und Jahr, vier pro Halbjahr; Damen durften mitkommen[388]), er bat aber darum, „daß bei der Anzeige des Namens zugleich auch der Karakter der Person ausgedrückt werde." Reisende, die auch ein monatliches Abonnement (zu 1 Dukaten) erhalten konnten, bedurften der Zustimmung

---

384 Vgl. RAUERS, Gaststätte, 1026: „Es waren das Häuser oder Räumlichkeiten, wie sie sich ursprünglich Einzelne hielten, um dort ihre Freunde zu empfangen und mit ihnen zusammenzutreffen." Manchmal mieteten auch mehrere Freunde zusammen - auf Monate - ein „Kasino".

385 Vgl. DE LUCA, Zustand, 39: „Nicht blos dem hohen Adel, auch allen Fremden von Unterscheidung, den k.k. Officiers, Beamten von Range, Großisten, Banquiers, Handelsleuten, Doctoren, Agenten und der Geistlichkeit steht das Casin zu allen Zeiten offen".

386 Ebd., 40.

387 Mit einer Resolution v. 9.10.1787 wurde das Ansuchen des Kasino-Inhabers Ernst Fillenbaum wegen Gestattung von Billards sowie des Kaffee- und Weinschanks abschlägig beschieden - um die Wirte „nicht in ihren Gewerben u. Nahrungsbetrieben zu kränken"; eine Ausnahme könne nur gemacht werden, wenn der Kasinoinhaber den Kaffee bei den Kaffeesiedern und den Wein bei den Wirten kaufe (WStLA, A.R. 62/1745(!)).

388 In erster Linie richteten sich die Casinos aber an Männer; die Anzeige der Eröffnung des Trattnerschen Casinos im „Wienerblättchen" vom 19.7.1784 wendet sich an „jeden Herrn Interessanten". Ausdrücklich wird erwähnt, daß bei Bällen und Konzerten Damen mitkommen dürfen (Wienerblättchen v. 24.7.1784).

von mindestens 12 Abonnenten. Nichtabonnierte Personen durften zwar eingeführt werden, hatten aber extra Eintritt zu zahlen (30 kr.; bei Bällen 1 fl., bei musikalischen Akademien 2 fl.). Trotz aller Vorsichtsmaßnahmen war der Andrang so gewaltig, daß sich der Casino-Inhaber 1785 entschloß, vorläufig keine neuen Mitglieder mehr zu akzeptieren[389] - mit dem Resultat, daß bald weitere Casinos folgten.[390]

Freimaurergesellschaften und Lektürekabinette waren im Unterschied zu den aufgeklärten Salons öffentliche Orte und tendierten noch stärker zu einer politischen Öffentlichkeit (beides bedingte den Ausschluß von Frauen)[391], waren aber sonst in ihren Funktionen jenen ähnlich. Ihre Entstehung bzw. ihre Blütezeit fällt wie der Aufschwung aufgeklärter Salons in die Regierungszeit Josephs II. und ist eng mit dem Zuwachs an Freiräumen für kritisches Räsonnement verknüpft. Die erste der Wiener Logen entstand zwar schon vor der Mitte des 18. Jahrhunderts, doch konnten sie sich erst unter Joseph ungehindert entfalten.[392] Das erste Wiener Lektürekabinett errichtete Jakob Bianchi, Mathematicus und Physicus des Fürsten Josef Wenzel von Liechtenstein, 1772; es wurde 1775 von dem Rechtsgelehrten und Wirtschaftspolitiker[393] Franz

---

389 Anzeige im Wienerblättchen v. 12.4.1785: „Da die Zahl der Herren Casinisten seit Neujahr bisher dergestalt angewachsen, daß man dieselbe vor einiger Zeit noch zu vermehren nicht wohl zuträglich findet, so wird hiemit bekanntgemacht, daß von dem 15. dieses Monats an, bis auf weitere Kundmachung niemand mehr in das Buch der Herren Casinisten wird eingetragen werden können."

390 RÖDER, Reisen, 409, kennt 1789 bereits Casinos in Hütteldorf, Meidling und Baden. Im Vormärz schossen sie „wie die Pilze aus dem Boden" (PEMMER, Gaststätten, 127); zu einzelnen siehe das Stichwortverzeichnis am Ende von Pemmers Arbeit; die Aufzählung bei REALIS, Curiositäten, 1, 319, scheint auf eine ständische Trennung in den Casinos der Innenstadt zu deuten: Er nennt ein „adeliges" in der Herrengasse, ein „juridisches" in der Bischofsgasse, ein „merkantilisches" in der Spiegelgasse und ein „restauratorisches" am Neuen Markt.

391 Ein Pendant zu den Freimaurerlogen sollte der „Rosenorden" sein, ein Frauenorden, der ebenfalls „auf Menschenliebe gegründet" war und sich „die Sorgen der Erziehung armer Mädchen" zueignete. Sechs gebe es insgesamt, einen österreichischen nun in Wien, kündigt der „aufrichtige Postkläppererboth" am 9.4.1783 an.

392 Vgl. KUÉSS / SCHEICHELBAUER: 200 Jahre Freimaurerei in Österreich (1959); WAGNER, Hans: Die politische und kulturelle Bedeutung der Freimaurer im 18. Jahrhundert, in: Beförderer der Aufklärung in Mittel- und Osteuropa. Freimaurer, Gesellschaften, Clubs, hgg. v. Éva H. Balázs u.a. (1979), 69-86.

393 Er wurde 1777 zum Sekretär der Ackerbaugesellschaft ernannt und lehrte später Agricultur auf der Wiener Universität.

von Zahlheim und 1777 vom Buchhändler Trattner übernommen.[394]

Alle diese Einrichtungen waren Teil eines überregionalen Kommunikationsnetzes europäischer Aufklärung und durch den Aufbau eines regelrechten „Besucherservice"[395] Anlaufstellen für jene, die über Landesgrenzen hinweg alte und neue Werthaltungen diskutieren, bestehende Traditionen kritisch durchleuchten und wissenschaftliche Ergebnisse austauschen wollten.[396] Der Zugang zu diesen Institutionen war jedoch - entgegen den Intentionen bürgerlicher Öffentlichkeit - in jedem Fall Beschränkungen unterworfen. Freimaurer konnte man nur auf Empfehlung und nach einem umfangreichen Aufnahmeritual werden, bei den Lektürekabinetten beschränkten die relativ hohen Preise und das Abonnementsystem den Zutritt.[397] Zahlheim grenzte das erwünschte Publikum in einer Broschüre über sein Lesekabinett[398] genau ab: Dieses sei ein Ort, „dessen Oeffentlichkeit auf alle Personen, von einer gewissen Lebensart und Erziehung, aber auch nur auf diese allein sich erstreckt." Ziel sei die „Einführung eines gesellschaftlicheren Umganges zwischen Gelehrten und Großen."[399] Die Einbettung kritischen Räsonnements in eine

---

394 Vgl. JESINGER, Alois: Wiener Lekturkabinette (1928). Während der Schwerpunkt unter Bianchi auf den praktischen Wissenschaften lag und damit eine Nähe zu den patriotisch-gemeinnützigen Gesellschaften aufwies, legten Zahlheim und stärker noch Trattner den Schwerpunkt auf schöngeistige Literatur. Die weitere Geschichte des Trattnerschen Casinos liegt noch ziemlich im Dunkel der Forschung. A. Martino fand die letzte Erwähnung der Anstalt 1797 (MARTINO, Alberto: ‚Lekturekabinette' und Leihbibliotheken in Wien (1772 -1848), in: Die österreichische Literatur. Ihr Profil an der Wende vom 18. zum 19. Jahrhundert (1750-1830), hgg. v. Herbert Zeman, Teil I (1979), 119 -142, hier 123). Allerdings scheint ihre Geschichte wechselvoll verlaufen zu sein, denn das „neue Wienerblättchen" berichtet am 21.6.1787, daß das Trattnersche Lektürekabinett zu einem Weinhaus umgewandelt worden sei.

395 Zu den Salons siehe oben; die Freimaurer kannten das Institut der „besuchenden Brüder", das jedem ortsfremden Bruder Unterkunft und Verpflegung gewährte, und waren überdies formal durch ein Hierarchiesystem international organisiert (vgl. SCHINDLER, 217 f.); das Lektürekabinett bot eigene Tageskarten für Fremde an.

396 Bei den Freimaurern allerdings unter ausdrücklicher Ausklammerung von Politik und Religion (vgl. SCHINDLER, Freimaurerkultur, 223).

397 Jahresabonnements: Bianchi: 12 fl., Zahlheim: 12 bzw. 18 fl. (je nachdem, ob man Bücher mit nach Hause nehmen wollte), Trattner: 24 fl.

398 Abgedr. bei JESINGER, 95 ff.

399 Ebd., 97; in weiterem Rahmen kann man freilich auch in den Wirts- und Kaffeehäusern eine Art Lesekabinett sehen, insoferne Zeitungen und Zeitschriften auflagen. Der Gesetzgeber stellt diese Verbindung ausdrücklich im HD v. 18.9.1798 her: Er verbot literarische Zeitungen

ausgeprägte Freizeitatmosphäre gewährleistete die angestrebte Verbindung von Bildung und Genuß. In der Werbung für das Zahlheimsche Lektürekabinett werden die Abonnenten auf die Möglichkeit aufmerksam gemacht, sich „Kaffee, Chokolat, Gefrornes, oder andere Erfrischungen bringen zu lassen" und auf besonderen Spieltischen Schach zu spielen.[400] Diese Bedürfnisse konnten auch die Freimaurer durch aufgestellte Spieltische und eigene „Tafellogen" befriedigen.[401]

Die Entwicklung zunehmender Widersprüche zwischen Aufklärung und Absolutismus, die mit einer Hinwendung des Staates zu den alten Stützen der Gesellschaft (Adel und Kirche) endete, führte zu einer Auflösung der Institutionen kritischer Öffentlichkeit. Lesekabinette wurden bereits 1783 unter strenge Zensur gestellt: Sonnenfels selbst ergriff dazu die Initiative, indem er vorschlug, die bloß tolerierten Schriften nur für die „Sammlungen reicher Particuliers" zuzulassen, nicht aber für die „um wenige Groschen jedermann ofen stehenden Lese Kabinete, massen darinn gerade derley anstößige Theile die Neugierde der Leserlinge reitzen."[402] 1798 wurden alle Lesekabinette verboten, mit der Begründung, daß „das Übermaß an Geistesbildung, oder eigentlicher zu sagen, der Lektüre und der zur Beförderung der Lektüre nach und nach entstandenen Anstalten" eine Hauptursache der allgemeinen Unruhe der Zeit sei.[403]

Zunehmende obrigkeitliche Bevormundung führte zum Niedergang der Logen. Er begann bereits 1784, als die Provinziallogen der in diesem Jahr gegründeten Landesloge von Österreich möglichst von den Gouverneuren als Großmeistern geführt werden sollten.[404] Der „Todesstoß" wurde ihnen durch das Freimaurerpatent 1785 versetzt.[405] Ab nun siechten sie dahin, bis 1793 die letzten beiden Wiener Logen ihre Versammlungen einstellten.

---

in den Kaffeehäusern u.a. „öffentlichen Orten", da hierdurch zensurierte Bücher in Auszügen an die Öffentlichkeit gelangten „und eine Art von Lese-Kabinetten entsteht." (KROPATSCHEK, Franz, 13, 5).

400 JESINGER, 101; dies stellt für Lesekabinette keineswegs eine Ausnahme dar - viele kämpften gegen ein „Abgleiten in einen Kaffee- und Spielhausbetrieb" (IM HOF, Geselliges Jahrhundert, 226).

401 Vgl. SCHINDLER, 232 f.

402 Zit. bei JESINGER, 79; die Preise gewährleisteten offenbar doch nicht die Elitenbildung!

403 Ebd., 80.

404 Vgl. WAGNER, 79.

405 Inhalt: „Einschränkung der Logentätigkeit auf die Provinzhauptstädte und auf höchstens drei in den großen Hauptstädten, Meldung von Tag und Stunde der Arbeiten beim Magistrat und die Einreichung einer Namensliste beim Landeschef." (ebd., 81).

Kaffeehäuser

> Schon gegen Ende der theresianischen Zeit (...) hat das Kaffeehaus sich zur Bedeutung des Salons für verschiedene Belange durchgerungen (...)[406]

Diese Mittelstellung des Kaffeehauses zwischen Wirtshaus und Salon ist der Grund, warum wir ihm ein eigenes Kapitel widmen. Mit dem Salon teilte es die Funktion, einen Ort für gehobene, damit auch gemäßigte Unterhaltung zu bieten, voraus ging es ihm in der Tendenz zur Individualisierung der Kommunikationskreise. Der Hauptunterschied zwischen beiden Orten der Geselligkeit bestand in der größeren Abgeschlossenheit der Salons und damit größeren Homogenität des Publikums; das Kaffeehaus ermöglichte hingegen eine Verbreiterung bürgerlicher Kultur, bürgerlichen Denkens und Verhaltens.

Der Aufschwung der Kaffeehäuser fällt in die zweite Hälfte des 18. Jahrhunderts[407], geht also einher mit der Entfaltung der Geselligkeitsformen der „zweiten Gesellschaft" in den Salons; dadurch läßt sich schwerlich die These aufrechterhalten, daß hinter der Verbreitung der Kaffeehäuser der Prozeß des „Zerfalls des ganzen Hauses" stehe, also die Verlagerung der Geselligkeit weg vom privaten Haus, das sich zugleich zur „Sphäre der patriarchalischen Kernfamilie" gewandelt habe.[408]

Das Sozialprofil der Kaffeehäuser ist gegenüber den privaten Gesellschaften mehr der Mitte zugeneigt; der Adel und wohl auch das Großbürgertum gingen nicht hin, sondern zogen es vor, sich zu privaten Kaffeekränzchen zu treffen. Auf der anderen Seite bevorzugten Unterschichten die Schenken. Dafür spricht schon die Tatsache, daß neue Kaffeehäuser in jenen Vorstädten entstanden, wo bereits Zeichen industriellen Aufschwungs festzustellen waren.[409] In der Innenstadt bildeten sich Zentren von Kaffeehäusern an den vornehmsten Orten: Kohlmarkt und Graben, dazu kam später der Volksgarten.[410] Das Fehlen jeglicher „Schleusen", wie wir sie bei den Salons festgestellt haben, erlaubte eine weitere Öffnung nach unten, ohne allerdings die Unterschichten einzubeziehen. Die Atmosphäre eines Kaffeehauses kam dem Bürger, der das Bedürfnis hatte, seine Affekte beständig und weitgehend unter Kontrolle zu halten, sehr entgegen.

---

406 GUGITZ, Kaffeehaus (1940), 49.
407 Zur steigenden Zahl vgl. GUGITZ, 29, 69.
408 So HABERMAS, Strukturwandel, 61 ff.
409 Vgl. GUGITZ, 154.
410 Vgl. Das Wiener Kaffeehaus. Von den Anfängen bis zur Zwischenkriegszeit. Katalog zur 66. Sonderausstellung des Historischen Museums der Stadt Wien (1980), 27-35 hier 29.

Diese Atmosphäre hängt eng mit den Entstehungsbedingungen der Kaffeehäuser zusammen. Sie wurden von jener Berufsgruppe in Europa verbreitet, die an überregionaler Information und an rationaler Lebensführung ein besonderes Interesse hatte: Die ersten Konzessionen wurden in Wien alle an (armenische) Kaufleute ausgegeben[411], und dieser Berufsstand stellte auch das erste Publikum. Dessen Bedürfnisse brachte zwei wesentliche Elemente dieser Gaststätten hervor: Den Kaffee, dessen Eigenschaften einem vernunftgeleiteten Diskurs wesentlich mehr als alkoholische Getränke entgegenkommen[412], und die Zeitungen, die schon seit dem 16. Jahrhundert unverzichtbarer Bestandteil des Fernhandels geworden waren.[413] Kaum etwas regt aber so sehr zum politischen Gespräch an wie die Presse; zusammen mit der stimulierenden Wirkung des Kaffees waren die Kaffeehäuser daher sehr bald auch für die bürgerliche Intelligenz interessant, vor allem dann für die Aufklärer jeder Richtung.[414]

Seine Hochblüte erlebte diese Institution demnach zu der Zeit, als sich eine politische Öffentlichkeit relativ ungehindert entfalten konnte, also in der ersten Hälfte der achtziger Jahre des 18. Jahrhunderts. Darüber geben uns zahlreiche Zeitgenossen Auskunft. Der „politische Kannegießer" wird nun - mit einem Unterton von Kritik - häufig mit den Kaffeehäusern in Zusammenhang gebracht;[415] von der anschließenden Beschneidung der Meinungsfreiheit waren daher gerade sie betroffen.[416] Dafür gewannen ihre anderen Funktionen an Bedeutung, die z.T. ebenfalls von Anfang an mit ihrer Geschichte verknüpft waren: Spiele erfreuten sich dort immer schon großer Beliebtheit. Der Bedeutung als Ort gehobener Unterhaltung gemäß dominierten jedoch andere als in den Schenken: Billard und Brettspiele vor Karten und Würfeln (siehe später). Kaffeehäuser nahmen viel mehr Strukturkomponenten moderner Freizeit an als die Schenken; sie kamen besonders der Tendenz entgegen, Freizeit individuell, jenseits von Gruppenzwängen, zu gestalten. Wenn man sich vergegenwärtigt, daß das Fortkommen in modernen bürgerlichen Berufen überwiegend auf Einzelleistungen beruhte (im Unterschied etwa

---

411 Vgl. SANDGRUBER, Konsumgesellschaft, 193.
412 Vgl. dazu etwa SANDGRUBER, Genüsse, 59 f.
413 Vgl. etwa KOSZYK, Kurt: Vorläufer der Massenpresse. Ökonomie und Publizistik zwischen Reformation und Französischer Revolution (1972), 34 ff.
414 Vgl. FRESCHOT, Relation, 18, über die „zeitungs-doctores" in den Kaffeehäusern; KÜCHELBECKER, Nachricht, 710 f.
415 Vgl. z.B. RAUTENSTRAUCH, Schwachheiten, 2, 21 ff.; RICHTER, Musterkarte Gewerbe, 4.Tl., 18 ff.
416 Vgl. SANDGRUBER, Genüsse, 63 f.

zum zünftigen Handwerk), kann man diese Bedürfnisse leicht begreifen. Auch insofern sind die Kaffeehäuser als bürgerlich zu bezeichnen.

Das zeigt sich einerseits an ihrer zunehmenden Spezialisierung (eine Folge nicht nur der Individualisierungstendenzen, sondern auch der gestiegenen Vielfalt an Unterhaltungsmöglichkeiten): Auf der einen Seite stehen die ausgesprochen politischen (z.B. K. „Zum Rebhuhn") und literarischen Kaffeehäuser (z.B. Kramersches K.[417]), die nach 1780 ihre Blütezeit erlebten[418], auf der anderen Seite solche, wo die Unterhaltung im Vordergrund stand, wie zum Beispiel das Café Hugelmann, wo sich die besten Billardspieler trafen, oder die „Krone", wo die Schachspieler zusammenkamen.[419]

Daß die Kaffeehäuser mehr der Individualität als der Gruppenkonformität Rechnung trugen, zeigt sich andererseits in ihrer Raumgestaltung: Sie waren nicht darauf angelegt, eine Kommunikationsgemeinschaft der Besucher herzustellen - im Gegenteil: Die Aufgliederung des Raumes in kleine Tischchen mit vielen Ecken und Nischen schuf „unsichtbare Wände für Privatheit"[420], die eine individuelle Gestaltung des Aufenthalts ermöglichten, ohne befürchten zu müssen, einem Gruppenzwang anheimzufallen. „(...) man spielt, man plaudert, schläft, negoziert, kannegießert, schachert, wirbt, entwirft Intrigen, Komplotte, Lustpartien, liest Zeitungen und Journale."[421] Einen gewissen Gegenpol dazu bildete in manchen Kaffeehäusern der „Thron der Kassierin, welche huldreich den begünstigten Stammgästen Audienz gewährt"[422] - sie erhielt also eine ähnliche Rolle wie die Hausfrau in den konservativen Salons!

---

417 KÜTTNER, 269, bemerkt, man gehe dort hauptsächlich hin, um zu lesen - es gab kein Billard!

418 Vgl. GUGITZ, 54 bzw. 62 ff.

419 Vgl. GRÄFFER, Memoiren, 283.

420 Diesen Ausdruck gebrauchen BACK, Kurt W. und Donna POLISAR: Salons und Kaffeehäuser, in: KZfSS, Sonderheft 25/1983, 276-286, hier 278 f.; sie tragen diesem Strukturwandel aber nicht genügend Rechnung, wenn sie die Kaffeehäuser dann im weiteren bloß in ihrer Funktion der „Förderung des freien Gedankenflusses" (282) charakterisieren.

421 PEZZL, 366; vgl. auch die Charakterisierung des Kaffeehauses Milani durch PERINET (Annehmlichkeiten, 1, 187).

422 KLAAR, Alfred: Das Kaffeehaus zu allen Stunden, in: Wienerstadt. Lebensbilder aus der Gegenwart, Prag-Wien-Leipzig 1895, 251-258, hier 252; diese Einrichtung wurde im 19. Jahrhundert zu einem Charakteristikum des „Wiener Kaffeehauses", wie man es in Paris und anderswo nachzuahmen suchte (ebd. und WITZMANN, 30).

10. Die Neujahrskarte von 1793 vereint die wichtigsten Funktionen eines Kaffeehauses: Kaffeetrinken, Konversation, Kartenspiel, Billard, Zeitungslektüre.

11. Die Kaffeehäuser bei der Schlagbrücke sind bereits halb-öffentliche Plätze, wo man als stiller Genießer dem Treiben rundherum zusehen konnte, ohne daran teilnehmen zu müssen.

Diese Zersplitterung der Geselligkeit ließ die Kaffeehäuser zu „halb-öffentlichen Plätzen" werden, wo man vereinzelt als stiller Genießer dem Treiben rundherum zusehen konnte, ohne hineingezogen zu werden, ohne also die schützenden Mauern der Privatheit durchbrechen zu müssen, wo man aber doch das Gefühl haben konnte, in eine größere Gesellschaft integriert zu sein, an ihr teilzuhaben.

Während dieser Grundzug der Kaffeehäuser angesichts ihrer Rolle im Entstehungsprozeß einer politischen Öffentlichkeit ziemlich vernachlässigt oder überhaupt nicht gesehen wird, trat er den Zeitgenossen durchaus ins Bewußtsein. Vor allem ist hier wieder Caroline Pichler zu nennen, die dieser Institution eine Teilschuld am Verfall vormärzlicher Salons gibt: Bequemer sei es nun freilich, „sich in einen Gasthof oder ein Kaffeehaus hinzusetzen, für sein Geld zu zehren, niemand eine Verbindlichkeit schuldig zu werden und sich um niemand zu kümmern, wegen niemand genieren zu müssen"; es stelle sich aber die Frage, ob nicht „durch ein solches Isolement viele zarte Fäden feinerer Rücksicht, verbindlicher Höflichkeit" zerrissen würden.[423]

Im Bemühen um den geschäftlichen Erfolg boten die Kaffeesieder seit dem Ende des 18. Jahrhunderts eine Reihe von kommunikativen Versatzstücken an, die der Neigung zum Konsum von Unterhaltung bei eigener (äußerlicher) Passivität neue Nahrung gaben: Dazu gehört die „schöne Aussicht", mit der einige das Publikum anzulocken versuchten, indem sie zum Beispiel Kaffeehäuser am Rand des Glacis oder auf den Basteien errichten ließen;[424] dazu gehören auch die Balkone, die im 19. Jahrhundert dann teilweise noch Glaskästen aufgesetzt bekamen[425]; dazu gehört schließlich die Öffnung des Raumes nach außen, wie das bei den sogenannten „Erfrischungszelten" bzw. „Sommerkaffeehäusern" der Fall war; diese Art kam schon Mitte des 18. Jahrhunderts auf[426] und ist eng mit der Veranstaltung von

---

423 PICHLER, Denkwürdigkeiten, 2, 306 ff.
424 Vgl. WITZMANN, 32; analog dazu ist die Bedachtnahme auf eine schöne Aussicht bei der Anlage der neuen englischen Gärten zu sehen (Neuwaldegg, Cobenzl...) - vgl. HAJOS, Géza: Romantische Gärten der Aufklärung. Englische Landschaftskultur des 18. Jahrhunderts in und um Wien (1989), 25.
425 Ebd., 32 und Kat.-Nr. 38 ff.
426 Das erste errichtete Johann Jakob Tarone 1754 auf dem Graben (vgl. Wiener Kaffeehaus, Kat.-Nr. 46) - als einen Vorläufer darf man wohl den bgl. Wasserbrenner Vincenz Zandonati betrachten, der 1728 die Erlaubnis erhielt, in den Sommermonaten „zur Abentszeith" auf dem Hof „die Erfrischungsgetränk" verkaufen zu dürfen, soferne er der Stadt die schuldige Gebühr „wie biß anhero" entrichte! (WStLA, A.R.,

Konzerten im Freien verbunden: Martin Wiegand führte sie 1788 ein, später wurden sie „in den Lokalen auf der Rotenturmbastei, bei der Schlagbrücke und den sommerlichen Zweigstellen im Prater sowie im Volksgarten (...) zu ständigen Einrichtungen."[427] Ganz im Vordergrund stand hier der Konsum gehobener bürgerlicher Kultur, der dadurch eine viel breitere Basis als in den mehr oder weniger privaten Gesellschaften des Adels und des Großbürgertums erhielt.

Tanz

Sonntag und feyrtag hört man ein beständiges geigen, leiren, springen, dantzen in allen würtz- und schanckhäusern nachmittag bis in die nacht.[428]

Zwar sah der Schweizer Franziskaner Johann Georg König auch einen furchterregenden Basilisken, als er sich in Wien 1715-1717 im Gefolge des französischen Gesandten aufhielt, doch können wir seiner eben zitierten Beobachtung volles Vertrauen schenken. Gerade zu dieser Zeit waren heftige Diskussionen darüber entbrannt, ob und wem die Abhaltung von Tänzen gestattet sein sollte; die städtischen Behörden versuchten zunächst, derartige Vergnügen möglichst einzuschränken, weil sie darin eine Gefahr für die öffentliche Ordnung erblickten. Der Wortlaut solcher Begründungen variiert nur wenig. Als Beispiel sei ein Gutachten der Stadt Wien angeführt: Als die St. Nicolai-Bruderschaft, in der die Musikanten zusammengeschlossen waren, 1704 darum ansuchte, wenigstens bei den Hoch- und Mahlzeiten spielen zu dürfen (was ihnen seit einem halben Jahr verboten war), da wandte sich der Stadtrat gegen Musik und Tanz allgemein,

weillen durch dergleichen Anmuethungen nicht allein unterschiedtliche Excehs und Muethwillen verübt, sondern auch der Müessiggang eingefihrt, die Dienstbothen und andere zur Trunkhenheith, und unterschiedlichen Lastern verlaittet, der verbottene Aufenthalt verdächtiger Leuth

---

D.v. 13.7.1729). Zum berühmtesten entwickelte sich das Limonadenzelt Milanis, das seit 1790 auf der Burgbastei stand und „für etwa zwanzig Jahre das abendliche Stelldichein der eleganten Welt im Sommer" wurde (GUGITZ, 58); auch die Praterkaffeehäuser sind teilweise in diesen Zusammenhang zu stellen. Ihre Vorteile beschreibt ein Besucher 1813 so: „Vorzüglich gewährt der Sitz auf dem freien Platz das Angenehme, daß man allen nach dem Augarten Fahrenden und Gehenden in das Gesicht sehen kann." (Zit. bei GUGITZ, 94).

427 WITZMANN, 32.
428 BAECHTOLD, Jakob (Hg.): Des Minoriten Georg König von Solothurn Wiener-Reise, o.J. (Separat-Druck aus dem „Urkundio", II, 54-104), 74.

geziglet, ia villfeltige Gottslesterungen, Rauffhändl, und Morththatten
zum öffteren verursacht werden, beynebens auch durch dises Tumultui-
ren, Tanzen und Springen die Ehr Gottes kheinesweegs befürdert, sondern villmehr die göttliche May. sehr offt und beschwärlich belaidigt
wierdt,

was gerade „bey gegenwertigen schwären Zeithen und höchst-
gefährlichen antrohenden feindtlichen Interruption" besonders
schädlich sei. Statt sich den Vergnügungen hinzugeben, sollten
die Leute lieber beten, damit sie nicht weiterhin den Zorn Gottes
zu spüren bekämen.[429]
Das Aufspielen der Geiger bei Hochzeiten wurde zwar befürwortet (bis „neun oder zehn Uhr")[430], gleichzeitig aber darüber
Beschwerde geführt, daß auf den Gründen, die nicht zur städtischen Jurisdiktion gehörten (aufgezählt sind St. Ulrich, Neustift,
die Jägerzeile, Lichtenthal und die Domkapitel-Gründe), das
„Geigen und Tanzen" in Schwung sei. Mit derartigen Übertretungen mußte sich die Stadt Wien des öfteren herumschlagen,
wobei sie tatsächlich strenger als andere Grundherrn vorgegan-
gen sein dürfte. Diese Benachteiligung nahmen die der Stadt zu-
gehörigen Wirte natürlich zum Anlaß, eine Lockerung des Verbots zu verlangen: 1705 suchten jene auf der Laimgrube darum
an, Spielleute in der Faschingszeit halten zu dürfen; sie müßten
sonst zugrundegehen, weil die Benefiziatshäuser auf den städtischen Gründen, „ebenso wie in der Wasserstatt et Windmill alwo
meisten Weinleutgeben", im Fasching aufspielen ließen. Die
Stadt schlug allerdings eine gegenteilige Richtung ein, um die
Ungleichheit zu beseitigen, indem sie die nö. Regierung um einen Erlaß ersuchte, daß auch auf den nicht zur Stadt gehörigen
Gründen und in den Benefiziatshäusern das „Geigen und Tanzen
eingestellt werde." Außer den vorhin genannten werden noch
Thury und Neubau aufgezählt. Der Kaiser selbst entschied jedoch, so berichtet die nö. Regierung kurz darauf, daß „die Music
bevorstehente Fasching Zeith hindurch in genere, und ohne Re-
striction zuegelassen seye."[431]
1707 erfolgte eine generelle Regelung, die den finanziellen Interessen des Staates dienlich war: Das durch Kriege entkräftete
kaiserliche Aerarium brauchte, so lautet die Begründung für die
Einführung eines Tanz-Imposts, „Extra-Mittel", „bevorab" solche, „welche zu keiner Beschwerde des vorhin in gemeinem

---

429 WStLA, A.R. 146/1704, Bericht an die nö. Reg. v. 8.5.1704.
430 Von der nö. Reg. bis 10 Uhr genehmigt, zuwiderhandelnde Spielleute
    und Wirte sollten vom Rumorhauptmann arretiert werden (Dekret
    v. 8.5.1704).
431 WStLA, A.R. 35/1705, D. v. 31.1.1705.

Mitleiden stehenden armen Unterthans gereichen thuen." Die Aufzählung der Orte, die dafür in Frage kamen, zeigt, wo überall Tänze stattfanden - es gab viele Gelegenheiten, nämlich

so wohl bey Hochzeiten, Ehr- und Kindmahlen, als an Kirch-Tagen, desgleichen bey Ausspillen, Baumsteigen, Schnitt-Lösens-und Faschings-Zeiten, in denen Wirths-Schenck- oder andern Häusern, auch öffentlichen Plätzen, allwo einiger Tantz unter fürnehmeren, oder geringeren musicalischen Instrumenten (...).

Die Adeligen waren von diesen Abgaben befreit, sofern sie kein Geld dafür verlangten. Den Besitzern bzw. Inhabern von Wirts-, Schenk-, Bier- und Leutgebhäusern sowie Trinkstuben der Haupt- und Residenzstädte kostete dieses Vergnügen 5 fl. jährlich. Zusätzlich mußten die Wiener Wirte (innerhalb des Burgfrieds) bei „hochzeitlichen Ehren- und Fasching-Festen, wie auch andern derley Festins haltenden Täntzen" pro Musikant und Tag 30 kr. zahlen, bei Privatbällen war dafür 1 fl. zu entrichten (in anderen großen Städten 30 kr.).[432]

Diese Gebühren waren nicht immer leicht einzutreiben, wie aus einer Klage 1718 hervorgeht: In Wien und den Vorstädten würde dem Patent „fast täglich zuwider gelebet", indem Bälle oder Tänze ganz verschwiegen oder nicht alle Musikanten angegeben würden. Wenn die vom Hof-Cassa-Amt aufgestellten Übergeher ihre Anzahl ermitteln wollten, würden sie nicht eingelassen und „öfters noch mit unziemlichen Droh-Worten abgewiesen." Die Strafe für Musikanten, die ohne Lizenz aufspielten, wurde von 6 auf 10 fl. erhöht.[433] Der Hofkassadirektor wiederholte 1722 diese Vorwürfe, mit dem Zusatz, daß sich Musikanten oft dazu erböten, Geld aufs Amt zu bringen, es aber dann „ohn verantworttlich in ihren Säckhl steckheten".[434]

Seit der Einführung des Tanzpatents kam es zu einem ständigen Hin und Her zwischen halbherziger Tanzerlaubnis und strengem Verbot. Dafür dürfte eine Interessenkollision verantwortlich sein: Die Stadt auf der einen Seite sah es als ihre Aufgabe an, „die Gelegenheiten, welche zu ärgerlichen sündlichen Leben An-

---

432 Patent f. Öst. unter u. ob d. Enns (CA III, 551 ff.); das Patent wurde mit einem Generale v. 5.7.1712 erneuert (ebd., 658 ff.); 1722 wurden diese Gebühren reduziert, 1748 der Stadt Wien überlassen; einige Tanzsaalinhaber zahlten allerdings Pauschalbeträge (vgl. ZOUBEK, Finanzhaushalt, 39).

433 P. v. 4.2.1718 (CA III, 907 ff.).

434 WStLA, A.R. 91/1722, Dekret der nö. Reg. an Wien v. 25.8.1722; die Stadt schickt entspr. Befehle an alle Richter und Vorsteher der bgl. Gastgeber mit Arrestandrohung für Haus- bzw. Bestandsinhaber.

laß geben, abzuschneiden"[435], und hielt die öffentliche Ordnung durch Tanzveranstaltungen bedroht. Auf der anderen Seite entdeckten kaiserliche Beamte, daß die offensichtliche Vergnügungssucht vieler Untertanen durchaus den finanziellen Interessen des Staates dienstbar gemacht werden konnte. Die häufigen Kriege lieferten, wie wir gesehen haben, eine Begründung einmal für die eine, einmal für die andere Argumentationslinie.

Ein spezielles Problem bildeten, zum Teil aus den schon früher genannten Gründen, die Bierhäuser. Obwohl aus dem Patent von 1707 eindeutig hervorgeht, daß sie in die Taxen einbezogen waren, durfte dort nicht getanzt werden. Der Stadtrat begründete das damit, daß es sich hiebei um keine „ehrbaren Orte" handle, daß dort nur Leute „vilioris conditionis zusamben schlieffen" und die Instrumente, die hier gespielt würden, eigentlich gar nicht vom Patent 1707 einbegriffen worden seien - es würden fast nur

ein Tudlsakh, Leyren, oder andere liederliche Geigen sich einfinden (...), welche unter die musicalische Instrumentes od Musicos kheineswegs zuverstehen oder verstanden werden khönen.[436]

Später waren auch die anderen Gaststätten von einem Verbot betroffen, allerdings war die Politik der Regierung so sprunghaft, daß es nicht wirklich durchgesetzt werden konnte.[437] Erst 1737 wurde den bürgerlichen Wirten in der Stadt wieder „die Halt- und Gebrauchung der Musique (...) bey gegenwärthig zu Ende gehender Faßnachtszeit" bewilligt.[438]

Die häufige Nennung von Dienstboten und Handwerksburschen deutet darauf hin, daß die Unterschichten einen erheblichen Anteil an dieser Freizeitgestaltung hatten. Die Tänze waren offensichtlich durch ein Springen gekennzeichnet; die lärmende Musik und das Mißtrauen, das man den Tanzveranstaltungen entgegenbrachte, passen so recht ins Bild, das wir von den Schenken gewonnen haben. Wenn sich Abraham a Sancta Clara gegen das Tanzen wandte, dann aus eben diesem Grund: Es

ist nichts neues / daß gute Saitten die gute Sitten verderbt haben. Absonderlich beym Tantzen / bey welchem Springen die Ehr nicht selten gestolpert.[439]

---

435 WStLA, A.R., 95/1716, D. v. 28.7.1716.
436 WStLA, A.R. 35/1709, Bericht v. 26.2.1709.
437 Vgl. etwa die Beschwerde des Richters in der Josephstadt 1716, daß bei seinen Wirten „die gantze Woche" aufgespielt würde (WStLA, A.R. 95/1716).
438 WStLA, A.R., Lizenz v. 15.2.1737.
439 ABRAHAM, Judas, 1, 98.

So eile man beim Tanz „mit Händ und Füssen der Höll zu."[440]
Was uns von adeligen Bällen berichtet wird, ist dazu natürlich
völlig konträr. Die Selbstdisziplin, die sich auch und gerade in
der Gestaltung des Vergnügens offenbarte, die höfische Atmosphäre, die alles zu einer Frage des Ranges machte, der wiederum zu einem beträchtlichen Teil auf der Beherrschung durch-
stilisierter Verhaltenscodices beruhte, alles das führte zu einer
größeren Ordnung, höheren Perfektion der Tänze und zu weniger lärmendem, also kontrollierterem Verhalten. So konnte
selbst Abraham a S. Clara „gelernten Tänzen", wie sie bei großen Höfen und adeligen Gesellschaften üblich seien, etwas Posi-
tives abgewinnen.[441] Haupttanz in ganz Europa war das Menuett,
„ein offener Paartanz, der von den in Reihen geordneten Paaren
mit einer Reverenz eröffnet und mit kleinen, zierlichen Schritten
und Bewegungen und galanten Figuren ausgeführt wurde."[442]
Weil dafür langjährige Übung erforderlich war, behielt dieser
Tanz sein Prestige auch dann noch, als er in mittlere Schichten
vordrang: Er werde, schrieb I. De Luca 1794, nur „unter den Personen mit Unterscheidung rein und mit genauer Beobachtung des
Takts beherrscht."[443] Großer Beliebtheit erfreuten sich auch Kon-
tratänze, die auf dem Zusammenspiel mehrerer Tänzer beruhten,
die miteinander komplizierte Figuren bildeten, zumeist in der Form
von vier Paaren (Quadrille) oder in zwei Reihen (Anglaise).[444]
    Die Adeligen wurden mit den Tänzen des „Volkes" un-
mittelbar konfrontiert und damit in ihren Herrschaftsansprüchen
aus ihrer Sicht bestätigt, wenn sie sich auf den Gütern Tanzvor-
führungen ihrer Bauern ansahen. Um Maria Theresia zu überra-
schen, mußten sich 1747 in Hollitsch, einem Jagdschloß der
Habsburger, zehn bis zwölf Paare hanackischer Bauern vor der
Hofgesellschaft produzieren; der Tanzmeister hatte sie ein paar
Tage vorher ein bißchen trainiert, damit sie „etwas manierlicher
gehen" lernten. Selbstverständlich kam dabei nur eine Parodie
höfischen Verhaltens heraus: Die Bauern gaben, obwohl nach

---

440 ABRAHAM, Gemisch-Gemasch, 121.
441 P. ABRAHAM A S. CLARA: Etwas für Alle. Das ist: Eine kurtze Be-
    schreibung allerley Stands-Ambts- und Bewerbs-Persohnen (...),
    Würtzburg 1699, 179.
442 SCHNEIDER, Otto: Tanzlexikon. Der Gesellschafts-, Volks- und
    Kunsttanz von den Anfängen bis zur Gegenwart mit Bibliographien
    und Notenbeispielen, unter Mitarb. v. Riki Raab (1985), 340 f.
443 Zit. bei WITZMANN, Ländler, 81; vgl. auch PICHLER, Karoline: Zeit-
    bilder (1924; zuerst 1828), Tl. 1: Wien in der letzten Hälfte des 18.
    Jahrhunderts, 87.
444 Vgl. SCHNEIDER, Tanzlexikon, 101 f.; die Quadrille stammt bezeich-
    nenderweise aus der Kunstform des Balletts (ebd., 419).

der neuesten Mode gekleidet, gleich zu Beginn „etwas selt-
samm- und grotesques in ihrer Gestalt und Gebärden zu erkennen"; die Belustigung war auf seiten des Hofes offenbar sehr
groß (wie sich die Bauern fühlten, wissen wir nicht), denn

nichts ware lächerlicher, als selbe nach der Hand mit ihren natürlichen Sprüng- und Gebärden hannackisch herum danzen zu sehen
und wie sie sich bei den Soupé oder Collation produciret, so mann
recht noblement und mit silbernen Service - als wann es für recht-
schaffene Leuthe gehörete - (um die Farce biß zum Ende zu soute-
nieren) zurichten lassen.[445]

Der Adel war nicht nur bei seinen privaten Gesellschaften und
also auch bei den in der Faschingszeit zahlreichen Privatbällen
auf ständische Exklusivität bedacht, sondern auch bei Tanzveranstaltungen in größerem Rahmen. Zum vornehmsten Unterhal-
tungslokal entwickelte sich in der ersten Hälfte des 18. Jahrhunderts die „Mehlgrube" am Neuen Markt, wo sich seit 1698 ein
großer Ballsaal im ersten Stock des Gebäudes befand.[446] 1726
erhielt der Garderobier des Prinzen Eugen die Erlaubnis, hier
Maskenbälle zu veranstalten.[447] Diese wurden zum Treffpunkt
„des grossen Adels von Wien"; es fehlte zwar an offiziellen Zugangsbeschränkungen, doch bereitete es dem Hochadel zunächst
wenig Schwierigkeiten, andere Schichten auszuschließen - zwar
nicht unangefochten, aber noch unangreifbar war seine Dominanz in der Gesellschaft. Den Besuchern der „Mehlgruben"-Bäl-
le wurde empfohlen, daß sie sich

mit einer glaubwürdigen Genealogie wegen ihrer sechzehn Ahnen,
und Alterthums ihrer Familie legitimireten, wenn selbige eine Dame
zum Tantz aufforderten, denn sonst besinnet sich dieselbe lange,
und macht sich wohl gar einen Gewissens-Scrupel, ihre Hoch-Gräf-
liche oder Adeliche Hand einem so unbekannten Edelmann zu geben, wo sie ihm, um eine Tod-Sünde zu vermeiden, nicht gar den
Korb giebt.[448]

1728, also ungefähr um dieselbe Zeit, als Küchelbecker sich in
Wien aufhielt, gab es einen Eklat, weil „mehrere Personen geringern Ranges" vom Tanzsaal entfernt wurden, wobei „das Volk"
sich darüber beklagte,

daß die Bürgerlichen wohl zu gut seien, dem vornehmen Adel Geld

---

445 KHEVENHÜLLER, 20.8.1747.
446 Vgl. CZEIKE, Felix: Der Neue Markt (1970), = Wiener Geschichtsbücher Bd. 4, 68.
447 Ebd., 70.
448 KÜCHELBECKER, 390.

darzuleihen, der Adel es aber dennoch unter seiner Würde halte, mit der bürgerlichen Canaille in Verkehr zu treten.[449]

1743 waren die Angehörigen „des sogenannten Halbadels" auf den „Mehlgruben"-Bällen bereits vertreten, sie mußten sich allerdings sofort demaskieren und durften nur in eigenen Kleidern tanzen.[450] 1748 mußte schon der Eintrittspreis als Schleuse für den Besucherstrom herhalten, um einen zu starken Andrang zu verhindern, denn der Halbadel hatte bereits „gar mächtige Patronen bei Hoff":

Damit das schlechte Gesindl wenigern Zulauff haben mögte, wurde denen Impressari verbotten, die Einlag ringer als einen Ducaten zu setzen.[451]

In der zweiten Hälfte des 18. Jahrhunderts begegnen wir in der Entwicklung der Tanzveranstaltungen und -formen den gleichen Tendenzen, die wir schon so oft beobachtet haben: Das Bürgertum versuchte einerseits, die Exklusivität höfischer Freizeitmuster zu durchbrechen, Zugang zu ihnen zu gewinnen, andererseits Formen, die (auch) bei den Unterschichten heimisch waren, in veränderter, disziplinierterer Form weiterzuführen. Dabei verschob sich deren Kommunikationsstruktur: Die Gemeinschaft betonende Geselligkeit wurde durch eine andere abgelöst, die der individuellen Gestaltung gerade in größeren Gruppen wesentlich mehr Spielraum gab.

Da um die Mitte des 18. Jahrhunderts auch schon dem niederen Adel der Zugang zu den Redouten gewährt wurde, waren diese besonders für neu Geadelte eine günstige Gelegenheit, mit „Personen vom ersten Rang" bekanntzuwerden[452], ja hinsichtlich der Geselligkeit sogar die einzige Form im Freizeitbereich, mit ihnen in näheren Kontakt zu treten. Etwas überspitzt bezeichnet Sonnenfels die Redouten als das einzige Vorrecht des geadelten Bürgers.[453] Die beinahe magische Anziehungskraft, die diese Hofbälle dadurch besaßen, führte notwendigerweise zu ihrer Veränderung, als immer mehr Menschen das ersehnte Statussymbol eines Adelstitels erhielten. Doch während Joseph II. und die Reformer um ihn gerade diese Tendenzen einer Vermischung förderten, spielte der Hochadel, der seine Vorrechte immer stärker schwinden sah, nicht mehr mit - er reagierte auf das zunehmende Gedränge mit einem

---

449 GRÄFFER, Franz: Kleine Wiener Memoiren (1845), III, 110 f., zit. nach CZEIKE, Neuer Markt, 71.
450 Vgl. KHEVENHÜLLER, 7.1.1743.
451 Ebd., 2.1.1749; die „Impresarii" bestanden aus einer Kavaliersgesellschaft, der 1748 die Hofbälle übergeben worden waren.
452 Vgl. WILLEBRANDT, 280.
453 Mann ohne Vorurtheil, 1/2, 9. Stk. („Der geadelte Bürger spricht von der Redutte, seinem einzigen Vorrechte").

Rückzug von der Tanzfläche, später von den Redouten überhaupt.[454] Sie verloren für ihn an Wert, weil sie keine spezifische
Auserwähltheit mehr dokumentierten. Zum anderen wurde das
Tanzen selbst zunehmend schwieriger, weil das Platzangebot bald
nicht mehr ausreichte, den Tänzern genügend Raum zu bieten, und
weil der Zustrom trotzdem ungebrochen war, machte doch das Tanzen nicht den eigentlichen Zweck dieser Redouten aus.[455] Die Folge
davon war, daß es bald in den Hintergrund gedrängt wurde, bis es
fast völlig erstarb. Das hat mit der Öffnung der Redouten für immer
weitere Kreise zu tun: 1765 durften neben dem Adel erstmals auch
der „Handelsstand" und die „Artisten" bei einem Freiball im Re-
doutensaal mitfeiern; für Khevenhüller, der die nach außen hin abgeschlossene Hierarchie der Hofgesellschaft strikt verteidigte, sah
das Fest dadurch „so schmutzig aus, daß es mit einem Fête de gran-
de noce gar nicht harmoniret hat."[456] 1772 erfuhren die Leser des
Wienerischen Diariums schließlich, daß ab kommendem Jahr die
Maskenbälle in den Redoutensälen für alle außer „Bedienten in
Livree und Dienstmägden in der Schlepphaube" zugänglich sei-
en.[457] Der Eintrittspreis wurde freilich nicht heruntergesetzt, sondern blieb bei 2 fl., sodaß sich hinter dieser Erweiterung des Publikums nur eine Verbreiterung der gesellschaftlichen Spitze verbirgt,
indem sich jene, die über genügend Geld verfügten, nunmehr Zugangsmöglichkeiten zur alten Elite verschaffen konnten. Joseph II.
verlieh den Bestrebungen nach „Standesmischung" Nachdruck, indem er per Ballordnung für Wien 1781 allen Ständen auftrug, sich
so zu verhalten, „daß keinem ein Unterschied im Tanzen oder Sitzen, zum Abbruche und Nachstand anderer gemacht werde."[458]
  Mit dem Aufschwung bürgerlicher Gesellschaften, bei denen
Tanzen ein nicht unwesentliches Unterhaltungselement war, stiegen
auch die öffentlichen Tanzgelegenheiten. Während zur Zeit Karls
VI. Adel und „gemeiner Stand" nur einige Bälle „hie und da" zur
Winterszeit gaben, für die man „etwann einen Ducaten" Eintritt

---

454 Vgl. Adreßbuch, 265, SCHULZ, 218, Bemerkungen über Wien, 119;
   TROLLOPE, 3, 11.
455 Auch die Einnahmen aus diesen Bällen dokumentieren die angesprochene Entwicklung: 1768 bis 1771 brachten die Redoutenbälle durch-
   schnittliche Einnahmen von nur 541 fl.; dann stiegen sie sprunghaft
   an: 1773 wurden durchschnittlich 2718 fl., 1774 3278 fl. und 1775
   2458 fl. pro Ball eingenommen. 1774 fanden durchschnittlich 1234
   Billette à 2 fl. ihren Abnehmer (mit einem Spitzenwert von 2637).
   Quelle: Ungar. Nationalarchiv, Keglevich Cs., P 421/V, Fasz. 76/fol.
   511; Fasz. 78/fol. 131 ff.; Fasz. 79/fol. 2,3,128.
456 KHEVENHÜLLER, 29.1.1765.
457 Zit. nach Fasching in Wien, 26.
458 Abgedr. bei MAY, Quellen, 366 ff.

zahlte und dafür „mit Dantzen auch Erfrischungen unterhalten" wurde[459], gibt Röder für das Ende der achtziger Jahre 460 (!) Tanzplätze in Stadt und Vorstädten an.[460] Dazu zählte er freilich auch die vielen Vorstadt-Bierhäuser, in denen sonntags getanzt wurde, die aber nicht als Tanzsäle im hier gemeinten Sinn zu bezeichnen sind.[461] Ein Aufschwung ist allerdings in der zweiten Hälfte des 18. Jahrhunderts unverkennbar da. Aus den Eintrittspreisen, in denen gewöhnlich die Konsumation mit enthalten war, kann man ein vielfältig abgestuftes Angebot für die mittleren Stände herauslesen: 1775 kostete ein Faschingsball auf der Wieden „für distinguierte Personen" 2 fl.[462], in der „Mehlgrube" 1 fl. 40 kr. für Erwachsene und 1 fl. für Kinder.[463] Das waren die vornehmsten Bälle. Im „Wienerblättchen" von 1784 sind auch Veranstaltungen zu 20 kr. angekündigt, was aber eigentlich kein Extra-Eintrittsgeld bedeutete, denn man erhielt um diesen Geldbetrag ein Billet, „welches nachher für baar Geld angenommen, und der Rest zurückgegeben wird."[464] Dem Reiseschriftsteller Küttner rieten Wohlmeinende von solchen Bällen ab, „weil Fremde unter einem ganz niedrigen Pöbel und mit Betrunkenen leicht Verdrüßlichkeiten bekommen."[465]

Seit den siebziger Jahren entstanden zahlreiche spezielle Tanzsäle. Dort wechselten öffentliche Bälle mit Veranstaltungen für „geschlossene Gesellschaften" ab, eine Alternative, die auch vom Adel genutzt wurde.[466] Das „Kommerzialschema" von 1780 verzeichnet bereits 17 Säle innerhalb der Linien (einschließlich der Redoutensäle), vier außerhalb.[467] In den Vorstäd-

---

459 SCHWERDFEGER, 19.
460 RÖDER, Reisen, 410; besonders viele seien im Lichtenthal zu finden.
461 Zum Tanz in den Bierhäusern vgl. auch „Thurmwächter" 1784, 2. Stk.; da scheint es keinen Extra-Eintrittspreis gegeben zu haben, sondern nur erhöhte Konsumationspreise: Bierwirte, die Musik hielten, verlangten für eine Halbe 3 - 4 kr, für das Maß 7 - 8 kr.
462 Vgl. Wienerisches Diarium v. 4.1.1775.
463 Ebd., v. 14.1.1775.
464 Wienerblättchen v. 10.10.1784, Anzeige des neuen Tanzsaals von Joseph Meeraus im neuen Gasthaus „Zum rothen Apfel" (Singerstraße); ähnlich die Anzeige von Mathias Petz von Bällen im „Grossingerschen Haus Nr. 396" neben der Schlagbrücke in der Leopoldstadt; hier war montags und donnerstags der Eintritt sogar frei (Wienerblättchen v. 17.10.1784). 20 kr. scheint ein häufiger Preis gewesen zu sein - diese Summe verlangte auch die „Mehlgrube" 1792 (Adreßbuch, 266).
465 KÜTTNER, 266; trotzdem stattete er einem 20-kr.-Ball einen Besuch ab (ebd., 268) - hier wurde hauptsächlich Walzer getanzt.
466 Vgl. PEZZL, Skizze, 113.
467 Diese und später hinzugekommene aufgelistet bei WITZMANN, Ländler, 104 ff.; zur weiteren Entwicklung hin zur eigenständigen Form der Tanzsäle (vollendet mit einem Patent von 1820) ebd., 9 ff.

ten waren die Tanzsäle das ganze Jahr hindurch offen und laut Nicolai „auch im Sommer voll von Menschen."[468] Ihn erstaunte die schon angesprochene Verbürgerlichung des Tanzpublikums, denn aus Berlin hatte er die Erfahrung mitgebracht, daß ein „gesetzter" Mann öffentliche Tanzhäuser mied. „Sogar ein Dienstmädchen, das Tanzböden besucht, wird in Berlin nicht leicht in einem wohlgeordneten Hause gelitten."[469]

Die Veranstaltungen in diesen Tanzsälen haben mit den vornehmen adeligen Vergnügungen, auf der „Mehlgrube" zum Beispiel, sicher weit mehr gemeinsam als mit den Tänzen in den Schenken der ersten Jahrhunderthälfte (und später). Höfische Tanzformen wie das Menuett wurden zum Teil übernommen, wie sie ja auch in die bürgerlichen Gesellschaften Eingang fanden. Die spezielle Ausbildung, die diese Tänze erforderten - wollte man sich nicht blamieren -, führte dazu, daß nun Tanzlehrer[470], ehemals zum Haushalt eines Adeligen gehörig, in bürgerliche Häuser kamen; es gab aber auch solche, die in ihren eigenen Häusern unterrichteten; dieses Angebot scheint vornehmlich von Familien genutzt worden zu sein, die sich keinen eigenen Hauslehrer leisten konnten, aber doch vermögend genug waren, Unterhaltungen der gehobenen Art beizuwohnen; bald jedoch gab es auch Angebote für untere Schichten. Der Tanzmeister, meint J. Richter, gebe „in der Früh den Kuchelmenschern und am Nachmittag der gnädigen Frau Unterricht."[471] Im „Zwirnhändler aus Oberösterreich", einem Wiener Lokalstück von Jos. Ferd. Kringsteiner, 1801 entstanden, kommt ein Tanzmeister Zwiebel vor, der „Dienstboten heutiger Zeit" in moderne Tänze einführt.[472] Der Autor einer „Sammlung über Geschichte und Rechtswissenschaft" erklärt Ende des 18. Jahrhunderts:

Diese Schullen sind erst durch einige Jahre in Wien bekannt - hier kommt das junge Volk von Stubenmädchen bis zur Kucheldirn mit ihren Liebhabern Sonn- und Feiertag zusammen, ein sogenannter Tanzmeister lehrt ihnen die Mode, Anstand, die Grimassen, die Schritte, den Menuett und den Langaus auf zwey dreymall.[473]

Das Unterrichtsverbot für Tanzmeister an Sonn- und Feiertagen aus dem Jahre 1803[474] war also möglicherweise gezielt gegen

---

468 NICOLAI, 5, 240.
469 Ebd., 257.
470 Die Kommerzialschemen von 1780 und 1782 verzeichnen je 9 Tanzlehrer. Zu diesem Thema vgl. auch WITZMANN, Ländler, 16 ff.
471 Altes und neues Wien, zit. bei WITZMANN, 18.
472 Vgl. ROMMEL, 475.
473 Zit. bei WITZMANN, 17.
474 Gleichzeitig wurde Geschlechtertrennung vorgeschrieben: KRO-

diese unteren Schichten gerichtet, denn gerade an solchen Tagen konnten sie sich am ehesten einige freie Stunden gönnen. Ein „Entwurf der Polizeivorschriften" aus dem Jahre 1809 enthält dann dezidiert: „Tanzschulen für das gemeine Volk sind als sittenverderblich verbothen."[475]

Das Vordringen höfischer und daher einen aufwendigen Lernprozeß erfordernder Vergnügungen stellt nur eine Richtung des Kulturflusses dar! Einen entgegengesetzten Weg nahm der Walzer, der sich in der zweiten Jahrhunderthälfte zur dominierenden Tanzform entwickelte.[476] Dieser „Deutsche", der in Wien ab ca. 1760 im Bürgertum Fuß faßte und zunehmend auch beim Adel Verbreitung fand, entstand aus volkstümlichen Tänzen, die durch eine „Drehbewegung mit Hüpfschritten" gekennzeichnet waren. Im Unterschied zum heutigen Walzer handelte es sich allerdings um einen Gruppentanz: Bis zu zwanzig Personen beschrieben einen Kreis, wobei jedes Paar, nebeneinander tanzend, selbst wieder eine Kreisfigur ausführte; Gleichmäßigkeit der Tänzer in der Bewegung galt als höchste Kunst.[477] In dem Maße, als Bälle zur zufälligen Begegnung von Individuen wurden, die nur das Vergnügen zusammenführte, in dem Maße, als das korporative Denken immer stärker an Einfluß verlor, zerfiel auch der Gruppentanz in den öffentlichen Tanzsälen. Über die Zwischenstufe des „Langaus" vollzog sich in Wien der Wandel des „Deutschen" zu einem Einzelpaartanz, bei dem alle Paare ihre „individuelle Kreisbahn" zogen.[478] Zur Zeit des Wiener Kongresses war diese Form, die „Walzerische Art", bereits voll ausgebildet. Den Zwang der Verhältnisse schildert eine Quelle um 1800 recht genau: Der bei Privatbällen beliebte „Ecossaise", ein Tanz in der Kolonne, konnte in den Tanzsälen offensichtlich nicht durchgehalten werden:

(...) anstatt die eigentümlichen, dem Karakter der Tanzmusik angemessenen Schritte zu machen, tanzten die meisten, wie es ihnen einfiel.

Die Kolonne löste sich auf, die Musik begann einen Walzer zu spielen![479]

PATSCHEK, Franz, 18, 269 (P. v. 31.7.1803; Erneuerung des Verbots am 29.9.1813 (ebd., 17, 704) - vgl. auch WITZMANN, 17.
475 OBERHUMMER, 2, 192 (16).
476 Zahlreiche Belege bei WITZMANN, 75 ff.
477 Ebd., 78.
478 Ebd., 77.
479 Zit. bei WITZMANN, 82; vgl. auch Küttners Beobachtung bei einem 20 kr.-Ball: Die Menuette wurden „so sehr von Nichttänzern durchkreuzt (...), daß eine Person häufig stille stehen und suchen mußte, um unter der Menge, die nicht dazu gehörte, ihren Partner zu finden." (268).

12. Drastisch werden in der „Bildergalerie weltlicher Mißbräuche" die Auswirkungen der Individualisierung des Tanzens dargestellt: Nicht nur die Tänzer, sondern auch die Musiker teilen sich in Liebhaber des Menuetts und des Walzers.

So wurde in der zweiten Hälfte des 18. Jahrhunderts der Grundstein für Ballveranstaltungen im modernen Gewand gelegt; jene, die Reichardt 1808 schildert, unterscheiden sich in ihrer Struktur kaum von heutigen: In einem „Volkstanzsaal" der Vorstadt versammelten sich 500-600 Menschen in zehn bis zwölf durch Säulen abgetrennten „Nebenkabinetten" und einem Hauptsaal. Alle Tische waren besetzt, „und die Tanzenden gingen vom Walzer, ab und zu, an die Eß- und Trinktische." Und alles war ordentlich![480]

Das Spiel

Für J. Huizinga, der die bekannteste Monographie über das Spiel schrieb, weist dieses zwei wesentliche Merkmale auf: Es sei eine körperliche oder geistige Tätigkeit, die a) keinen unmittelbaren praktischen Zweck verfolge und b) nach bestimmten Richtlinien und Gesetzen („Spielregeln") erfolge, die von allen Teilnehmern anerkannt werden und Gewinn und Verlust möglich machen.[481]
Diese Definition möge als Abgrenzung zu den anderen Kapiteln genügen. Wenn wir die Orte aufsuchen, wo sich Gesellschaften zusammenfanden, dann sehen wir, daß das Spiel überall ein wesentliches Element der Geselligkeit bildete. Das gilt für die Wirts- und Kaffeehäuser, für die Casinos, Salons und anderen Gesellschaften, ja sogar für Ballveranstaltungen. Unterschiede ergeben sich jedoch in der Art der Spiele. Da das Billard ein Hauptvergnügen des gehobenen Bürgertums war, fand es seine Heimstätte in dessen bevorzugtem (öffentlichen) Ort: Dem Kaffeehaus. Ähnliches gilt für die Trias Kegelbahnen - Handwerker /Unterschichten - Vorstadtwirtshäuser.
Das Billard war bereits zu Beginn unseres Untersuchungszeitraums, also um 1700 etwa, recht beliebt. Man kann annehmen, daß etliche wohlhabende Bürger dafür eigene Zimmer in ihren Privaträumen besaßen[482], denn es galt als vornehmes Spiel. 1714 ersuchten vier Kaffeesieder die Regierung, ihnen die „geringen und zuer Zeitvertreib zuelässige Kartten- und Würffelspill" zu genehmigen, weil sie „wegen Enge ihrer Gewölber" im Unterschied zu ihren Kollegen kein Billard aufstellen könnten.[483] Ihre Innung wandte

---

480 REICHARDT, 1, 109.
481 HUIZINGA, Johan: Homo ludens. Vom Ursprung der Kultur im Spiel (1956), 34.
482 Aus der Verlassenschaftsabhandlung des vermögenden Ratsherrn Höffer geht hervor, daß er in seinem Sommerhaus ein „Billardzimmer" hatte (vgl. KUNZE, Irene: Die Wiener Ratsbürger 1706-1740, masch. Diss., Wien 1974, Tl. 1, 170). Siehe auch Anm. 494.
483 WStLA, A.R. 113/1714; Bericht des Stadtrats an die nö. Regierung v. 28.9.1714.

sich jedoch dagegen, weil für sie mit einer Erlaubnis die bürgerliche Atmosphäre der Kaffeehäuser in Frage gestanden wäre, die das Billard hingegen, wie noch zu zeigen sein wird, eher unterstützte: Das Verbot jener Spiele habe durchaus seine Berechtigung, denn es würde selten oder nie bei einem „moderaten Spill" bleiben, was Fluchen, Gotteslästern, Raufereien etc. nach sich zöge. Den Antragstellern wird unterschoben, daß sie gesinnt wären, verbotene Spiele in ihren Kaffeehäusern zuzulassen, denn niedere Spiele, um die sie angesucht hätten, würden ohnehin nicht unter das Verbotspatent fallen.[484] Es gab also kein generelles Verbot von Kartenspielen in den Kaffeehäusern, und tatsächlich frönten deren Gäste häufig diesem Vergnügen, wie aus mehreren Erlässen ebenso wie aus Beschreibungen durch Zeitgenossen hervorgeht. 1792 kosteten Piquet- und Tarockkarten 7 kr. (in der Nacht 10 kr.) pro Spieler, mit Trictrac[485] konnte man sich um 3 (6) kr.pro Person unterhalten. Billard war in Summe am teuersten, denn pro Partie mußte man zwischen 1 (partie blanche[486]) und 4 kr. (spanische Partie[487]) bezahlen.[488]

1745 nahm die Regierung eine Übertretung des Verbots hohen Spiels und „unanständige Zusammenkünfte" zum Anlaß, den Bierleutgeben die Aufstellung von Billards zu verbieten, mit der das Sozialprestige dieses Spiels charakterisierenden Anmerkung, daß „die Billardhaltung zu dem Bierschanckh sich hierorths gahr nicht gezimmet."[489] Billard galt eben als Spiel, das „von dem vornehmsten Stande" gespielt wurde[490], darunter auch von den Kaisern.[491]

---

484 Ebd.
485 Ein Brettspiel mit geregelten Zügen, unter Zuhilfenahme des Würfels - beschrieben u.a. in: Der beliebte Weltmensch, welcher lehret die üblichsten Arten der Spiele in kurzer Zeit nach den Regeln und der Kunst von sich selbst zu begreifen, und in allen Gesellschaften als Meister aufzutretten. Nebst sechs Abhandlungen von dem Werth der Spiele, Wien 1795, 1 ff.
486 Spiel mit zwei Bällen (ebd., 63 ff.).
487 Spiel mit 5 Bällen (ebd., 78 ff.).
488 Vgl. Adreßbuch, 312; wie beim Kaffee stieg auch der Preis für die Spiele um die Jahrhundertwende: 1804 wurden bereits 12-17 kr. pro Person für ein Kartenspiel verlangt, 3 kr. für eine „kleine Partie" Billard - vgl. GUGITZ, Kaffeehaus, 131; daneben gab es andere, günstigere Regelungen - so konnte man etwa in josephinischer Zeit pro Stunde bezahlen (8 bis 16 kr.), vgl. GUGITZ, 76.
489 WStLA, A.R. 62/1745, Dekret d. nö. Reg. v. 12.5.1745.
490 Die Kunst die Welt mitzunehmen in den verschiedenen Arten der Spiele, so in Gesellschafften höhern Stands, besonders in der Kayserl. Königl. Residenz=Stadt Wien üblich sind. Nebst einem Anhang, von dem neuen Spiel Lotto di Genova, Wien und Nürnberg 1756, 124.
491 Vgl. Küchelbecker, 264; Khevenhüller, Eintr. v. 8.12.1753 passim.

13. Billard galt als eines der vornehmsten Spiele. Dem verleiht der Zeichner dieser Szene aus dem Hugelmannschen Kaffeehaus Ausdruck, indem er sie streng durchkomponiert hat.

Der Autor einer Spielanleitung rühmte denn auch am Billardspiel, daß der Spieler

sich hierbey an einem solchen Orte, oder doch wenigstens in einem solchen Zimmer befindet, wo Personen vom niedrigsten Stande der Zutritt versagt, und er also hierbey nicht in die Nothwendigkeit versetzt ist, schmutzige Gespräche mit anzuhören, oder andere sein Vergnügen verringernde Unbequemlichkeiten zu ertragen.[492]

Der „Eipeldauer" mokiert sich 1806 über zwei Sesselträger, die in einem Kaffeehaus Billard spielen, weil sie gehört hätten, daß es ein „nobles Spiel" sei: „Wie weit ists mit dem nobeln Spiel nicht kommen, wenn sogar Sesseltrager schon Billiar spielen."[493] Die Anzahl der Billards läßt sich kaum schätzen. Als Anhaltspunkt mag dienen, daß in den Kaffeehäusern um 1780 oft unten zwei bis drei Stück aufgestellt waren.[494]

Was machte nun die besondere Attraktion dieses Spiels aus? Es war „durch die Kunst der Geometrie, die es erforderte, Inbegriff des logischen Spiels und klaren Kopfs."[495] Der Verfasser einer Spielanleitung schreibt ihm „gleichsam eine sittliche Schönheit" zu, unter anderem deshalb, weil man dabei so gut die Regeln der Mechanik studieren und sich am unerwarteten Gang, der Wendung und dem Lauf der Kugeln erfreuen könne.[496] Da hier also „auf die scharfe Kenntniß der Lehre von Winkeln, und Ecken das meiste ankommt"[497], war die Eigenverantwortung des Individuums ungleich höher; indem hohe Konzentration erforderlich war, lief das Spiel im allgemeinen ruhiger ab als etwa Kegelspiele und paßte vor allem zu „der Hoheit, dem Ernst, der Ehre, und der Zierde des stillstehenden, wie des schon grauen Alters."[498] Das alles kam vernunftbetonter, disziplinierter Geselligkeit entgegen und erfüllte geradezu ideal die Anforderungen, die an Freizeit unter rekreativen Aspekten gestellt wurde: Eine gemäßigte, beherrschte Körperbewegung, hierin dem Spaziergang vergleichbar[499], ver-

---

492 Weltmensch, 37.

493 Richter, Eipeldauerbriefe, Bd. 2, 240 (12. H., 4. Br.).

494 Vgl. SANDER, 528; das paßt zu den Schätzungen, die REALIS, Curiositäten, 1, 213, um 1840 aufstellt: In den 100 Kaffeehäusern gebe es ungefähr 250 Billards, dazu 50 Spieltische in Privatwohnungen.

495 SANDGRUBER, Genüsse, 62.

496 Weltmensch, 35 f.

497 Kunst, die Welt mitzunehmen, 125.

498 Ebd., 124.

499 Vgl. Weltmensch, 36: „Es kann daher dieses Spiel allerdings die Stelle des Spazierengehens vertreten, wenn wir uns im Sommer nicht der Sonnenhitze, und im Winter nicht der Kälte und dem Ungestüme aussetzen wollen."

bunden mit geistiger Betätigung. Daher gehörte es auch zur zulässigen Freizeitgestaltung der Internatszöglinge[500], der Edelknaben am Hof[501] und selbst der Erzherzöge.[502] Mit den genannten Eigenschaften ist Billard dem Ballspiel verwandt, wie es in den Ballhäusern geübt wurde (eine Art Tennis); denn auch dabei hatte

die Mathesis (...) das Meiste zu thun. Es kommt auf die Kenntniß der Winkeln und der Repercussion an, daß jeder Ball regulair seye, oder irregulair von dem ordentlichen Sprung verhindert, oder in der Luft gedrehet werde.[503]

Allerdings weist die Beliebtheit des Ballspiels einen zum Billard gegenteiligen Trend auf, wenngleich es sein hohes Sozialprestige behielt.[504] Dieses konnte das Billard durch die - bedenkt man die

---

500 Z.B. im Jesuitenkolleg bei St. Anna 1772 (vgl. STROHMEYER, Hannes: Beiträge zur Geschichte der Leibesübungen in Österreich (1975), = Wiener Beiträge zur Sportwissenschaft 1, 191) und in der ständischen Ritterakademie Alstergasse (ebd., 192 f.).

501 Lt. Instruktion von ca. 1742 (vgl. HÜBL, 47).

502 Lt. Instruktion Batthyanys für Joseph 1751 durfte dieser nach dem Abendmahl Billard spielen (vgl. WACHTER, 113).

503 Kunst, die Welt mitzunehmen, 146; Regeln: Ebd., 139 ff.

504 Das Ballspiel wurde lt. SCHLAGER, Skizzen 1839, 242 ff., von Ferdinand I. nach Wien gebracht, geriet aber schon unter Leopold I. in Verfall: 1671 begründete Peter Hüttler seinen Antrag zur Aufführung von Komödien im Ballhaus in der Himmelpfortgasse u.a. damit, daß „das Pahlenspillen genzlichen in Abgang khomen" (ebd., Beilage XV, 338 ff.). Im 17. Jahrhundert gab es in Wien vier Ballhäuser; die meisten wurden im 18. Jahrhundert für Theateraufführungen genutzt (vgl. HADAMOWSKY, Theatergeschichte, 131 f.).
Trotzdem wurde das Ballspiel zu dieser Zeit noch geübt - vgl. das Vorwort der in Anm. 10 zitierten Spielesammlung: Sie enthalte „eine Sammlung derjenigen Spiele, die unter vornehmen Standes-Personen dermahlen beliebt sind, und sonderlich an dem k.k. Hof zu Wien öfters zur Belustigung dienen." Das Mitte des 18. Jahrhunderts neu erbaute Hofballhaus war noch Ende des 18. Jahrhunderts in Betrieb: 1792 unterhielten sich dort „Personen von Stand (...) zu allen Stunden des Tages mit Ballspiel, Billard und anderen Spielen" (Adreßbuch, 266). Becker zählt 1797 „Ballschlagen" zu den winterlichen Freizeitvergnügen (Fragmente, 125).
Über Ballspiele im Freien ist weniger bekannt. Das Glacis scheint dafür der bevorzugte Ort gewesen zu sein. 1788 beobachtet dort ein Autor abends „eine Schaar Italiener", die „einen pfundledernen Ballon mit hölzernen Händen drey Finger hoch von der Erde (...) schlagen." (Der Spleen, oder Anmerkungen eines Satyrs über den Spaziergang auf der Glacis. Nicht weiter als vom Stuben- bis zum Kärntnerthore, o.O. 1788, 7). 1798 wurde anläßlich wiederholter Raufereien zwischen Schülern des Gymnasiums zu St. Anna und dem Akademischen

erforderliche Übungszeit - relativ hohen Preise sowie durch ein ziemlich umfangreiches Fachvokabular (in einer Anleitung werden 34 französische und 55 deutsche Ausdrücke und Redensarten erklärt!) absichern.[505]

Kegeln galt dagegen als Vergnügen der „Gemeinen", obwohl auch in den adeligen Barockgärten Kegelbahnen vorhanden waren.[506] Desing berichtet, daß „unter den gemeinen das Kegel-Spihl stark getrieben wird"[507]; ähnliche Worte findet Abraham a S. Clara: „Die gemeinen Leuthe fliehen in dem Sommer in die Gärten, Brenthen und Kegelstädt aus".[508]

Zum Kegeln ging man in die Vorstadtgärten. Eine Aufstellung aller in und außer dem städt. Burgfried innerhalb der Linien befindlichen kurzen und langen Kegelplätze[509], welche „durch eingenohmmenen Augenschein, ganz mühesamb besichtiget, und genau abgezehlet worden seynd", verzeichnet 658 kurze und 43 lange Kegelbahnen.[510] Die meisten Bahnen standen beim „Gulden Monschein" (Wieden) zur Verfügung (17 kurze, keine lange Bahn), gefolgt vom „Guldenen Hirschen" (Leopoldstadt; 15 - 1); den dritten Platz teilten sich die „Gulden Cron" (Leopoldstadt) und der „Gulden Engl" (Währinger- und Alstergasse; 14 - 1). Zwei lange Kegelbahnen besaßen nur die bgl. Schießstätte und

---

Gymnasium das (anscheinend übliche) Ballspielen auf der Bastei polizeilich untersagt, wohl aber auf dem Glacis am Dienstag- und Donnerstagnachmittag gestattet (vgl. STROHMEYER, 204).

505 Weltmensch, 41 ff.

506 Vgl. AUBÖCK, Maria: Zirkelfelder - Zur Gartenkunst um 1750, in: Barocke Natur - Naturverständnis zwischen Spätbarock und Aufklärung, hgg. v. Bundesministerium f. Finanzen und Kunstforum Länderbank, = Katalog zur gleichnamigen Ausstellung Wien 1989, 30. Möglicherweise haftete ihm aber doch schon der Geruch des Provinziellen an: In den Wiener Ritterakademien dürfte es nicht betrieben worden sein, dagegen bot jene von Kremsmünster (sie bestand 1744-1789) ihren Zöglingen in den Freistunden Kegeln an (vgl. STROH-MEYER, 194); Hohberg sah noch für seinen Garten neben Billard auch eine „kleinere und größere Kegelstatt" vor, und Kegeln gehörte zum Erziehungsplan für seine Söhne ab dem 12. Lebensjahr (ebd., 65).

507 SCHWERDFEGER, 19.

508 ABRAHAM A S. CLARA: Gehab dich wohl, 65; nach Adelungs Wörterbuch (Bd. 1, 189) bedeutet bair. Brenten eine lange Kegelbahn.

509 Eine kurze Kegelbahn ist eine „kreisförmige Bahn, in deren Mittelpunkt die Kegel stehen, und bey welcher die Spieler beym Werfen auf einen beliebigen Punkt des Umkreises treten" (GUTSMUTHS, Spiele, 184).

510 WStLA, A.R. 75/1711; nicht einbezogen sind die Kegelbahnen in der Jägerzeile, weil sich die dortigen Wirte weigerten, Auskunft zu geben (sie beriefen sich darauf, daß sie dem kaiserl. Vizedomamt unterstünden).

das Wirtshaus zu den „Drey Pauern" (Neubau). Die angeführten Zahlen sind recht hoch und lassen das Kegeln als ein Hauptvergnügen in der warmen Jahreszeit erscheinen, auch wenn man in Rechnung stellt, daß nicht alle Bahnen benutzt worden sein dürften. Anlaß zu dieser Vermutung gibt ein Bericht aus dem Jahre 1715, der zwar für 1712 einige Bahnen mehr angibt, nämlich 354 kurze und 20 lange auf den Freigründen, 367 bzw. 26 innerhalb des Burgfrieds; von diesen 367 kurzen Bahnen seien aber 1715 nur 145 in Betrieb gewesen, von den 26 langen nur mehr 12.[511]

Zwar scheint sich kein Reiseschriftsteller zum Kegeln eingefunden zu haben (zumindest berichtet keiner darüber), doch sahen einige die Leute in die Vorstadtgärten strömen; Nicolai weiß von einem Wirtshaus mit 38 Bahnen.[512] Laut Gräffer war um 1800 Kegeln ein fester Bestandteil der sonntäglichen Landpartien der Bürger.[513] Daß es im Vormärz noch immer beliebt war, zeigt eine Statistik aus dem Jahre 1828, die 243 Kegelbahnen verzeichnet. 63% aller angeführten Gärten (166 von 265) wiesen zumindest eine Kegelbahn auf. Spitzenreiter war jetzt der „Schwarze Adler" mit 8 Bahnen. Das „Goldene Sieb" auf der alten Wieden und der „Wilde Mann" in der Rossau boten als besondere Attraktion eine heizbare Kegelbahn an.[514]

Ob Abraham a S. Clara recht hat, wenn er meint, daß auf den Kegelplätzen „das Fluchen und Schwören / und folgends darauf das Rauffen und Schlagen meistentheils sich finden läst,"[515] möge dahingestellt bleiben, und sein Bericht über zwei Kegelspieler, die mit ihren Geräten aufeinander einschlugen, „womit sie dergestalten einander gegrüst / daß die Tippel am Kopf / wie fast junge Scher-Hauffen aufgefahren" seien[516], mag bloß eine gute Anekdote sein. Als sicher wird man aber annehmen können, daß es dabei nicht so still und ruhig wie beim Billardspiel zugegangen ist, da ja das Kegeln keine genau abgezirkelten Bewegungen verlangt und die Wirtshäuser eine ganz andere Atmosphäre als Kaffeehäuser auf-

---

511 WStLA, A.R. 146/1715, Bericht an den Stadtrat v. 28.9.1715; hinter dieser vergleichsweise niedrigen Zahl könnte sich allerdings auch ein Protest bgl. Wirte gegen zu hohe Gebühren verbergen (zu diesem Streit siehe später).
512 NICOLAI, 5, 254 (es habe „Die Presse" oder „Das Kohlkreuz" geheißen); die Aufstellung von 1711 verzeichnet „beym Kohl Kreunzen" neun kurze Bahnen.
513 GRÄFFER, Memoiren, 1, 276.
514 Vgl. Wien's öffentliche Gärten, Bäder Theater und den sehenswerthesten Kunstausstellungen, Wien 1828, 26 ff.
515 ABRAHAM, Judas, IV, 325.
516 Ebd.

wiesen. Andererseits galt es den Behörden im Unterschied etwa zum Würfeln zumeist als durchaus harmlos und blieb von Verboten verschont, sodaß es eine derart weite Verbreitung, wie die angeführten Zahlen belegen, erreichen konnte.

In den Gesellschaften des Adels und Bürgertums spielten Karten die Hauptrolle. Küchelbecker berichtet, daß man bei den Zusammenkünften des Hochadels zwar nicht zum Spiel gezwungen werde, daß man jedoch normalerweise nach einer kurzen Unterredung dazu übergehe.[517] Ähnlich verbrachten die „kleinen Gesellschaften" den Abend, nur daß hier der Einsatz ein geringerer war und man sofort damit begann, „um, wie die Formel lautet, von der Zeit zu profitieren."[518] Bereits damals emanzipierte sich das Spiel teilweise von anderen Geselligkeitsformen, bekam Ausschließlichkeitscharakter, sodaß die Grenze zu öffentlichen Spielhäusern, die verboten waren[519], so ziemlich verschwamm. Laut Küchelbecker trafen sich Männer, oft Hochadelige, in Privathäusern zu den verbotenen Hazardspielen; man konnte auch dann hinkommen (und angeblich bis zu 30.000 fl. verspielen), wenn der Hausherr nicht gegenwärtig war.[520] Die Reichshofräte hielten ebenfalls Spielgesellschaften ab; man brauchte zwar dazu eine Einladung, konnte jedoch ohne Abschied weggehen, wann immer man wollte. Der übliche Vorspann eines Gesprächs entfiel, die Hausherrin führte einen sofort zum Spieltisch.[521]

Wenden wir uns der zweiten Jahrhunderthälfte zu, finden wir das gleiche Bild vor. Sonnenfels beschreibt Gesellschaften, deren einziger Zweck das Spiel zu sein schien. Dazu hatten alle Zutritt, die ein Spielgeld von 2 fl. pro Tisch zahlten - „dem Scheine nach für das Hausgesind: aber in manchem Hause hütet man sich wohl, es denselben zu überlassen."[522]

---

517 KÜCHELBECKER, 378.
518 Ebd., 381; während man bei den Gesellschaften des Hochadels 1-4 Dukaten für eine Spielmarke einsetze, gebe man sich bei den „kleinen" Gesellschaften mit maximal 17 kr. zufrieden (ebd.)
519 1719 suchte ein gewisser Antonio Hazzi um die Errichtung eines „offenen Spill-hauses" an, „jedoch gegen deme, ds das Spilen in denen Caffee-Würths-Bier- und allen anderen dergleichen Häusern gänzlichen abgestellet und verbothen seyn solle"; die Stadt wandte sich gegen „ein offenes Spill-haus od sogenante Ridotto", weil solches nur ein „Seminarium" sei, „woraus ohnbezahlbahre übelthatten erwachsen, und denen dienstlosen Leithen die Gelegenheit zum Mussiggehen nur mehrers an Hand gegeben wird." (WStLA, A.R. 14/1719, Gutachten v. 26.1.1719).
520 KÜCHELBECKER, 382 f.
521 Vgl. WILLEBRANDT, 299 f.
522 Mann ohne Vorurtheil 2/4, 8. Stk.

Zwar dürfte die ausschließliche Dominanz des Spiels bei Gesellschaften im späten 18. Jahrhundert etwas zurückgegangen sein: „Hauskomödien, Musiken, freundschaftliche Diskurse verdrängen allmählich das Spiel", stellte Pezzl fest.[523] Es gab jedoch noch genügend Grund zu Klagen. Josephinische Schriftsteller haben hochgestellte Damen, die das Spiel lieben, oft im Visier ihrer Kritik.[524] Pezzl selbst muß bekennen:

Ein großer Haufen der Häuser von hohem und mittlerem Stande opfert seine meisten Abendstunden noch immer der Coeur- und Pick-Damen."[525]

Beispiele für reine Konversationsgesellschaften sind selten (siehe oben, 212). Bei vielen Schriftstellern spüren wir den Zwiespalt zwischen der Ablehnung des Spiels als Verschwendung von Zeit und Geld, und dem Bewußtsein, daß die Nichtbeherrschung gewisser Spiele von den meisten Geselligkeiten ausschloß und in den Augen vieler einen Prestigeverlust bedeutete (der - so führt uns der „Eipeldauer" häufig vor - einen Geldverlust nach sich ziehen konnte): Da nun „aber die Mode einmal das unschuldige Kartenspiel bey den meisten freundschaftlichen Zusammenkünften eingeführt hat", heißt es in einem Anstandsbuch für vornehme Jugendliche, „so erkennt man einen Menschen von Erziehung daran, wenn er gehörig damit umzugehen, und gut zu spielen weiß."[526] Auch der Verfasser einer Broschüre gegen hohes Spiel beugt sich den Gegebenheiten:

Das Spiel ist ein Zauberband, wodurch Leute von allerley Nationen, und ganz entgegengesetzter Denkungsart viele Stunden lang miteinander sehr gesellig verknüpfet werden können, da es ohne dieses Hilfsmittel beynahe unmöglich wäre, eine allgemeine gefällige Unterhaltung vorzuschlagen.[527]

---

523 PEZZL, Skizze, 121.
524 Vgl. z.B. RICHTER, Musterkarte, 3.T., Nr. 33, 16 ff.; 6.T., Nr. 7; BITTERMANN, Spielgesellschaft; Mann ohne Vorurtheil, 1/1, XII.
525 PEZZL, Skizze, 121.
526 Regeln der Höflichkeit, 118.
527 BITTERMANN, 3; selbstverständlich machen sich auch die Verfasser von Spielanleitungen diese gesellige Funktion in ihrem Plädoyer für den Wert des Spiels zunutze: Vgl. Kunst, die Welt mitzunehmen, 4 f.: Das Spiel sei ein Mittel, „das heut zu Tage ganze Gesellschafften vereiniget, oder auch veranlasset." Weltmensch, Vorwort: Man könne „in unsern aufgeklärten Geselligkeit: Von korporativer zu individueller Freizeitgestaltung Zeiten kaum den Namen eines angenehmen Gesellschafters behaupten (...), wenn man in der Spiellust ganz unerfahren ist"; ebd., IV: Das Spiel verhindere Langeweile und das Stocken des Gesprächs. Gesetzbuch d. mod. Spiele, Vorwort: Wer im Casino- oder Whistspiel unerfahren sei, würde sogleich verraten, daß er nicht zur großen Welt gehört.

Ein konkretes Beispiel dafür überliefert Khevenhüller, wenn er die Auswirkungen des Verbots von Hazardspielen durch Maria Theresia auf die Laxenburger Gesellschaft beschreibt: Meist habe man sich um acht oder spätestens neun Uhr zurückgezogen,

weil weder Soupé noch Spectacle gewesen, die Hazard-Spill verbotten, mithin kein Point de ralliement pour la société so zu sagen vorhanden ware.[528]

Eine Analyse der verschiedenen Kartenspiele liegt noch nicht vor; die bisherigen Forschungen beziehen sich fast ausschließlich auf Spielkarten. So viel läßt sich jedoch sagen, daß die Vorliebe für dieses oder jenes Spiel oft von den gleichen Faktoren wie die Wahl von Kegel- oder Billardspiel abhing. Arten, die sich bei den Oberschichten großer Beliebtheit erfreuten (L'Hombre bzw. Quadrille, Piquet, Whist)[529], zeichnen sich durch ein kompliziertes Regelsystem aus, das lange Übung und eine hohe Konzentration auf das Spielgeschehen erfordert: Vor allem L'Hombre, das seine spanische Abkunft nicht verleugnen kann, galt als sehr vornehmes und eher ernstes Spiel:

Es giebt gewisse Spiele, darinnen man, und zwar mit guter Art, ein wenig tändeln kann, aber im L'Hombrespiel geht es nicht an, sondern alles muß dabey ernsthaft und stille zugehen. (...) so müssen alle flatterhaften Zerstreuungen davon entfernet seyn, auch die Umstehenden sich dergestalt betragen, daß die Spielgesellschaft auf keine Weise gestört werde.[530]

Ähnliches (mit Abstrichen allerdings) wurde vom Piquet behauptet: Es „erfordert vornehmlich eine gesunde Urtheils-Krafft, und schärft den Witz ungemein."[531] Manchmal wurden zu einfacheren Spielen anspruchsvollere Abarten gebildet wie das „Tresett-Mediateurspiel" zum Tresette[532] oder das „Taroc l'Hombre"

---

528 KHEVENHÜLLER, Tagebücher, Eintr. v. 8.5.1766.
529 Vgl. die Angaben bei BRAUBACH, 129; Montague, 63; Mann ohne Vorurtheil 2/4, 10. Stk.; Willebrandt, 299 f.; Patriot, 3. Bd., 97. Stk.; Schwachheiten, 3, 27.
530 Weltmensch, 106, 111; zur Beliebtheit dieses Spiels in bürgerlichen Kreisen vgl. SANDER, 528: Kaffeehäuser haben im 1. Stock „Lombertische". PICHLER beschreibt das Haus eines Hofrats, in dem jeden Montagabend l'Hombre gespielt wurde (Zeitbilder, 1, 31).
531 Kunst, die Welt mitzunehmen, 353. Die ständische Ritterakademie in der Alsergasse hatte „Piquespielen" sogar im Lehrplan (vgl. STROHMEYER, 192 f.).
532 Ebd., 179 ff. Indem aus dem Quadrille das Mediateur entlehnt wurde, war nun „vielmehr Geschicklichkeit, Anordnung und Aufmerksamkeit" als beim gewöhnlichen Tresette erforderlich (180); der Autor braucht für die Darstellung der Regeln 90 Seiten!

zum „Tarocspiel al ordinaire".[533] Freilich gab es auch Spiele, die ziemlich unverhüllt dem Zufall die Entscheidung überließen wie das sehr beliebte Pharao, doch auch hier erkennen wir das Abgrenzungsbedürfnis nach unten, indem man eben anders spielte; so werden Würfel- oder Kugelspiele in den Verordnungen immer mit den Unterschichten in Zusammenhang gebracht, während die meisten Hazardspiele mit Karten unter verschiedensten und immer neuen Namen offensichtlich den Oberschichten vorbehalten blieben. Selbst die Kartenfarbe konnte den Status der Spielenden anzeigen: Französische Farben verliehen mehr Prestige als deutsche - wobei jene allerdings schon um 1700 bereits derart verbreitet waren, daß sich zwei Wiener bürgerliche Kartenmaler beschwerten, als ihnen die Herstellung französischer Karten verboten wurde: Auf den Einwand, es verblieben ihnen ja noch die deutschen, erwiderten sie,

das wir von denen teutschen Khardten ein wenig oder gar nichts verkhauffen, also auch unß darbey nicht ernehren khundten, in deme allwißendt, das alles mit franckhösischen Khardten ausser die Allergemainste, so auch am wenigsten spillen, spihlen thuen.[534]

Es kam allerdings auch vor, daß alte Spiele von den Oberschichten neu entdeckt wurden: Das war beim Tarockspiel der Fall, das um 1750 seinen Siegeszug bei den Oberschichten antrat;[535] ähnlich ist wohl die Beliebtheit des Landsknechtspiels am Hof zu interpretieren: „Lansquenet" war ein reines Glücksspiel, dem Pharao ähnlich.[536]

---

533 Ebd., 288 ff.; es hänge mehr von Geschicklichkeit als vom Zufall ab, sodaß es fast in allen Gesellschaften „als das beliebteste und angenehmste Unterhaltungs Spiel gespielet wird" (288).

534 WStLA, A.R. 57/1700, Bericht d. bgl. Kartenmaler v. 16.11.1700. Die frz. Farben begannen „spätestens nach dem Dreißigjährigen Krieg ihren Siegeszug nach Osten" (HOFFMANN, Spielkarten in Wien, 40 f.; das „Wiener Bild" leitet sich direkt aus Produkten der Lyoner Kartenmaler her (ebd.). Die Ansicht von Witzmann, daß bis zur Wende zum 19. Jahrhundert Spiele mit deutschen Farben und das italienische Trappola-Spiel dominiert und frz. Karten erst im 19. Jahrhundert den großen Durchbruch erlebt hätten, findet in den mir vorliegenden Quellen keine Stütze (WITZMANN, Reingard: Tarockanische Spiele. Wiener Spielkarten und ihre Hersteller, = 73. Sonderausstellung des Historischen Museums der Stadt Wien (1981), 5

535 Vgl.: Kunst, die Welt mitzunehmen, 344: „Seit ohngefehr 5 Jahren hat das Taroc-Spiel in Deutschland sich neben den andern üblichen Gesellschafts-Spielen eingefunden." Es habe so gut gefallen, „daß auch die vornehmsten Männer solches zu dem schönsten Mode-Spiel gemacht" hätten.

536 Das Trappolier- oder Landsknechtspiel gehört mit dem Tarock zu den

Das Verhältnis der Behörden zum Spiel um Gewinn ist recht einfach zu beschreiben und gleicht sich über die Jahrhunderte hinweg. Ihrer Hartnäckigkeit, Verbote bzw. Einschränkungen durchzusetzen[537], stand die Beharrungskraft der Spieler und ihre Erfindungsgabe in der Umgehung von Verboten gegenüber, woraus die Standardeinleitung diesbezüglicher Gesetze resultiert, Verbote in Erinnerung zu rufen oder zu verschärfen, weil das Spiel „wiederum gäntzlich in Schwang gehet". Jahrhundertealt ist auch die differenzierte Beurteilung des Spiels nach dem Gewicht, das der Zufall dabei hat. Wo es am meisten auf Geschicklichkeit ankam wie beim Schach, konnte es fast immer unbeschränkt gespielt werden, Spiele mit Kugeln oder Kegeln waren je nach Zeit und Ort einmal verboten, einmal erlaubt, während das Würfeln häufig gänzlich verboten war.[538] Das galt zunächst auch für das Kartenspiel, das Ende des 14. Jahrhunderts in Europa aufkam, sodaß man an den Verboten in den Stadtrechten „den Fahrplan der Spielkartenverbreitung" ablesen kann.[539]

Die Haltung der Behörden ist verständlich: Spiele um Gewinn (einschließlich der Wetten auf Karten etc.) gefährdeten die öffentliche Ordnung. Plötzlicher Reichtum desavouierte den Leistungsgedanken. Justi warnte daher:

„Nichts hat der Staat so sehr zu verhüten, als daß man keine Wege im Lande hat, auf welchen man ohne Arbeit und Geschicklichkeit ein plötzliches Glück machen kann (...) Der Fleiß sollte allein das Recht erwerben, sowohl in dem Aufwande, als in denen Ergetzlichkeiten üppig zu seyn."[540]

Wo man dem Glücksrad der Fortuna allein das Steuer überließ, waren die Folgen unkontrollierbar; das gilt nicht nur im ökonomischen Sinn, sondern ist auch auf das Verhalten des einzelnen Spielers gemünzt: Wenn er sehr viel riskierte und dabei im allgemeinen wenig zur Erhöhung seiner Chancen beitragen konnte, war oft die Kontrolle über seine Affekte gefährdet, der Verlust der Selbstbeherrschung die Folge, und hierin glichen sich Spiel und Alkohol. Aus diesem Grund lehnten auch die Spielpädagogen des 18.

ältesten Kartenspielen Europas (vgl. HOFFMANN, Detlef: Spielkarten in Wien, in: 150 Jahre Piatnik 1824-1974 (1974), 32-44, hier 38 bzw. 42.

537 Für das Mittelalter vgl. SCHUSTER, Heinrich M.: Das Spiel, seine Entwicklung und Bedeutung im deutschen Recht. Eine rechtswissenschaftliche Abhandlung auf sittengeschichtlicher Grundlage (1878), 113 ff.

538 Ebd., 152 ff.

539 HOFFMANN, Spielkarten in Wien, 38.

540 JUSTI, 2, 382 f.

Jahrhunderts Hazardspiele (zum Teil Kartenspiele überhaupt) ab. Für den Philanthropen J. Chr. Fr. Gutsmuths richtet sich der moralische Wert aller Spiele nach dem Anteil des Affekts (jede Steigerung desselben „mindert auch die Freyheit unserer Thätigkeit") und nach dem Grad des Zufalls, „der uns durch unsere eigene Affecte geisselt und das Spiel dadurch pikant wie Brennessel macht."[541] Der ideale Spieler wäre nach dieser Vorstellung also jener, der souverän (frei) mit seinen Leidenschaften umgehen kann, sich völlig unter Kontrolle hat.

Versuche, am umgesetzten Geld mitzuverdienen, bremsten ab dem 17. Jahrhundert die Verbotslust der Behörden.[542] J. J. Becher empfahl, das „unnützliche Spielen" ganz abzuschaffen oder bei jedem Spiel die Hälfte des Gewinns dem geplanten Krankenhaus für arbeitsunfähige Bettler zufließen zu lassen.[543] Da den Behörden sicher bewußt war, daß die erste Alternative kaum Erfolgschancen hatte, wandten sie sich der zweiten zu. Über die diesbezüglichen Vorschläge Bechers, versperrte Büchsen aufzustellen, die von eigenen Einsammlern abgeholt werden sollten, gingen sie freilich weit hinaus. 1671 führten sie eine umfassende Vergnügungssteuer ein, die dem Zuchthaus zugutekommen sollte und sowohl die Kartenspiele als auch öffentliche Spiel- und Kegelplätze betraf.[544] Leicht hatten es die Behörden freilich nicht, zu ihrem Geld zu kommen. Die Akten weisen große Widerstände der Wirte gegen die Kegelplatzgebühren auf, vor allem zwischen 1707 und 1717.[545] Die Einbringung der Aufschläge auf Kartenspiele war überhaupt ein ziemlich hoffnungsloser Fall. Der Weg einer direkten Besteuerung des Ge-

---

541 GUTSMUTHS, Spiele, 4.

542 Was jetzt folgt, nimmt sich sehr mühselig aus gegenüber den enormen Summen, die der Staat seit der Mitte des 18. Jahrhunderts am Lotto di Genova (über die Verpachtung eines Monopols) verdiente - seit der Verstaatlichung 1787 machte der Gewinn bis zu 37% der jährlichen Staatseinnahmen aus, zumeist betrug er über 1 Million fl. C.M.! Angesichts dieser Summen hatten Lottogegner (sogar Joseph II. und Leopold II.) keine Chance, ein Verbot zu erwirken, zumal die Befürworter auf die Gefahr hinwiesen, daß sonst das Geld ins Ausland fließen würde. Vgl. die umfassende Darstellung von SIEGHART, Rudolf: Die öffentlichen Glücksspiele (1899), ferner: WEBER, Wolfgang: Zwischen gesellschaftlichem Ideal und politischem Interesse. Das Zahlenlotto in der Einschätzung des deutschen Bürgertums im späten 18. und frühen 19. Jahrhundert, in: Archiv für Kulturgeschichte 1/1987, 116-149.

543 BECHER, Discurs, 292.

544 Vgl. WEISS, Karl: Geschichte der öffentlichen Anstalten, Fonde und Stiftungen für die Armenversorgung in Wien (1867), 50; Erhöhung mit P. v. 17.12.1692 f. Wien und Vorstädte (CA I, 121 f.).

545 Vgl. WStLA A.R. 87/1707, 75/1711, 146/1715, 87/1717.

winns führte wohl in eine Sackgasse, denn nur aus dem Jahre 1710 ist ein solcher Versuch bekannt, betreffend Billards, Karten-, Brett- und Würfelspiele sowie Kegelbahnen. Es herrschte wieder einmal Krieg, und so mußte jeder, der bei einem Spiel oder einer Wette Geld gewann, 10% davon an den Staat abführen.[546] Die Vorgangsweise stellte sich der Gesetzgeber so vor, daß der Spielhalter „Amts-Dantes"[547] beim Oberamt kauft, die dem Gewinner abzüglich 10% in bar umgewechselt werden. Diese 10% sind in eine „Amts-Cassa" zu legen und monatlich ins Oberamt zu liefern (die Hälfte davon bekommen die Spielhalter zurück). Diesem Patent war eine Reihe von Gutachten und Entwürfen vorausgegangen. Die Betreiber des Projekts rechneten mit einem Gewinn von 100.000 fl., obwohl ihre Gegner berechtigte Zweifel vor allem an der Möglichkeit zur Überwachung privater Spiele hegten. Ihr schlagendes Argument lautete, „daß Spiehlen nicht in die Verre od. Weitte, wie die Music gehört, sondern in der Still practicirt wird"; die Ausgaben für Denunzianten oder Überreiter würden daher die Einnahmen übersteigen. Andere Vorschläge - wie Lizenzzettel für Spieler, die die Summe angeben sollten, um die sie das Jahr über spielen wollten[548] - waren wohl nicht besser![549] Konservative Gegner bemängelten, daß dadurch zum hohen Spiel eher animiert werde, weil das Unrechtsbewußtsein verlorenginge, indem jene Spielhalter und Spieler, die bisher „in großer Forcht und Sorg" gespielt hätten, nun „sich einbilden würden, daß sie keiner Obrigkheit mehr unterworffen" seien, sondern daß ihnen „kein Ziehl und Zeit vorgeschrieben, ja alles frey erlaubt seye." Wohin das führe, sehe man an den Bierhäusern, in denen auch das Tanzen gestattet worden sei, und nun werde es Tag und Nacht getrieben, selbst dann, wenn das hochwürdigste Gut vorbeigetragen werde.

Nicht auf Gewinn ausgerichtete Spiele (hierfür wurden je nach Stand unterschiedliche Gewinnhöhen festgesetzt) waren im Pa-

---

546 P.f.ÖuoE v. 20.12.1710 (CA III, 619 ff.); Klage über mangelnde Durchführung des Patents: 1.12.1711 (ebd.).

547 Dantes sind Spielmarken - solche waren auch Ende des 18. Jahrhunderts üblich und meist aus Elfenbein (vgl. Weltmensch, 98).

548 Ein ähnlicher Vorschlag findet sich bei SCHRÖDER, Schatz- und Rentkammer, 94 f.: Kommissare sollten die Gewinne aus den „ludos publicos" registrieren, „durch welche spiel-register an den Tag komme, was die spiel-partheyen iederzeit gewonnen." Sofern das gewonnene Geld nicht außer Landes geführt werde, seien Verluste nicht tragisch - Hauptsache, das Geld zirkulierte!

549 WStLA, A.R. 18/1710, „Außzug verschidener Einwürff gegen ds extra Spüllgewüns Collecta-Mittel, sambt etwelchen darüber vermuthlich erheblichen Erleuterungen".

tent von 1710 vom zehnprozentigen Aufschlag ausgenommen, dazu auch zur Gänze der landständische Adel, weil

von deroselben guten conduite ohne dem zu supponieren, daß sie hierinnenfalls das Moderamen nicht transgrediren, folglich sich dieser Collecta, als welche fürnehmlichen auf den Excessum angesehen ist, eo ipso nicht unterwürfig machen.

Wie lächerlich diese Begründung ist, geht aus der Beantwortung des Einwands hervor, jene, die „grosse spill" machen, würden von der Besteuerung zu stark betroffen. Mit entwaffnender Offenheit wird erklärt, daß hohe Spiele hauptsächlich an privaten Orten stattfänden und von Vornehmen gespielt, diese aber kaum kontrolliert würden; das Patent sei hauptsächlich dagegen gerichtet, daß „von gemeinern Volckh zu hoch gespillet wurde."[550]

Nun war das hohe Spiel des Adels dem Staat keineswegs gleichgültig: Ein Patent aus dem Jahre 1714 gegen Hazardspiele richtete sich vornehmlich gegen den Hochadel, wie nicht nur aus den enorm hohen Strafen hervorgeht (1000 Dukaten für den Tailleur und Hausinhaber, 1000 Rthl. für Mitspieler), sondern vor allem daraus, daß den Zuwiderhandelnden bei Nichteinbringung der Strafe der Verweis vom Hof drohte.[551]

Dem war eine Serie anderer Patente gegen Hazardspiele vorausgegangen[552], vor allem seit 1680[553], und viele weitere folgten.[554] Bemerkenswert daran ist die immer größer werdende Namensliste verbotener Spiele; das hängt offenbar mit der schon im Mittelalter geübten Praxis zusammen, alten Spielen neue Namen oder erlaubten einen gewinnsüchtigen Charakter zu geben.[555] In der zuletzt genannten Verordnung kam der Gesetzgeber noch mit der Hervorhebung von drei Hazardspielen aus, 1721 wurden 10 genannt;[556] ungefähr bei dieser Zahl blieb es in den Verord-

---

550 Ebd.
551 P. v. 7.2.1714 f. ÖuoE (CA, III, 732 f.).
552 Als Hazardspiele bezeichnete man solche, bei denen „bloß der Zufall den Gewinn und Verlust der Spielenden bestimmt, und es dabei gar nicht auf die Geschicklichkeit der Spieler ankömmt" (V. v. 26.9.1803 f. ÖuoE; KROPATSCHEK, Franz, 17, 697 f.); diese Definition war hilfreich, wenn es darum ging, neue Spiele auf die Verbotsliste zu setzen, und bestimmte zweifellos schon die Verurteilungspraxis des 18. Jahrhunderts.
553 Vgl. LEITICH, 226 f.
554 Übersicht über die lf. Spielpatente zwischen 1696 und 1770 , soweit sie im Codex Austriacus erfaßt sind, bei SCHUSTER, 224 ff.
555 Für das Mittelalter vgl. SCHUSTER, Spiel, 158.
556 P. v. 24.1.1721 f. ÖuoE; CA IV, 2 f.); fast wörtliche Wiederholung P. v. 23.12.1723 (ebd., 156 f.).

nungen bis 1784, als sich die Liste auf 17 Spiele ausweitete.[557] Häufig kam die Mahnung hinzu, sich auch aller neu, „zum Theil zum Betruge des Gesetzes" erfundenen und künftigen hohen Spiele, die „in blossem Glück, oder Kunst" bestehen, zu enthalten.[558]

Adressaten der Verbote hohen Spiels waren neben Hof und Bürgertum auch die unteren Schichten.[559] Patente, die sich speziell gegen sie richteten, haben vor allem Spiele mit Würfeln und Kugeln sowie das „Brenta"-Spiel im Visier.[560]

Noch in der ersten Hälfte des 18. Jahrhunderts scheint es eine gewisse Unsicherheit in der Beurteilung dieser Spiele gegeben zu haben; 1724 verbot zwar der Stadtrat generell die Spielhütten, in der Folge kam es aber auf Grund von Gesuchen zu Ausnahmegenehmigungen: Die fünf privilegierten „Geschirrhandler oder Kriegl-Spieler" durften zur Marktzeit Geschirr ausspielen, mit der Auflage allerdings, daß sie ihre Hütten nicht mit Brettern verschlugen, weil

in solch verhülten Kriegl-Hütten a potiori lauther herrenlos unnuz und liederliches Gesindel sich zu versamblen, und alda nicht so vill umb die Kriegl, als umb daß Geld zu spielen pflegen.[561]

Die Spielhalter der „Rundelkugel-" (auch: „Kuglrundel-" und „Kuglbreth-") Spiele wollten ebenfalls ihr Geschäft betreiben, was ihnen zunächst vom Stadtrat verboten[562], 1726 aber von der nö. Regierung mit der Auflage gestattet wurde, es nur zur Marktzeit und „in offenen und ohnverschlagenen Hütten" durchzuführen. Für jede Spieltafel waren nun zweimal pro Jahr 50 Rthl. zu bezahlen. Ausschlaggebend für die Erlaubnis war wohl - nach einigen Gesuchen der betroffenen Unternehmer[563] - die Befürwor-

---

557 V. v. 1.5.1784; KROPATSCHEK, Joseph, 6, 76 ff.
558 Zitat lt. V. v. 27.4.1746 f. Wien (KROPATSCHEK, Maria, Theresia, 1, 28 ff.).
559 Eine Sonderstellung nimmt das Patent v. 20.2.1753 ein (KROPATSCHEK, Maria Theresia, 2, 32 ff.), wo neben Österreichern, die im Ausland spielten, speziell „die hohen und niederen Militärpersonen, als welche gemeiniglich in den hohen Spielen interresiret sind", in das Verbot einbezogen wurden.
560 In Grimms Wörterbuch, Bd. 2, ist „Brenten" in der Bedeutung „Würfelspiel" vermerkt, das Wörterbuch der bairischen Mundarten in Österreich, Bd. 3, kennt „Prenten" als steir. Bezeichnung für einen Würfelbecher; vgl. dagegen Anm. 508.
561 WStLA, A.R. 11/1724, D. v. 18.5.1724.
562 Ebd., Bericht d. Stadtrats v. 14.5.1725.
563 Ebd., D. v. 4.5.1726; dem gingen einige Gesuche voraus: Ein Weinwirt vom Spittelberg, ein Übergeher im Arsenal und ein „Brotsitzer" bei St.

tung durch die Stadt, die handfeste materielle Interessen damit verband: Das Verbot sei wegen Raufereien befohlen worden, dadurch entginge aber dem Zuchthaus eine jährliche Gebühr von 600 fl. Das sei umso bedenklicher, als es jährlich 15.000 fl. (mit einer Verzinsung von 5%) an die Stadt Wien zurückzuzahlen habe und außerdem „die ehemals auf 20 oder 30 Persohnen eingeschrenkte Anzahl deren Büssenden auf 2 bis 300 extendiret worden" sei. Wie uns schon vom Streit um Tanzveranstaltungen bekannt ist, schmückte der Stadtrat sein Gesuch um Erlaubnis mit dem Hinweis auf Verstöße gegen die Gebote auf Vorstadtgründen, die nicht der städtischen Jurisdiktion unterworfen seien. Das Rundelkugelspiel würde dort

in denen Zimmern oder Gärthen, auf der vor dem Burgthor gelegen, und unter die Fortification gehörige Cláhsie (...) den ganzen Sommer hindurch auf offentlicher Gassen ohne Bedenkhen forthgesezet.

Außerdem würden die Vorstädter bei den „Kirchtag baumern, und anderen Spielhäusern die weithgefährlicheren (Spiele) als Brendten, Trähworckh und dergleichen" treiben.[564]
In den Verordnungen Maria Theresias ist das „Brennten" immer unter die verbotenen Spiele gereiht[565] und bleibt es noch unter Franz II. Sogar das Billardspiel versuchten die Behörden nun verschärft zu kontrollieren: Während sie es 1745 den Bierhäusern überhaupt untersagten, durfte man es in den Kaffeehäusern nur im Erdgeschoß in der Gassenschank aufstellen, oder „in einem gleich daran stossenden Zimmer, wo jedoch die Fenstern gleichfalls auf die Gassen gehen", wobei die Vorhänge an den Fensterläden bis zur Sperrstunde nicht zugezogen sein durften, damit die Wachen etwaigen Unfug schon im Vorbeigehen beobachten und anzeigen konnten.[566]
Von den Spielen mit Kugeln kam einzig das Kegeln ungeschoren davon; in den Verordnungen unter Franz II. (I.) wird

---

Ulrich gaben zu bedenken, daß „unßeres durch 18 biß 20 Jahr lang zu allen Marckt Zeiten allhier getribenes" Rundelkugelspiel „nur pur in einem sogenannten Schuller Kreutzer" bestehe, „dardurch niemand hinterlistiget werden kann." (Ebd., Gesuch v. 1.4.1726); ein weiterer Antragsteller gibt als Beruf „Schuellerer in der Leopoldstadt" an (ebd., Gesuch v. 1.4.1726).

564 Ebd., D. v. 11.4.1726.
565 Zuerst in der V.v.14.11.1744 f.ÖuoE u. Wien (KROPATSCHEK, Maria Theresia, 1, 16): Verboten sind „Brenten, Molina, Kugel-Würfel - und andere dergleichen hohen Spiele".
566 WStLA, A.R., P.v.12.5.1745; 1781 wurde dieses Verbot, Billards im 1. Stock zu halten, wieder aufgehoben (HE v. 21.12.1781; KROPATSCHEK, Joseph, 1, 135).

ausdrücklich erwähnt, daß es von den Verboten ausgenommen sei, sofern es nur zur „Ergötzung, allenfalls um einen Trunk, oder die sogenannte Zeche" gespielt werde.[567]

Es ist sehr schwierig festzustellen, in welchem Ausmaß den Patenten ein Erfolg beschieden war.[568] Trotz stereotyper Klagen über ihre Nichtachtung[569] kann man den Eindruck gewinnen, daß sie in der zweiten Jahrhunderthälfte von mehr Erfolg begleitet waren als in der ersten. Eine solche Vermutung kann sich nicht nur auf das zweifellos verbesserte Überwachungssystem (Ausbau der Polizei) stützen, sondern auch auf die Gestaltung der Patente selbst: Die Begründungen verschwinden fast völlig, dafür treten die Strafen umso ausführlicher und genauer hervor. Die hohen Summen zeigen ganz klar an, daß sich diese Verordnungen gegen die reichen Schichten richteten.

Entscheidend auf den Rückgang von Spielen mit hohem Einsatz dürfte sich die Tatsache ausgewirkt haben, daß der Hof ab 1765 kein Vorbild mehr in diese Richtung abgab. Liest man Khevenhüllers Aufzeichnungen während der Regierungszeit von Kaiser Franz, dann käme man nie auf die Idee, daß Hazardspiele verboten waren. Am 15.2.1752 gewann beispielsweise Graf Saint Julien „gegen 2000 Ducaten" als Bankhalter[570], weniger gut erging es Khevenhüller selbst ein paar Jahre später: Der Kaiser übernahm 1758 bei dem üblichen freitäglichen Pharaospiel selbst die Bank,

weillen unsere Pharaon-Societet wegen des dise zwei Jahr hindurch erlittenen Verlustes (da ich auf meinen Theil allein 10.000 fl. en arosant toujours le fond de la banque verspillet) nichts mehr risquiren wollen;

---

567 HKD an sämtl. Länderstellen v. 2.7.1792 (KROPATSCHEK, Franz, 1, 306 ff.); ähnlich V. v. 16.5.1804 f.ÖuE (ebd., 18, 482 ff.); erstmals erwähnt ein P. f. Wien, v. 25.2.1775, das Kegelspiel: „Dem Dienstgesinde wird das Spielen um Geld und Gewette mit alleiniger Ausnahme des Kegelspiels in den Gärten unter gemessener Bestrafung verboten." Vgl. auch Wien. Diarium v. 15.3.1775.

568 Lt. Schuster hätte die „Spielwut" in Deutschland bereits im 16. Jahrhundert nachgelassen. Allerdings bringt er dafür, ausgestattet mit einer glühenden Verehrung alles Deutschen bzw. Germanischen (einhergehend mit der Tendenz, alle Untugenden dem Einfluß des „Wälschen" zuzuschreiben), keine ernstzunehmenden Argumente.

569 Vgl. u.a. Keyssler, 922; Mann ohne Vorurtheil, 2/4, 10.Stk.; Schwachheiten, 1, 54; Aergernisse, 1, 49, sowie zahlreiche Verordnungen. Einen zwiespältigen Eindruck hinterläßt das Patriotische Blatt, das sich über täglich neu entstehende Hazardspiele in den Kaffeehäusern entrüstet, andererseits selbst die Anleitung zum verbotenen, „bei uns sehr unbekannten" Wirwisch gibt - natürlich nur, „damit niemand die Unwissenheit der Bürger zu seinem Vorteil benutze".(1788, 4.H., 146 f.).

570 KHEVENHÜLLER, Eintr. v. 15.2.1752.

und da es auch dem Kaiser die erstere Séances eben so übel gelungen, so hatte man zulezt alle Mühe, eine Banque zusammen zu bringen, und wiewollen die Kaiserin die Helffte des Fond à la fin selbsten zugeschossen, so wolte sich doch keine genugsamme Société finden, um wie bishero einen établirten Pharaon à toute heure zu haben.[571]

Gerade in diesem Jahr hatte Maria Theresia einen neuerlichen Anlauf zum Verbot des Pharao-Spiels bei Hof genommen, „des gutten Beispills wegen", denn durch dessen Vorbildwirkung würde „sogar in denen offentlichen Caffé- und Wirthshäusern, ja bei denen Burgern und Handwerckern fast den ganzen Tag über Pharaon gehalten"; es sollte nun durch „Lansquenet" ersetzt werden[572] - wie aus obigem Zitat hervorgeht: ohne Erfolg! 1760 machte Maria Theresia sogar dezidiert eine Ausnahme vom Hazardspiel-Verbot, als es darum ging, die Hoftheater vor einem finanziellen Desaster zu retten: man durfte dort Pharao spielen.[573]

1765, nach dem Tod des Kaisers, war es damit vorbei; weder die Hofbälle[574] noch ein Besuch im Theater[575] boten dazu Gelegenheit.

Die Auswirkungen des Spielverbots auf die Laxenburger Geselligkeit sind bereits bekannt. Frühere Zustände kamen bis zur Jahrhundertwende nicht wieder auf.[576] Gerüchte über die Erlaubnis von Hazardspielen, wie Sander aus dem Jahre 1782 berichtet[577], bewahrheiteten sich nicht. Und so konnte es kommen, daß sich selbst bei den Kartenpartien in den Häusern der Hocharistokratie die Nervenanspannung um die Gefahr erhöhte, von der Polizei erwischt zu werden. 1811 ertappte diese mehrere Fürsten und Grafen in der Wohnung von Graf Genicco am Stephansplatz beim Hazardspiel; darunter befanden sich so prominente Namen wie Dominik von Kaunitz, Baron Nathan von Arnstein und Leopold Edler von Herz. Hoch- und Geldaristokratie gab sich hier also ein Stelldichein. Dem Fiskus fielen dabei ca. 10.000 fl. in die Hände, dazu kamen noch Geldstrafen für Kaunitz, Attems und Arnstein von je 900 fl. für den Armenfonds. [578]

---

571 Ebd., Eintr. v. 15.9.1758; 1759 nahm Khevenhüller bereits wieder an einer neu formierten Sozietät teil; er mußte dafür 600 Dukaten einlegen (ebd., 28.6.1759).
572 Es unterschied sich nicht sehr vom Pharao: Auf eine bestimmte Karte wurde Geld gesetzt (vgl. GLEICHEN-RUSSWURM, 166).
573 V. v. 12.1.1760 (CA VI, 79).
574 Vgl. KHEVENHÜLLER, Eintr. v. 25.1.1767.
575 Ebd., Eintr. v. 31.3.1766.
576 NICOLAI, 5, 247, vermerkt mit Befriedigung, daß es seit dem Tod des Kaisers Franz mit den Hazardspielen beim Adel besser geworden sei.
577 SANDER, 528.
578 Vgl. SPIEL, Arnstein, 369 ff.; die Genannten spielten mit dem Grafen v. Triangi (Bankhalter), Niklas v. Forgats, Johann v. Leykam und dem

Alle diese Beispiele hohen Spiels scheinen schlecht zu einem Leben zu passen, das großer Disziplin unterworfen war. Sollten sich die Spieler hier ein Stück Freiraum für ihre Leidenschaften gelassen haben? Konnte das Spiel dazu dienen, ihren Gefühlen in begrenztem Rahmen freien Lauf zu lassen, im Sinne einer kathartischen Funktion der Freizeit etwa? Man muß es wohl anders sehen: Wenn das Glücksspiel dazu herausforderte, mit starken Emotionen zu reagieren, dann bedeutete souveräne Gelassenheit bei Gewinn und Verlust den Gipfel der Selbstbeherrschung. Hohe Summen aufs Spiel zu setzen, ermöglichte, in direkter Nachfolge barocker Grandezza, die Menge an Geld anzudeuten, über die man frei disponieren konnte. Gewiß waren die Meinungen darüber geteilt. Propagandisten der Aufklärung konnten sich aus ökonomischen und moralischen Motiven nicht dafür begeistern[579] - Pezzl sagt sich sogar „feierlich von allen Spielen los" -, hatten zumeist aber nichts gegen ein gemäßigtes Spiel[580] und folgten hiermit, wie so oft, kirchlicher Morallehre.[581] Die Spieler selbst äußerten sich nicht schriftlich zu ihrer Leidenschaft, wohl aber machten sich die Verfasser von Spielanleitungen die soeben angedeutete Argumentation zunutze: Das Spiel sei ein Mittel, die eigenen Leidenschaften beherrschen zu lernen.[582] Denn zu den Eigenschaften eines guten Spielers gehören Ruhe und Gelassenheit; er solle

---

Chevallier v. Malliard Pharao (man brachte allerdings nicht heraus, wer spielte und wer bloß zusah); an einem zweiten Tisch saßen die Grafen Genicco und Przerembski mit den Fürsten Lichnowski und Wenzel v. Liechtenstein beim Whistspiel. Es gab weiterhin Hazardspiele (ebd., 372).

579 Vgl. z.B. Sonnenfels, Grundsätze, 434: Hohe Spiele „geben zu Betrügereyen Anlaß, nähren den Müssiggang, richten ganze Familien zu Grund."

580 Vgl. HEIDRICH, 135 f.

581 „Man weiß wohl / daß etliche Spiel dem Menschen zur Recreation erlaubt / und löblich seynd" (Centifolio stultorum, 354); an diese Devise hielten sich offenbar auch einige Klöster: Die Nonnen im Kloster S. Lorenzo durften L'Hombre spielen (MONTAGUE, 65); in Göttweig bekamen die Mönche 3 bzw. 4 fl., die Diakone 2 fl. usw. Spielgeld für das Kartenspiel in der Faschingszeit; den Siegern der Kartenspiele in Melk übersandte der Abt „24 große Guldenstücke"; zeitlich war das Spiel freilich befristet: „Gestern und heute habe ich als Spielzeit nach dem Mittagmahl je eine halbe Stunde zur Verfügung gestellt: Diese Zeit geht aber über das gewohnte Maß hinaus" (vgl. GANSBERGER, Anton: Das Jahr 1740 in den Prioratsaufzeichnungen der Stifte Göttweig und Melk. Ein Beitrag zum klösterlichen Alltagsleben im spätbarocken Österreich, masch. Diss., Wien 1982, Bd.2, 235 f.; 372 ff.).

582 Weltmensch, VIII.

im Glück und Unglück sich gleichgültig benehmen, weil das Glück und Unglück wechselweise sich einstellet, und eine gleichgültige Benehmung vielen Verstand verräth.[583]

Unter Bedachtnahme auf die Tugend der Mäßigkeit fügte sich das Spiel in die bürgerliche Gesellschaft ein, als ein Mittel, andere Menschen kennen und sich selbst beherrschen zu lernen, als Bindemittel der Geselligkeit, vor allem auch als Ausgleich zur Arbeit. Verfasser von Spielanleitungen vergaßen nicht, auf diesen Punkt hinzuweisen:

Wenn er (der Bürger, G.T.) den Kummer lindern will;
Holt er, ermüdet von Geschäfften,
Bey dem am Hof beliebten Spiel
Sich wider (!) neu geschöpfte Kräften.[584]

Prosaischer, aber noch stärker die Rekreationsfunktion betonend, berichtet der „Weltmensch":

Man muß seine Kräfte auf eine weise Art gleichsam auf das ganze Leben vertheilen. Das geschieht, wenn die Vergnügungen mit den Geschäften des Lebens so vermischet, daß uns jene immer reizvoll und neu bleiben, und diese niemals zu schwer werden. Das Vergnügen muß ein Beförderungsmittel der Arbeit seyn; ein Mittel uns auszuruhen, freyer zu athmen, und neue Kräfte zu sammlen.[585]

Spaziergänge und Sport: Die Disziplinierung des Körpers

Das Hauptbetätigungsfeld josephinischer Freizeitpolitik in Wien war das Anlegen von Gärten bzw. ihre Öffnung für ein breiteres Publikum. Adeligen war schon in der ersten Hälfte des 18. Jahrhunderts der Besuch einiger weniger Gärten gestattet; Keyssler, der um 1730 Wien besuchte, kannte nur den Prater, der im Frühling neben dem Stadt-Gut[586] „zur spatzier-lust" diente, und den

583 Ebd., XXXIV f.
584 Kunst, die Welt mitzunehmen, Vorrede; man beachte die Ausrichtung auf den Hof; das Buch steht auch sonst stark in höfischer Tradition.
585 Weltmensch, XXI f.: Der Verfasser richtet sich an den gehobenen Mittelstand, denn einerseits sieht er im Spiel den Vorteil, Schüchternheit im Umgang mit vornehmen Personen zu verlieren, VIII), andererseits verspricht er, bei guter Aufnahme seines ersten Buches einen zweiten Teil folgen zu lassen, „wo die Spiele, so unter Leuthen geringern Standes üblich sind, vorkommen sollen." (Vorwort).
586 Vgl. auch KÜCHELBECKER, 385; das Stadtgut ist ein Freizeitort mit langer Tradition: Bonfini bezeugt 1477 den „unteren Werd" als öffent-

Augarten, der wegen „angenehmer Gänge, Hecken und lustigen Wäldlein niemals ohne vornehme Leute" war.[587] Desing berichtet außerdem, daß die Hochadeligen gerne vor der Praterfahrt auf dem Glacis promenierten:

(...) etliche hundert Kutschen gehen zum Stuben-Thor aus auf dem Glacis biß zum Schotten-Thor, da sie umbkehren, im begegnen ihre Begrüßungen und Affecten einander bezeigen und gemächlich den Weg nach dem Prater nehmen.[588]

Der Prater war seit dem 16. Jahrhundert Jagdrevier der Herrscher, seit Karl VI. auch „Cavalliers und Dames, kayl. Räth, Secretarien und waß von denen Vornemberen Hoff Cammer Beamten" zugänglich; Maria Theresia erweiterte diesen erlauchten Kreis um den „redoutenmäßigen Adel"[589], ihr Sohn machte 1766 den Prater schließlich der Allgemeinheit zugänglich.

Der 1775 zum allgemeinen Besuch freigegebene Augarten erhielt an seinem Eingangstor eine Aufschrift, die kaum ein Reiseschriftsteller jener Zeit lobend zu erwähnen vergaß: „Allen Menschen gewidmeter Erlustigungs-Ort von ihrem Schätzer." Dieser Menschenfreund, Joseph II., ließ hier Promenadenwege anlegen, 400 Bäume anpflanzen, 200 Bänke aufstellen und Nachtigallen aussetzen.[590] Demonstrativ begab sich am 17. Mai, kurz nach der Eröffnung der Anlage, der Hofstaat vormittags dorthin, um „an dem allgemeinen Vergnügen allerhöchsten Antheil zu nehmen", um also dem Garten gleichsam eine höhere Weihe zu geben, die ihn für die Oberschichten attraktiv werden

lichen Belustigungsort, der zu Spaziergängen, Gastmahlen und Tänzen im Grünen diente (vgl. MÜLLER, Richard: Wiens höfisches und bürgerliches Leben im ausgehenden Mittelalter, in: Geschichte der Stadt Wien III/2 (1907), 626-757, hier 726; dies kann als Beispiel dafür dienen, daß eine Ausdifferenzierung von Freizeiträumen nicht erst im 19. Jahrhundert einsetzte!)

587 KEYSSLER, 941.
588 SCHWERDFEGER, 20; Parallelen zu den Promenaden des Großbürgertums am Ring in der zweiten Hälfte des 19. Jahrhunderts drängen sich auf!
589 Vgl. PEMMER / LACKNER, Prater, 7 f.
590 Vgl. BUCHMANN, Bertrand Michael: Der Prater. Die Geschichte des unteren Werd (1979), = Wiener Geschichtsbücher 23, 85. Durch die Gestaltung des Augartens zu einem „locus amoenus" ergab sich das Problem, Besucher vom allseits beliebten Vogelfang abzuhalten. Tafeln mit der Aufschrift, daß Vögelfangen verboten sei, gab „muthwilligen Buben oder vielmehr Stutzern Stoff, Ihren zottigen Witz zu zeigen, indem sie hie und da, mit Austilgung einiger Buchstaben den Sinn des Verbotes zu verdrehen suchten, um ihr Lieblingswort daraus zu formen." (RAUTENSTRAUCH, Aergernisse, 3, 68).

ließ.[591] Er wurde dann auch intensiv genutzt, hauptsächlich am Vormittag, wo man am ehesten damit rechnen konnte, nicht von den arbeitenden Klassen gestört zu werden. Da gab es eine Mineralwasserkur[592] und seit 1782 Morgenkonzerte unter der Leitung Mozarts. Später nahm ihre Beliebtheit bei den Oberschichten ab.[593]

Als dritte kaiserliche Anlage wurde Schönbrunn unter Maria Theresia der Öffentlichkeit zur Verfügung gestellt. Es war vor allem beim Mittelstand für Sonntagsausflüge beliebt, wobei die kaiserliche Menagerie eine Hauptattraktion darstellte.[594]

1770 ließ Joseph II. auf dem Glacis - vorher öde und unsauber, von den Standeln der Obst- und Fischweiber, Kässtecher etc. beherrscht - Straßen und Gehwege anlegen, 1776 Laternen aufstellen und 1781 die Wege mit Kastanienbäumen bepflanzen.[595] Weiters gab er die Basteien zum Besuch frei.

Besitzer privater Gartenpaläste folgten dem kaiserlichen Vorbild und öffneten diese ebenfalls der Allgemeinheit, oft verbunden mit dem Vorzeigen von Galerien, Raritätensammlungen usw.[596] Die bekanntesten waren die Gärten der Vorstadt-Palais von Schwarzenberg und Liechtenstein sowie die Sommerresidenz des Prinzen Eugen, das seit 1776 in kaiserlichem Besitz befindliche Belvedere mit der berühmten kaiserlichen Gemäldegalerie, die an drei Wochentagen unentgeltlich besucht werden konnte.[597] In diesen Gärten ging es ruhiger zu als in den zuletzt

---

591 Vgl. Wien. Diarium v. 20.5.1775.
592 Vgl. RIESBECK, 282.
593 Vgl. etwa SCHULZ, 225: Das Publikum sei „nicht mehr so glänzend".
594 Vgl. SANDER, 551: „An Sonn- und Feiertagen fahren gemeine Leute auf den sogenannten Beiselwagen (!), wo Sitz an Sitz gemacht wird, Schaarenweise nach Schönbrunn, besonders um des Elephanten willen. Für 1 Groschen kommt man von der Linie bis hieher." Viele hätten eben - wie die Handwerksburschen - nur am Sonntag Zeit!
   Die häufig anzutreffende Meinung, der Schönbrunner Garten sei erst nach 1800 der Öffentlichkeit zugänglich gemacht worden, kann nicht stimmen - vgl. u.a. RICHTER, Eipeldauerbriefe, 1, 81 (1794, 11. H., 5. Br.): „Vor Tisch bin ich im Schönbrunnergarten spazirn gangen, und da habn d'Vögl ungemein schön gsungen; aber Nachtigalln hab ich keine ghört, und da hat mir ein Herr von der Kompani gsagt, daß d'Wiener aus Dankbarkeit, daß ihnen der Kaiser sein schön Garten zum Spazirngehn aufgemacht hat, alle Nachtigalln aus dem Garten wegstohln habn."
595 Vgl. CZEIKE, Lexikon, 497.
596 Vgl. KAUT, Hubert: Wiener Gärten. Vier Jahrhunderte Wiener Gartenkunst (1964), 39.
597 WILLEBRAND, Joh. Peter: Historische Berichte und praktische Anmerkungen auf Reisen in Deutschland ..., Frankfurt und Leipzig 31761, 311, zählt schon um die Jahrhundertmitte den Besuch der Gärten des Prinzen Eugen und des Fürsten Schwarzenberg zu den „Wiener Ergötzlichkeiten"

genannten[598], sie wurden aber gerade wegen ihrer Stille von manchen sehr geschätzt.[599] Gegen Ende des 18. Jahrhunderts erfreuten sich auch Spazierfahrten zu adeligen Gartenanlagen in der Umgebung Wiens großer Beliebtheit.[600]

Das Zustandekommen einer kaiserlichen Grünflächenpolitik wird in der Forschung im wesentlichen auf die zunehmende Wohnungsdichte und den Rückgang unbebauter Flächen zurückgeführt.[601] Das ist sicher ein wichtiger Aspekt. Im Zuge der Umwandlung der mittelalterlichen Bürgerstadt zur barokken Residenz schwanden sie durch die Schaffung von Wohnraum für den kaiserlichen Hofstaat, für die Ansiedlung von Adelsgeschlechtern und die Neugründung von Klöstern immer schneller.[602] Quartierfreijahre für Um- und Neubauten boten Anreiz zur Verbauung.[603] Die zunehmende Wohnungsnot erzwang weitere Maßnahmen: Maria Theresia gewährte 1767 eine zwanzigjährige Steuerfreiheit für Neubauten, die 1810 erneuert wurde.[604] Die Aufhebung der Hofquartierspflicht 1781 bot den Großhändlern, Industriellen und Bankiers die Möglichkeit, ihr Kapital in großen Mietshäusern anzulegen. Sie entfalteten „eine geradezu hektische Bautätigkeit."[605] Hand in Hand damit ging eine Erhöhung der Geschoßzahlen: Von

---

- wohl aber nur für einen eingeschränkten Personenkreis, denn persönliche Anmeldung war dafür erforderlich.

Der Belvederegarten scheint entweder mit oder kurz nach der Übernahme durch den Kaiser der Öffentlichkeit zugänglich gemacht worden zu sein - vgl. RIESBECK, 1, 282: Er sei „nun auch ein öffentlicher Spazierplatz".

598 Vgl. etwa Adreßbuch, 252.

599 Vgl. Nützliches Taschenbuch für Fremde und Einheimische auf das Jahr 1805, Wien, 153.

600 Vgl. BALTZAREK, Franz: Großstadtgrün und Gesellschaft: Park, Garten und Landschaft als Ort sozialer Kontakte. Dargestellt am Beispiel Wiens vom Barock bis zum 1. Weltkrieg, in: Robert SCHEDIWY und Franz BALTZAREK, Grün in der Großstadt. Geschichte und Zukunft europäischer Parkanlagen unter besonderer Berücksichtigung Wiens (1982), 135 -154, hier 137 ff.

601 Vgl. FISCHER, Friedrich: Die Grünflächenpolitik Wiens bis zum Ende des Ersten Weltkrieges (1971), = Schriftenreihe des Instituts für Städtebau, Raumplanung und Raumordnung, 15 ff.

602 Vgl. LICHTENBERGER, Altstadt, 98 ff.

603 Ebd., 112 ff.

604 Vgl. FELDBAUER, Peter: Stadtwachstum und Wohnungsnot. Determinanten unzureichender Wohnungsversorgung in Wien 1848 bis 1914, = Sozial- und wirtschaftshistorische Studien 9 (1977), 121 f.

605 LICHTENBERGER, 144.

durchschnittlich 3,24 Stockwerken pro Haus im Jahre 1664 auf 4,19 im Jahre 1795.[606] Joseph Richter hatte den Eindruck, daß die Häuser „gleich den weyland holländischen Häringen in ihren Tonnen, dicht von allen Seiten aneinander kleben."[607] Auch in den Vorstädten nahmen die Grünflächen zunehmend ab. 1811 waren sie bereits fast ganz verbaut.[608] Die Parkanlagen des Adels, die von ihm oft nicht mehr erhalten werden konnten, wurden allmählich durch Wohngassen ersetzt.[609]

Die öffentlichen Gärten, besonders aber die Umgebung Wiens[610], waren daher ein Luftreservoir, ein Erholungsraum für die in beengten Wohnverhältnissen lebende Bevölkerung. Diese Funktion wird auch immer wieder in zeitgenössischen Schilderungen hervorgehoben. Wir müssen freilich die Maßnahmen der Herrscher seit Maria Theresia in einem größeren Rahmen sehen. Der Gesundheit waren die Hauptanziehungspunkte der Wiener Spaziergänger durch den vielen aufgewirbelten Staub nicht eben förderlich,

denn wer wird in die Länge ein Präservativmittel für seine Gesundheit an einem Orte holen, wo er statt reiner Luft, Staub athmet, und wo ihm Erfrischungen, wie Sodoms Aepfel, im Munde zu Staub werden?[611]

Die Freizeitpolitik des Josephinismus ist auch auf diesem Gebiet durch zwei Tendenzen bestimmt, die wir nun schon oft behandelt haben: Es ging einerseits um die Förderung von Tätigkeiten, die eine möglichst optimale Erholung von Arbeit bieten konnten, die den hohen Ansprüchen bürgerlicher Moral entsprachen, und andererseits darum, die oberen Stände einander näherzubringen, den Kontakt zwischen Adel und Bürgertum zu

---

606 Nach LICHTENBERGER, Tab. 32 u. 43.
607 RICHTER, Joseph = Pater Hilarion: Bildergalerie weltlicher Misbräuche, ein Gegenstück zur Bildergalerie katholischer und klösterlicher Misbräuche (1785), Reprint Dortmund 1977, 220.
608 Vgl. MAYR, Wien, 87.
609 Vgl. LICHTENBERGER, 203.
610 Auf die „Landpartie", die ästhetische Aneignung der Natur durch Kleingruppen familiären Zuschnitts oder im Freundeskreis, häufig in der Form eines säkularisierten Sonntagsvergnügens, kann hier nur am Rande verwiesen werden. Es beginnt in den sechziger Jahren des 18. Jahrhunderts, entfaltet sich aber erst im Vormärz voll (vgl. HAJOS, Géza: Die ‚Verhüttelung' der Landschaft - Beiträge zum Problem von Villa und Einfamilienhaus seit dem 18. Jahrhundert, in: Landhaus und Villa in Niederösterreich: 1840 -1914, hgg. von der Österr. Gesellschaft für Denkmal- und Ortsbildpflege (1982), 9 -56, hier 21 ff.; vgl. jetzt auch DERS., Gärten, 20 ff.
611 RICHTER, Bildergalerie weltl. Mißbräuche, 217.

fördern. Die Kosten dieser Politik hatten in erster Linie die unteren Schichten zu tragen.

Daß Spaziergänge - als maßvolle Bewegung, die sich vor allem als eine Abwechslung zu „sitzenden" Berufen anbietet - der ersten Forderung genügten, versteht sich von selbst. Ihre Bevorzugung in Vorschlägen zur Freizeitgestaltung, wie sie in Moralischen Wochenschriften immer wieder auftauchen, hat daher eine weit zurückreichende Tradition. Abraham a S. Clara etwa sieht im Spazierengehen „fast die beste und bequemste" unter den Ergötzlichkeiten.[612] Verurteilt wurde es nur dann, wenn es keinen Gegenpol in einer sinnvollen Arbeit fand oder sie gar verdrängte.[613] In diesem Sinne gibt es zahlreiche Verordnungen gegen das „Spazierengehen" der Gesellen.[614]

In der Vermischung der Stände ging Joseph selbst mit gutem Beispiel voran, indem er im Augarten, Prater, in Schönbrunn oder auf offenem Felde ein paar Stunden des Tages spazieren ging bzw. ritt und sich dabei unter die „gwöhnlichen" Bürger mischte. Wie sehr er damit vielen seiner Staatsbürger in der Zeit voraus war, zeigt die Bemerkung Dreyssigs, daß man den Kaiser im Augarten nur daran erkenne, daß alle vor ihm die Knie beugten.[615] Die Vorbehalte des Hochadels erhellen aus einer Anekdote, wonach er sich beim Kaiser beschwerte,

daß alle Spaziergänge dem Pöbel so gemein wären, und daß sie nie eine Lustbarkeit haben könnten, an welcher nicht auch der niedere Adel und

---

612 ABRAHAM A S. CLARA, Judas, 4, 330.

613 Vgl. die Ausführungen Abrahams über die „Spatzier-Narren" (vgl. TANZER, Gerhard: Spazierengehen - Zum ungewöhnlichen Aufschwung einer gewöhnlichen Freizeitform im Wien des ausgehenden 18. Jahrhunderts, in: Beiträge 2/82, 67-72, hier 67 f.); BALTZAREK, Großstadtgrün, 136, scheint darin, mit Bezug auf obigen Artikel, eine grundsätzliche Verurteilung des Spazierengehens durch die „Wiener katholische Frömmigkeit" zu sehen; mit diesem unzulässigen Schluß sind auch seine weiteren Folgerungen über das Nichtvorhandensein von „Freizeitgestaltung im modernen Sinn" problematisch.

614 Vgl. TANZER, Spazierengehen, 68 f.; daß auch heute noch beide Konnotationen zu „spazieren" präsent sind, bezeugt die Warnung des ÖVP-Politikers H. Kohlmaier vor einer „Nation der Spaziergänger", als Schlagzeile aufgemacht in der Tiroler Tageszeitung vom 20.7.1978 (abgedr. in: Arbeitszeitverkürzung. Eine Dokumentation, Tl. 4: Die aktuelle Arbeitszeitdiskussion (1979), = Materialien zu Wirtschaft und Gesellschaft 10, 18).

615 DREYSSIG, 138; 1787 verbot Joseph schließlich „kniegebogene Reverenzen und das Niederknien selbst (...), weil dieses von Mensch zu Mensch kein anpassende Haltung ist, sondern bloß gegen Gott allein vorbehalten bleiben muß." (HD v. 4.1.1787, kungem. in Wien am 8.1.1787 (KROPATSCHEK, Joseph, 13, 6).

die Bürgerlichen Theil nähmen. Sie bathen daher, den Prater zu ver-
schließen, und niemand den Eingang als ihnen zu erlauben.[616]

Wolle er immer unter seinesgleichen sein, so antwortete angeblich Joseph II. darauf, müßte er in der Kapuzinergruft seine Tage
verbringen.

Nicht nur diese von zahlreichen Schriftstellern erwähnte Anekdote deutet darauf hin, daß die Adeligen eine Vermischung mit
dem Bürgertum auch bei Spaziergängen ablehnten, wenngleich
es ihnen weiterhin darauf ankam, vor dem Volk zu repräsentie-
ren. Sie bevorzugten nämlich das Lusthaus am Ende der Prater-
allee, dem sie, flankiert von eher bedauernswerten Fußgängern,
zustrebten, ohne zwischendurch auszusteigen; höchstens ließen
sie sich im Vorbeifahren Gefrorenes oder Limonade durch ihre
Bedienten aus der Kaffeehütte bringen.[617] Bürgern, die sich keine Equipage leisten konnten, genügte es offenbar, am selben Ort
wie der Adel zu verkehren, auch wenn ihre Situation aus der profanen Sicht eines norddeutschen Aufklärers keine beneidens-
werte war: Sie liefen Gefahr, „gerädert zu werden, im Staube zu
ersticken oder im Kothe zu ersaufen."[618]

Nicht so drastische, aber ähnliche Klagen hört man häufig; sie
zeigen, daß es dem Bürgertum in erster Linie darum ging, sich
den Gehalt dieser Freizeitform des Promenierens anzueignen[619],
der nicht darin bestand, in gesunder Luft seinen Körper zu er-
tüchtigen, sondern sich der Zugehörigkeit zu einer elitären Gruppe zu versichern und sie zur Schau zu stellen. „Sehen und gesehen werden", lautet die vielgebrauchte Formel dafür.

In dieser Atmosphäre führte das Bürgertum den Gestus höfischer Repräsentation weiter, ganz entgegen den Intentionen der

---

616 EIBEL: Die Pilgrimme nach Wien (1783), 16.
617 Vgl. dazu insbesondere SCHULZ, 221 f.; vgl. auch MEINERS, 74:
Die Vornehmen fahren nur die Alleen hinauf und hinunter und mischen sich nicht unter die „Haufen, die vor und um die Hütten um-
herwallen"; vgl. auch die Kritik RICHTERS: Prater und Augarten
lägen den Vornehmen zu nahe, „deswegen fahren alle, die nur ein wenig honnet sind, gar in das Lusthaus hinab, wo die Wildschwein sind,
oder auf Baden in das Kasin, oder auf Nußdorf, nur damit sie nicht unter dem gemeinen Pöbel seyn dürfen" (Altes und neues Wien, 39).
618 BECKER, Fragmente, 85.
619 Vgl. auch GIROUARD, Mark: Die Stadt. Menschen, Häuser, Plätze.
Eine Kulturgeschichte (1987), 186 ff.; er bezeichnet exklusive Promenaden als die wichtigste Kulisse für die feine Gesellschaft vom Ende
des 17. bis ins 19. Jahrhundert. Zur Aneignung dieser Form von Repräsentation durch den Kleinbürger vgl. MÖLLER, Helmut: Die klein-
bürgerliche Familie im 18. Jahrhundert. Verhalten und Gruppenkultur
(1969), 158 ff.

Aufklärer, die dem „Sein" mehr Bedeutung als dem „Scheinen"
beimaßen: In den Kaffeehäusern entlang der Allee sitze

nur der geputzteste Theil der Mädchen und Weiber (...) im größten,
wohl auch geschmackvollsten Staate (...) Jede Miene, jeder Muskelzug
ist hier berechnet, wie jede Schleife und jede Locke. Die Vorüberge-
henden werden strenge, besonders in Hinsicht auf ihr Aussehen geprüft,
und wehe denen, die nicht in dieser Prüfung bestehen.[620]

Auf diese Weise schuf sich der „beau monde" einen Mechanismus,
der es ihm ermöglichte, eine exklusive Sphäre zu etablieren, sich
nach unten hin abzugrenzen; Pezzl erklärt dies in seiner Schilderung des Augartens:

Da der Pöbel (...) neben den unzählig reich und schön geputzten Wei-
bern und Männern eine gar elende Figur machen würde, so bleibt er
von selbst weg.[621]

Das aufstrebende Bürgertum fand aber nicht nur Zugang zu bisher dem Hof bzw. Adel vorbehaltenen Gärten, sondern konnte
auch Plätze, die zuvor von allen Schichten frequentiert und mul-
tifunktional beansprucht worden waren, in seinem Sinne ausge-
stalten: Spaziergänge fanden nun in einer Umgebung statt, die
bürgerliche Freizeitatmosphäre vermittelte, geprägt durch Ruhe,
Übersichtlichkeit und Sauberkeit. Bei staatlichen Instanzen fanden Forderungen nach solchen Räumen ein offenes Ohr, weil ihr
rekreativer Charakter sowohl der Wirtschaft als auch der öffentlichen Ordnung dienlich war.
  Die Basteien entwickelten sich von einem Treffpunkt der Unterschichten zu einem der „schönen Welt". Vor der Regierungszeit
Maria Theresias protestierten noch die Bürger des öfteren energisch
gegen das Treiben auf den Bastionen, weil dort die Prostitution
blühte; Treffpunkt der Dirnen waren Soldatenhäuschen aus Holz,
die den Stadtguardisten als Quartiere dienten. Da sie äußerst wenig
verdienten, betrieben viele von ihnen Winkelschenken, während ihre Frauen Obst etc. verkauften.[622] Nach der Auflösung der Stadtguardia 1741 wurden die Befestigungswerke immer mehr zum beliebten Erholungsort und schließlich offiziell zum Besuch freigegeben. Nach ihrer Begrünung und Bepflanzung mit Bäumen

---

620 FISCHER, Reisen, 108 f.
621 PEZZL, Skizze, 486; in wörtlicher Übereinstimmung damit: Adreß-
    buch, 252; ähnlich auch RIESBECK, 280 f.
622 Vgl. HUMMELBERGER, Walter u. PEBALL, Kurt: Die Befestigun-
    gen Wiens (1974), = Wiener Geschichtsbücher 14, 71; 1618 wohnten
    bereits 283 Mann in Basteihäusern, alle mit Familie; 1741 gab es 300
    Basteihäuser (LICHTENBERGER, 122).

stiegen sie zur Lieblingspromenade neben Augarten und Prater auf, zum „Nobelkorso" der Wiener.[623] Mittelpunkt war die „Ochsen-mühle", eine kreisförmige Wandelbahn, die um ein 20 Klafter langes Erfrischungszelt ging, das sich auf dem Paradeplatz vor der Burgschanze befand.[624] Hier drehten sich die Fußgänger „in einem ewigen Zirkel herum."[625] Zusätzlich konnten sie das angrenzende „Paradiesgärtchen" nutzen, ehedem zur Hofburg gehörig, von Joseph II. zum allgemeinen Besuch freigegeben.[626]

Auch der Kern der Innenstadt erfuhr Veränderungen. Am signifikantesten wurde der Graben zu einem Lebensraum des (gehobenen) Bürgertums umgestaltet. In der Barockzeit von einem ökonomischen Mittelpunkt zum Ort einer repräsentativen Öffentlichkeit mutiert, wandelte er sich im 18. Jahrhundert „zur eleganten Promenade und zum Mittelpunkt großstädtischen Lebens".[627] Da waren am Abend hunderte Stühle aufgestellt, da gab es Erfrischungszelte, da konnte man Konzerten lauschen. Der Wandel vollzog sich zunächst über die Inbesitznahme der Häuser durch Großhändler und Bankiers - an der Südfront reihten sich schließlich die Gewölbe der Seidenzeughändler, an der Nordseite die der Wachsleinwandhändler, Juweliergeschäfte, Buchläden.[628] Zur Zeit Pezzls betrugen die Kosten für ein Kaufmannsgewölbe am Graben 700-900 Gulden;[629] damit wurde er eine „glänzende Schau- und Verkaufs-Stätte der veredelten Industrie,"[630] die nun vornehmes Publikum wie magisch anzog. Alle den Verkehr beengenden Verkaufsstände wurden gegen Ende des 18. Jahrhunderts vom Graben verbannt, 1809 auch die „Glückshäfen" eingestellt.[631]

Die Vorschläge von Schriftstellern der josephinischen Zeit gingen über diese Maßnahmen hinaus. Pezzl wollte eine „Stadt-verschönerungskommission", die verschiedene Ideen zu realisieren hätte:

Wollt ihr dem Publikum ein recht ausgesucht niedliches Plätzchen zum Geschenk machen; so bepflanzt den Josefsplatz mit einer vierfachen Lindenallee und setzt in die Mitte ein großes Zelt, von einem Baumzirkel umschattet (...) Es müßte mich alles trügen, wenn nach einer sol-

---

623 Vgl. TILL, Rudolf: Die Basteien in zeitgenössischen Schilderungen, in: WGBll. 14 (1959), 3-13.
624 Vgl. CZEIKE, Lexikon, 681.
625 BECKER, 85.
626 Vgl. Adreßbuch, 29.
627 CZEIKE, Felix: Der Graben, = Wiener Geschichtsbücher Bd. 4, 31.
628 Vgl. LICHTENBERGER, 136.
629 PEZZL, 65.
630 SCHLAGER, Wiener Skizzen, zitiert nach CZEIKE, Graben, 47.
631 Vgl. CZEIKE, Graben, 56.

chen Anstalt der Zusammenfluß des ausgesuchtesten Publikums an schönen Sommerabenden den Platz nicht zum wahren Elysium machte (...) verjagt die ekelhaften, die Abscheu erregenden Fleischbänke vom Lichtensteg, aus der Kärntnerstraße usw. (...) verweist diese Äsermagazine in unbesuchte Winkel der Stadt (...) Erweitert die Passage vom Hof auf die Freiung, vom Hohen Markt auf den Lichtensteg, vom Stock-im-Eisen auf den Graben, vom Haarmarkt zu den Roten Turm.[632]

Hier ist einiges von dem angesprochen, was viele Zeitgenossen bewegte. Erinnert sei an Sonnenfels, der sich gegen das Schlachten in der Stadt wandte und empfahl, das Vieh in den Schlachthäusern vor der Stadt zu töten.[633] Auch Rautenstrauch wettert gegen die Fleischbänke in den Hauptstraßen, vor allem wegen ihres Gestankes. Der Weg zum Hohen Markt ist ihm „eine der größten Schweinereien Wiens."[634] Joseph Richter regt die Schaffung einer Art Fußgängerzone an, einer Promenade, die „mit schattichten Bäumen" besetzt und „von Wägen gesichert" sein sollte.[635] Nicht zufällig standen ihm bei dieser Idee die Spaziergärten in den Klöstern Pate[636], denn es war das gleiche Bestreben nach gemäßigter, für Körper und Geist erholsamer Freizeitgestaltung, das das Bürgertum hier tradierte.

Die Aufklärer erträumten sich große Plätze und gerade Straßen, genügend groß, daß die Luft durchstreichen und die ungesunden Ausdünstungen mitnehmen konnte. Justis Ideal einer Stadt war ein gleichseitiges Viereck, von einem Fluß in der Mitte geteilt und mit einer geraden Anzahl von Plätzen.[637] Ordnung erleichterte Kontrolle, Übersichtlichkeit ermöglichte die leichtere Auffindung alles dessen, was nicht dem allgemeinen, von den Aufklärern definierten Staatszweck diente. Der Zusammenhang mit dem Kampf gegen Winkelandachten, Winkeltheater und Winkelschenken ist evident.[638]

---

632 PEZZL, 27.
633 Mann ohne Vorurtheil 1/1, 5. Stk.
634 RAUTENSTRAUCH, Aergernisse, 3, 53.
635 RICHTER, Bildergalerie weltl. Misbr., 220.
636 Ebd., 219.
637 JUSTI, Grundfeste, 1, 315 ff.; Wien, speziell die Kärntnerstraße, führt er als Negativbeispiel wegen der verwinkelten und engen Gassen an (ebd., 323 f.); SONNENFELS übernimmt Justis städtebauliche Ansichten (Vgl. Grundsätze, 1, 338). Vgl. zu ganz ähnlichen Vorstellungen in Frankreich: CORBIN, Alain: Pesthauch und Blütenduft. Eine Geschichte des Geruchs (1984), 135; für ihn ist dies ein Teil der „Strategien der Desodorisierung", die in der zweiten Hälfte des 18. Jahrhunderts aufkamen und auch „pflastern, entwässern, belüften" (ebd., 121) umfassen. Unschwer ließen sich seine Ausführungen auch auf Wien übertragen, doch liegen bisher noch kaum Forschungsergebnisse diesbezüglich vor!
638 Vgl. auch CORBIN, Pesthauch, 129: „(...) zwischen dem Überwachen

Vielfach wurden Vorschläge zur Schleifung der Basteien gemacht, etwa von einem Leserbriefschreiber des „Wienerblättchens", der an ihrer Stelle „luftige, blos mit niederen Hecken und Balustraden eingefangene Gärten" anlegen wollte, die „eine breite, mit hohen Bäumen besetzte Chaussée" umschließen sollten; spiegelbildlich dazu wären Gärten in gleicher Dimension von den Vorstädten her anzulegen, wiederum begrenzt von einer Chaussée; zwischen diesen beiden Straßen sollten „etwa zwanzig, nicht schiefe, sondern gerade und fahrbare Kommunikationswege", von hohen Bäumen eingefaßt, angelegt werden. Dorthin könnte man gleich die Höckerbuden verfrachten, „die nun die engen Strassen der Stadt so sehr verunzieren."[639] Auch eine Vision von Wien im Jahre 1880 fügt sich den Vorstellungen von Justi und Sonnenfels:

Offene Pläze waren izt, wo ehedem finstere beschwerliche Winkel sich befanden. Die Gassen waren viel regelmässiger, als zu meiner Zeit (...) Eine ungemeine Reinlichkeit herrschte überall.[640]

Rautenstrauch bemängelt an den Hauptplätzen der Stadt ihre Unreinlichkeit. Sie seien „Versammlung der Marktweiber, die Küche der Krapfenbacherinnen, und der Kastanienweiber"; ein Hauptplatz nach seinen Vorstellungen ist dagegen

der schönste, geräumigste, merkwürdigste Ort einer Stadt, zur Errichtung unsterblicher Denkmäler für Helden und Stüzen des Landes, und seine Verschönerung der Augenmerk eines polizirten Staates.[641]

In der Konkretisierung seiner Idee nimmt Rautenstrauch Prinzipien der Platzgestaltung des 19. Jahrhunderts vorweg: Helden sollten die Dreifaltigkeits- und Mariensäulen, die eher in Kirchen paßten, ersetzen:

Ein Platz mit der Bildsäule Josephs und Theresens, eines Eugen, Kaunitz, Lacy, Laudon u.d.gl. würde uns, und der spätern Nachwelt der Ort des Vergnügens, der traulichen Zusammenkunft und der dankbarlichsten Verehrung sein.[642]

---

und der kontrollierten Zirkulation der Luftströme besteht eine offensichtliche Verwandtschaft: beides impliziert den Kampf gegen dunkle Ecken und Winkel, in denen verdorbene Luft stagniert."
639 Wienerblättchen v. 28.6.1784.
640 Frauenzimmer, 149; RAUTENSTRAUCH ist ungeduldiger, er träumt diesen Traum von den „breiten Strassen und großen herrlichen Pläzen" schon für 1805 (Neues Wien, 34).
641 RAUTENSTRAUCH, Aergernisse, 2, 56.
642 Ebd., 57.

Der Schriftsteller wünscht sich sehnlichst für die Enkel, daß sie einmal „unter den Trophäen deren" wandeln dürfen, die „ihr dauerhaftes Glück gegründet haben".[643]

Seine Enkel und Urenkel konnten sich freuen, denn einiges von den zitierten Ideen zur Stadtverschönerung wurde verwirklicht. So trat zu Beginn der achtziger Jahre tatsächlich eine „Stadtverschönerungskommission" als Amt der nö. Landesregierung in Aktion.[644] Der Josefsplatz bekam zwar kein Zelt, wie Pezzl erhofft hatte, aber ein Heldendenkmal mit Joseph II. (1807), und etwas später konnten auch seine anderen Favoriten als Standbilder im Mittelpunkt eines Platzes bewundert werden: Prinz Eugen 1860, Maria Theresia mit Kaunitz, Lacy und Laudon 1888.

Die Abdrängung vieler Märkte an den Rand bzw. aus der Stadt hinaus setzte schon vor den zitierten Klagen ein: Bereits 1753 erfolgte eine völlige Umstrukturierung des Marktlebens, mit der ausdrücklichen Absicht, die Viktualienmärkte „an abseitige Orte" zu verlegen, „um hierdurch zum Behufe des Gesundheitszustandes mehrere Sauberkeit einzuführen." Statt den Hauptplätzen der Stadt (Hoher und Neuer Markt usw.) standen jetzt den Verkäufern und Käufern von Geflügel, Fischen, Grünwaren etc. nur mehr Randzonen (vom Salzgries bis zum Roten Turm; Seilerstätte, Freyung) zur Verfügung.[645]

1783 waren weitere großzügige Maßnahmen geplant, u.a. sollten die Fleischbänke auf den Fischmarkt kommen, dieser auf das angrenzende Schanzel beim Roten Turm; außerhalb der Stadt sollten alle „Getöse machenden Professionen" angesiedelt werden, der Ochsenmarkt dann vor den Linien stattfinden.[646] Keiner dieser Pläne wurde offenbar durchgeführt: Die Fleischbänke bildeten nach wie vor einen Stein des Anstoßes[647], die Fischverkäufer konzentrierten sich 1803 immer noch auf dem Fischmarkt, und im selben Jahr gab es 303 Hütten und 324 Standeln (ohne Milch- und Höckerstände) in der Innenstadt.[648]

---

643 Ebd.

644 Vgl. auch NICOLAI, 3, 131 f.

645 HE betr. Wien, v. 14.8.1753 (KROPATSCHEK, Maria Theresia, 2, 186 f.); abgedr. auch bei GIGL, Alexander: Geschichte der Wiener Marktordnungen (1865), 168 ff.; die Fischkäufer beschwerten sich vergeblich darüber, daß sie an einen Platz kämen, der durch die bisher hier gestandenen (nun zu den Weißgerbern verlegten) Nachtführerwägen „jedermann gleichsam zum Abscheu" geworden sei (WStLA, A.R. 196/1753, Gesuch v. 23.8.1753).

646 Vgl. Wienerblättchen v. 29.10.1783; Der aufrichtige Postkläppererboth in Wien v. 18.12.1783.

647 Vgl. Der Spion in Wien, 2. Stk. (Feb. 1784), 83.

648 Vgl. das Verzeichnis bei OPPL, Ferdinand: Markt im alten Wien, in:

Prospect des Hohen Marckts zu Wien. Vüe de la Place d'Vienn, dite le Haut Marché.

14. Der Hohe Markt gegen den Lichtensteig, mit der hölzernen Josefssäule, 1715. Stadtverschönerung bedeutete die Ausbreitung einer bürgerlichen, „gereinigten" Freizeitatmosphäre. Ein Vergleich
der beiden Ansichten vom „Hohen Markt" zeigt das Verschwinden des Fischmarktes; nur mehr Reste des einstigen Marktlebens sind am Rande des Platzes zu finden.

15. Der Hohe Markt gegen den Lichtensteig, 1797.

Alle erwähnten Anregungen und Maßnahmen zur Stadtverschönerung vermitteln uns das Bild eines aufstrebenden Bürgertums, das ihm adäquate Freizeiträume immer mehr ausdehnte - und das waren solche, in denen der Rekreationsaspekt arbeitsfreier Zeit dominierte, im Sinne einer Dominanz der Arbeitszeit und der daraus resultierenden scharfen Trennung von Arbeit und Freizeit.

Die Körperbeherrschung, die dem Adeligen und Bürger des 18. Jahrhunderts abverlangt wurde, hat eine längere Tradition, die hier nicht zu erörtern ist. Sie bildete in einer Gesellschaft, in der äußeres Verhalten eine so große Rolle spielte, einen wesentlichen Indikator für die Einordnung in die gesellschaftliche Hierarchie, bewahrte gleichzeitig vor einer Verausgabung der Lebenskräfte in der Freizeit und machte diese damit der Arbeit dienstbar. Wir begnügen uns mit der Feststellung, daß in den Adelskreisen bereits in der Kindheit die Durchstilisierung des Verhaltens durch körperliches Training eingeübt wurde, sei es durch Hauslehrer oder in den Eliteschulen, den Ritterakademien, wo standesspezifische Leibesübungen wie Reiten, Voltigieren, Fechten, Tanzen (von dem bereits die Rede war) die Hauptgegenstände des Lehrplans bildeten.[649] Begüterte bürgerliche Familien konnten dieses Erziehungsmodell ohne Probleme zumindest in der Form übernehmen, daß der freie Bewegungsdrang des Kindes möglichst eingeschränkt wurde.[650] In den Jesuiteninternaten wurde zwar mehr Wert auf geistiges als auf körperliches Training gelegt, jedoch fehlte dieses nicht völlig. Das Bewußtsein, den Körper als Fundament des Geistes zu sehen, gepaart mit einer leibfeindlichen Haltung, die im Körper den „größten Gefahrenherd für die Moral"[651] sah, bildete jene Haltung vor, die eine bürgerliche Gesellschaft bruchlos übernehmen konnte.

Das Erziehungsideal der Mäßigung ließ Sport im Sinne des „Höher-schneller-Weiter" zunächst nicht aufkommen.[652] Wettläufe etwa waren in erster Linie eine Angelegenheit von Dorfbe-

---

WGBll 34 (1979), 49 -73; zur lokalen Kontinuität des Fischmarktes vgl. auch die Marktordnung f. Wien v. 11.1.1791 (KROPATSCHEK, Leopold, 3, 117 ff.) und die RV in Nö. v. 24.4.1792 (KROPATSCHEK, Franz, 1, 150 ff.).

649 Vgl. STROHMEYER, 62.
650 Zur körperfeindlichen Erziehung im gehobenen Bürgertum vgl. HAUCK, Kurt: Das Spiel in der Erziehung des 18. Jahrhunderts (1935), 7 ff.(anhand einiger Biographien).
651 RUMPOLD, Recreatio, 92.
652 Zur Einstellung der Aufklärer vgl. auch HEIDRICH, 146 ff. (der harmonische Körper ist nach dieser Auffassung gesund, geübt und diszipliniert).

wohnern (für die sie vielfach dokumentiert sind) und dienten der Oberschicht nur zum Amusement - so, wenn hanakische Bauern dem Hof Lauf- und Reitbewerbe vorführten. Während das Rennwesen in England schon nach 1660 eine Blütezeit erlebte und Pferderennen sowie Laufwettbewerbe zu den „Leitsektoren" für den Aufschwung eines Sports wurden, bei dem Zeitmessung eine zunehmende Rolle spielte[653], läßt sich im Wien des 18. Jahrhunderts noch nichts dergleichen bemerken. Zwar gab es auch hier Wettrennen, doch waren deren Teilnehmer zunächst bloß Objekte hochadeliger Luxusdemonstration, bei der es darum ging, wer die besseren Läufer, wer die schnelleren Pferde besaß: Ihr Ausgang war oft der Gegenstand von Wetten.

Pferderennen sind seit 1778 überliefert; sie kamen mit der englischen Mode nach Wien, sind aber viel mehr dem Spektakel (als solches auch von Kunstreitern inszeniert) als dem Kampf um Sekunden zuzuordnen. Der erste Austragungsort solcher Rennen war die Prater Hauptallee, später kam die Simmeringer Heide hinzu; in den achtziger Jahren erlebten sie einen vorläufigen Höhepunkt (Adelige bestritten zum Teil sogar selbst den Wettkampf), gerieten dann aber wieder in Vergessenheit, sodaß eine Zeitschrift 1816 vom „vorher noch ungekannten Schauspiel eines Pferdewettrennens" in Wien berichten konnte.[654]

Länger zurück reicht möglicherweise die Tradition von Laufwettbewerben adeliger Domestiken, die in der Kaiserstadt mit ihren zahlreichen Gesandten ausländischer Höfe und sonstiger Hocharistokratie zahlreich vertreten waren.[655] W. Kisch behauptet, daß das „Lauferfest" im Prater am 1. Mai auf Karl VI. zurückgeht. Die Akteure seien größtenteils Italiener in Hauslivrée gewesen und durch die Hauptallee um das Lusthaus herum und zurück gelaufen, beobachtet von Zuschauern auf Tribünen und begleitet von „ein Dutzend Reitern", die sie angefeuert und auf sie gewettet hätten.[656] Der „Eipeldauer" berichtet 1794 von „jungen Schwalie", die im Prater um die Wette liefen. Regelmäßig

653 Vgl. EICHBERG, Henning: Stoppuhr, Reck und Halle. Zur Technisierung der Leibesübungen im 18. und frühen 19. Jahrhundert, in: DERS., Die historische Relativität der Sachen. Auf dem Weg zu einer kritischen Technikgeschichte (1984), 114-129, hier 116 f.

654 Vgl. BINNEBÖS, Walter: Galoppsport in Wien. Von der Prater Hauptallee 1778 und der Simmeringer Heide zu Kottingbrunn und Freudenau (1980), 16 ff.

655 Vgl. OETTERMANN, Stephan: Läufer und Vorläufer. Zu einer Kulturgeschichte des Laufsports (1984), 31.

656 Vgl. KISCH, Wilhelm: Die alten Straßen und Plätze von Wien's Vorstädten und ihre historisch interessanten Häuser, 1 (1888), 42; Belege dafür konnte ich nicht auffinden.

ausgetragene Wettbewerbe fanden dort aber erst ab 1822 statt, jeweils zum Frühlingsfest am 1. Mai.[657] Diesem ging ein Lauf auf der 18 km langen Strecke von der Mariahilfer Linie bis Mariabrunn als Teil des dortigen Kirchweihfestes voraus. 1795 wurde er in den Polizeidirektionsakten ausführlich geschildert.[658] Fast 3.000 Zuschauer sahen die 26 Sportler, die in den Farben ihrer Dienstgeber antraten. Kavallerie und Militärmusik waren anwesend. Der Sieger, ein Läufer der Gräfin Palffy, „kam in so erschöpftem Zustande ans Ziel, daß er wie tot zu Boden fiel und mit der letzten Ölung versehen wurde." Er brauchte für die Strecke weniger als eine dreiviertel Stunde. Diese Läufer jagten nicht Minuten und Sekunden nach, sondern kämpften ums Prestige ihrer Herren, von denen sie fix besoldet wurden. Sie waren „Attribut der ersten Classe der Gesellschaft"[659], erfüllten somit die Aufgabe „stellvertretender Muße zugunsten des Prestiges der echten müßigen Klasse", indem sie „in demonstrativer Weise möglichst viel Zeit und Mühe für nichts" vergeudeten.[660] Das Mäzenatentum zeigte Ansätze zu professioneller Manier, indem eine eigene Läuferzunft geschaffen wurde, in der nur vertreten war, wer unter Begleitung seines „Lehrers" die Strecke in maximal 1 Std. 12 min. zurücklegte. Das feudale Vergnügen erregte den Zorn von „Bürgern und anderen Personen", die in mehreren Schank- und Gasthäusern der Umgebung ihrem Unmut Ausdruck verliehen; namentlich nennt der Polizeipräsident, der darüber berichtet, das Wirtshaus „Zur goldenen Kugel" am Neubau. Die Vorschläge zur Abschaffung dieser Bewerbe hatten aber erst 1848 Erfolg.[661]

Zweifellos läßt sich anhand pädagogischer Vorstellungen und auf Grund des spärlichen Quellenmaterials keine Geschichte der Körperkultur rekonstruieren; vor allem erfaßt man dabei jene nicht, deren Körper nicht von frühester Kindheit an in dieser rigiden Weise kontrolliert, beaufsichtigt und geübt wurde wie bei den Oberschichten, jene, die in ihrer Freizeit nicht so stark von der „Außenwelt" abgeschnitten wurden, deren hauptsächlicher Aufenthaltsort die Straße oder der freie Platz war. Gewiß haben sich hier viel mehr Aktivitäten abgespielt als wir auf Grund der wenigen, zufälligen Quellenfunde darüber wissen.[662]

657 Vgl. GLOSSY, C.: Zur Geschichte der Wiener Laufer, in: Wiener Neujahrs-Almanach 1898, 163-173.
658 Ebd.; erwähnt wird dieser Wettlauf auch von RICHTER, Eipeldauerbriefe, 1, 180 (1794, 11. H., 4. Br.).
659 REALIS, 2, 135.
660 VEBLEN, Theorie, 71.
661 Vgl. GLOSSY, 170 ff.
662 Die Oral-history-Forschung widmet diesem Bereich große Aufmerk-

Ein einziger Bereich sportlicher Betätigung in der Öffentlichkeit ist besser dokumentiert, weil er ein Hauptanziehungspunkt, vor allem der männlichen Jugend, gewesen zu sein scheint: Das Baden in freien Gewässern.[663] Während Schwimmen im 16. Jahrhundert noch einen Teil der ritterlichen Gymnastik bildete[664], wandten sich Pädagogen in späterer Zeit aus sittlichen Gründen und Sicherheitsvorbehalten dagegen. Beide Motive sind auch für die landesfürstlichen Verordnungen gegen das Baden in den Flüssen seit dem 17. Jahrhundert verantwortlich.[665] Allerdings häufen sie sich erst mit Beginn des 18. Jahrhunderts. In einem landesfürstlichen Patent aus dem Jahre 1714, das durch öffentlichen Ruf kundzumachen war, erfahren wir Genaueres: Es sei fast täglich zu sehen,

wie eß verschidene so wohl junge Kinder, als auch schon erwachsene gewissenlose Leuth beiderley Geschlechts sich nicht entfärben in dem Wiennfluß, und in dem Donau armb, wo sie etwa sonsten eine Gelegenheit ersehen, fast mitten zwischen denen Häusern, an offener Strassen, und an solchen Orthen, wo augenblicklich die Leuth hin- und herzugehen pflegen, zu baaden, völlig entblöster zu ohnverantwortlicher ärgernus iedermäniglichen, sonderlich aber der ohnschuldigen Jugend mit schändlichen Gebährden herumbzugehen.[666]

In den folgenden Jahren wurde das Badeverbot häufig wiederholt[667], doch hatte noch Maria Theresia mit diesem Problem zu kämpfen. Aus dem Jahre 1752 stammt die Klage,

daß verschieden - erwachsene Manns- und Weibs-Persohnen sowohl in der Rossau als an mehreren nächst der Donau gelegenen Orthen sich nackend zu baden erkünnen, dadurch aber denen vorbeygehenden, ins

---

samkeit - vgl. für Wien vor allem SIEDER, Reinhard: Zur alltäglichen Praxis der Wiener Arbeiterschaft im ersten Drittel des 20. Jahrhunderts, masch. Habil. Wien 1988, 111 ff.

663 Reiches Material dazu bei DUERR, Hans Peter: Nacktheit und Scham. Der Mythos vom Zivilisationsprozeß (1988), 92 ff.; wie die folgenden Ausführungen zeigen, läßt sich für Wien allerdings nicht behaupten, daß fast nur „männliche Halbwüchsige" (ebd., 192) unsittlich badeten. Ergänzend zu Duerr: CUNNINGHAM, 79 (in den Kanälen Birminghams badeten noch 1833 Männer und Burschen aus dem Proletariat nackt und gut einsehbar für Spaziergänger).

664 Vgl. ZAPPERT, Georg: Über das Badewesen mittelalterlicher und späterer Zeit (1858).

665 Vgl. ZAPPERT, 5; EDER, Ernst Gerhard: Baden an freien Gewässern. Zur Subgeschichte einer Bedürfnisbefriedigung im Raum Wien, in: WGBll 3/1988, 93 -113, hier 100 ff.

666 WStLA, Patente 1710 -19, Nr. 77 (P. v. 5.9.1714).

667 Vgl. Repertorium der alten Registratur 1700-1739, Stichwort „Baden".

besondere auch der Jugend zu nicht geringer Ärgernus Anlaß gebeten.[668]

Um das zu verhindern, sollten Verbotstafeln errichtet werden, auf denen zu lesen war, daß die Übertreter „ohne Ansehung deren Persohnen auf geraume Zeith" ins Zuchthaus verschafft und allenfalls noch „nachdruksamer gezüchtiget werden würden."[669] Die Gefährlichkeit des Badens war tatsächlich ein ernstzunehmendes Problem, wie man beispielsweise an den Todesfällen des Jahres 1784 ablesen kann: Da ertranken im März, April, Juli und September je zwei, im August sechs Personen in der Donau, davon eine Frau, im November ein Mann in der Wien;[670] die Häufigkeit im August wird wohl auf unvorsichtiges Baden zurückgeführt werden können.

Das Baden in den Flüssen ging den Weg vieler Volksvergnügungen: Aktive staatliche Freizeitpolitik sollte die vergeblichen Verhinderungsversuche ersetzen und gleichzeitig die Kontrolle verschärfen. Zweifellos stehen diese Maßnahmen auch im Zusammenhang mit einem Umdenken in der Pädagogik, die der freien Bewegegung nunmehr wieder einen größeren Stellenwert einräumte[671], und der Medizin, wo die Tradition des öffentlichen Badens ja nie ganz verlorengegangen war; dabei mußte der einzelne Kurgast jedoch umfangreiche Maßnahmen setzen, damit sein eigener Körper vor dem Blick der anderen geschützt war. So hatte man im Kurort Baden eine besondere Badekleidung, die den ganzen Körper bedeckte; die Röcke der Frauen wurden zusätzlich mit Blei eingefaßt, damit sie niederhielten.[672] In diesen

---

668 WStLA, A.R. 152/1752, Dekret v. 22.8.1752.
669 Ebd.; die Bedenken der Stadt gegen die Aufstellung dieser Tafeln noch im Spätsommer machen schlagartig den Stellenwert des Kampfes um die Bademoral klar - die Unterschichten hatten natürlich viel existentiellere Probleme: Eine Aufstellung sei jetzt nicht zielführend, „immassen es zu besorgen ist, daß diese Pfälle von leichtsinnig und holzbedürfftigen Leuthen im Winter zu tiefer Nacht zeit außgegraben, oder bey der Erden abgeschnitten, weggetragen, und verbrennet" werden könnten.
670 Vgl. die monatlichen Mortalitätstabellen in DE LUCA, Staatsanzeigen.
671 Vgl. HAUCK, 29 ff. (Baden wurde als Übung des Körpers von Locke über Pestalozzi bis zu den Philanthropen und Humanisten befürwortet); in Österreich kam zuerst der Adel in den Genuß einer Schwimmausbildung: 1780 begründete Graf F. Kinsky in der Militärakademie in Wiener Neustadt eine Winterschwimmschule, ein Jahr später ein freies Sommerbad (vgl. STROHMEYER, 196).
672 Vgl. u.a. KEYSSLER, 944; andere Sitten herrschten dagegen im Raitzenbad in Ofen, wo das „gemeine Volck" gemischt und vollständig

Zusammenhang sind auch die Maßnahmen zu stellen, die der Wiener Arzt Pascal Joseph de Ferro setzte, als er, das Baden im fließenden Wasser propagierend, 1781 ein Badefloß auf der Donau eröffnete, das man für 40 kr. benutzen konnte.[673] Auf einem schwimmenden Floß

befanden sich Badezimmer in zwei Reihen, getrennt durch einen Mittelgang. In jedem Zimmer, das dem Aus- und Ankleiden diente, gab es eine Öffnung in Form eines länglichen Vierecks. Über eine schmale Treppe gelangten die Badelustigen in einen am Boden des Zimmers befestigten Kasten, dessen Seitenwände aus einem Balkengitter bestanden, während Leinwand als Dach diente. Der 1,70 Meter lange, 1,00 Meter breite und 1,50 Meter tiefe Kasten ließ sich nach den Wünschen des Badenden ins Wasser senken.[674]

Eine andere Art „für Personen mittleren Standes" beschreibt Dreyssig: Auf einem Floß saßen Männer und Frauen an Tischen und ließen ihre Füße in die darunter fließende Donau hängen. Für ihn war es „ein drolliger Anblick, hier die feisten Wiener sitzen zu sehen, wie sie sichs bei ihrem Bade so wohl schmecken lassen."[675]

Erst 1799 ergriff der Staat die Initiative, um mit öffentlichen Bädern das wilde Baden in der Donau einzuschränken. Um „dem Volke eine gefahrlose und anständige Gelegenheit zu verschaffen, zur nothwendigen Reinigung und Pflege der Gesundheit zu baden", wurden bei der Taborbrücke zwei Bäder (eines für Männer, das andere für Frauen) errichtet, die jeder gratis besuchen durfte (sämtliche Kosten trug das Kamerale).[676]

---

nackt badete (ebd., 1030) - sowohl ein Ost-West- als auch ein schichtenspezifisches Gefälle dürfte hier zum Tragen kommen!

673 Vgl. NICOLAI, 3, 16 f.; Adreßbuch, 320.

674 PRIGNITZ, Horst: Wasserkur und Badelust. Eine Badereise in die Vergangenheit (1986), 87; viele folgten dem Beispiel von Ferro. 1783 errichtete Mathias Zechmeister solche „Gesundheitsbäder", wobei er eigens darauf hinwies, daß an den Glasfenstern der Kabinen Vorhänge und zusätzlich „Jalouxgitter" angebracht waren (vgl. Wienerblättchen v. 11.5.1784); derartige Vorrichtungen zur Absicherung vor den Blikken Neugieriger kennen wir seit der Mitte des 17. Jahrhunderts - vgl. DUERR, 100 f.

675 DREYSSIG, 169; 1781 war - neben dem Baden in der Donau - genau dieses Verhalten durch einen öffentlichen Ruf verboten worden, weil es zu gefährlich sei und den öffentlichen Anstand verletze. 72 Stunden Arrest im Polizeistockhaus drohten (vgl. MAY, 368, V. v. 11.7.1781).

676 V. f. ÖuE v. 6.8.1799 (KROPATSCHEK, Franz, 13, 356 f.); vgl. auch Nützliches Taschenbuch, 183: Es seien „für die niedere Klasse eigene unentgeltliche Plätze angewiesen, da es zur Verhüthung der Unglücksfälle frey in der Donau zu baden verbothen ist." Spätere Verordnungen in diese Richtung bei EDER, Baden, 103.

Wir haben es also auch beim Schwimmen mit einer Doppelstrategie zu tun, einerseits bürgerliche Vergnügungen zu erweitern, auf der anderen Seite dieser Ordnung zuwiderlaufende Zerstreuungen, die wohl vorwiegend die Unterschichten betrafen, zurückzudrängen bzw. zu verbieten. Es steht zu vermuten, daß mit dem Rückgang freier Flächen und der Ausbreitung einer bürgerlichen Freizeitatmosphäre, kombiniert mit staatlichen Kontrollen, auch auf dem Gebiet freier, unbeaufsichtigter Gemeinschaftsspiele der Freizeit der Unterschichten Schaden zugefügt wurde.[677]

16. Das Flußbad auf der Donau, 1781 eröffnet, schirmt die Badenden vor den Blicken Außenstehender vollständig ab.

---

[677] Gut belegt ist der Schwund öffentlicher Plätze für England - vgl. CUNNINGHAM, 76; hier allerdings auf Privatisierungstendenzen (Einhegungen) zurückzuführen; erst im 19. Jahrhundert wurden - als Reaktion auf die daraus resultierende Entwicklung zu „klassengebundener Freizeit" - öffentliche Freizeitplätze geschaffen.

Thesen zur Geschichte der Freizeit

Die scharfe Trennlinie zwischen Arbeitszeit und Freizeit, wie wir sie heute vorfinden, ist das Ergebnis langfristiger Entwicklungen, die sich in der zweiten Hälfte des 18. Jahrhunderts zuspitzten:

Das Vordringen bürokratischer Strukturen wurde im Reformabsolutismus radikal beschleunigt. Damit setzte sich der „Ordnungszwang des Rationalismus"[1] durch, dessen Bestreben dahin ging, einen abstrakten Zeitraster über alle Aktivitäten der Staatsbürger zu legen, mit dem man ihre Zeiteinteilung jenseits aller sozialen, ökonomischen und kulturellen Unterschiede überprüfen, vergleichen, kritisieren konnte. Damit verband sich das Bemühen, Freizeit aus umfassenden Lebenszusammenhängen auszudifferenzieren, um einen geordneten Zugriff auf die Vergnügungen der Bürger zu haben. Freizeit, Arbeitszeit und Andachtszeit bekamen je eigene Zeiten zugewiesen.[2] Zahlreiche Verordnungen seit der Regierungszeit Maria Theresias beziehen sich einerseits auf die Reinigung der Arbeitssphäre von Freizeitelementen und umgekehrt (Verbot diversen Brauchtums im Handwerk, Bemühungen um eine kontinuierliche Arbeitszeit; Verbot von Dienstbotenkleidung in neugeschaffenen Freizeiträumen, Hinausdrängung des Marktlebens aus der Innenstadt), andererseits auf die Befreiung profaner Elemente von religiösen Zusammenhängen und umgekehrt (Verbot von religiösen Spektakelformen wie Wallfahrten, Prozessionen und diversen Spielen und von religiöser Thematik im Theater; Herstellung einer Atmosphäre stiller Andacht im Kirchenraum und bei religiösen

---

1 BLESSING, Kurt: Fest und Vergnügen der ‚kleinen Leute'. Wandlungen vom 18. bis zum 20. Jahrhundert, in: Van Dülmen, Volkskultur, 352-379, hier 361.
2 In diesem Zusammenhang wäre auch die These von der „Familisierung der Freizeit" zu untersuchen: Ansatzpunkt dafür ist die Ausdifferenzierung der modernen privatisierten Kernfamilie; die Familie erfuhr seit dem späten 18. Jahrhundert ebenfalls eine „thematische Reinigung", indem „die der traditionellen häuslichen Rollenstruktur inhärenten (u.a.) ökonomischen, politisch-herrschaftlichen und religiösen Sinnkomponenten und Motivlagen als sinnfremd und teils sogar unmoralisch ausgeschieden werden." (TYRELL, Hartmann: Probleme einer Theorie der gesellschaftlichen Ausdifferenzierung der privatisierten modernen Kleinfamilie, in: Zeitschrift für Soziologie 5 (1976), 393-417, hier 397 f.). Damit nahm sie verstärkt Freizeitelemente auf.

Handlungen an anderen Orten). Auf den Charakter der Sonn-
und Feiertage, an denen sich die Vergnügungen konzentrierten,
wirkte sich diese Politik zunächst dahingehend aus, daß die Regierung verschärft auf die „Heiligung" dieser Tage sah (Spekta-
kelverbote, Arbeitsverbote); mit zunehmender Säkularisierung
des öffentlichen Lebens bedeutete dies aber die Zurückdrängung
der Andachtszeit zugunsten des Vergnügens, was aber nichts mit
einer Rückkehr zur früheren Vermengung zu tun hat. Kontinuitäten ergeben sich allerdings insofern, als es auch in der Hochblüte
des Barockkatholizismus eine Tradition des Vergnügens an
Stelle der Teilnahme am religiösen Leben gab (Wirtshaus- statt
Meßbesuch usw.). Nur hatte dies immer wieder einen Konflikt
mit der öffentlichen Ordnung bedeutet, während nun beide Möglichkeiten tendenziell der Disposition des einzelnen überlassen
blieben.

Zeitdisziplin als Beitrag des einzelnen zu einer öffentlichen
Ordnung mit klaren, einheitlichen Zeitstrukturen wurde zunächst
von den Mönchen an Schulen und andere Erziehungsinsti-
tutionen (z. B. Waisenhäuser) weitergegeben. Vor allem in den
Internaten der Ordensschulen finden wir eine intensive Zeitplanung vor, bei der die Rekreationszeiten deutlich von Arbeitszeiten abgegrenzt sind. Die jesuitische Erziehung kann in ihrer Bedeutung für die Verbreitung zeitlicher Disziplin kaum über-
schätzt werden. In Grundzügen wurde dieses Konzept auf öffentliche Schulen übertragen, indem dort der Pünktlichkeit ein hoher Stellenwert zukam und Unterrichts- und Pausenzeiten eine
strenge Trennung erfuhren. Der Anspruch auf umfassende Kontrolle des Schüleralltags mußte freilich aufgegeben werden; er
wurde teils durch den Versuch abgelöst, zu einer Verinnerlichung zeitlicher Disziplin zu erziehen, teils bewahrten
Nachmittagsunterricht und die sonntägliche Christenlehre Reste
dieser Kontrolle.

Die zunehmende Komplexität der Gesellschaft, zumal einer
städtischen, erfordert eine immer genauere zeitliche Planungs-
technik; die zunehmende Verflechtung der Individuen erzeugt
bei diesen selbst wie auch bei öffentlichen Instanzen ein wachsendes Bedürfnis nach Synchronisation der verschiedensten „individuellen" Zeiten, die umso stärker auseinanderfielen, als die
Korporationen, die den Alltag der Menschen in relativ kleinen,
überschaubaren Lebenskreisen regelten, in ihrer Bedeutung ab-
nahmen, und immer größere, immer anonymere Verkehrskreise
entstanden. Die Uhr spielte zur Bewältigung dieser Situation eine herausragende Rolle; man kann das vor allem an der Ausbreitung von Taschenuhren erkennen, die sich in der zweiten Hälfte
des 18. Jahrhunderts beschleunigte. Die Uhr förderte die Orien-

tierung von Handlungen an „abstrakten Zeitquanten" und drängte die anlaßgebundenen Formen zeitlicher Strukturierung zurück. Das „Leben nach der Stundenuhr" trug wesentlich zur Wahrnehmung der Gesamtzeit in der Form von zwei Zeitblöcken bei.

Veränderte Produktionsbedingungen förderten ebenfalls den rechenhaften Umgang mit der Zeit. Überall dort, wo Lohnarbeit vorherrscht (das korrespondiert zumeist mit der Trennung von Wohn- und Arbeitsstätte), wird Arbeitszeit verschärft wahrgenommen und genau abgegrenzt, was seit dem Mittelalter zu Konflikten um die Arbeitszeit führt. Durch die Vermehrung der Beamtenschaft und den Beginn der Fabriksarbeit setzte auch hierin im 18. Jahrhundert eine Beschleunigung ein. Die merkantilistische Wirtschaftspolitik drängte ebenso wie der private Unternehmer auf eine ökonomische Zeitnutzung. Religiöse Vorstellungen von der Kostbarkeit der Zeit wurden in die bürgerliche Ideenwelt transponiert und in utilitaristischem Sinne umgestaltet. Die Addition von Zeitquanten diente dazu, die Verschwendung dieses göttlichen Gutes aufzuzeigen.

Das Verhältnis von Arbeitszeit und Freizeit verschob sich im 18. Jahrhundert zugunsten der Arbeitszeit. Durch die Auflösung der Symbiose von Arbeits- und Andachtszeit mit Freizeit verlor diese zwei mächtige „Beschützer", die einer übermäßigen Ausdehnung der Arbeitszeit Dämme entgegensetzten. Der Zuwachs an individueller Disponibilität, den diese Entwicklung mit sich brachte, wurde mit einer verstärkten Ausbeutung der Arbeitskraft erkauft: Während sich die Arbeitszeit der Gesellen, wahrscheinlich auch der Dienstboten, zum Teil verlängerte und der „Hirtenbrief" Josephs II. von den Beamten die rastlose Tätigkeit im Dienste des Staates, ohne auf Stunden zu achten, forderte, war der Arbeiter, dem das Sicherheitsnetz der Gesellenkultur nicht mehr zur Verfügung stand, nun völlig den Marktbedingungen ausgeliefert. Im Sinne merkantilistischer Prinzipien förderten staatliche Maßnahmen die Ausdehnung der Arbeitszeit nicht nur auf indirektem Weg über die Zerschlagung der erwähnten Symbiose, sondern auch direkt: Unter Maria Theresia wurden die Feiertage auf ungefähr die Hälfte reduziert, unter Joseph II. weitere Tage für die Arbeit gewonnen (Verlegung der Kirchweihfeste auf einen Tag, Verbot von mehrtägigen Wallfahrten)!

Die allgemeine Ausdehnung der Arbeitszeit darf freilich nicht dazu verführen, die noch immer eklatanten Unterschiede in der sozialen Verteilung der Freizeit zu übersehen. Große Teile des Adels huldigten um 1800 weiterhin demonstrativem Müßiggang, während den unteren Schichten durch Ausdehnung und Intensivierung der Arbeitszeit immer weniger Gelegenheit gegeben wurde, ihren traditionellen Vergnügungen nachzugehen. Die

gehobenen bürgerlichen Schichten nahmen insofern eine Mittelstellung ein, als sie zwar tagsüber arbeiteten, aber trotz der
aufgezeigten Intensivierungstendenzen noch genügend Zeit
hatten, Mußeformen des Adels zu übernehmen. Die Grenzen
dieser Übernahme zeigt die Geschichte des Theaterdilettan-
tismus auf. Der Abend wurde nun für jene, die es sich leisten
konnten, später aufzustehen, zur Hauptzeit des Vergnügens:
Zunehmende Sicherheit auf den Straßen ermöglichte in der
zweiten Hälfte des 18. Jahrhunderts die „Gewinnung der Nacht"
für disziplinierte Freizeitgestaltung wie den Besuch eines
Theaters oder einer Gesellschaft.

*Die Dominanz der Rekreationsfunktion arbeitsfreier Zeit
und die Bemühungen um eine stetige Lebensweise führten zu
einer Verregelmäßigkigung und zur Nivellierung der Rhythmen von Alltag und Fest, von Arbeitszeit und Freizeit.* Während die traditionelle Volkskultur durch exzessives Feiern und
eine zeitliche Schwerpunktbildung des Vergnügungsangebotes
(z.B. Fasching, Jahrmarkt, Erntezeit, Kirchweih) gekennzeichnet ist, gelang es in Wien in der zweiten Hälfte des 18. Jahrhunderts, die Rhythmen gleichmäßiger zu gestalten und einzuebnen. Das bedeutet, daß anlaßgebundene Formen des Vergnügens zurückgingen, andere dafür ständig konsumiert werden
konnten, sofern sie nicht den Zielen des Wohlfahrtsstaates ent-
gegengesetzt waren, mithin die Kontrolle des einzelnen über
sich selbst nicht in Gefahr brachten. Festtage verloren tendenziell ihren unverwechselbaren Charakter, die „Freizeiten" glichen sich einander an, was sich begriffsgeschichtlich in einem
einheitlichen Wort für die Vielfalt an Vergnügungen spiegelt.
Ein Ansatzpunkt für diese Entwicklungen waren die Bestrebungen zur Sonntagsheiligung, die die ursprünglich enge Verbindung von Kult und Vergnügen erheblich lockerten. Nach dem
Willen der Aufklärer sollten Vergnügungen jederzeit genossen
werden können, sofern sie in der Arbeit ihr Pendant fanden.
Wenn sie für eigene Vergnügungstage plädierten, dann mit der
Einschränkung, daß sie regelmäßig über das Jahr verteilt werden sollten. So konnte man nun im Prater ständig Jahrmarktsat-
traktionen konsumieren; Spektakelformen wie das Theater lösten
sich von der Jahrmarktszeit und erstreckten sich auf beinahe alle
Tage des Jahres, der Fasching verlor weitgehend seine charakteristischen Merkmale, und man konnte auch in der Fastenzeit
Vergnügungen vielfältiger Art genießen.

Die Zusammenhänge zwischen den Rhythmen der Arbeit und
des Vergnügens (große Schwankungen der Intensität hier,
Durchsetzung einer gewissen Regelmäßigkeit dort) lassen es
aus historischer Sicht angezeigt erscheinen, hinsichtlich des

Verhältnisses zwischen Arbeitszeit und Freizeit die „Kongruenztheorie" gegenüber der „Kontrasthypothese" zu favorisieren[3], wobei allerdings die zunehmende Individualisierung und damit zunehmende Entscheidungsfreiheit bei wachsendem Freizeitangebot solche Zusammenmenhänge immer schwerer erkennen läßt.

Daß sich die Vorstellungen der Aufklärer in Wien großteils verwirklichten, hängt nicht nur mit der Politik des Reformabsolutismus zusammen, sondern auch mit den Bedingungen einer Residenzstadt, die a) auf Grund der großen Nachfrage an Vergnügungen eine Menge an Unterhaltungskünstlern anzog und dadurch regelmäßigen Konsum möglich machte, und die b) eine müßige Klasse beherbergte, die nicht ohne Vergnügen auskommen konnte, weil demonstrativer Müßiggang im Dienste des Herrschers eine ihrer wichtigsten Funktionen war.

Die Epoche des Reformabsolutismus bedeutet den Beginn staatlicher Freizeitpolitik. Bis in die Mitte des 18. Jahrhunderts wurde die Sorge um das Vergnügen der Bürger weitgehend der Stadt überlassen. Städtische Freizeitpolitik bedeutete in erster Linie „Regulierung" von Vergnügungen, die weitgehend von den kollektiven Segmenten der städtischen Gesellschaft getragen wurden. Indem der Staat diese Kollektive (Zünfte, Bruderschaften usw.) schützte, stützte er gemeinschaftliche Formen von Freizeitverbringung. Als er sich stärker um das Wohl seiner Untertanen zu kümmern begann, wurde die Regulierungsdurch eine Disziplinierungspolitik ersetzt, verschärft seit dem Regierungsantritt Josephs II.[4] Erklärtes Ziel war nun ein durchorganisierter, überschaubarer Wohlfahrtsstaat, der in allen seinen Teilen gut funktionierte, dessen Bürger also an einem einzigen Ziel: der „Glückseligkeit" möglichst vieler arbeiten sollten. Dem Monarchen als obersten Beamten und Leiter hatte der „Monarch im Kleinen" zu entsprechen, der jederzeit Herr über sich selbst sein sollte.[5] Dieses Ziel vor Augen, griff Joseph II. tief in traditionelle Freizeitvergnügungen ein, suchte sie zu vereinheitlichen und im Sinne des Staatszweckes zu funktionalisieren. Das ABGB wandte sich ausdrücklich gegen die unbefragte Hin-

---

3 Übersicht über diese Theorien bei TOKARSKI, Freizeit, 239 ff.; OPASCHOWSKI, Pädagogik, 84 ff.

4 Die Unterscheidung von Sozialregulierung und -disziplinierung stammt von G. Oestreich - vgl. SCHULZE, Winfried: Gerhard Oestreichs Begriff der Sozialdisziplinierung in der ‚frühen Neuzeit', in: Zs. f. hist. Forschung 14 (1987), H. 3, 265-302.

5 „Seine Mängel bekennen und seine Affekte regieren, heißt Monarch über eine kleine Welt sein", schrieb Chr. Aug. v. Beck für den Rechtsunterricht Josephs (CONRAD, Recht, 160).

nahme von Traditionen, alles mußte vor den Richterstuhl der „Vernunft". Vergnügungen sollten nun möglichst in ihrem Ansatz kontrolliert werden. Das bedeutete etwa Zensur von Theaterstücken schon vor und während der Aufführung, den Kampf gegen Winkeltheater, -schenken und -andachten, die Installierung von Aufsehern bei organisierten Festen.

Die Freizeitpolitik des Reformabsolutismus veränderte die Rahmenbedingungen der Freizeitgestaltung: Sie förderte Freizeitformen der neuen bürgerlichen Klassen, hemmte aber die Freizeitkultur der Unterschichten. Dies hat zwei Gründe:

1) Absolutistische Intentionen und bürgerliche Freizeitgewohnheiten berührten einander:

- in der Bevorzugung individueller gegenüber kollektiver Freizeitgestaltung: So wie der Reformabsolutismus seine Staatstheorie nicht mehr auf den ständischen Korporationen, sondern auf einem individualistisches Konzept, nämlich auf dem „selbstzwecklichen Wohl des Individuums"[6] und zugleich auf Abschaffung aller Privilegien zugunsten eines einheitlichen Untertanenverbandes aufbaute, ist die Berufswelt der Beamten und des Wirtschaftsbürgertums nicht mehr von kooperativen Arbeitsverhältnissen, die mit hoher Außenkontrolle durch die Gruppe einhergingen, geprägt, sondern vom Streben nach individuellem Aufstieg gekennzeichnet. Die Freiheit, sich seine Vergnügungen selbst aussuchen zu können, gewann aus dieser individualistischen Grundhaltung[7] heraus einen hohen Stellenwert. Diese veränderten Bedürfnisse sowie die Politik gegen die Zünfte und gegen den Barockkatholizismus (Aufhebung der Bruderschaften!) führten zu einer Zurückdrängung kollektiver Formen der Freizeitverbringung. Das kann bei fast allen Sparten des Vergnügens beobachtet werden. Erwähnt seien der Verlust der Kommunikation des Theaterpublikums untereinander und mit den Schauspielern (erst sekundär hergestellt in den Salons der Bildungselite sowie über Zeitschriften und Almanache), die Individualisierung der Wirtshauskultur, wie sie insbesondere an der Struktur des Kaffeehauses sichtbar wird, die Aufsplitterung der Salongeselligkeit sowie die Ablösung von Gesellschaftstänzen durch individuelle Formen (Walzer!). Der Verlust korporativer Bindungen ermöglichte neue Formen der Geselligkeit, in die man nicht quasi automatisch eingebunden war, die sich jenseits beruflicher Gliederungen konstituierten und damit eine gewisse Wahlfreiheit ermöglichten.

---

6 OSTERLOH, Sonnenfels, 139.
7 Vgl. zu dieser, in der bürgerlichen Erziehung eingeübten Haltung SCHLUMBOHM, Kollektivität.

- *in der Bevorzugung „disziplinierter" Freizeitgestaltung:*[8]
Mit traditionellen Vergnügungen waren oft Lärm und Trunkenheit verbunden.[9] Exzessives Feiern, die Verausgabung der
eigenen Kräfte wurde nun aber dysfunktional gegenüber einer
Gesellschaftsordnung, die vom einzelnen stete Selbstkontrolle
und kontinuierliche Leistung forderte. Das bedeutete nicht die
Ablehnung von Vergnügungen an sich, sondern bloß ihre Unterordnung unter eine „vernünftige" Lebensweise. Die Rekreationsfunktion der Freizeit erlangte somit hervorragende
Bedeutung - Formen, die einer Wiederherstellung der Arbeitskraft zuwiderliefen, wurden abgelehnt bzw. verboten. Vergnügungen, die - wenn auch nur stellvertretend - ein Ausleben der
Triebe gestatteten, fielen ebenfalls weitgehend dem Wohl-
fahrtsideal zum Opfer. Dies schlägt sich nieder in der Zurückdrängung bzw. „Verbürgerlichung" der Schenken, in der Herstellung einer Atmosphäre der Ruhe und Stille in den Theatern, bei Konzerten und bei Andachten, im Rückgang bzw. in
der Zurückdrängung des Alkoholkonsums, im verschärften
Kampf gegen die Spielsucht, in der Beliebtheit von Spielen,
die Körperbeherrschung und Vernunft ansprachen (Billard!),
in der Schaffung von Parkanlagen und damit in der Förderung
von Spaziergängen, in der Zurückdrängung ungestalteter freier Flächen sowie im Verbot von Spektakeln, die das stellver-
tretende Ausleben sexueller bzw. aggressiver Triebe zuließen
(Hanswurst-Komödiantik, Hetze).[10]

*2) Im Reformabsolutismus wurde ein kritisches Bürgertum ge-
fördert, das seine Freizeit zur Weiterbildung und Mitarbeit an
einem Staat nutzte, der sich das Wohl möglichst vieler zum Ziel
setzte.* Die dafür nötige Lockerung der Zensur führte zum Entstehen einer kritischen Öffentlichkeit, die immer breitere Kreise
erfaßte und bald auch an den Grundfesten des absolutistischen
Staates zu rütteln begann, sodaß sich dieser gezwungen sah,
die Institutionen dieser Öffentlichkeit aufzulösen (Lesegesell-

---

8 CUNNINGHAM verwendet dafür den Begriff „rational recreation" -
„They were rational, because they implied a distrust of the emotions,
and a supremacy of mind over body. It was the former not the latter
which required recreation." (91). BAILEY bringt diesen Begriff mit
dem Versuch des Bürgertums in Zusammenhang, die Arbeiterklasse zu
disziplinieren.
9 Vgl. auch BAILEY, 9.
10 Auf dem Gebiet des Sports wurde solchen Zusammenhängen zwischen
dem Stand der Affektenkontrolle einer Gesellschaft und Freizeitformen
bereits von Norbert ELIAS und Eric DUNNING in mehreren Aufsätzen
nachgegangen; gesammelt sind sie in: Sport im Zivilisationsprozeß.
Studien zur Figurationssoziologie, hgg. von Wilhelm HOPF (1984).

schaften) bzw. einer verschärften Kontrolle zu unterwerfen (Wirts- und Kaffeehäuser, Freimaurerlogen).

Die intensive staatliche Förderung des neuen Bürgertums als Gegengewicht zu den alten Stützen der Gesellschaft, Adel und Kirche, führte zum Versuch, adelige Vergnügungen (so weit sie den oben angeführten Grundsätzen nicht widersprachen) dem „Volk" zugänglich zu machen und entsprach den Bedürfnissen großer Teile des Bürgertums nach Standesangleichung an den Adel und Übernahme seiner Mußeformen. So wurden in der zweiten Hälfte des 18. Jahrhunderts aristokratische Freizeiträume „allen Menschen" gewidmet, gesellige Kontakte zwischen Bürgertum und Adel in den Salons und bei Tanzveranstaltungen (Redouten!) gefördert, höfisches Theater der Allgemeinheit zugänglich gemacht. In den großbürgerlichen Salons formierte sich die „zweite Gesellschaft."

Literaturverzeichnis

ARCHIVALISCHE QUELLEN UND BEHELFE

Archiv der Stadt Wien (WStLA).

Akten der Alten Registratur (A.R.) 1700 ff.

Akten des Oberkammeramtes (OKA) 74 (1755), 285 (1765).

Akten des Unterkammeramtes (UKA), B1/12 -19 (Rechnungen 1701-1764/65).

Archivbehelf B 2/6 (Repertorien Beleuchtung 1760 -1825).

Archivbehelfe B 27/11-19 (Repertorien der Alten Registratur 1700 -1759).

Archivbehelfe C 7/42 ff. (Repertorium des Archives der Haupt- und Residenzstadt Wien. Von 1700 -1799).

Wiener Stadt- und Landesbibliothek, Druckschriftensammlung.

Konvolut Feuerwerkszettel (Sign. C 15384).

Konvolut Hetztheaterzettel (Sign. C 16361).

Konvolut Menagerie-Zettel (Sign. D 64519).

Konvolut Programme und Ankündigungen von Sehenswürdigkeiten und Schaustellungen (Sign. D 64522).

Konvolut Zirkus-Programme (Sign. C 64520).

Wiener Stadt- und Landesbibliothek, Handschriftensammlung.

GUGITZ, Gustav: Wiener Theater 1708 -1802. Abschriften nach den Akten des Ministeriums des Innern (Sign. Ia 59478).

Hofkammerarchiv, Wien (HKA).

Camerale 2170, 5/152, 5/177.

Camerale 2171, 5/132, 5/191.

Ungarisches Nationalarchiv, Budapest (UN).

Familienarchiv Keglevich: P. 421/V, Fasz. 73 -79.

GEDRUCKTE QUELLEN

ABRAHAM A SANCTA CLARA: Abrahamisches Gehab dich wohl, Nürnberg 1729.

(ABRAHAM A SANCTA CLARA): Centi-Folium Stultorum in Quarto oder Hundert Ausbündige Narren in Folio (...), Nürnberg 1709 (Neudr. 1978).

ABRAHAM A S. CLARA: Heilsames Gemisch-Gemasch. Das ist: Allerley seltsame und verwunderliche Geschichten (...), Würtzburg 1704.

ABRAHAM A SANCTA CLARA: Judas Der Ertz-Schelm Für ehrliche Leuth (...), 1. u.2. Tl., Saltzburg 1691; 3. Tl., Saltzburg 1692; 4. Tl., Saltzburg 1710.

ADELUNG, Johann Christoph: Grammatisch-kritisches Wörterbuch der Hochdeutschen Mundart (1793 ff.).

Nützliches Adreß- und Reisebuch oder Archiv der nöthigsten Kenntnisse von Wien für reisende Fremde und Inländer, Wien 1792.

BECHER, Johann Joachim: Politische Discurs von den eigentlichen Ursachen des Auf- und Abnehmens der Städte / Länder und Republicken (...), Franckfurt und Leipzig 1721.

(BECKER, Johann Nikolaus): Fragmente aus dem Tagebuche eines reisenden Neu-Franken, hgg. von seinem Freunde B., Frankf. u. Leipzig 1798.

BEMERKUNGEN oder Briefe über Wien eines jungen Bayern auf einer Reise durch Deutschland an eine Dame von Stande, Leipzig o.J. (um 1800).

Patriotisches Blatt, Wien 1788 -1789.

Unparteyische BRIEFE über den gegenwärtigen schlechten Zustand des Hetzamphitheaters in Wien, o.O. 1781.

CLAUREN, H(einrich, d.i. Karl HEUN): Kurze Bemerkungen auf langen Berufswegen. Fortsetzung von H. Claurens Briefen als 2. Bdch., Wien 1816.

CONRAD, Hermann (Hg.): Recht und Verfassung des Reiches in der Zeit Maria Theresias. Die Vorträge zum Unterricht des Erzherzogs Joseph im Natur- und Völkerrecht sowie im Deutschen Staats- und Lehnrecht (1964), = Wissenschaftliche Abhandlungen der Arbeitsgemeinschaft für Forschung des Landes Nordrhein-Westfalen 28.

(DE LUCA, Ignaz): Wiens gegenwärtiger Zustand unter Josephs Regierung, Wien 1787.

Wienerisches DIARIUM 1775.

(DREYSSIG Karl Ehrenfried), Reisen des grünen Mannes durch Deutschland und Ungarn, Bd. 1, Halle 1788.

DUHR, Bernhard (Hg.): Die Studienordnung der Gesellschaft Jesu (1896), =Bibliothek der katholischen Pädagogik IX.

EINZINGER, Leopold: Von den Kirchtägen in den Wienervorstädten. Ein nöthig gefundener Nachtrag zu den Beyträgen zur Schilderung Wiens, Wien o.J.

FISCHER, Jul. Wilh.: Reisen durch Oesterreich, Ungarn, Steyermark, Venedig, Böhmen und Mähren, in den Jahren 1801 und 1802 (1803).

FORSTER, Georg: Werke in vier Bänden, hgg. v. Gerhard STEINER, 4. Bd.: Briefe (o.J.).

Die Frauenzimmer im neunzehnten Jahrhundert. Ein Traumgesicht, Wien 1781.

(FRESCHOT, Casimir): Relation von dem kayserlichen Hofe zu Wien ... Aufgesetzt von einem Reisenden im Jahre 1704, Cölln 1705.

(GEMMINGEN, Otto H. v.): Der Weltmann. Eine Wochenschrift für vornehme Leser, Wien 1782-1783.

Geschichte des Faschings vom Anfange der Welt bis auf das Jahr 1800, Wien 1799.

GLOSSY, Karl (Hg.): Zur Geschichte der Theater Wiens. I: 1801-1820 (1915); II: 1821-1830 (1920).

GRÄFFER, Franz (Hg.): Josefinische Curiosa, Wien 1850.

GUTSMUTHS, Joh. Chr. F.: Spiele zur Uebung und Erholung des Körpers und Geistes (...), Schnepfenthal 1796.

HANDBUCH für Hetzliebhaber zur Beförderung ihres Vergnügens und zur Aufnahme der Hetzen überhaupt, Wien und Prag 1794.

HEINRICH, Jakob (Hg.): Gesetze für die k.k. Armée in Auszug, Wien und Prag 1785.

(HEINZMANN, Johann Georg): Beobachtungen und Anmerkungen auf Reisen durch Deutschland. In Fragmenten und Briefen, Leipzig 1788.

Pater HILARION (= Joseph Richter): Bildergalerie weltlicher Misbräuche, ein Gegenstück zur Bildergalerie katholischer und klösterlicher Misbräuche (1785), Reprint Dortmund 1977.

HÖRNIGK, Philipp Wilhelm von: Österreich über alles, wenn es nur will. Nach der Erstausgabe von 1684 in Normalorthographie übertragen und mit der Auflage von 1753 kollationiert sowie mit einem Lebensbild des Autors versehen von Gustav OTRUBA ((1964), = Österreich-Reihe Bd. 249/51.

JUSTI, Johann Heinrich Gottlieb von. Die Grundfeste zu der Macht und Glückseeligkeit der Staaten oder ausführliche Vorstellung der gesamten Policey-Wissenschaft, 2 Bde., Königsberg und Leipzig 1760/61.

KEYSSLER, Johann Georg: Neueste Reise durch Teutschland, Böhmen, Ungarn (...), Bd. 2, Hannover 1741.

KHEVENHÜLLER-METSCH, Rudolf Graf / Hans SCHLITTER (Hg.): Aus der Zeit Maria Theresias. Tagebuch des Fürsten Joseph Khevenhüller-Metsch, Kaiserlichen Obersthofmeisters 1742-1776, 7Bde. (1907 ff.).

(KLEMM, Christian G.): Der Oesterreichische Patriot. Eine Wochenschrift, Wien 1764 -1766.

(KLEMM, Christian G.): Die Welt. Eine Wochenschrift, Wien 1762-1763.

Wienerisches Kommerzialschema, (...), 1. Abt., Wien 1780.

(KROPATSCHEK, Joseph): Kaiserl. Königl. Theresianisches Gesetzbuch, enthaltend die Gesetze von den Jahren 1740 bis 1780 (...), Wien, 31789.

(KROPATSCHEK, Joseph): Handbuch aller unter der Regierung des Kaisers Joseph des II. für die k.k. Erbländer ergangenen Verordnungen und Gesetze (...) Wien 1785 ff.

KROPATSCHEK, Joseph: Sammlung der Gesetze, welche unter der glorreichsten Regierung des König Leopold des II. in den sämmentlichen k.k. Erblanden erschienen sind, in einer chronologischen Ordnung, 5 Bde. (o.J.).

KROPATSCHEK, Joseph: Sammlung der Gesetze, welche unter der glorreichsten Regierung des Kaiser Franz des II. in den sämtl. k.k. Erblanden erschienen sind in einer Chronologischen Ordnung, Wien 1792 ff.

Die KUNST die Welt mitzunehmen in den verschiedenen Arten der Spiele, so in Gesellschafften höhern Stands, besonders in der Kayserl. Königl. Residenz=Stadt Wien üblich sind. Nebst einem Anhang, von dem neuen Spiel Lotto di Genova, Wien und Nürnberg 1756.

KÜBECK, Max Frh. v. (Hg.): Tagebücher des Carl Friedrich Freiherrn Kübeck von Kübau (1909).

Johanni Basilii KÜCHELBECKERS I.V.D Allerneueste Nachricht vom Römisch-Kayserl. Hofe ... Hannover 1730.

(KÜTTNER, Karl Gottlob): Reise durch Deutschland, Dänemark, Schweden, Norwegen und einen Teil von Italien, in den Jahren 1797, 1798, 1799, 3. Teil, Leipzig, 2. verb. A. 1804.

LINGER, Karl Friedrich (Hg.): Denkwürdigkeiten aus dem Leben des k.k. Hofrathes Heinrich Gottfried von Bretschneider. 1739 - 1810, Wien und Leipzig 1892.

MARSHALL, Josef: Reisen durch Holland usw., (...) in den Jahren 1768, 1769 und 1770, aus dem Engl.(...), Bd. 3, Danzig 1775.

MARTINI, Karl Anton von: Erklärung der Lehrsätze über das allgemeine Staats- und Völkerrecht, 2 Tle. in 1 Bd. (1969; = Neudr. der Aufl. Wien 1791).

MEINERS, C(hristoph): Kleinere Länder- und Reisebeschreibungen, Bd. 1, Berlin 1791.

D. MOORES Abriß des gesellschaftlichen Lebens und der Sitten in Frankreich, der Schweiz und Deutschland. Nach der 2. engl. Ausg. in 2 Bdn., Leipzig 1779.

MOZART, Wolfgang Amadeus: Briefe, ausgew. u. hgg. v. Stefan KUNZE (1987).

NICOLAI, Friedrich: Beschreibung einer Reise durch Deutschland und die Schweiz, im Jahre 1781. Nebst Bemerkungen über Gelehrsamkeit, Industrie, Religion und Sitten, Berlin und Stettin 1783 -1786.

Nützliches Taschenbuch für Fremde und Einheimische auf das Jahr 1805, Wien o.J.

OBERMAYR (= Joseph RICHTER): Bildergalerie katholischer Misbräuche, o.O., o.J.

(PERINET, Joachim): 29, 31 und 25 Aergernisse. Heft 1-3, Wien 1786.

PEZZL, Johann: Skizze von Wien. Ein Kultur- und Sittenbild aus der josefinischen Zeit. Mit Einleitung, Anmerkungen und Register, hgg. v. Gustav GUGITZ und Anton SCHLOSSAR, Wien 1923 (EA 1786 -1788).

PICHLER, Caroline, geborene von Greiner: Denkwürdigkeiten aus meinem Leben. Mit einer Einleitung und zahlr. Anm. (...) neu hgg. v. Emil Karl BLÜMML (1914).

Der aufrichtige Postkläppererboth in Wien, Wien 1783.

(RAUTENSTRAUCH, Johann): Die Meinungen der Babete. Eine Wochenschrift, Wien 1774 -1775.

(RAUTENSTRAUCH, Joseph): Möglichkeiten und Unmöglichkeiten in Oesterreich, Leipzig 1786.

(RAUTENSTRAUCH, Joseph): Schwachheiten der Wiener. Aus dem Manuskript eines Reisenden hgg. v. Arnold, Wien und Leipzig 1784.

(RAUTENSTRAUCH, Joseph): Das neue Wien (...), 1785.

REALIS: Curiositäten- und Memorabilien-Lexicon von Wien, hgg. v. Anton KÖHLER, Wien 1846.

REICHARDT, Johann Friedrich: Vertraute Briefe, geschrieben auf einer Reise nach Wien und den österreichischen Staaten zu Ende des Jahres 1808 und zu Anfang 1809, eingel. und erläut. v. Gustav GUGITZ, 2 Bde. (1915).

Reise des Grafen Hofmannsegg in einige Gegenden von Ungarn bis an die türkische Gränze, Görlitz 1800.

RICHTER, Josef: Das alte und neue Wien, oder Es ist nicht mehr, wie eh. Ein satyrisches Gemählde entworfen von einem alten Laternputzer (1800),= Sämmtliche Schriften, Bd. 5, Wien 1809.

RICHTER, Josef: Die Eipeldauer Briefe 1785-1797. In Auswahl hgg., eingeleitet und mit Anmerkungen versehen von Dr. Eugen von PANNEL, 2 Bde. (1917/18).

RICHTER, Josef: Wienerische Musterkarte, ein Beytrag zur Schilderung Wiens, Wien [2]1799.

(RICHTER, Joseph): Der wienerische Zuschauer (1785/86).

(RIEDEL, Friedrich J.): Der Einsiedler, Wien 1773-1774.

(RIESBECK, Kaspar): Briefe eines reisenden Franzosen über Deutschland an seinen Freund in Paris, 2 Bde., 2., verb. A. 1784.

(RÖDER, Philipp Ludwig Hermann): Reisen durch das südliche Teutschland, Leipzig und Klagenfurth 1789, 1. Bd.

SANDER, Heinrich: Beschreibung seiner Reisen durch Frankreich, die Niederlande, Holland, Deutschland und Italien (...), Tl. 2, Leipzig 1784.

J. E. SCHLAGER: Wiener Skizzen aus dem Mittelalter, N.F. 1839.

Wilhelm Freyh. von SCHRÖDERN: Fürstliche Schatz- und Rent-Kammer, Nebst seinem Tractat vom Goldmachen, wie auch vom Ministrissimo oder Ober-Staats-Bedienten (1744).

(SCHULZ, Joachim Christoph Friedrich): Reise eines Liefländers von Riga nach Warschau durch Südpreußen, über Breslau ... nach Botzen in Tyrol, 6. H., Berlin 1796.

SCHWERDFEGER, Josef: Eine Beschreibung Wiens aus der Zeit Kaiser Karls VI. (1906), = Sonderabdruck aus dem Jahresbericht des Akademischen Gymnasiums in Wien.

SONNENFELS, Joseph Freiherr von: Grundsätze der Polizey, Handlung und Finanz. Zu dem Leitfaden des politischen Studiums, 6. verm. u. verb. Aufl., Wien 1798.

(SONNENFELS, Joseph von) : Der Mann ohne Vorurtheil. Eine Wochenschrift, Wien 1765-67.

(SONNENFELS, Joseph von): Theresia und Eleonore, Wien 1767.

SONNENFELS, Joseph von: Der Vertraute. Ein Fragment, in: DERS., Gesammelte Schriften, 1. Bd., Wien 1783, 1-96.

Der SPION in Wien (Februar 1784).

(STERNBERG, Kaspar Graf?): Bemerkungen über Menschen und Sitten auf einer Reise durch Franken, Schwaben, Bayern und Oesterreich im Jahre 1792, o.O. 1794.

WECKBECKER, Wilhelm (Hg.): Von Maria Theresia zu Franz Joseph. Zwei Lebenserinnerungen aus dem alten Österreich (1929).

Der beliebte Weltmensch, welcher lehrt die üblichsten Arten der Spiele in kurzer Zeit nach den Regeln und der Kunst von sich selbst zu begreiffen, und in allen Gesellschaften als Meister aufzutretten. Nebst sechs Abhandlungen von dem Werth der Spiele, Wien 1795.

WIEN und die Wiener, in Bildern aus dem Leben. Mit Beiträgen von Adalbert Stifter u.a. (1844).

Das WIENERBLÄTTCHEN (3.8.1783 - 15.1.1786).

Das neue WIENERBLÄTTCHEN (Juni/Juli 1787, Jänner - März 1788, November/Dezember 1789).

WILLEBRANDT, Joh. Peter: Historische Berichte und praktische Anmerkungen auf Reisen in Deutschland ..., Frankfurt u. Leipzig [3]1761.

SEKUNDÄRLITERATUR

ALEWYN, Richard, SÄLZLE, Karl: Das große Welttheater. Die Epoche der höfischen Feste in Dokument und Deutung (1959).

ARETIN, Karl Othmar Freiherr von (Hg.): Der Aufgeklärte Absolutismus (1974), = NWB 67.

BACK, Kurt W. und Donna POLISAR: Salons und Kaffeehäuser, in: KZfSS, Sonderheft 25/1983, 276-286.

BAILEY, Peter: Leisure and class in Victorian England. Rational recreation and the contest for control, 1830 -1885 (1978).

BALTZAREK, Franz: Großstadtgrün und Gesellschaft: Park, Garten und Landschaft als Ort sozialer Kontakte. Dargestellt am Beispiel Wiens vom Barock bis zum 1. Weltkrieg, in: Robert SCHEDIWY und Franz BALTZAREK, Grün in der Großstadt. Geschichte und Zukunft europäischer Parkanlagen unter besonderer Berücksichtigung Wiens (1982), 135-154.

BARTH, Gerda: Feuerwerk und Spektakel im alten Wien, = 195. Wechselausstellung der WStLB Anfang Februar bis Ende Mai 1982.

BARTON, Peter F.: Jesuiten, Jansenisten, Josephiner. Eine Fallstudie zur frühen Toleranzzeit: Der Fall Innocentius Feßler, 1. Tl. (1978), = Studien und Texte zur Kirchengeschichte und Geschichte, 2. R., IV.

BAUSINGER, Hermann: Arbeit und Freizeit, in: Funk-Kolleg Geschichte, hgg. v. W. CONZE u.a. (1981), Bd. 1, 114-135.

BEIDTEL, Ignaz: Geschichte der österreichischen Staatsverwaltung. 1740-1848, hgg. v. Alfons HUBER (1896).

BERMANN, Moriz: Alt und Neu-Wien. Geschichte der Kaiserstadt und ihrer Umgebungen (1880).

BLÜMML, Emil und Gustav GUGITZ: Alt-Wiener Thespiskarren. Die Frühzeit der Wiener Vorstadtbühnen (1925).

BODI, Leslie: Tauwetter in Wien. Zur Prosa der österreichischen Aufklärung 1781-1795 (1977).

BRAUN, P. E.: Die geschichtliche Entwicklung der Sonntagsruhe. Ein Beitrag zur Soziologie des Arbeiterschutzes. In: VSWG 16 (1922), 325-369.

BRUCKMÜLLER, Ernst: Die Entwicklung der Freizeit im Zuge des Industrialisierungsprozesses, in: Mensch und Freizeit, red. v. Christine WESSELY (1977), 34-42.

BRUCKMÜLLER, Ernst: Sozialgeschichte Österreichs (1985).

BURKE, Peter: Helden, Schurken und Narren. Europäische Volkskultur in der frühen Neuzeit (1981).

CONZE, Werner: Arbeit, in: Geschichtliche Grundbegriffe, hgg. v. Otto BRUNNER, Werner CONZE, Reinhard KOSSELLECK, Bd. 1 (A-D) (1972), 154 -215.

CUNNINGHAM, Huck: Leisure in the Industrial Revolution c. 1780 - c. 1880 (1980).

Alt-Wiener Denkwürdigkeiten und Erinnerungen. 29. Buch: Vom Fasching im alten Wien. Gesammelte Zeitungsausschnitte. Wien 1929 -1939.

DIPPER, Christoph: Volksreligiosität und Obrigkeit im 18. Jahrhundert, in: Volksreligiosität in der modernen Sozialgeschichte, hgg. v. Wolfgang SCHIEDER (1986), 73-96.

DUERR, Hans Peter: Nacktheit und Scham. Der Mythos vom Zivilisationsprozeß (1988).

DUHR, Bernhard: Geschichte der Jesuiten in den Ländern deutscher Zunge
(1907 ff.).

EHALT, Hubert Christian: Ausdrucksformen absolutistischer Herrschaft.
Der Wiener Hof im 17. und 18. Jahrhundert (1980).

EICHLER, Gert: Spiel und Arbeit. Zur Theorie der Freizeit (1979), = problemata 73.

ELIAS, Norbert: Über die Zeit. Arbeiten zur Wissenssoziologie II (1988).

ENGELBRECHT, Helmut: Geschichte des österreichischen Bildungswesens. Erziehung und Unterricht auf dem Boden Österreichs (1982 ff.).

GIESECKE, Hermann: Leben nach der Arbeit. Ursprünge und Perspektiven der Freizeitpädagogik (1983).

GLOSSY, Carl: Zur Geschichte der Wiener Theatercensur, = Sonderdr. aus
Jb. d. Grillparzer-Gesellsch. 7. Jg. (1896).

GOTTSCHALL, Klaus: Der Wandel im religiösen Leben Wiens während
des Josephinismus, masch. Diss, Wien 1974.

GRIESSINGER, Andreas: Das symbolische Kapital der Ehre: Streikbewegungen und kollektives Bewußtsein deutscher Handwerksgesellen im 18.
Jahrhundert (1981).

GUGITZ, Gustav: Alt-Wiener Faschingsbrauch, in: BllLNÖ N.F. 29 (1944-
48), 385-393.

GUGITZ, Gustav: Das Wiener Kaffeehaus. Ein Stück Kultur- und Lokalgeschichte, Wien 1940.

GUGITZ, Gustav: Der Weiland Kasperl (Johann La Roche). Ein Beitrag
zur Theater- und Sittengeschichte Alt-Wiens (1920).

GÜNTHER, Ernst und Dietmar WINKLER: Zirkusgeschichte. Ein Abriß
der Geschichte des deutschen Zirkus (1986).

GÜRTLER, Alfred: Sonntagsruhe, in: Österreichisches Staatswörterbuch.
Handbuch des gesamten österr. öffentl. Rechtes, hgg. v. Ernst MISCH-
LER und Josef ULBRICH, [2]1909, Bd. 4, 275-284.

HABERMAS, Jürgen: Strukturwandel der Öffentlichkeit. Untersuchungen
zu einer Kategorie der bürgerlichen Gesellschaft (1962).

HADAMOWSKY, Franz: Wien - Theatergeschichte. Von den Anfängen
bis zum Ende des Ersten Weltkriegs (1988), = Geschichte der Stadt
Wien, hgg. v. Felix CZEIKE, Bd. 3.

HAJOS, Géza: Romantische Gärten der Aufklärung. Englische Landschaftskultur des 18. Jahrhunderts in und um Wien (1989).

HAIDER-PREGLER, Hilde: Des sittlichen Bürgers Abendschule. Bildungsanspruch und Bildungsauftrag des Berufstheaters im 18. Jahrhundert (1980).

HANSLICK, Eduard: Geschichte des Concertwesens in Wien, Bd.1 (1869).

HARRER-LUCIENFELD, Paul: Wien, seine Häuser, Menschen und Kultur, 2. Bd., T. 1, masch., Wien 1941.

HAUCK, Kurt: Das Spiel in der Erziehung des 18. Jahrhunderts (1935).

HEIDRICH, Beate: Fest und Aufklärung. Der Diskurs über die Volksvergnügungen in bayerischen Zeitschriften (1765-1815) (1984), = Münchner Beiträge zur Volkskunde 2.

HEISTER, Hanns-Werner: Das Konzert. Theorie einer Kulturform (1983).

HERSCHE, Peter: Der Spätjansenismus in Österreich (1977).

HOFFMANN, Detlef: Spielkarten in Wien, in: 150 Jahre Piatnik 1824-1974 (1974), 32-44.

HOHN, Hans-Willy: Die Zerstörung der Zeit. Wie aus einem göttlichen Gut eine Handelsware wurde (1984).

HOLLERWEGER, Hans: Die Reform des Gottesdienstes zur Zeit des Josephinismus in Österreich (1976), = Studien zur Pastoralliturgie 1.

HOLZKNECHT, Georgine: Ursprung und Herkunft der Reformideen Kaiser Josefs II. auf kirchlichem Gebiete (1914).

HUCK, Gerhard: Freizeit als Forschungsproblem. In: DERS. (Hg.), Sozialgeschichte der Freizeit. Untersuchungen zum Wandel der Alltagskultur in Deutschland (1980), 7-17.

IM HOF, Ulrich: Das gesellige Jahrhundert. Gesellschaft und Gesellschaften im Zeitalter der Aufklärung (1982)

JESINGER, Alois: Wiener Lekturkabinette (1928).

KINDERMANN, Heinz: Bühne und Zuschauerraum. Ihre Zueinanderordnung seit der griechischen Antike, in: Österr. Akademie der Wissenschaften, philos.-hist. Klasse, Sitzungsberichte Bd. 242 (1963).

KOCKA, Jürgen: Sozialgeschichte. Begriff - Entwicklung - Probleme (1977).

KOPALLIK, Joseph: Regesten zur Geschichte der Erzdiöcese Wien, Bd. 2 (1894).

KUCZINSKY, Jürgen: Geschichte des Alltags des deutschen Volkes, 1: 1600 -1650 (1980).

LEITICH, Kristl: Obrigkeitliche Maßnahmen zur Hebung der Sitten in den Ländern Unter und Ob der Enns während der frühen Neuzeit. Landesfürstliche und herrschaftliche Ordnungen von 1520 bis 1780, masch. Diss., Wien 1968.

LICHTENBERGER, Elisabeth: Die Wiener Altstadt. Von der mittelalterlichen Bürgerstadt zur City (1977).

MALCOLMSON, Robert W.: Popular recreation in English society 1700-1850 (1973).

MARTENS, Wolfgang: Die Botschaft der Tugend. Die Aufklärung im Spiegel der deutschen Moralischen Wochenschriften (1971).

MARTENS, Wolfgang: Obrigkeitliche Sicht: Das Bühnenwesen in den Lehrbüchern der Policey und Cameralistik des 18. Jahrhunderts, in: Internationales Archiv für Sozialgeschichte der deutschen Literatur 6 (1981), 19 -51.

MAYR, Josef Karl: Wien im Zeitalter Napoleons. Staatsfinanzen, Lebensverhältnisse, Beamte und Militär (1940), = Abhandlungen zur Geschichte und Quellenkunde der Stadt Wien, VI.

MEGNER, Karl: Wirtschafts- und sozialgeschichtliche Aspekte des k.k. Beamtentums (1985).

MITTERAUER, Michael: ‚Single' oder Familienmensch? Zu Entwicklungstendenzen der Freizeitgestaltung, in: Beiträge zur Historischen Sozialkunde 2/82, 50-59.

MITTERAUER, Michael: Sozialgeschichte der Jugend (1986).

MÜLLER-WICHMANN, Christiane: Zeitnot. Untersuchungen zum ‚Freizeitproblem' und seiner pädagogischen Zugänglichkeit (1984).

NAHRSTEDT, Wolfgang: Die Entstehung der Freizeit. Dargestellt am Beispiel Hamburgs. Ein Beitrag zur Strukturgeschichte und zur strukturgeschichtlichen Grundlegung der Freizeitpädagogik (1972).

NAHRSTEDT, Wolfgang: Freizeit und Aufklärung. Zum Funktionswandel der Feiertage seit dem 18. Jahrhundert in Hamburg (1743-1860), in: VSW 57 (1970), 46-92.

NARR, Dieter: Fest und Feier im Kulturprogramm der Aufklärung, in: Zeitschrift für Volkskunde 62 (1966), 184-203.

NAUCK, Bernhard: Konkurrierende Freizeitdefinitionen und ihre Auswirkungen auf die Forschungspraxis der Freizeitsoziologie, in: KZfSS 1983, 35. Jg., 274 - 303.

OBERHUMMER, Hermann: Die Wiener Polizei. Neue Beiträge zur Geschichte des Sicherheitswesens in den Ländern der ehemaligen österreichisch-ungarischen Monarchie, 2 Bde. (1938).

OBROVSKI, Herta: Das Wiener Vereinswesen im Vormärz, masch. Diss., Wien 1970.

OPASCHOWSKI, Horst W.: Pädagogik der Freizeit. Grundlegung für Wissenschaft und Praxis (1976).

OTRUBA, Gustav: Freizeit in der vorindustriellen Periode, in: WESSELY, Christine (Red.), Mensch und Freizeit (1977), 17-33.

PAUL, Arno: Aggressive Tendenzen des Theaterpublikums. Eine strukturell-funktionale Untersuchung über den sog. Theaterskandal anhand der Sozialverhältnisse der Goethezeit (1969).

PEMMER, Hans u. Nini LACKNER: Der Wiener Prater einst und jetzt (Nobel- und Wurstelprater) (1935).

PEMMER, Hans: Alt-Wiener Gast- und Vergnügungsstätten, masch. Manuskr., Wien 1956.

RAUERS, Friedrich: Kulturgeschichte der Gaststätte, 2 Tle. (1941), = Schriftenreihe der Hermann Esser Forschungsgemeinschaft für Fremdenverkehr 2.

REULECKE, Jürgen: Vom blauen Montag zum Arbeiterurlaub. Vorgeschichte und Entstehung des Erholungsurlaubs für Arbeiter vor dem Ersten Weltkrieg, in: Archiv für Sozialgeschichte 16 (1976), 206 -248.

RIEDL, Richard: Der Wiener Schlachtviehhandel in seiner geschichtlichen Entwicklung, = Sonderdruck aus: Jahrbuch für Gesetzgebung, Verwaltung und Volkswirtschaft im Deutschen Reiche, hgg. v. G. SCHMOLLER, XVII, H. 3.

ROMMEL, Otto: Die Alt-Wiener Volkskomödie. Ihre Geschichte vom barocken Welt-Theater bis zum Tode Nestroys (1952).

RUMPOLD, Michael: Die „Recreatio" in Erziehungsdenken und Erziehungspraxis der Jesuiten im deutschen Sprachraum von der Ordensgründung bis 1773, masch. Diss., Wien 1975.

SANDGRUBER, Roman: Die Anfänge der Konsumgesellschaft. Konsumgüterverbrauch, Lebensstandard und Alltagskultur in Österreich im 18. und 19. Jahrhundert, = Sozial- und wirtschaftshistorische Studien 15 (1982).

SCHENK, Eleonore: Die Anfänge des Wiener Kärntnertortheaters (1710-1748), 2 Bde., masch. Diss. Wien 1969.

SCHEUCH, Erwin K.: Soziologie der Freizeit, in: Handbuch der empirischen Sozialforschung, hgg. v. René KÖNIG, Bd. 11: Freizeit und Konsum, 1-192.

SCHIMETSCHEK, Bruno. Der österreichische Beamte. Geschichte und Tradition (1984).

SCHIMMER, Gustav Adolf: Das alte Wien. Darstellung der alten Plätze und merkwürdigsten jetzt größtentheils verschwundenen Gebäude Wiens... III. Heft (1854).

SCHINDLER, Norbert: Freimaurerkultur im 18. Jahrhundert. Zur sozialen Funktion des Geheimnisses in der entstehenden bürgerlichen Gesellschaft, in: BERDAHL, Klassen und Kultur. Sozialanthropologische Perspektiven in der Geschichtsschreibung (1982), 205-262.

SCHINDLER, Otto G.: Das Publikum in der josephinischen Ära. Versuch einer Strukturbestimmung, in: DIETRICH, Margret (Hg.), Das Burgtheater und sein Publikum, Bd. 1 (1976), 11-95.

SCHLAGER, J. E.: Wiener Skizzen aus dem Mittelalter, N.F. 1839.

SCHNEIDER, Otto: Tanzlexikon. Der Gesellschafts-, Volks- und Kunsttanz von den Anfängen bis zur Gegenwart mit Bibliographien und Notenbeispielen, unter Mitarb. v. Riki RAAB (1985).

SCHUSTER, Heinrich M.: Das Spiel, seine Entwicklung und Bedeutung im deutschen Recht. Eine rechtswissenschaftliche Abhandlung auf sittengeschichtlicher Grundlage (1878).

SEIFERT, Herbert: Die Oper am Wiener Kaiserhof im 17. Jahrhundert (1985).

SENNETT, Richard: Verfall und Ende des öffentlichen Lebens. Die Tyrannei der Intimität (1983).

SPIEL, Hilde: Fanny von Arnstein oder die Emanzipation. Ein Frauenleben an der Zeitenwende 1758 -1818 (1962).

STEINER, Hartwig: Die Mitglieder der ‚Hohen Schule'. Zur Sozialgeschichte der Wiener Akademiker im 18. Jahrhundert, masch. Diss., Wien 1972.

STEKL, Hannes: Hausrechtliche Abhängigkeit in der industriellen Gesellschaft. Das häusliche Personal vom 18. bis ins 20. Jahrhundert, in: WGbll 30 (1975), 303-313.

STEKL, Hannes: Österreichs Aristokratie im Vormärz. Herrschaftsstil und Lebensformen der Fürstenhäuser Liechtenstein und Schwarzenberg (1973).

STROHMEYER, Hannes: Beiträge zur Geschichte der Leibesübungen in Österreich (1975), = Wiener Beiträge zur Sportwissenschaft 1.

STÜRMER, Michael: Herbst des Alten Handwerks. Zur Sozialgeschichte des 18. Jahrhunderts (1979).

THIEL, Viktor: Gewerbe und Industrie, in: Geschichte der Stadt Wien IV/1: Vom Ausgang des Mittelalters bis zum Regierungsantritt der Kaiserin Maria Theresia (1740) (1897), 411-523.

TIMM, Albrecht: Verlust der Muße. Zur Geschichte der Freizeitgesellschaft (1968).

TOMEK, Ernst. Das kirchliche Leben und die christliche Caritas in Wien,
in: Geschichte der Stadt Wien V/2: Vom Ausgang des Mittelalters bis
zum Regierungsantritt der Kaiserin Maria Theresia 1740 (1914), 160-
330.

TOMEK, Ernst: Kirchengeschichte Österreichs, 3. Tl. (1959).

TREIBER, Hubert und Heinz STEINERT: Die Fabrikation des zuverlässigen Menschen. Über die ,Wahlverwandtschaft' von Kloster- und Fabrikdisziplin (1980).

VEBLEN, Thorstein: Theorie der feinen Leute. Eine ökonomische Untersuchung der Institutionen (1986).

VEIT, Ludwig Andreas und Ludwig LENHART: Kirche und Volksfrömmigkeit im Zeitalter des Barock (1956).

VON WEILEN, Alexander: Das Theater, in: Geschichte der Stadt Wien
IV/3: Vom Ausgang des Mittelalters bis zum Regierungsantritt Maria
Theresias 1740 (1918), 333-456.

WALTON, John K. and James WALVIN (eds.): Leisure in England, 1790-
1939.

WEBER, Max: Wirtschaft und Gesellschaft. Grundriß der verstehenden Soziologie. 5., rev. Aufl., hgg. v. Johannes WINCKELMANN, 2. Halbbd.
(1976).

WESTERMAYER, Thea: Beitraege zur Geschichte des Gesellenwesens in
Wien, masch. Diss., Wien 1932.

WITZMANN, Reingard: Das Wiener Kaffeehaus als Ort städtischer Geselligkeit und Kultur 1685 -1938, in: Das Wiener Kaffeehaus. Von den Anfängen bis zur Zwischenkriegszeit. Katalog zur 66. Sonderausstellung
des Historischen Museums der Stadt Wien (1980), 27-35.

WITZMANN, Reingard: Fasching in Wien, in: Fasching in Wien. Der Wiener Walzer 1750 -1850, o.O., o.J., = 58. Sonderausstellung des Hist. Museums d. St. Wien, Karlsplatz, 14.12.1978 - 25.2.1979).

WITZMANN, Reingard: Der Ländler in Wien. Ein Beitrag zur Entwicklungsgeschichte des Wiener Walzers bis in die Zeit des Wiener Kongresses, Wien 1976, = Veröffentlichungen der Kommission für den
deutschen Volkskundeatlas in Österreich 4.

ZATSCHEK, H.: Handwerk und Gewerbe in Wien. Von den Anfängen bis
zur Erteilung der Gewerbefreiheit im Jahre 1859 (1949).

ZECHMEISTER, Gustav: Die Wiener Theater nächst der Burg und nächst
dem Kärntnerthor von 1747 bis 1776 (1971), = Theatergeschichte Österreichs 3/2.

ZOUBEK, Eduard: Der Finanzhaushalt der Stadt Wien in den Jahren 1740-
1780, masch. Diss. Wien 1932.

Von der gedruckten Literatur werden nur Titel genannt, auf die im Text
mehrmals hingewiesen wird.

NACHWEIS DER BILDQUELLEN

KUNSTHISTORISCHES MUSEUM: Abb. Nr. 1.

HISTORISCHES MUSEUM DER STADT WIEN:
Umschlagbild; Abb. Nr. 3, 5, 6, 7, 8, 9, 10, 11, 13, 14, 15.

Wilhelm KISCH: Abb. Nr. 2, Die alten Straßen und Plätze von Wien's Vorstädten, 1, Wien 1888.

Monika J. KNOFLER: Graphik Umschlagrückseite, Das Theresianische Wien. Der Alltag in den Bildern Canalettos, Wien 1979.

Rudolf STEPANEK, Kunst- und Industrie-Photograph: Abb. Nr. 4.

Josef RICHTER: Abb. Nr. 12, Bildergalerie weltlicher Misbräuche, Frankfurt u. Leipzig 1785.

P. J. DE FERRO: Abb. Nr. 16, Vom Gebrauch des kalten Bades, Wien 1781.

Die schönen Spiele des Lebens . . .

Die letzten Takte sind verklungen. Und während der Dirigent sich zum letzten Mal verbeugt, überlegen Sie, wie Sie diesem Abend Ruhe die Partitur, pardon, den Spielplan: Rouge oder Noir als Ouvertüre. Baccara oder Black

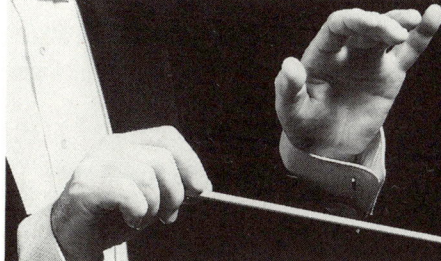

Von Mozart bis Kugel

einen harmonischen Ausklang geben . . .

Von Foyer bis Entrée
Schon im Foyer steht fest: Auf das Spiel nach Noten folgt ein Spiel im Casino. Mit der ersten Überraschung im Entrée: Für S 170,– Eintritt erhalten Sie Begrüßungs-Jetons im Wert von S 200,–. Zum Auftakt wählen Sie ein Glas Rouge & Noir-Sekt an der Casino-Bar. Und studieren dann in aller

W. A. Mozart reitet auf seinem „Steckenpferd", der Geige, zu den Takten von Figaro von Salzburg nach Wien.

Jack als Grand Finale. Beim Intermezzo geben Sie den Einsatz: Mit nur 3×S 10,– können Sie beim Austria Jackpot Millionen gewinnen. Der krönende Abschluß: Ein paar kulinarische Darbietungen im Casino-Restaurant.

Von Silberjeton bis Sonder-Edition
Jetzt können Sie im

Casino zwei besondere Kunststücke erwerben: Eine Mozart-Darstellung des anerkannten Künstlers Josef Bramer. Als 100,– Schilling Silber-Jeton oder als handsignierten Kunstdruck in limitierter Auflage.

11× in Österreich:
Baden · Badgastein · Bregenz · Graz
Kitzbühel · Kleinwalsertal · Linz
Salzburg · Seefeld · Velden · Wien

CASINOS AUSTRIA
Machen Sie Ihr Spiel

Kulturstudien. Bibliothek der Kulturgeschichte

Herausgegeben von Hubert Ch. Ehalt und Helmut Konrad

1: Hubert Ch. Ehalt, **Geschichte von unten.** Vergriffen.

2: Reinhard Kannonier, **Zeitwenden und Stilwenden.** Sozial- und geistes-geschichtliche Anmerkungen zur Entwicklung der europäischen Kunstmu-sik. 1984. 294 S., 30 SW-Abb., Notenbeisp. u. Graphiken. Br.
ISBN 3-205-08852-2

3: Marina Tichy, **Alltag und Traum.** Leben und Lektüre der Wiener Dienstmädchen um die Jahrhundertwende. 1984. 164 S., 13 Abb., 8 Taf. m. 14 Abb. Br. ISBN 3-205-08853-0

4: Hubert Ch. Ehalt, **Zwischen Natur und Kultur.** Zur Kritik biologisti-scher Ansätze. 1985. 414 S., 9 SW-Abb. Br.
ISBN 3-205-08855-7

5: Anton Bammer, **Architektur und Gesellschaft in der Antike.** Zur Deutung baulicher Symbole. 1985. 163 S., 28 SW-Abb. im Text, 16 Tafeln mit 30 SW-Abb. Br. ISBN 3-205-08854-9

6: Glücklich ist, wer vergißt...? Das andere Wien um 1900. Hrsg. v. Hubert Ch. Ehalt, Gernot Heiss u. Hannes Stekl. 1986. 397 S., 36 SW-Abb. Br. ISBN 3-205-08857-3

7: Kurt Luger, **Medien im Jugendalltag.** Wie gehen die Jugendlichen mit Medien um - Was machen die Medien mit den Jugendlichen? Unter Mitar-beit v. Christa Blümlinger, Wolfgang Lehner, Martin Malissa, Joey Wimp-linger. 1985. 294 S., 41 SW-Abb., Graph., Tab. Br.
ISBN 3-205-08856-5

8: Reinhard Kannonier, **Bruchlinien in der Geschichte der modernen Kunstmusik.** 1987. 274 S. Br.
ISBN 3-205-08859-X

9: ...und ich sitz' jetzt allein da! Geschichte mit und von alten Menschen. Hg. v. Helmut Konrad u. Michael Mitterauer, unter Mitarbeit von Karin M. Schmidlechner, Heinz Blaumeiser, Elisabeth Wappelshammer u.a. 1987. 137 S. Br. ISBN 3-205-08863-8

10: Hubert Ch. Ehalt, **Volksfrömmigkeit.** Von der Antike bis zum 18. Jahr-hundert. 1989. 266 S. Br.
ISBN 3-205-08860-3

11: Kurt Fabris/ Hans H. Luger,
Medienkultur in Österreich. Film, Fotografie, Fernsehen und Video in der Zweiten Republik. 1988. 418 S., zahlr. SW-Abb. u. Tab. Br.
ISBN 3-205-08862-X

Böhlau Verlag Ges.m.b.H. & Co.KG., Sachsenplatz 4-6, A-1201 Wien

12: Hermann Rafetseder, **Bücherverbrennungen.** Die öffentliche Hinrichtung von Schriften im historischen Wandel. 1988. 360 S., 24 SW-Abb. Br.
ISBN 3-205-08858-1

13: Peter Laslett, **Verlorene Lebenswelten.** Geschichte der vorindustriellen Gesellschaft. 1988. 388 S. Ln.
ISBN 3-205-01200-3

14: Severin Heinisch, **Die Karikatur.** Über das Irrationale im Zeitalter der Vernunft. 1988. 194 S. Mit zahlreichen farbigen und SW-Abb. Br.
ISBN 3-205-05137-8

15: Michael Mitterauer, **Historisch-anthropologische Familienforschung.** Fragestellungen und Zugangsweisen. 1990. 319 S. Br.
ISBN 3-205-05318-4

16: Dieter Rünzler, **Machismo.** Die Grenzen der Männlichkeit. 1988. 196 S. Zahlr. SW-Abb. Br.
ISBN 3-205-05140-8

17: Sexualität. Der Mensch zwischen Evolution und Geschichte. Hrsg. v. Hubert Ch. Ehalt u. Irenäus Eibl-Eibesfeldt. 1992. Ca. 240 S. Br.
ISBN 3-205-05228-5

18: Hubert Ch. Ehalt/Franz Knispel (Hrsg.), **Tabu Tod.** Kulturelle und soziale Aspekte des Sterbens. 1992. Ca. 224 S., ca. 8 SW-Taf. Br.
ISBN 3-205-05363-X

19: Andreas Heller/Therese Weber/Oliva Wiebel-Fanderl (Hrsg.), **Religion und Alltag.** Interdisziplinäre Beiträge zu einer Sozialgeschichte des Katholizismus in lebensgeschichtlichen Aufzeichnungen. 1990. 302 S. Br.
ISBN 3-205-05327-3

20: Hannes Swoboda (Hrsg.), **Wien - Identität und Stadtgestalt.** Redaktion: Hubert Ch. Ehalt u. Georg Kotyza. 1990. 252 S., mit zahlreichen SW-Abb. Br.
ISBN 3-205-05336-2

21: Gerhard Tanzer, **„Spectacle müssen seyn...“** Wandel der Freizeit im 18. Jahrhundert. 1992. 300 S., 16 SW-Abb. im Text. Br.
ISBN 3-205-05428-8

22: Arthur E. Imhof, **Ars moriendi.** Die Kunst des Sterbens einst und heute. 1991. 184 S., 12 SW-Abb. Br.
ISBN 3-205-05361-3

27: Arthur E. Imhof, **Ars vivendi.** Von der Kunst, das Paradies auf Erden zu finden. 1992. Ca. 320 S. 26 SW-Abb. Br.
ISBN 3-205-05425-3

Böhlau Verlag Ges.m.b.H. & Co.KG., Sachsenplatz 4-6, A-1201 Wien